普通高等教育经管类专业"十三五"规划教材

消费者行为学

（第3版）

曹旭平　　张丽媛　　主　编

唐　娟　黄湘萌　　副主编

清华大学出版社

北　京

内 容 简 介

消费者行为研究在市场营销理论体系中占据越来越重要的核心地位。本书广泛借鉴国内外有关消费者行为研究的最新成果，结合大量企业实例，深入浅出地阐述了有关消费者行为规律的理论，对消费者决策、影响消费者行为的个体因素、影响消费者行为的外部因素三大领域进行了深入的分析。

本书可作为高等院校市场营销、经济管理专业学生的教材，也可作为市场营销等相关专业研究生、商贸工作从业人员、其他经营者的参考用书。

图书在版编目(CIP)数据

消费者行为学 / 曹旭平，张丽媛 主编. —3 版. —北京：清华大学出版社，2020.7（2024.2重印）
普通高等教育经管类专业"十三五"规划教材
ISBN 978-7-302-55722-7

Ⅰ. ①消… Ⅱ. ①曹… ②张… Ⅲ. ①消费者行为论—高等学校—教材 Ⅳ. ①F713.55

中国版本图书馆 CIP 数据核字(2020)第 110408 号

责任编辑：王　定
封面设计：周晓亮
版式设计：孔祥峰
责任校对：马遥遥
责任印制：刘海龙

出版发行：清华大学出版社
　　　　　网　　　址：https://www.tup.com.cn，https://www.wqxuetang.com
　　　　　地　　　址：北京清华大学学研大厦 A 座　　　　　邮　　编：100084
　　　　　社 总 机：010-83470000　　　　　　　　　　　　邮　　购：010-62786544
　　　　　投稿与读者服务：010-62776969，c-service@tup.tsinghua.edu.cn
　　　　　质 量 反 馈：010-62772015，zhiliang@tup.tsinghua.edu.cn
印 装 者：小森印刷霸州有限公司
经　　销：全国新华书店
开　　本：185mm×260mm　　　印　　张：17.25　　　字　　数：431 千字
版　　次：2013 年 6 月第 1 版　　2020 年 7 月第 3 版　　印　　次：2024 年 2 月第 8 次印刷
定　　价：69.80 元

产品编号：087943-02

前　言

　　消费者行为是伴随商品经济发展而产生的一种经济现象。在以消费者需求为导向的现代市场经济背景下，消费者的需求、心理及行为已经成为企业制定营销策略的基础。忽视消费者心理，也就意味着企业无法取得最佳的营销和经营效果。因此，消费者行为研究在市场营销理论体系中占据核心地位。

　　我国改革开放以来，经济飞速发展，国内消费市场也不断扩大，消费者在消费理念、消费方式、消费结构上均不断发生变化。无论是企业营销人员，还是研究人员，都对消费者行为的变化投入了更多关注。如何将理论联系实际，更好地服务百姓，对提高我国居民消费文明和消费质量具有重要的现实意义。考虑到消费者对权益保护问题日益关注，本书在第 2 版的基础上增加了消费者权益保护的相关内容，同时对一些陈旧的案例进行了更新。总体来看，本书着重突出了以下三大特点。

　　(1) 新颖性。本书广泛借鉴国内外研究的最新成果，力求反映消费者行为研究领域发展的最新水平，并尽可能反映我国的营销实践，部分案例来自企业的最新实践。考虑到互联网购物与经济的快速发展，本书较传统消费者行为学教材增加了网络购物消费者行为与消费者权益保护的内容。

　　(2) 系统性。本书的内容设置和章节安排都遵循结构紧凑、条理清晰、知识系统化和便于读者理解的理念，对消费者决策、影响消费者行为的个体因素、影响消费者行为的外部因素三大领域进行了深入的分析。

　　(3) 应用性。本书通过大量企业实例，深入浅出地阐述了有关消费者行为规律的理论，每章开篇均以导读案例引导，行文中穿插扩展阅读资料，便于读者有效地理解理论知识，再由这些理论联想到实际的经济环境，使本书的应用性更强。

　　本书编写人员主要包括：常熟理工学院曹旭平教授、张丽媛讲师、黄湘萌博士、施晓岚副教授、钱敏博士与南京邮电大学唐娟副教授。各章编写分工如下：曹旭平编写第 1～3 章，张丽媛编写第 4～7 章与第 14 章，唐娟与张丽媛编写第 8～10 章，唐娟与施晓岚编写第 11 章，唐娟与钱敏编写第 12 章，黄湘萌编写第 13 章。全书由曹旭平审核、修改及补充。

　　消费者行为学是一门新兴学科，其研究内容有待进一步拓展。由于作者能力和水平有限，书中难免存在不当之处，敬请专家学者及广大读者批评指正。

　　本书提供教学大纲、电子教案、多媒体课件、习题参考答案，下载或学习地址如下：

教学大纲　　　　电子教案　　　　多媒体课件　　　习题参考答案

编　者

2020 年 2 月

目 录

第1章

消费者行为学概述

图案、色彩可以影响消费者行为

不同商品包装上的图案往往具有不同的象征意义。某化妆品公司为了解男性和女性对化妆品包装图案象征意义的认识，做了一项市场实验：聘用等量的男性和女性消费者帮助做一些简单的工作，完成之后赠送给他们一些化妆品以示感谢。所赠送的化妆品的膏体完全相同，只是包装瓶盖上的图案略有不同，一种是圆形图案，另一种是三角形图案。结果，男性都选择三角形图案，女性都选择圆形图案。这项实验的目的是调查化妆品包装瓶盖上的图案是否具有性别象征的意义，能否影响不同性别的消费者对化妆品的选择，而聘用消费者帮助工作仅仅是一个借口，以使赠送化妆品显得顺理成章，使消费者能够自然地接受和选择化妆品。实验结果表明，商品包装上的图案具有特定的性别象征意义，能够影响消费者的选择行为。

营销人员可以利用消费者的想象，赋予产品某些象征意义，以适应消费者心理，促进商品销售。品牌名称能激活消费者记忆中各种各样的想象。例如，宝马作为汽车的名字能激活诸如速度、名贵、优雅、珍稀、享受等想象。

颜色也能激活消费者的想象而具有某些象征意义。例如，白色象征纯洁，结婚礼服采用白色；红色象征喜庆，喜庆场所的装饰色和逢年过节张灯结彩的颜色大都是红色；黑色象征力量和坚固，黑色的商品显得结实耐用，穿黑色的皮鞋显得稳健、踏实，穿白色皮鞋则显得轻盈、活泼；蓝色和白色的洗衣粉象征洁净和高效的去污力，用黑色作为洗衣粉的颜色则不适宜；IBM商标的蓝色象征先进的科技和较高的效率；麦当劳商标的红底黄字象征质量和服务。

从不同年代的流行色也可看出颜色的象征意义。20世纪90年代初期和中期，随着人类不断发射航天器探索宇宙奥秘，世界流行起天蓝色，象征着高科技和人类对天空的征服；20世纪90年代末期，随着世界范围内环境保护热潮的兴起，又流行起绿色——大自然的颜色，象征着回归自然和保护自然环境。

(资料来源：消费者行为学的心理基础共性心理——记忆想象思维文件材料. 原创力文档. 2018-02-23. https://max.book118.com/html/2018/0213/152939396.shtm. 有删改)

由导读案例可以看出，商品包装上的图案、颜色的不同会引发消费者的不同想象，进而直接影响消费者的购买行为。在市场竞争日趋白热化的今天，了解消费者的个性消费需求、掌握消费者的购买动机和有针对性地实施营销策划，成为商家成功的关键。人的行为往往并不都是外露的，影响消费者行为的许多因素常隐藏在消费者内心深处。显然，把握消费者行为具有很大的难度，但作为企业营销人员，必须采用科学而客观的方法对消费者行为进行观察和实际调研，并为企业制订正确的营销方案提供有效的决策参考。作为本书开篇，本章主要探讨以下几个问题：什么是消费者行为？为什么要研究消费者行为？怎样研究消费者行为？

1.1　消费者行为学的基本概念

研究消费者行为必须深刻理解消费、消费品市场、消费者、消费者的影响者与消费者行为的概念，这 5 个概念具有丰富的内涵，且密不可分。

1.1.1　消费

消费(consumption)是人类通过消费品满足自身欲望的一种经济行为。具体来说，消费包括消费者的消费需求产生的原因、消费者满足自己的消费需求的方式、影响消费者选择的有关因素。消费可分为生产消费和个人消费，前者是指物质资料生产过程中的生产资料和活劳动的使用和消耗；后者是指人们把生产出来的物质资料和精神产品用于满足个人生活需要的行为和过程，是在生产过程以外执行生活职能，是恢复人们劳动力和劳动力再生产必不可少的条件。

图 1-1 所示为消费中涉及的货币、超市和银行卡。宏观经济学中，消费指某时期一人或一国用于消费品的总支出。严格地说，消费应仅指这一时期中那些完全用掉了的消费品。但实际上，消费支出包括所有已购买的商品，而这其中许多商品的使用时间要远远大于考察时间，如家具、衣物和汽车等。

图1-1　消费中涉及的货币、超市和银行卡

通常讲的消费，是指个人消费。生产决定消费，消费反过来影响生产。因为只有在消费中，产品才成为现实的产品，并创造出新的生产需要。生产的目的是消费，但消费不是生产的全部目的。例如，资本主义生产就是以剥削雇佣工人创造的剩余价值为目的的，这就决定了劳动人民

的消费被限制在很狭小的范围内。劳动人民消费水平的低下又阻碍甚至破坏生产的发展，经济危机就是一个突出的例子。在社会主义制度下，社会生产的目的是满足人们日益增长的物质文化生活的需要，这就消除了生产和消费的对抗性矛盾，并且消费也成为推动整个社会生产发展的强大动力。

1.1.2　消费品市场

1. 消费品

消费品(consumer goods)是用来满足人们物质和文化生活需要的那部分社会产品，也可以称作消费资料或者生活资料。消费品按满足人们的需要层次划分，可以分为生存资料(如衣、食、住、用方面的基本消费品)、发展资料(如用于发展体力、智力的体育、文化用品等)和享受资料(如高级营养品、华丽服饰、艺术珍藏品等)；按使用时间长短划分，可以分为一次或短期使用的普通消费品和可供长期使用的耐用消费品；按消费者的购买行为和购买习惯划分，可以分为便利品、选购品、特殊品和非渴求品四类。

(1) 便利品(convenience goods)：是指消费者要经常购买、反复购买、即时购买、就近购买、惯性购买，且购买时不用花时间比较和选择的商品。

(2) 选购品(shopping goods)：是指顾客对使用性、质量、价格和式样等基本方面要做认真权衡、比较的产品，如家具、服装、旧汽车和大型器械等。选购品可以划分为同质品和异质品。购买者认为，同质选购品的质量相似，但价格却明显不同，所以有选购的必要时，销售者必须与购买者"商谈价格"；而在选购服装、家具和其他异质选购品时，产品特色通常比价格更重要。经营异质选购品的经营者必须备有大量的品种花色，以满足不同消费者的喜好，还必须有受过良好训练的推销人员，为顾客提供咨询服务。

(3) 特殊品(specialty goods)：是指具有特定品牌或独具特色的商品，或者对消费者具有特殊意义、特别价值的商品，如具有收藏价值的收藏品及结婚戒指等。

(4) 非渴求品(unsought goods)：是指消费者不熟悉，或虽然熟悉但不感兴趣、不会主动寻求购买的商品，如环保产品、人寿保险及专业性很强的书籍等。非渴求品有以下两种类型。

① 新的非渴求品(new unsought product)：是指那些的确提供潜在客户所不知道的新理念的产品。信息含量大的促销活动能帮助说服顾客接受此类产品，并结束其非渴求状态。如酸奶、微波炉等如今已非常流行，但在刚进入市场时它们属于新的非渴求品。

② 常规非渴求品(regularly unsought product)：是指那些仍然处于非渴求状态，但并非一直如此的产品，如墓碑、人寿保险及百科全书等。需求可能存在，但潜在客户却并未激起购买欲。对于这类产品，人员推销十分重要。许多非营利组织试图"推销"它们的常规非渴求产品。例如，红十字会一般会采用献血车上街宣传的方式来提醒潜在的血液捐赠者，献血是如何重要。

2. 消费品市场的特点

消费品市场是整个市场体系的基础，所有其他的市场都是由消费品市场派生出来的。所以，消费品市场是社会再生产中最后的市场实现过程，它体现了社会最终供给与最终需求之间的对立统一关系。

消费品市场具有以下特点。

(1) 消费品市场涉及千家万户和社会的所有成员，社会中的每一个人都是消费者。

(2) 消费品市场因社会需求结构、形式的多样性和多变性而呈现多样性和多变性的特点。

(3) 市场交易量不一定很大，但交易次数可能很多。

3. 消费品市场的作用

消费品市场与人们的日常生活息息相关，它体现了社会再生产过程最终的市场实现，反映了消费者最终需求的变化。作为最终产品市场，消费品市场与其他商品市场密切相关，集中反映整个国民经济的发展状况等。

消费品市场具有以下作用。

(1) 资金市场的发展始终受消费品市场的制约，当消费品市场景气时，供给和需求会拉动社会投资增加，进而活跃资金市场。

(2) 消费需求增加和市场交易对象扩大，进一步刺激供给，使供给增加，生产规模扩大，进而导致劳动力市场对劳动力需求的增加。而消费品供给的满足程度，又直接决定了劳动力质量。

1.1.3 消费者

1. 消费者的概念和特征

在现实生活中，同一消费品或服务的购买决策者、购买者、使用者可能是同一个人，也可能是不同的人。例如，大多数成人的个人用品很可能是由使用者自己决策和购买的，而大多数儿童用品的使用者、购买者与决策者则很有可能是分离的。如果把产品的购买决策、实际购买和使用视为一个统一的过程，那么，处于这一过程任一阶段的人，都可称为消费者。

关于消费者的概念，在各国法律中，以及一国各部门法中不尽相同。美国《布莱克法律词典》认为，消费者是那些购买、使用、持有、处理产品或服务的个人。《中华人民共和国消费者权益保护法》虽然并未明确规定消费者的定义，但是该法的第二条中将"为生活消费需要购买、使用商品或者接受服务"的行为界定为消费者行为。可以看出，消费者是指为生活消费需要购买、使用商品或者接受服务的公民个人和单位。我国的消费者具有以下法律特征。

(1) 消费者的消费性质属于生活消费。消费者的生活消费包括两类：一是物质资料的消费，如衣、食、住、行、用等方面的物质消费；二是精神消费，如旅游、文化教育等方面的消费。

(2) 消费者的消费客体是商品和服务。商品指的是与生活消费有关的并通过流通过程推出的那部分商品，不管其是否经过加工制作，也不管其是否为动产或不动产。服务是指与生活消费有关的、有偿提供的、可供消费者利用的任何种类的服务。

(3) 消费者的消费方式包括购买、使用商品和接受服务。商品消费是指购买和使用商品，既包括消费者购买商品用于自身的消费，也包括购买商品供他人使用或使用他人购买的商品。关于服务的消费，不仅包括自己付费、自己接受服务，而且也包括他人付费、自己接受服务。不论是商品的消费还是服务的消费，只要其有偿获得的商品和接受的服务是用于生活消费，就属于消费者。对于企业营销活动来说，不仅要关注产品的使用者，还要重视产品购买者。图1-2

所示为光明牛奶"木马篇"广告。这则广告的目标受众并不是产品的使用者,而是购买的决定者和实际购买者——孩子的家长们,广告文案是"让宝宝个子大,身体壮"。

让宝宝个子大,身体壮

图1-2　光明牛奶"木马篇"广告

(4) 消费者的主体包括公民个人和进行生活消费的单位。生活消费主要是公民个人(含家庭)的消费,但也包括单位的生活消费。一般情况下,单位购买的生活资料最后都是由个人使用,有些单位还为个人进行生活消费而购买商品和接受服务。

2. 消费者的分类

为了满足研究需要,可以根据不同的标准对消费者进行分类。

(1) 根据对某种商品的消费状况,可将消费者分为现实消费者、潜在消费者和非消费者。现实消费者是指对某种商品在目前有所需要,并通过市场交换活动获得商品或亲自使用并从中受益的人,生产经营企业主要是为这类消费者服务。潜在消费者是指当前尚未购买或使用某种商品,但在将来的某一时间有可能转变为现实消费者的人。生产经营企业应该特别重视这类消费者,因为他们是企业开拓新的市场,在竞争中保持并提高市场占有率的潜在力量。非消费者是指当前和将来都不可能需要、购买和使用某种商品的人。例如,皮大衣和丝棉被这类御寒商品,生活在热带地区的人就是非消费者;盲人不需要除盲文以外的图文资料;失聪的人不会购买需要听觉的商品。企业在生产、经营中,要通过调查研究把非消费者排除在企业的目标市场之外,否则,生产和经营将是徒劳的。

📖 **扩展阅读1-1**

企业如何通过网络挖掘潜在客户?

(2) 根据消费的目的,可将消费者分为个人或家庭消费者、集团消费者和企业消费者。个人或家庭消费者是指为满足个人或家庭的需要而购买和消费商品的人。集团消费者是指为满足团体的各种不同需要而购买和使用商品的组织,包括政府机关及文艺、教育、科技、卫生等事业机构。企业消费者是指为了转卖或进行产品加工而购买、消耗某些商品的经济实体,包括产品制造企业、批发商业企业、零售商业企业、代理商等。

3. 消费者资源的重要性

随着市场竞争的愈发激烈和消费者对商品的自主选择性日益增强，不少企业已不仅仅关注如何将产品卖出去，还开始关注消费者的购后行为。许多企业家已经开始重视消费者，把消费者当作企业的一种重要资源。与土地、劳动、技术、资本等生产要素一样，消费者能为企业创造价值，主要原因有以下 4 点。

(1) 消费者是企业利润的源泉。这个道理很简单，有了消费者才有市场，才能为企业带来利润，因为钱就装在消费者的口袋里。消费者购买的产品越多，为企业带来的利润就越高。企业要付出更多努力，培育消费者对品牌的情感，强化消费者对品牌的忠诚。

(2) 消费者能够驱动企业经营战略的发展。企业在制定经营战略时，必须把消费者作为一种推动力量和战略资源来考虑，消费者的消费倾向、消费变化会驱动企业经营战略的调整和发展。罗萨贝斯·莫斯·坎特认为，在新经济中，企业必须与顾客建立战略伙伴关系，听取他们的意见，满足他们的要求，生产就可以有的放矢。他认为，现在的顾客是使用者、影响者、决策者、批评者、购买者和"看门人"，他们还可以成为观念和创新精神的缔造者。

(3) 消费者在驱动企业提高产品和服务质量方面起关键作用。品牌竞争激烈而残酷，谁失去消费者，谁就将失去市场、失去生存空间。消费者的力量驱动企业创新技术，努力提高产品和服务质量。现在，质量问题不但受到企业的普遍重视，而且被提高到国家发展战略的高度。中国的"质量万里行"活动对树立全民的质量意识，提高企业产品与服务质量产生了深远影响。欧美等国都设立了各种质量奖，以鼓励企业提高产品和服务质量。比如欧洲质量奖的 9 个评价指标中，顾客满意度指标的权重是最高的(20%的权重)。在该体系中，"顾客"被定义为"企业最直接的客户"，他们分布于企业生产产品和服务的整个链条中。其顾客满意评估内容包括：满足产品或特定服务的能力，企业创造及传递业绩的能力，销售和技术支持，满足顾客需求的反应和灵活性，资产价值，重新订货和复买，顾客投诉和处理等。英国航空公司的顾客服务内容有：①把满足顾客的价值导向需求确立为顾客服务途径的关键要素；②提供完善的服务，并且精心安排这些服务；③鼓励并接纳顾客参与公司业务的全过程；④聆听顾客建议；⑤建立顾客资源数据库；⑥区别关键客户和最有价值客户。

(4) 消费者在驱动企业市场开拓方面起着基础作用。企业的市场开拓是在消费者的基础上进行的，如果没有消费者人数的增长和忠诚度的提高，市场开拓就毫无意义。因此，企业要研究消费者的特点，研究品牌之间的关系，选择正确的市场开拓策略。有些企业投入巨大的营销资源，做广告，建立分销网络，推行代理制，实行区域一体化，然而收效甚微，一个重要原因是它们忽视了消费者这个基础。消费者作为一种重要的资源，它有两个维度，即数量和质量。数量反映了消费者的规模，一个品牌拥有的消费者越多，说明其市场占有率越高。质量主要指消费者的忠诚度，按照新的经济观点，维持现有消费者市场比开发潜在的消费者市场意义更大。企业应采取可能的办法，留住现有的顾客，增强他们的忠诚度，提高他们的复买率，从而最大限度地挖掘他们的潜力。

1.1.4　消费者的影响者

值得一提的是，有时还会遇到这样一些情况：丈夫陪同妻子到商场购物，朋友给自己介绍某种商品并当参谋，营业员诱导、劝导顾客买下某种商品。以上所讲的丈夫、朋友、营业员都是以某种方式对消费者产生影响和作用，甚至参与了购买决策，但他们不能称作消费者，根据他们在消费过程中所起的作用和担任的角色，可以称他们为影响者。除了亲人和朋友之外，消费者的影响者还包括记者、出版物、网站的经营者和名人等。这些影响者也值得企业和营销人员关注，他们的意见会对消费者的购买行为产生影响。

📖 **扩展阅读1-2**

影响者营销：影响者对于品牌营销至关重要

1.1.5　消费者行为

1. 消费者行为的概念和构成

消费者行为有狭义和广义之分：狭义上的消费者行为仅仅指消费者的购买行为，以及对消费资料的实际消费；广义上的消费者行为指消费者为索取、使用、处置消费物品所采取的各种行动，以及先于且决定这些行动的决策过程，甚至包括消费收入的取得等一系列复杂的过程。消费者行为可以看成由两个部分构成：一是消费者的购买决策过程，购买决策是消费者在使用和处置所购买的产品和服务之前的心理活动和行为倾向，属于消费态度的形成过程；二是消费者的行动，消费者行动更多的是购买决策的实践过程。在现实中，消费者行为的这两个部分相互渗透，相互影响，共同构成了消费者行为的完整过程。

2. 消费者行为的特点

消费者行为是在人类行为这个大背景下提出来的，是与市场相联系的人类行为，作为一般人类行为反映到消费领域，其主要特点如下。

(1) 追求自身利益最大化。消费者利用尽可能少的花费购买尽可能多的消费品，最大限度地满足自己的需要，达到消费的均衡。

(2) 偏好和能力的多样性。由于地理、人口、心理和行为的差异，人们的偏好是多样的，消费能力也是参差不齐的。尽管经济学家对人的偏好能否得到显示及如何显示存在争议，但对偏好和能力的多样性是基本肯定的。

(3) 有限理性。西蒙将"有限理性"描述为"有达到理性的意识，但又是有限的"。人们在消费活动中总是力争做到有理性，但由于环境因素和自身能力的制约，人们不可能知道关于未来活动的全部备选方案，不可能将所有的价值考虑到统一的、单一的综合性效用函数中，也无力计算出所有备选方案的实施后果。

(4) 机会主义倾向。机会主义倾向指人们借助不正当手段谋取自我利益的行为倾向，如对未来消费的低估和冲动购买等。

消费者行为是与产品或服务的交换密切联系在一起的。在现代市场经济条件下，企业研究消费者行为着眼于与消费者建立和发展长期的交换关系。为此，企业不仅需要了解消费者是如何获取产品或服务的，而且需要了解消费者是如何消费产品，以及产品在用完之后是如何被处置的。因为消费者的消费体验、消费者处置旧产品的方式和感受均会影响消费者的下一轮购买，也就是说，会对企业和消费者之间的长期交换关系产生直接的作用。传统上，消费者行为研究的重点一直放在产品或服务的获取上，关于产品的消费与处置方面的研究则相对被忽视了。随着对消费者行为研究的深入，人们越来越深刻地意识到，消费者行为是一个整体，是一个过程，获取或者购买只是这一过程的一个阶段。因此，研究消费者行为，既应调查、了解消费者在获取产品或服务之前的评价与选择活动，也应重视消费者获取产品后对产品的使用、处置等活动。只有这样，对消费者行为的理解才会趋于完整。

3. 消费者心理与消费者行为

1) 消费者心理的含义及特征

消费者心理是指消费者发生的一切心理活动，以及由此推动的行为动作，包括消费者观察商品、搜集商品信息、选择商品品牌、决策购买、使用商品形成心理感受和心理体验等。

消费者心理具有以下特征。

(1) 消费者心理的目的性，即表现为消费者以满足消费需要、实现消费动机、得到期望的消费体验为目的。

(2) 消费者心理具有明显的自觉性，任何购买行为都是在人们自觉地支付了相应的货币之后才能实现的。

(3) 心理活动本身的复杂多样性决定了消费者心理具有复杂多样性。

(4) 当消费者满足一种消费需要、实现一种消费动机的时候，为了得到更加满意的消费效果而对另外的商品产生消费需要和消费动机，表现出消费者心理的关联性。

(5) 消费者心理的发展变化性，即消费者自身背景、社会环境、家庭状况等方面的变化，会导致消费者心理行为的变化和发展。

2) 消费者心理与消费者行为的区别

(1) 消费者心理是一种纯粹的心理活动，是不可见的；消费者行为是一种外部活动，是可见的。

(2) 从发生时间上看，消费者行为和消费者心理两者可以同时发生，也可以在不同时间发生。

3) 消费者心理与消费者行为的联系

(1) 消费者心理支配消费者行为，研究消费者行为必须从其心理入手，根据消费者心理可以推断消费者行为。

(2) 消费者行为受消费者心理支配，行为必然包含一定的心理活动，根据消费者行为可以分析消费者心理。

消费者心理与消费者行为均以消费者在消费活动中的心理和行为现象作为研究对象。这些心理和行为现象的表现形式多样，涉及消费者个人心理特性与行为方式、群体心理与行为、企业市场营销、社会文化环境等诸多方面。

1.2　消费者行为学及其课程的发展历程

人们在古代就开始对消费者行为进行关注和经验描述，并随着社会的发展对消费者行为进行了深入的研究与探索，最终形成了一门独立的应用性学科——消费者行为学。

1.2.1　消费者行为学的发展历程

消费者行为学作为一门独立的、系统的应用科学，是在资本主义工业革命后，随着商品经济的快速发展、市场问题日益尖锐、竞争加剧而出现的。19 世纪末—20 世纪 30 年代，有关消费者行为与心理研究的理论开始出现，并有了初步的发展。19 世纪末 20 世纪初，各主要资本主义国家，尤其是美国，工业革命后的劳动生产率大幅度提高，生产能力开始超过市场需求，导致企业之间的竞争加剧。在这种情况下，一些企业开始注重消费者需求的刺激和商品推销，推销术和广告术在这个时候登上了企业的"竞技"舞台。与此同时，一些学者根据企业销售的需要，开始从理论上研究商品的需求与销售之间的关系，以及消费者行为与心理同企业销售之间的关系。

1. 原始时期(19世纪末以前)

美国学者伍兹(Woods W. A.)指出："自从最初的人类在二百多万年前出现在地球上以来，消费者行为已经存在很长一段时期了。还可以推测，在有文字记载或图画纪实的历史以前很久，就已经形成了关于消费者行为的理论和观念。"

我国春秋时期，商人范蠡就采用"计然七策"经营商业。战国时期，大思想家荀子也对行为的发生过程做了唯物主义的解释："入乎耳，著乎心，布乎四体，形乎动静。"意思是说，客观刺激作用于人的感官，通过思维加工对事物有了明确认识，再经过神经输出，便产生了某种行为。

在古代西方，柏拉图最早提出了"哲学王、武士和劳动者(奴隶除外)"三种阶层。亚里士多德所提出的"欲望是心理运动的资源，一切情感、需要、动作和意志均为欲望所引发"，以及"欲望得到满足的行动是本能动作，而高级行动则有理性思维参加，是意志行动"，在今天仍有一定的参考价值。亚当·斯密所信奉的"看不见的手"原理，也是建立在对个体消费者的观察和某些假设之上的。

2. 萌芽时期(19世纪末—1930年)

1899 年，美国社会学家凡勃伦在其著作《有闲阶级论》(Theory of the Leisure Class)提出了炫耀性消费及其社会含义。他认为，过度的消费是在一种希望炫耀的心理下被激发的。以他为代表的消费心理研究引起了心理学家和社会学家的兴趣，也受到了企业的密切关注。1901 年，美国著名社会心理学家斯科特(W. D. Scott)首次提出在广告宣传上应用心理学理论，认为心理学可以在销售和广告中发挥重要作用。同时，美国心理学家盖尔的《广告心理学》问世，系统地论述了如何在商品广告中应用心理学原理增加广告的宣传效果，引起消费者更大的兴趣。1912 年，德国心理学家闵斯特伯格出版了《工业心理学》一书，阐述了在商品销售中，橱窗陈列和广告对消费者心理的影响。1923 年，科普兰(M. T. Copeland)提出，将消费物品分为便利品、选购品和专门品，这种分类方法部分建立在对三个方面的消费者行为的分析之上。

3. 应用时期(1931—1960年)

20 世纪 30 年代的经济大危机，促使西方国家的企业关注商品促销和研究消费者行为。20 世纪四五十年代的消费者行为动机研究比较盛行。1950 年，梅森·海尔(Mason Haire)主持消费者对速溶咖啡消费行为的研究。美国学者盖斯特(L. Cuest)和布朗(George H. Brown)研究消费者对品牌的忠诚问题，以便找到促使消费者重复选择某一商品品牌的有效途径。谢里夫(M. Sherif)、凯利(Harlod H. Kelley)和谢把托尼(Shibutoni)等人开展了对参照群体的研究。马斯洛提出了著名的需要层次理论。

4. 变革与发展时期(1961年至今)

这一时期，消费者行为研究飞速发展，研究文献的数量、质量均得到大幅提升，消费者行为学已经成为一门独立学科。1960 年，美国心理学会成立了消费者心理学分会，这是消费者行为学开始确立其学科地位的前奏。1968 年，第一部消费者行为学教材《消费者行为学》由俄亥俄州立大学的恩格尔(James Engel)、科拉特(David Kollat)和布莱克维尔(Roger Blackwell)合作出版。1969 年，美国的消费者研究协会(Association for Consumer Research)正式成立。1960 年，哈佛大学的鲍尔(Raymond Bauer)发表的一篇论文对改变假定消费者的理性程度比较低的观念起了重要的作用，他认为，消费者的任何行动都将产生他不能完全肯定的结果。1974 年，《消费者研究杂志》(*Journal of Consumer Research*，JCR)创刊，该杂志不仅发表了大量消费者行为研究的成果，还将美国心理学会、美国市场营销学会、美国经济学会、消费者研究协会等众多团体联系到一起，为大家提供了一个交流合作的平台。

这一时期的其他代表性研究还有：罗杰斯(Everet M. Rogers)关于创新采用与扩散的研究；拉维吉(F. J. Lavidge)和斯坦勒(G. A. Steiner)关于广告效果的研究；费希本(Matin Fishbein)等人关于组织行为的研究；谢恩(J. N. Sheth)等人关于组织购买行为的研究和关于消费者权益保护问题的研究；科克斯(Donald F. Cox)和罗斯留斯(T. Roselisus)等人关于如何应付知觉风险的研究。

5. 发展趋向

(1) 研究角度和参数趋向多元化。许多学者从宏观经济、自然资源保护、消费者利益、消费者生活方式、消费者信用问题等多个角度对消费者行为进行研究，考虑心理因素、社会心理因素、文化、历史、地域、民族、道德传统、价值观念、信息化程度等一系列变量。

(2) 研究方法趋向定量化。许多研究运用统计分析技术、信息处理技术，以及运筹学、动态分析等现代科学方法和技术手段，揭示各变量之间的联系。

(3) 适应全球经济一体化的需要。在全球经济一体化的大背景下，国内市场已经国际化，经济大国的对外直接投资也发展迅猛，从全球化的角度分析消费者行为规律和消费者行为差异的跨文化消费者行为研究将成为趋势。例如，亚洲消费者与家庭经济学会从 1995 年开始每年举行一次国际年会，为各国从事消费者行为研究的学者及企业界人士提供交流的机会。

1.2.2　消费者行为学课程的发展历程

从世界范围来看，尽管关于消费者行为的专门研究始于 19 世纪末 20 世纪初，但消费者行为学作为一门独立学科的地位是在 20 世纪 60 年代以后才开始得到承认。1968 年，美国俄亥俄州立大学的恩格尔等人出版了《消费者行为学》一书，这是世界上第一部系统介绍消费者行为知识与理论的教科书。自此以后，随着社会各界尤其是企业界对消费者问题的关注，消费者行为研究备受重视，消费者行为学的发展与传播速度大大加快。如今，在西方国家的大学里，消费者行为学不仅是市场营销学专业学生的必修课，而且也受到管理、传播等专业学生的欢迎和重视。

我国对消费者行为学的研究起步较晚，该学科的发展相对滞后。20 世纪 80 年代初，全国很少有高校开设消费者行为学课程，20 世纪 90 年代以后，我国学术界对消费者行为学越来越重视，有一百多所开设市场营销专业的高校开设了此课程，以"消费者心理""消费者行为与心理""消费者行为学"命名的译著与教材不断增多，许多学者在该领域取得了相应的研究成果，使消费者行为学在我国的研究、应用和传播有了一个良好的开端。但综合来说，目前在消费者行为领域尚未形成一种被普遍接受的或被大多数人公认的系统理论，这既说明消费者行为学是一门年轻的学科，还有待于进一步发展和完善，又预示着该门学科有广阔的发展空间与前景。

1.3　消费者行为研究的意义、原则和方法

无论对于营销人员，还是对于企业或政府，消费者行为研究都具有重要的意义，为此不同学者采用了许多方法对消费者行为进行了深入研究与探索。

1.3.1　消费者行为研究的意义

消费者行为学是于 20 世纪 80 年代中期从西方引入我国的，经过 30 多年的发展和实践证明，在我国发展社会主义市场经济的过程中，深入开展消费者心理与行为的研究具有极其重要的现实意义。消费者行为研究的意义是多方面的，主要有以下几点。

(1) 消费者行为研究有助于企业根据消费者需求变化组织生产经营活动，提高市场营销活动效果，增强市场竞争力。一方面，随着我国人民消费的大变化、大发展，会出现许多新情况、新问题，迫切需要去研究解决；另一方面，随着经济体制改革的不断深入，工商企业更多地要依靠自身去谋求生产和经营的发展，而现在一些企业在生产经营中存在的突出问题(如生产结构不合理、产品销售率低、库存积压严重)，从根本上讲，属于经营决策问题，因此，深入、系统地研究消费者的心理活动规律和行为方式，有助于企业科学地进行经营决策。例如，企业经营管理者可以利用人们消费行为的心理规律，采用广告、商标、装潢和店面陈列、橱窗设计等手段刺激消费者的心理，运用心理学的规律洞察消费者心理进而预测消费市场，从而达到"消费引导生产"的目的。

(2) 消费者行为研究有利于提高我国宏观经济决策水平，改善宏观调控效果，促进国民经济协调发展。消费者行为研究可以为政府部门制定保护消费者利益的政策和法律科学资料提供依据。例如，制定工矿企业和交通运输中的噪声容许值标准、合理包装和标记的条例，设计适合顾客需要与愿望的交通网、文化中心、娱乐设施等。我国幅员辽阔、人口众多，各地区间的差别较大。从北国边疆到江南水乡，从高原山区到平川大坝，消费水平和消费结构参差不齐，消费方式和消费习惯千差万别。发达地区的人们已经拥有众多的高档消费品，而某些边远地区的人们还过着贫穷的生活，甚至个别地区仍停留在刀耕火种的原始阶段。普遍、经常、深入地了解与研究本国人民的消费状况，有助于政府有关部门掌握人民的消费需求，发展生产、搞活流通，协调整个国民经济，尽可能地避免决策的失误。

(3) 消费者行为研究有助于推动我国尽快融入国际经济体系，开拓国际市场，增强企业和产品的竞争力。每个国家和民族都有其各自不同的经济发展水平、文化传统、生活方式和风俗习惯，出口产品只有体现上述特性才有望占领国际市场。例如，红色包装在我国和日本是喜庆的象征，可是在瑞典和德国则被视为不祥之兆；八卦与阴阳图对于西方人来说完全是一个无关的刺激，可是东方人却很容易把它跟道教联系起来，韩国人则把它视为喜爱的标志。这样的跨文化研究已经被包含在消费者行为的知识体系中。

(4) 消费者行为研究有助于消费者提高自身素质，科学地进行个人消费决策，改善消费行为，实现文明消费。了解消费者行为的知识对消费者自己也有好处，特别是有助于其识别一些容易上当受骗的销售手段。例如，一些贩卖者惯用"贱卖""便宜"的叫卖来引诱消费者以达到推销次货、陈货的目的；还有一些摊贩雇佣一些"托儿"，造成一种从众的气氛，引诱一些消费者上当受骗。了解这些欺骗手段，可以免受其害。

1.3.2　消费者行为研究的原则

消费者行为研究的原则主要包括以下几个。

(1) 理论联系实际原则。消费者行为学虽然是一门建立在对实践的观察和测量基础上的学科，但是它仍然需要在营销活动中加以检验，这样才能更好地指导企业的营销策划。

(2) 发展原则。一切事物都是变化、发展的，唯一不变的就是变化本身，消费者的心理及行为也不例外。随着社会经济的飞速发展，不同时期人们的消费观念、消费动机、消费结构、消费趋势等均发生变化。这就要求在研究的过程中也要坚持发展的原则，不断地把对这门学科的认识向前推进，以便更符合消费者的变化。

(3) 全面性原则。消费者在消费过程中，会有各种各样的因素影响他们的购买决定，如需求、动机、态度等，这些因素既是相互联系，也是相互制约的。所以，消费者行为的研究必须坚持全面性原则。

1.3.3　消费者行为研究的方法

在了解消费者行为研究的意义和原则的基础上，还应该了解消费者行为研究的方法，有助于更好地了解顾客需求以及采用更好的策略。消费者行为研究的方法主要包括以下 5 种。

1. 观察法

观察法是指研究者根据一定的研究目的、研究提纲或观察表，用自己的感官和辅助工具直接观察被研究对象，从而获得资料的一种方法。科学的观察具有目的性、计划性、系统性和可重复性。人们观察时，一般利用眼睛、耳朵等感觉器官去感知观察对象，例如到购物场所实地观察顾客的购买行为。这个方法的特点是简单易行，成本低，有一定的可信度。由于人的感觉器官具有一定的局限性，观察者往往要借助各种现代化的仪器和手段，如照相机、录音机、录像机等来辅助观察。常用的观察法有以下 4 种。

(1) 自然观察法。自然观察法是指调查员在一个自然环境中(包括超市、展示地点、服务中心等)对调查对象的言谈、举止、行动和表情等进行有目的、有计划的观察，以了解其心理活动的方法。在心理学中，自然观察的主要目的是描述行为，提供"类别"及"数量"信息。

(2) 设计观察法。设计观察法是指调查机构事先设计一种模拟场景，调查员在一个已经设计好的并接近自然的环境中观察调查对象的行为和举止。所设置的场景越接近自然，被观察者的行为就越真实。

(3) 掩饰观察法。众所周知，如果被观察人知道自己被观察，其行为可能会有所不同，观察的结果也就不同，调查所获得的数据也会出现偏差。掩饰观察法就是在不为被观察人、物或者事件所知的情况下观察他们的行为过程。

(4) 机器观察法。在某些情况下，用机器观察取代人员观察是可能的甚至是被人希望的。在一些特定的环境中，使用机器可能比人工更便宜、更精确并且更容易完成工作。

2. 实验法

实验法是指有目的地控制一定的条件或创设一定的情境，以引起被试者的某些心理活动，从而对其进行研究的一种方法。实验法是心理学研究中应用最广且成效最大的一种方法，包括实验室实验法和自然实验法两种。

(1) 实验室实验法是指在专门的实验室内，借助仪器、设备等进行心理测试和分析的方法。这种方法因借助仪器从而得到比较科学的结果，但存在无法测定比较复杂的个性心理活动的缺点。

(2) 自然实验法是在日常生活等自然条件下，有目的、有计划地创设和控制一定的条件来进行研究的一种方法。例如，企业通过适当地控制和创造某些条件，刺激和诱导消费者的心理，或者利用一定的实验对象对某个心理问题进行测试，并记录消费者的各种心理表现。这种方法具有主动性、系统性的特点，因此被广泛使用。

3. 投射技术

"投射"是一个心理学名词，最早由心理学家弗洛伊德提出，用于人的精神分析。人有本我、自我、超我，三者之间不完全协调。就消费者而言，其购买行为可能不完全出于理性，甚至完全出于非理性考虑。但如果直接询问其购买动机，消费者可能会对其行为做出合理化的解释，从而掩盖真正的购买动机。这种行为称为防御机制。投射技术通过向被访者提供一种暧昧的刺激情境，让他在不受限制的情形下自由反应，即个体(消费者)在未能或没有启动防御机制的情况下，把其内心深处的真正动机、欲望、情感、想法表达出来。投射技术主要有两个作用：一是揭示某种特定行为或态度的真正原因；二是显示人们购买、拥有或使用某种产品或服务对本人意味着什么，即有什么象征意义。

投射技术通过设计一些有多种意义或意义指向宽泛的刺激，激发人的内在知觉机制发生作用。例如，提供一张内容抽象的图画，一个未完成的句子，一个没有结局的故事，让人任意解释。这种解释无疑会反映他们自己主观内在的东西，因而比其他调查结果的真实性更强。在具体应用投射技术时，要注意以下两点：一是要求被调查者在看到一张图画或听到一个词时，尽快表达出其第一反应，把其内心的想法投射出来；二是借用第三者(而非其本人)来投射被调查者的想法。具体的投射技术有词语联想、角色扮演、第三人技术、品牌拟人、完形填空、看图编故事等。

(1) 词语联想。词语联想是比较传统也比较容易实施的一种方法。这种方法是调查人员向被调查者呈现一系列词汇，要求被调查者回答看到这个词时脑子里首先闪现的是什么。这一技术有两大要点：一是要有一系列的词汇；二是要快，以免防御机制起作用。词语联想会产生很多词语和想法。为了评估某个词语和观念与特定品牌之间的关系密切程度和相对重要性，以研究品牌的联想和在消费者心目中的形象，在词语联想的基础上应对目标消费者进行直接提问，请他们用非常合适、合适、根本不合适等评价这些词语是否适合这个品牌，以确定品牌的位置图。对竞争者的品牌也可以做相似的研究。在美国，人们对麦当劳和Jack-in-the-Box做了这样的研究，结果发现麦当劳与"随处可见""熟悉""清洁""便宜"和"小孩"等联想较紧密，Jack-in-the-Box则与"多样""有趣"和"营养"的联想更紧密。在国内，有研究机构请被调查者说出他们对"沃尔玛"的联想，结果得到了"便宜""促销活动""闲逛""各种各样的商品""日用品""食品""可靠"等词语。

(2) 角色扮演。角色扮演是让被调查者扮演某个角色，如商店售货员，然后让他试着向提出异议的顾客推销产品，他在扮演这个角色时的表现可以充分投射出自己的想法和感觉；也可请被调查者扮演某个产品的受用对象(如扮演农作物以研究杀虫剂，扮演墙壁以研究涂料等)，也可能是品牌本身。这项技术主要用于帮助研究人员深入了解品牌功能和产品表现方面的信息。

📖 扩展阅读1-5

角色扮演法在"速溶咖啡"案例中的应用

(3) 第三人技术。第三人技术与角色扮演的基本思路大体相同，也是询问被调查者，就他的朋友、领导或一般人而言，他们在某种设定的情况下会做出何种反应或怎样思考。在这里，被调查者会有意无意地把自己的态度投射到"第三人"身上，从而流露自己真实的感情。这时，被调查者可能会说"我绝对不会这样想""我只是估计他可能这么想"。调查人员要鼓励被调查者充分表达其观点，表扬他的分析合乎逻辑、很有理性，并表示对他本人的尊重和信任，从而让他把"本我"感受放松地投射到第三人身上。

(4) 品牌拟人。品牌拟人是请被调查者把某个品牌想象成一个人，然后描述其年龄、性别、外表、性格、特征、兴趣爱好、职业职务、社会地位、家庭状况、休闲娱乐方式等。品牌拟人可以通过被调查者的想象，也可以采用一些辅助手段来进行。例如，可以利用不同类型的人物图片进行拼图，了解这些人在不同情况下表现出的不同的生活方式。品牌拟人主要用于了解品牌的形象描述、品牌的形象价值和品牌的个性，可以通过人的性格分析清晰地捕捉到品牌的重要性。品牌拟人还有助于揭示消费者和品牌之间深刻的情感联系。

(5) 完形填空。完形填空最常用的方式是首先列出一句不完整和模棱两可的句子，然后请被调查者把这个句子补充完整。在应用这个方法时，要注意两点：一是句子应该用"他"或"一般人"这样的第三人称来描述，避免引起被调查者产生自我防御机制，例如面对"一般人认为电视……""中国加入世贸组织，一般老百姓认为……""一般女性认为男人抽烟……"等陈述时，被调查者易于泄露自己的真实看法；二是在做完形填空时，要鼓励被调查者把看到这个不完整句子后的第一个感觉写出来，因为任何深思之后的答案往往会有合理化的成分，会降低完形填空的投射效果。完形填空也可以扩展为一个小故事。先叙述一个故事的一部分，然后请被调查者描述这个故事的进一步发展。当然，故事扩展比较复杂，需要被调查者具有更丰富的想象力，好处是问题更加开放，没有固定结构，可以获得更多的消费者的感受、想法和价值观念。

(6) 看图编故事。看图编故事要求被调查者从客观的角度描述图中的故事及故事中人物的想法或看法。往往图中展示的情境越模棱两可，越可以有多重解释，投射效果越好。这种方法可以用于对品牌形象、品牌传播本身、品牌消费者及消费场合等的测试。

目前，投射技术还在进一步发展之中，除了上述 6 种方法之外，还有使用者形象、品牌形象、参观公司、购物篮等。投射技术在揭示品牌形象、反映品牌定位、选择品牌名称、决定品牌延伸策略等方面均有广泛应用。

4. 访谈法

访谈法是指工作分析人员通过与被调查者进行面对面的交流获取调查信息的方法。访谈法主要有以下三种形式。

(1) 个别访谈法。个别访谈法指调查者单独与被调查者进行的访谈活动，具有保密性强、访谈形式灵活、调查结果准确、访问表回收率高等优点。根据访谈内容的不同，个别访谈法可以分成两种：标准化访问法和非标准化访问法。

(2) 集体访谈法。集体访谈法是类似于公众座谈会的一种集中收集信息的方法，一般由组织的一名或几名调查员与公众进行座谈，以了解他们的意见和看法。集体访谈法是一种了解情况快、工作效率高、经费投入少的调查方法，但对调查员会议组织能力的要求很高。另外，它也不适合调查某些具有保密性、隐私性、敏感性的问题。

(3) 电话调查法。电话调查法是调查员根据事前选好的调查样本，通过电话向被调查者收集信息的调查方法。这是一种介于当面访问和通信访问之间的调查方法。在电话调查的过程中，可以用事前拟定的问卷要求被调查者回答问题，也可以在电话中进行自由交谈，用录音的方式记录谈话内容，事后整理出调查报告。此方法具有时间短、费用低的优点，它又是一种特殊的当面访问，具有隐秘性强的特点。

访谈法的优点：实施方便，可行性强，引导深入交谈可获得可靠、有效的资料；如果是团体访谈，不仅节省时间，而且被调查者可放松心情，做较周密的思考后回答问题，相互启发影响，有利于促进问题的深入。

访谈法的缺点：样本小，需要较多的人力、物力和时间，应用上受到一定限制；无法控制被调查者受调查者的种种影响(如角色特点、表情态度、交往方式等)。所以，访谈法一般在调查对象较少的情况下采用，且常与问卷法、实验法等结合使用。

5. 问卷法

问卷法又称填表法，即调查机构或部门将他们希望了解的内容列在纸上，然后发放给被调查者，让他们填写。问卷法的类型很多，根据要求被调查者回答问题的形式的不同，主要有以下6种类型。

(1) 自由叙述式：不给被调查者提供任何答案，让其按自己的思想用文字自由地回答。

(2) 多重选择式：让被调查者从提供的互不矛盾的答案中选择一个或几个答案。

(3) 是否式：让被调查者以"是"或"否"二择一的方法回答提供的答案。

(4) 评定量表法：让被调查者按规定的标准尺度对提供的答案进行评价。

(5) 确定顺序式：让被调查者对提供的几种答案按一定的标准(好恶或赞同与否等)做出顺序排列。

(6) 对偶比较式：每两个调查项目组成一组，让被调查者按一定的标准进行比较。

这6种问卷类型各有其优点和缺点，要根据研究的目的、任务和被调查者的特点选择使用，研究者通常将几种形式并用。

问卷法的主要优点：标准化程度高，收效快。问卷法能在短时间内调查很多研究对象，取得大量的资料，能对资料进行数量化处理，经济省时。

问卷法的主要缺点：被调查者可能由于各种原因(如自我防卫、理解和记忆错误等)对问题做出虚假或错误的回答，在许多场合要想对这种回答加以确认又几乎是不可能的。因此，要做好问卷设计并对取得的结果做出合理的解释，必须具备丰富的心理学知识和敏锐的洞察力。

1.4 消费者行为研究的内容及基本框架

1.4.1 消费者行为研究的内容

消费者行为研究涉及消费者的购买决策、影响消费者购买的个人因素及外部因素，而个人因素与外部因素均包含诸多细分影响因素。可以说，消费者行为学的研究内容是极为广泛的。

消费者行为研究是市场调研中最普通、最经常实施的一项研究，是指对消费者为获取、使用、处理消费物品所采用的各种行动，以及事先决定这些行动的决策过程的定量研究和定性研究。消费者行为研究除了可以了解消费者是如何获取产品与服务的，还可以了解消费者是如何消费产品的，以及产品在用完或消费之后是如何被处置的。简言之，消费者行为学的研究对象是各类消费者的消费行为产生和发展的规律。因此，消费者行为研究是营销决策的基础，与企业的市场营销活动密不可分，在提高营销决策水平、增强营销策略的有效性方面有重要意义。

消费者行为研究一般需要了解的信息如下。

(1) what：消费者购买或使用什么产品或品牌？

(2) why：消费者为什么购买或使用产品或品牌？

(3) who：购买和使用产品或品牌的消费者是谁？

(4) when：消费者在什么时候购买和使用产品或品牌？

(5) where：消费者从哪里获得产品或品牌的信息？在什么地方购买和使用产品或品牌？

(6) how much：消费者购买和使用产品或品牌的数量是多少？

(7) how：消费者如何购买和使用产品或品牌？

东方国际市场研究机构(EMR)进行消费者行为研究的具体内容包括消费者对产品或品牌的认知状况研究、消费者对产品或品牌的态度与满意度评价研究、消费者购买行为与态度研究、消费者使用行为与态度研究、产品或品牌促销活动的认知及接受研究、产品或品牌相关信息来源研究、消费者个人资料信息的研究等。

1.4.2　消费者行为研究的基本框架

在综合前人研究成果的基础上，本书进行消费者行为研究的基本框架如图 1-3 所示。

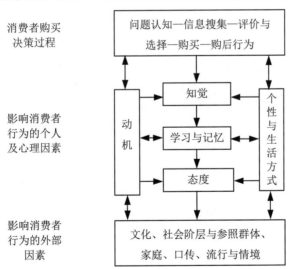

图1-3　本书进行消费者行为研究的基本框架

由图 1-3 可知，消费者购买决策过程、影响消费者行为的个人及心理因素、影响消费者行为的外部因素为本书的主要分析内容。

1. 消费者购买决策过程

消费者购买决策是指消费者谨慎地评价产品、品牌或服务的属性，并进行理性选择，想用最少的付出获得能满足某一特定需要的产品或服务的过程。消费者购买决策过程主要包括问题认知、信息搜集、评价与选择、购买、购后行为5个环节。本书第2章将重点讲述消费者购买决策的类型及5个环节。

2. 影响消费者行为的个人及心理因素

影响消费者行为的个人因素包括年龄、职业、性别、经济状况、生活方式、性格和自我观念等。处于不同年龄阶段的消费者对产品有不同的需求；不同职业的消费者对不同类型的产品有明显偏好；由于生理和心理的差异，男性和女性消费者的消费欲望、消费构成和购买习惯有所不同；经济状况决定了消费者的购买欲望和购买能力；生活方式、个性和自我观念决定了消费者的活动、兴趣和思想见解。

消费者的行为还受到动机、感觉和态度、知觉、学习与信念等心理因素的影响。动机是指引起行为发生、造成行为结果的原因，是促成购买行为的出发点。首先，必须让消费者知道他存在某些需要有待于满足，当消费者感受到这种需要时就会为了满足需要产生动机。例如，生理的需要已经满足，消费者就会考虑安全的需要，从而购买有关安全方面的商品或保险服务。广告形成销售力的本质在于迎合、激发、建立和强化消费者的购买动机，因此，广告只有通过诉求和表现的信息对目标消费者施加影响，迎合消费者的购买动机，才能产生效果。所以，在实施广告传播活动前洞察消费者的购买动机和心理非常关键。

感觉是对某一事物、事件、意念的视觉、听觉、触觉、味觉、嗅觉。对于同样的汽车，由于感觉不同，有人可能会认为甲种汽车适合男性，乙种汽车适合女性。造成感觉差异的主要原因在于个人内在因素，如人们感觉的程度和过去的经验。一个消费者每天要接触许多广告，但哪些广告能引起消费者的感觉，企业应考虑到广告设计的内容与方法等。例如，在报刊上用较大篇幅刊登广告，或在广告中使用不同的色彩。在广告中留有较多的空白，以增加读者的注意力。进行推销工作，包括通过广告和人员进行销售，首先要引起消费者或用户的注意，并使其产生好感。

所谓态度，就是一个人对某种事物或意念持久的喜爱。一个人的态度往往是经过长期的个人经历逐步形成的。销售工作必须注意态度问题，或是改变人们的态度，或是经过调查改进产品的成分、包装等，以适应消费者的多种态度。例如，速溶咖啡初上市时，不受欢迎，销路不广，美国通用食品公司制成了一种 Maxim 咖啡，但不用"速溶"作为卖点宣传，而以"既有传统咖啡的美味，又有迅速溶解的方便"为诉求，从而改变了消费者的态度，打开了销路。

本书第3~7章将重点阐述影响消费者行为的个人及心理因素。

3. 影响消费者行为的外部因素

影响消费者行为的外部因素有很多，如文化、社会阶层、参照群体、家庭等。文化对消费者行为具有广泛而深远的影响。广义的文化指人类在社会历史实践中所创造的物质财富和精神财富的总和；狭义的文化指社会的意识形态以及与之相适应的制度和组织机构。这里所说的文化指的是狭义的文化。任何社会都有其特定的文化，它是处于各社会之中的人的欲求和行动的最基本决定因素。此外，在每一种文化中，往往还存在许多在一定范围内具有文化统一性的群体，即所谓的次文化，也叫亚文化。次文化以特定的认同感和社会影响力将其成员联系在一起。次文化包括民族次文化、宗教次文化、种族次文化、地理次文化 4 种类型。消费者因民族、宗教信仰、种族和所处地域不同而必然具有不同的生活习惯、生活方式、价值取向、文化偏好和禁忌，这些因素都会对他们的购买行为产生影响。

消费者的行为也受其所处社会阶层、参照群体、家庭等社会因素的影响。社会阶层是由具有相同或类似社会地位的社会成员组成的相对持久的群体。划分社会阶层不仅依据经济标准(如收入和财产)，还依据声望、地位、流动性以及类同和归属感。属于同一个社会阶层的人，因经济状况、价值取向、生活背景和受教育程度相近，其生活方式、消费水准、消费内容、兴趣和行为也相近，甚至对某些商品、品牌、商店、休闲活动、媒介习惯都有共同的偏好。处于不同社会阶层的消费者，也自然表现出不同的行为。以购买相同价格的汽车为例，例如购买一辆绅宝和一辆凯迪拉克，绅宝的主人是一位年轻的建筑师，凯迪拉克的主人是一家小建筑公司的老板。这两位消费者绝不会经常光顾同一家餐厅，或在同一间酒吧喝酒，或经常吃同样的食物。他们不属于同一个社会阶层，因而他们的消费也带有明显的阶层标志。这中间的差异并不仅仅是因为钱，显然，其中还反映社会阶层不同而形成的消费偏爱，以及看待世界与事物的不同方式。

参照群体指某人在做出自己的消费决策时用作参照点的其他人群。通常被消费者选作参照的群体有两种基本类型：一种是成员群体，指个人按某种固定的条件与之相互作用的群体，在这一群体中的人们之间往往存在较为亲近的联系，如朋友、邻居、同事等；另一种是榜样群体，由人们羡慕或视为榜样的人所组成，在日常生活中，地域和物理条件往往会限制人们与其榜样群体中的成员产生相互作用，但是由于人们希望自己能与这个群体的成员相像，因此榜样通常会成为一种行为标准，职业运动员、电影明星、摇滚乐队及成功的企业主管都可能成为人们的偶像，由此而产生的名人广告正是借助名人的这种声望和影响力来为广告主推荐产品的。

参照群体以各种方式影响着消费者，最起码，他们为消费者提供了某种程度上的评估产品和品牌的信息。通常可以看到这样的情形：某人之所以选择某个品牌，完全是因为他认为使用这些产品可以提高自己与参照群体的相似程度，或向他人表明自己属于某个特定的群体，从而在购买产品、消费品牌的时候，实现作为消费者的自我表现利益，也就是所谓的品牌的象征意义。

家庭是"共用一个钱包"的消费共同社会，因而作为家庭成员的夫妻、母子、父女之间总是有着强烈的相互影响作用。年幼的消费者作为一个家庭成员，从小到大深受父母的种种倾向性影响，因而形成了所谓的代际效应，即家庭对其成员的消费偏好有着持久的影响。一个人成年后用的品牌通常也是其父母用过的品牌，牙膏、洗衣粉等日用品会更多地反映出这一规律。当年轻一代脱离家庭的束缚，开始自己的生活，总会没理由地选择一些品牌的商品，但是当他们回到父母家中时就会发现个中缘由，这就是所谓的行为的惯性。同样，作为子女的年轻人的思想、行为也会影响父母、长辈对某类产品、品牌的态度及家庭消费模式。例如，老年人接受卡拉 OK 等新鲜事物，常常是由于受到子女的影响。

本书第 8～12 章将详细阐述影响消费者行为的一系列外部因素。

本 章 小 结

消费是指利用社会产品满足人们各种需要的过程。消费品是用来满足人们物质和文化生活需要的那部分社会产品。消费品可以分为便利品、选购品、特殊品和非渴求品4类。在现实生活中，同一消费品或服务的购买决策者、购买者、使用者可能是同一个人，也可能是不同的人。影响者也值得企业和营销人员关注，他们的意见对消费者的购买行为会产生影响。

消费者行为指消费者为索取、使用、处置消费物品所采取的各种行动，以及先于且决定这些行动的决策过程，甚至包括消费收入的取得等一系列复杂的过程。

消费者行为研究是市场调研中最普通、最经常实施的一项研究，是指对消费者为获取、使用、处理消费物品所采取的各种行动，以及事先决定这些行动的决策过程的定量研究和定性研究。消费者行为研究主要经历了4个阶段，但我国对消费者行为的研究起步较晚，该学科的发展相对滞后。研究消费者行为对企业、国家、消费者自身都具有较为积极的意义。消费者行为研究主要有观察法、实验法、投射技术、访谈法、问卷法等。消费者决策过程、影响消费者行为的个人及心理因素、影响消费者行为的外部因素这三部分内容是本书进行消费者行为研究的基本框架。

习　题

1. 名词解释

(1) 消费　　(2) 消费者　　(3) 消费者行为　　(4) 消费者市场　　(5) 消费者的影响者

2. 填空题

(1) _____指物质资料生产过程中的生产资料和活劳动的消耗，_____指人们把生产出来的物质资料和精神产品用于满足个人生活需要的行为和过程。

(2) _____指研究者根据一定的研究目的、研究提纲或观察表，用自己的感官和辅助工具直接观察研究对象，从而获得资料的一种方法。

(3) _____是在日常生活等自然条件下，有目的、有计划地创设和控制一定的条件来进行研究的一种方法。

(4) 访谈法有三种形式，分别为个别访谈法、_____和_____。

(5) 消费者决策过程主要包括问题认知、信息搜集、评价与选择、_____和_____5个环节。

3. 简答题

(1) 消费者行为与消费者心理的联系及区别有哪些？

(2) 消费者行为学的发展历程是怎样的？

(3) 消费者行为学的主要研究内容是什么？

第 2 章

消费者购买决策过程

杭州"狗不理"包子经营业绩不佳

杭州"狗不理"包子是天津"狗不理"包子的分店，地处商业黄金地段。正宗的"狗不理"包子以其鲜明的特色(薄皮、水馅、滋味鲜美、咬一口汁水横流)享誉神州，正当天津大酒店创下日销包子万余只的记录时，杭州"狗不理"包子将楼下1/3的面积转租给服装商，依然"门前冷落车马稀"。

当"狗不理"包子一再强调鲜明特色时，却忽视了消费者是否接受这一特色，那么受挫于杭州就在所难免。分析原因主要有以下几点：首先，"狗不理"包子馅较油腻，不符合喜欢清淡的杭州市民的口味；其次，"狗不理"包子不符合杭州市民的生活习惯，杭州市民将包子作为便捷快餐，边走边吃，而"狗不理"包子由于薄皮、水馅、容易流汁，不便于拿在手里边走边吃；再次，"狗不理"包子多佐以蒜一类的辛辣刺激物，这与杭州市民口味相悖。

消费者购买决策是指为了实现满足需求这一特定目标，消费者作为决策主体在购买过程中进行的评价、选择、判断、决定等一系列活动。杭州"狗不理"包子之所以失败，就是因为没有真正理解购买决策的真谛。杭州"狗不理"包子经营业绩不佳，并非因其品质不好、品牌不名，而是从整个营销过程的开始就没有注意到杭州消费者的生活方式和颇具个性化的口味。一个产品的价值高低、畅销与否是由消费者决定的。"狗不理"包子馅较油腻，不符合杭州市民的口味，也不符合杭州市民把包子作为快餐、边走边吃的生活方式，"狗不理"包子在杭州失宠就在所难免。由于消费者市场具有地域性、复杂性、易变性等特点，天津"狗不理"包子进入杭州市场前，应先进行市场调研，了解谁买、为什么买、如何买、何时买、买多少、在哪里买等问题，了解竞争对手状况、企业自身的优缺点。只有这样，企业才能有的放矢，采取相应营销措施和手段。

(资料来源：狗不理包子营销案例. 淘豆网. 2018-11-01. https://www.taodocs.com/p-173641888.html. 有删改)

由导读案例可以看出，产品要有市场，除了产品质量好、有特色，更重要的是看消费者能不能接受，如果消费者不接受，再有名的品牌也不可能有市场。如果天津"狗不理"包子能认识到这一点，其产品不仅能打入杭州，而且能打入其他地区的市场。可以说，理解并掌握消费者购买决策的过程及主要影响因素是企业营销成功的前提。消费者购买决策的类型有很多种，像牙膏、文具等一般生活用品的购买决策，多数消费者在很短的时间内就能完成；而像汽车、大家电、住房等大件商品的购买决策，需要消费者花费很多精力从多个渠道搜索信息并进行比较。对于复杂的购买决策，一般要经过问题认知、信息搜集、评价与选择、购买行为和购后行为5个环节才能完成。本章在分析、比较消费者购买决策类型的基础上，详细阐述消费者决策的5个环节。

2.1 消费者购买决策

2.1.1 消费者购买决策的概念与特性

消费者购买决策是指消费者为了满足某种需求，在一定的购买动机的支配下，在可供选择的两个或者两个以上的购买方案中，经过分析、评价，选择实施最佳的购买方案，以及购后评价的活动过程，如图2-1所示。

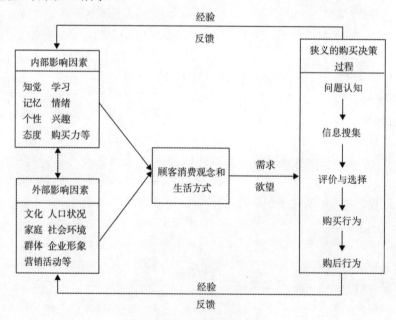

图2-1 消费者购买决策

消费者购买决策具有以下几个特性。

(1) 消费者购买决策的目的性。消费者进行决策，就是要促进一个或若干个消费目标的实现，这本身就带有目的性。在决策过程中，要围绕目标进行筹划、选择、安排，这就是实现消费活动的目的性。

(2) 消费者购买决策的过程性。消费者购买决策是指消费者受到内、外部因素刺激，产生需求，形成购买动机，抉择和实施购买方案，购后经验又会反馈回去影响下一次的购买决策，从而形成一个完整的循环过程。

(3) 消费者购买决策主体的需求个性。由于购买商品行为是消费者主观需求、意愿的外在体现，受许多客观因素的影响。除集体消费之外，个体消费者的购买决策一般都是由消费者个人单独进行的。随着消费者支付水平的提高，购买行为中独立决策的特点将越来越明显。

(4) 消费者购买决策的复杂性，即心理活动和购买决策过程的复杂性。决策是人的大脑复杂思维活动的产物。消费者在做决策时不仅要开展感觉、知觉、注意、记忆等一系列心理活动，还必须进行分析、推理、判断等一系列思维活动，并且要计算费用支出与可能带来的各种利益。因此，消费者的购买决策过程一般是比较复杂的。首先，决策内容具有复杂性，即消费者通过分析，确定在何时、何地以何种方式、何种价格购买何种品牌商品等一系列复杂的购买决策内容。其次，购买决策影响因素也较为复杂。消费者的购买决策受到多方面因素的影响和制约，具体包括：消费者个人的性格、气质、兴趣、生活习惯与收入水平等与消费者主体相关的因素；消费者所处的空间环境、社会文化环境和经济环境等各种刺激因素，如产品本身的属性、价格、企业的信誉和服务水平，以及各种促销形式等。这些因素之间存在复杂的交互作用，它们会对消费者的决策内容、方式及结果有不确定的影响。

(5) 消费者购买决策的情境性。由于影响决策的各种因素不是一成不变的，而是随着时间、地点、环境的变化不断发生变化。因此，即使同一个消费者的消费决策亦具有明显的情境性，其具体决策方式因所处情境不同而不同。由于不同消费者的收入水平、购买传统、消费心理、家庭环境等影响因素存在差异，因此，不同的消费者对于同一种商品的购买决策也可能存在差异。

2.1.2　消费者购买决策的类型

消费者购买决策主要包括扩展型购买决策、名义型购买决策和有限型购买决策三大类。

1. 扩展型购买决策

当对某类产品或对该类产品的具体品牌不熟悉，而且也未建立起相应的产品与品牌评价标准时，消费者面临的就是扩展型购买决策。扩展型购买决策一般是在消费者介入程度较高，品牌间差异程度比较大，而且消费者有较多时间进行斟酌的情况下所做的购买决策。该类型决策的显著特点是，消费者在购买过程中要进行大量的信息搜集，并对各种备选产品做广泛而深入的评价、比较。

消费者介入是指消费者搜索、处理商品相关信息所花费的时间和消费者有意识地处理商品相关信息及广告所花费的精力，它决定消费者对信息类别的遴选和做出购买决策的过程。根据消费者投入的时间和精力，可将商品分为高度介入商品和低度介入商品，商品的特性决定了其广告传播方式和效果上的差异。高度介入商品的消费者品牌忠诚度较高，如汽车、教育、保险等；低度介入商品的消费者品牌忠诚度较低，如生活用品。

📖 扩展阅读2-1

王太太的多元选择

2. 名义型购买决策

名义型购买决策实则是一种惯例化反应，本身并未涉及决策，只是根据以前的经验发生惯性反应(不存在选择)。这种类型的决策通常发生在低介入程度的购买过程中。名义型购买决策通常分为品牌忠诚型购买决策和习惯型购买决策两种类型。

1) 品牌忠诚型购买决策

假如消费者对某个品牌的洗发水产生了忠诚和信赖，那么该消费者就成了这个牌子的忠诚顾客。这说明该消费者对产品的介入程度高，而对购买的介入程度低。消费者来到超市的洗发水货架，可能会不加考虑就选择所喜爱的品牌，很少注意其他品牌，尽管有的品牌优于该消费者所喜欢的品牌，这就属于品牌忠诚型购买决策。

品牌忠诚型购买决策与消费者对产品品牌的态度、信任程度和购买习惯有关。当某种品牌已为消费者所偏爱，并取得消费者的信任时，消费者一旦需要这一类别的产品，就会不加思考地选择该品牌，而不愿意花时间去把这种品牌与其他品牌做比较。从品牌的使用频次来说，消费者使用次数越多的产品，越可能成为他们选择的对象，即熟悉的东西才敢于相信。一般来说，品牌忠诚型购买决策随消费者年龄的增加而逐渐增多。此外，性格内向的消费者，更可能发生品牌忠诚型购买决策。

📖 扩展阅读2-2

忠诚型购买的广告策略

2) 习惯型购买决策

习惯型购买决策是指消费者会重复购买某一品牌的产品，但当遇到更好的品牌或其他品牌的产品正在打折时，消费者可能会选择其他品牌。如果消费者属于低度介入并认为各品牌之间没有显著差异，就会产生习惯型购买决策。消费者并未深入搜集信息和评估品牌，只是习惯于购买自己熟悉的品牌，在购买后可能评价也可能不评价产品。一般来说，这类消费者对价格低廉、经常购买、品牌差异小的产品花最少的时间，采取就近购买的方式，属于最简单的购买行为，如购买食盐、鸡精、牙膏、面巾纸之类的便利品。也就是说，消费者始终购买同一品牌的产品，不是因为对该品牌的忠诚，而是不值得花费时间和精力去寻找另一个替代品牌。

3. 有限型购买决策

有限型购买决策指消费者对某一产品领域或该领域的各种品牌有了一定程度的了解，或者对产品和产品品牌的选择建立了一些基本的评价标准，但还没有形成对某些特定品牌的偏好，因而还需要进一步搜集信息，以便在不同品牌之间做出较为理想和满意的选择。当消费者认为备选商品之间的差异不是很大、介入程度不是很高、解决需求问题的时间比较短时，他所面临的大多属于有限型购买决策。有限型购买决策包括：内部信息搜集或有限的外部信息搜集，很少的备选方案，基于较少属性的简单决策规则，很少的购后评价和较低的购买介入程度。

4. 三种决策的区别

扩展型、名义型和有限型购买决策的比较如图 2-2 所示。

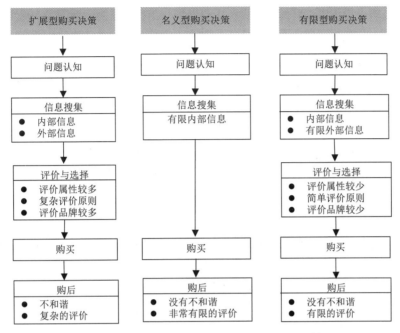

图 2-2　扩展型、名义型和有限型购买决策的比较

　　三种决策的主要区别表现在以下几方面。

　　(1) 购买决策所经历的阶段及各阶段消费者的介入程度存在差别。名义型购买决策过程中，消费者介入程度最低；扩展型购买决策过程中，消费者介入程度最高；有限型购买决策过程中，消费者介入程度介于前述两种决策类型之间。

　　(2) 在不同决策类型下，消费者重复选择同一品牌的概率不同。一般而言，越是复杂的购买决策，消费者在下一轮购买中再选择同一品牌的可能性相应越小；越是简单的名义型购买决策，重复选择同一品牌的可能性越大。

　　(3) 消费者在信息搜集上花费的时间存在差异。通常，名义型购买决策很少进行信息搜集活动，而扩展型购买决策则须进行广泛的信息搜集。

2.2　问 题 认 知

　　消费者问题认知是消费者的理想状态与实际状态之间的差距达到一定程度并足以激发消费者决策过程的结果。

2.2.1　问题认知的类型

　　认知需求是消费者购买决策过程的起点。当消费者在现实生活中感觉到或意识到实际情况与其需求之间有一定差距并产生要解决这一问题的要求时，购买的决策便开始了。消费者的这种需求的产生，既可以是人体机能的感受所引发的，如因饥饿而引发购买食品的需求，因口渴而引发购买饮料的需求，也可以是由外部条件刺激所诱生的，如看见电视中的西服广告而打算自己买一套，路过水果店看到新鲜的水果而决定购买等。当然，有时候消费者的某种需求可能是内、外原因同时作用的结果。问题认知过程如图2-3所示。

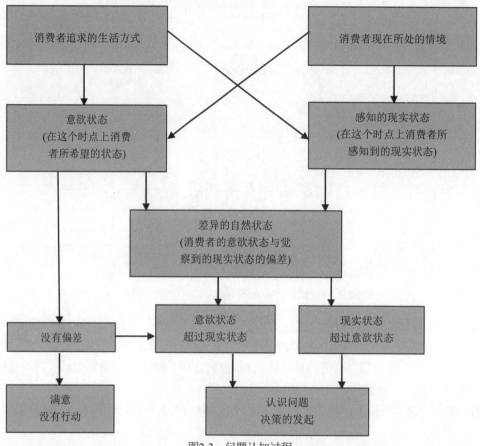

图2-3　问题认知过程

问题认知的类型包括主动型问题认知和被动型问题认知。主动型问题是指在正常情况下消费者能意识到的问题，如家中电视坏了要找人修理，大米吃完了需要购买等，这些问题很容易认知。被动型问题是消费者尚未意识到或需要在别人提醒之后才可能意识到的问题，如新能源汽车使用的好处及趋势、某些新产品的特殊功效等。

从企业营销角度来看，对于主动型问题，营销者只要令人信服地向消费者说明产品的优势即可。但对于被动型问题，营销者不仅要使消费者意识到问题的存在，而且要使其相信企业所提供的产品或服务是解决该问题的有效办法。显然，后者的营销任务较前者难度更大。

市场营销人员应注意识别引起消费者某种需要和兴趣的环境，并充分认识以下两方面：一是了解那些与本企业的产品有实际或潜在关联的驱使力；二是消费者对某种产品的需求强度会随着时间的推移而变动，并且被一些诱因所触发。在此基础上，企业还要善于安排诱因，促使消费者对企业产品产生强烈的需求，并立即采取购买行动。

2.2.2　影响问题认知的因素及企业策略

影响消费者问题认知的因素主要有时间、环境改变、产品获取、产品消费及个体差异等。时间作用于现实状态使之逐步偏离理想状态，从而引发问题认知，如很多人年轻时喜欢留长发，而步入中年后头发刚刚触及耳边就要去理发店理发。一个人生活环境的变化也会激发许多新的需要，如多数大学生走上工作岗位后增添了许多职业装。获取一件产品也可能会激发对另一件产品的需要，如购买一套新房后发现需要配置一系列家具、家电用品。此外，即使消费者意识到某一购买问题仅仅是由于产品已经或即将用完，不同消费者对同一产品及问题的认知也有很大差异。

从企业营销角度来看，激发消费者对需求问题的认知对企业的经营业绩提升至关重要，主要可以采用以下两种思路：一是通过改变消费者的理想状态来激发消费者对问题的认知，例如，广告宣传产品的优越性来影响理想状态；二是通过影响消费者对现有差距的重要性的认识激发消费者的问题认知，例如，运用比较性广告来暗示现有产品的不足或危害。

现实生活中，部分企业不希望顾客对其产品所存在的问题产生认知，因此也采取了一些特殊的做法。例如，吸烟有害健康是全社会的共识，但许多烟厂并不希望消费者过多地认知此问题。Newport(纽宝)香烟在其广告上(见图2-4)就强调它长期奉行的"Newport Pleasure(纽宝快乐)"主题。

图2-4　Newport香烟

在《我们周刊》(*Us Weekly*)某一期中，有一个隐隐约约的女子身影，手拿沙龙香烟，旁边有一个开封的烟盒，上面写着："富有，热情(Rich，Intense)"。《细节》(*Details*)杂志封面的骆驼香烟广告则华丽得多，一个摩登女郎手拿骆驼香烟，旁边的广告语为："自从 20 年代以来，美好生活从不曾如现在这般唾手可得(Not since the 20's has it been so easy to live so large)"。

2.3　信　息　搜　集

消费者产生了购买动机之后，便会开始进行与购买动机相关联的活动。如果消费品所需购买的物品就在附近，便会实施购买活动，从而满足需求。但是当所需购买的物品不易购到，或者说需求不能立即得到满足时，他便会把这种需求存入记忆中，并注意搜集与需求密切相关的信息，以便进行决策。

2.3.1　信息来源

消费者信息的来源主要有以下 4 种。

(1) 个人来源：从与家庭、亲友、邻居、同事等的个人交往中获得信息。

(2) 商业来源：这是消费者获取信息的主要来源，其中包括广告、推销人员的介绍、商品包装、产品说明书等提供的信息。这一信息来源是企业可以控制的。

(3) 公共来源：消费者从电视、广播、报刊等大众传播媒体获得信息。

(4) 经验来源：消费者从自己亲自接触、使用商品的过程中得到信息。

上述 4 种信息来源中，商业来源最为重要。从消费者角度来看，商业信息不仅具有通知的作用，而且一般来说具有针对性和可靠性，个人和经验来源只能起验证作用；对企业来说，商业信息是可以控制的，消费者可以通过商业信息的渠道了解本企业的产品，进而购买本企业的产品。

📖 扩展阅读2-3

广告的主要形式

2.3.2　信息搜集分类

信息搜集一般可以分为内部信息搜集和外部信息搜集两大类。内部信息搜集是指消费者将过去储存在长时记忆中的有关产品、服务和购买的信息提取出来，以解决当前面临的消费或购买问题。外部信息搜集是指消费者从外部来源(如同事、朋友、商业传媒及其他信息渠道)获得与某一特定购买决策相关的数据和信息。

除了将信息搜集分成内部和外部两种类型以外，研究人员发现对购买前信息搜集和即时性信息搜集做出区分是十分有意义的。购买前信息搜集是消费者为解决某一特定购买问题而开展的信息搜集活动。例如，为购买一台计算机而阅读有关计算机杂志或访问计算机商店，均属于这种类型的信息搜集。即时性信息搜集与购买前信息搜集相对应，是指不针对特定购买需要或购买决策而进行的信息搜集活动。例如，一位已购买了计算机的消费者仍不断从杂志、互联网和其他渠道了解有关计算机的信息，就属于即时性信息搜集。

1. 内部信息搜集

内部信息搜集一般先于外部信息搜集，而且在不同类型的决策条件下，内部信息搜集的程度也存在差别，越是重要、复杂的购买问题，内部信息搜集范围越广泛。

1) 内部信息的类型

现有的研究发现，消费者从记忆中提取的信息主要有 4 种类型：品牌信息、产品属性信息、评价信息和体验信息。

(1) 品牌信息。虽然消费者可能知道某类产品中的多个品牌，但在某个特定的情境下，可能只能回忆起其中少数几个品牌。例如，购买手机时，可能只想起华为、三星等几个品牌。这些被回忆、考虑和进行过比较的品牌叫激活域或考虑域。哪些品牌会进入考虑域，受消费者目标、品牌知名度、购物背景等多个因素的影响。

(2) 产品属性信息。例如，你正在考虑购买一台戴尔或联想笔记本电脑，此时你需要从记忆中提取上述两个品牌在价格、性能、维修便捷性等方面的具体信息，这些都属于产品属性方面的信息。通常，对于具体的产品属性信息，人们采用一种概括或简化的形式，而不是以其原始形式进行储存和提取。例如，人们可能知道自己的汽车是省油还是费油，但不一定知道每百公里油耗是多少；可能指出某种产品是贵还是便宜，但不能确切地指出它的具体价格。当然，也有一些消费者在进行内部信息搜集时，能回忆起某些产品细节，而这些细节恰恰能影响随后的品牌选择。正因为如此，营销者对那些影响消费者对细节进行回忆的因素非常感兴趣。研究发现，属性信息越具有诊断性，越容易被回忆。例如，如果各航空公司在同一航线上定价差不多，此时价格就不具有诊断性；如果某航空公司定价特别高或特别低，价格的可诊断性就增加了。另外，属性的显著性、属性信息与购买目标的相关性、属性信息的鲜明或鲜活性(如图片比文字更鲜活)，都会影响消费者的回忆。研究也发现，负面信息比正面信息或中性信息更具有可诊断性，因此，企业应花更多的精力来避免出现负面的产品信息。

(3) 评价信息。相对于具体的产品属性信息，消费者更容易回忆起对产品的整体评价，例如产品质量如何，自己是否喜欢某个产品或品牌。如果消费者在接触广告或营销信息时，主动对品牌做了评价，那么在以后回忆该品牌时，便可能呈现这种评价信息。例如，消费者偶然发现一则广告，该广告对某个特定的手机品牌做了较详细的介绍，消费者根据这些信息做出了是否喜欢该品牌的评价。一段时间后，当消费者真的购买手机时，会立即回忆起该品牌并判断自己是否喜欢它，但消费者对于是哪些具体产品属性信息导致自己喜欢该品牌，则可能完全记不起来了。

(4) 体验信息。如果在产品或服务购买过程中经历了特别愉快或特别不愉快的体验，这方面的信息可能更容易被回忆起来。原因是这些感受具有自传体记忆的特征并伴随情绪或情感体验，因此在记忆里更加突出、更加鲜活。很明显，企业可以尝试在消费者的体验与产品或服务之间建立联系，例如使购买过程或消费过程具有更多的体验性和产生更多正面的情绪，也可以采用"怀旧"的方式勾起消费者对过去美好事件或经历的回忆来提升消费者对公司产品的印象。

2) 内部信息搜集过程

图 2-5 列出了消费者在内部信息搜集过程中对品牌的归类。

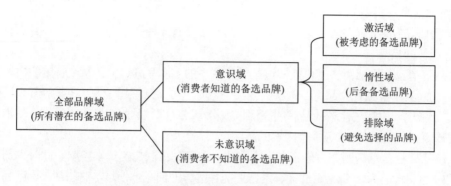

图2-5　消费者在内部信息搜集过程中对品牌的归类

图 2-5 中，意识域是消费者知悉或意识到且有可能作为备选品的品牌。意识域可进一步分为三个次级域，即激活域、惰性域和排除域。激活域由备选品中予以进一步考虑的产品或品牌组成。如果从一开始消费者就对激活域里的品牌感到满意，信息搜集将集中于这些品牌在特定评价标准上的表现。如果未形成激活域或对激活域里的品牌缺乏信心，消费者可能会做外部信息搜集，最终形成一个完整的激活域。惰性域(又称不活跃域)是由那些消费者了解但不关心的产品或品牌所组成。消费者对惰性域里的品牌既无特别的好感也无恶感，通常会接受有关这些品牌的正面信息，但不会主动搜寻这些信息。排除域里的产品或品牌是消费者不喜欢和不予考虑的。即使有关这些品牌的信息唾手可得，消费者也会不予理会。很明显，品牌进入消费者激活域特别重要，否则被选择的可能性很小。因此，需要了解哪些因素会促使品牌被回忆起来，并被包括在激活域中。这些促进因素如下所示。

(1) 品牌熟悉程度。越熟悉的品牌，自然越可能被激活。

(2) 典型性。品牌如果越能代表某一类产品，则在内部信息搜集过程中越容易被消费者想起。例如提到高品质汽车，马上会想到奔驰、宝马，而不是捷达、伊兰特等，因前者比后者更能代表高品质汽车，更具有类别典型性。

(3) 目标与使用情境。消费者有时会按目标或使用情境对产品分类，例如正式场合穿的鞋、运动时穿的鞋、散步时穿的鞋等。企业如果将自己的品牌定位于某个特定目标或使用情境，在这些购买目标和消费情境下，品牌更有可能被回忆起来。

(4) 品牌偏好。越是被消费者喜欢的品牌，或消费者态度越正面的品牌，越可能被纳入激活域。

(5) 回忆线索。例如英特尔(Intel)广告中的音乐、孩子们喜爱的麦当劳大叔，都可以作为回忆线索，帮助品牌进入激活域。

关于激活域的一个重要问题是，在消费者购买决策过程中，它是否会发生变化。早期的研究一直倾向于将激活域视作基本上是不变的或固定的，但现在不少学者对此提出了质疑。从信息处理角度来看，激活域中的品牌可视为被激活的记忆内容，它应当是动态的，会随着更多的外部信息进入记忆领域而发生变化。研究表明，随着消费者品牌忠诚度的增强，激活域的规模将变小。影响激活域规模的因素主要有消费者受教育程度、消费者家庭规模、意识域所含品牌数量、消费者对不同品牌使用于不同场合的认识水平。

2. 外部信息搜集

进行外部信息搜集，一方面是为了了解市场上有哪些可供选择的品牌，应当从哪些方面对这些品牌进行比较；另一方面是希望借此获得关于产品评价标准、各种标准的相对重要性的信息，以及不同品牌在各种产品属性上的差异性数据。研究发现，即使在复杂的购买情形下，消费者的外部信息也是极为有限的。多麦马斯(W. Dommermuth)在对冰箱的信息搜集行为进行调查后发现，42%的被调查者在购买时只造访了一家商店，41%的被调查者只考虑一个品牌。阿德尔(J. Udell)做的一项研究表明，在购买小型电器产品时，77%的消费者只拜访一个商店。这些研究得出的一个结论是：即使信息不难获取，购买者也只是少量地进行搜集。影响外部信息搜集量的主要因素可以从以下两个层面分析。

1) 经济层面

着眼于经济层面分析信息搜集活动，不难发现，影响信息搜集的经济因素不外乎两个方面：一是消费者住地与出售某种产品的商店之间的距离，二是交通费用与时间的机会成本。影响信息搜集的经济因素主要有：各种备选品牌的数量；不同品牌在价格、品质等方面的差异程度；消费者对所购商品的了解与经验。很显然，如果同一产品领域的品牌有很多，各品牌之间彼此差异较大，消费者对此产品领域又不太了解，进一步搜集信息所带来的收益就比较大；反之，则搜集信息所带来的收益较小。

以上分析对企业营销活动有一个很明显的启示：当企业的品牌处于同行业的领导地位时，应设法使消费者相信，另外的信息搜集活动只会造成时间和金钱的浪费；相反，如果企业的产品未处于行业的领导地位，则应努力降低消费者的信息搜集成本，同时提高其信息搜集收益。

2) 决策层面

从决策角度来看，有三类因素影响消费者的信息搜集活动：第一类，与产品购买风险相关的因素；第二类，与消费者特征相关的因素；第三类，情境因素。

(1) 与产品购买风险相关的因素。与产品购买相联系的风险很多，如财务风险、功能风险、心理风险、时间风险、社会风险等。一旦消费者认为产品或服务的购买具有很大的风险，他将花更多的时间、精力搜集信息，因为更多的信息有助于减少决策风险。例如，一项研究发现，消费者在购买服务类产品时，一般不会像购买有形产品时那样当机立断，而且很多消费者倾向于将别人的经验作为信息来源。之所以如此，原因在于服务产品是无形的，不似有形产品那样可以标准化，因而具有更大的购买风险。

(2) 与消费者特征相关的因素。消费者因素(如个性、人口特征、消费者知识水平)同样影响外部信息搜集活动。例如，洛凯恩德(W. B. Locander)和赫曼(P. W. Hermann)的研究发现，具有外向性格、心胸开阔、自信心强的人，一般与大量的信息搜集活动相联系。斯旺(Swan)等人发现，对某一产品领域缺乏消费经验的消费者更倾向于大量搜集信息。当消费者对所涉及的产品领域越来越具有消费经验时，他的信息搜集活动将减少。应当指出的是，消费经验与外部信息搜集活动之间这种此消彼长的关系，只适用于已经具有某种最起码经验水平的消费者。如果消费者根本没有关于某类产品的消费知识或经验，可能会因此不敢大胆地从各方面搜集信息，从而很少从事信息搜集活动。

很多人口方面的特征与消费者的信息搜集活动存在密切联系。一项研究发现，高收入和受过良好教育的人具有更高的信息搜集水平；同样，处于较高职业地位的人，往往从事更多的信息搜集活动。另外，随着年龄的增长，搜集活动呈下降趋势。

(3) 情境因素。影响信息搜集活动的情境因素有很多。首先是时间因素。可用于购买活动的时间越充裕，信息搜集活动可能越多。其次是消费者在从事购买活动前所处的生理、心理等方面的状态。消费者的疲惫、烦躁、身体不适等状态，均会影响消费者搜集外部信息的能力。再次是消费者面临的购买任务及其性质。如果购买活动非常重要，比如是为一位要好的朋友购买结婚礼品，那么购买将会十分审慎，并伴有较多的外部信息搜集活动。最后是市场的性质。研究人员发现，随着备选品数量的增加，消费者会从事更多的信息搜集活动。同样，如果出售同类物品的店铺较多，而且彼此靠近，消费者会更多地进行信息搜集。

贝蒂(Beatty)和史密斯(Smith)对电视机、录放机和个人计算机三类产品的搜集过程做了调查，结果发现消费者拥有的某一产品领域的知识与信息搜集活动呈反向变化；消费者可用的时间越多，信息搜集活动将越多；消费者对购买的介入程度越高，信息搜集活动越多；信息搜集活动随消费者购物态度的变化而改变，越是将购物作为一种享受，消费者越倾向于进行更多的信息搜集活动。

2.4　评价与选择

消费者得到的各种有关信息可能是重复的，甚至是互相矛盾的，因此还要进行分析、评价和选择，这是决策过程中的决定性环节。在消费者的评价与选择过程中，有以下几点值得营销者注意：产品性能是购买者所考虑的首要问题；不同消费者对产品的各种性能给予的重视程度不同或评估标准不同；多数消费者的评选过程是将实际产品与自己的理想产品相比较。

2.4.1　评价标准

评价标准实际上是消费者在选择备选品时所考虑的产品属性或特征。这些属性或特征与消费者在购买过程中所追求的利益、所付出的代价直接相关。例如，许多希望避免蛀牙的消费者使用含氟牙膏，对这些消费者来说，氟是与防蛀牙这一利益相关的评价标准。此时，评价标准与获取的利益是不同的。在另外的情况下，两者可能是完全相同的。例如，价格作为一种评价标准，与付出或成本的某一层面是完全等同的。

评价标准会因人、因产品、因情境而异。在购买计算机时，有些人十分关心价格、速度、内存、图像显示能力和售后保障，这些因素因此成为他们选择计算机的评价标准。同样是买计算机，另外的人可能会采用一套完全不同的评价标准。对于那些相对简单的产品，如牙膏、香皂、手纸，评价标准数目可能很少；而对另外一些产品，如汽车、服务、立体声音响，可能会涉及很多评价标准。另外，购买情境也会影响评价标准的数量和各种评价标准的相对重要性。举例来说，某一消费者在平时购买食物时可能会考虑很多评价标准，而且将价格视为最重要的评价标准，但在赶时间的情况下，该消费者可能会减少评价标准，并将服务速度和便利置于更重要的地位。

2.4.2　借助替代性指标

对于较为复杂的评价标准，一般消费者很难就其绩效水平做出直接判断。例如，对于汽车的质量、耐用性等难以直接观察的属性，普通消费者在进行比较、选择时，可能并不具备判断、评价的技能和知识。此时，消费者可能会借助制造厂商的声望、价格、汽车坐垫的舒适程度等替代性指标来做出推断。这些可被消费者察觉且能用来指示或判断另一类不易观察属性的属性，称为替代指示器。常用来判断产品质量的替代性指标有价格、品牌、原产地和保证，另外，包装、色彩、样式也会影响消费者对质量的知觉。

2.4.3　品牌选择的补偿性规则

假设某位消费者正在选购一台个人计算机，6 种品牌已进入其激活域或选择域，并且他对这些产品在价格、重量、处理器、电池寿命、售后服务和显示质量 6 种属性上分别做出了评价。该消费者将选择何种品牌呢？这将取决于该消费者运用什么样的选择规则或决策规则。补偿性规则是一种应用较为广泛和科学的方法。补偿性规则亦称期望值选择规则，根据此规则，消费者将按各属性的重要程度赋予每一个属性以相应的权数，同时结合每一个品牌在每一个属性上的评价值，得出各个品牌的综合得分，得分最高者就是被选择的品牌。

设购买过程中被考虑的评价标准或属性共有 n 个，B_{ib} 为品牌 b 在第 i 个属性的绩效值或评价值，W_i 为消费者赋予第 i 个属性的重要性权重，那么，品牌 b 的综合得分可表示为

$$R_b = \sum_{i=1}^{n} W_i B_{ib}$$

📖 **扩展阅读2-4**

补偿性规则应用案例——计算机评价与选择

2.5　购买行为

在对 100 名声称年内要购买 A 品牌家用电器的消费者进行追踪研究以后发现，只有 44 名实际购买了该种产品，而真正购买 A 品牌家用电器的消费者只有 30 名。因此，只让消费者对某一品牌产生好感和购买意向是不够的，真正将购买意向转为购买行动，其间还会受到以下两个方面的影响。

(1) 他人的态度。消费者的购买意图会因他人的态度而增强或减弱。他人态度对消费者意图影响力的强度，取决于他人态度的强弱及该人与消费者的关系。一般来说，他人的态度越强，与消费者的关系越密切，其影响就越大。例如，丈夫想买一台大屏幕的彩色电视机，而妻子坚决反对，丈夫就极有可能改变或放弃购买意图。

(2) 意外的情况。消费者购买意向的形成，总是与预期收入、预期价格和期望从产品中得到的好处等因素密切相关。但是当他欲采取购买行动时，发生了一些意外的情况，诸如因失业而减少收入，因产品涨价而无力购买，或者有其他更需要购买的东西等，这一切都将使他改变或放弃原有的购买意图。

2.5.1 冲动性购买

冲动性购买也称非计划购买，是指顾客在超市所购买的商品是来超市之前根本没有计划或意识到的商品。顾客的冲动购买决策是在进入购物场所之后才形成的。研究表明，现实生活中的大量购买均属于冲动性购买，超级市场中50%的购买属于冲动性购买。

1. 冲动性购买的特征

顾客冲动性购买行为有以下4个方面的特征。

(1) 冲动性，即突然涌现出来的一种强烈的购买欲望，而且马上付诸行动，这种行动和常规的购买行为不同。

(2) 强制性，即有一种强大的动力促使顾客马上采取行动，顾客在某种程度上一时失去对自己的控制。

(3) 情绪性，即突然的购买促动力常常伴随暴风骤雨般的情绪变化。

(4) 不计后果性，即促动购买的力量是如此强烈和不可抵挡，以至于消费者对购买行动的潜在不利后果很少或根本没予以考虑。

2. 冲动性购买的类型

冲动性购买主要有以下3种类型。

(1) 纯冲动型。顾客事先完全无购买愿望，没有经过正常的消费决策过程，临时决定购买。购买时完全背离对商品和商标的正常选择，是一种突发性的行为，出于心理反应或情感冲动而一时兴起或心血来潮，或是图新奇、求变化。

(2) 刺激冲动型。顾客在购物现场见到某种产品或某些广告宣传、营业推广，提示或激起其尚未满足的消费需求，从而引起其消费欲望而决定购买，是购物现场刺激的结果。

(3) 计划冲动型。顾客具有某种购买需求，但没有确定购买地点和时间。例如得知某超市要让利销售，专门到该超市购物，但没有具体的购物清单，因而买"便宜货"是有计划的，买何种"便宜货"则是冲动的。

3. 影响顾客冲动性购买的因素

(1) 商品因素。商品是满足顾客需要的基础，是影响顾客购买动机最主要的因素。冲动性购买行为多发生在顾客介入购买程度较低、价值低、须频繁购买的便利品。对日用品而言，顾客对其一般性能、用途、特点都比较熟悉，且花费不多又是必需的开支，取决于个人偏好，做出冲动性购买行为的情况特别多。另外，如玩具、糖果、小食品、便服等休闲商品，其外观、包装、广告促销、价格、销售点等对销售起着重要作用，品牌上的随机性较大，冲动性购买也很多。

(2) 顾客特征。从顾客的气质角度来分析，冲动型气质的人，情绪变化剧烈，对新产品有浓厚兴趣，较多考虑商品外观和个人兴趣，易受广告宣传的影响；而想象型气质的人，活泼好动，注意力易转移，兴趣易变，审美意识强，易受商品外观和包装的影响。从顾客的心理特征角度来分析，生活必需品最有可能成为冲动购买品。

(3) 经济因素。近年来，我国城市居民的收入有了很大的提高，而消费者非计划购买率的增加与收入水平的提高有着直接的关系。这主要是因为随着人们富裕程度的提高，对食品、日用品等生活必需品的购买风险意识降低。近年来，我国超市中生鲜食品销售量的大幅增加就印证了这一点。

(4) 环境因素。超市广泛地采用了自选售货方式，在自由挑选商品的环境下，商家通过通道设计、陈列设计、灯光色彩设计、广告设计等营销手段，吸引顾客，延长顾客在店内的逗留时间，最大限度地诱发顾客的冲动购买欲望。

(5) 促销因素。现场促销形式是影响顾客冲动购买行为的直接诱因，现场营业推广活动和POP 广告(point of purchase，购买现场广告)有助于激发顾客相应的心理反应，促使其冲动购买。

4. 引导顾客冲动性购买的策略

(1) 挖掘热卖点。人们每天都需要在衣、食、住、行四件大事中花钱。人们不仅要吃饱，还要吃好，更要吃得有营养、有味道、新鲜，可以说生鲜商品是超市吸引顾客、提高日常客流量的法宝。用有特色的生鲜商品吸引顾客天天光顾，激发顾客的冲动购买行为，能带动非生鲜类商品的销售，稳定客流量，提高销售额。

(2) 巧用招徕定价法。在零售市场上，价格是影响顾客对商店整体印象的第一要素。不少人愿意多走 500 米，去更便宜的卖场买东西。在零售发达地区，通常聚集着若干家大卖场。大卖场常通过将部分产品让利来赢得人气，以此带动冲动购买，促进整体销售。

(3) 巧用 POP 广告。POP 广告又称第二推销员。有数据表明，有 95%以上的消费者在身临销售现场时，游离在各种品牌的产品面前犹豫不决，有 40%的消费者是在现场决定购买的。巧做 POP 广告，可使产品销售得到不同程度的提升。

(4) 生动化商品陈列。商品陈列尽量做到一目了然，尽量使每种商品达到最大显露度。将畅销货和高利润品放置在顾客视线最先到达的地方，如商店的底层或出入口附近，尽量做到伸手可及，避免商品陈列过高，以达到吸引顾客的目的；气味芳香的商品，摆放在最能刺激顾客嗅觉的位置；式样新颖的商品，摆放在与顾客视线等高的货架上，以其醒目的位置吸引顾客购买；用途多样的商品，摆放在顾客易于触摸观察的位置，能起到促进购买的心理效力；收银台附近摆放糖果、香烟、电池等商品，利用顾客等待交款的时机增加冲动购买的可能。尽量做到琳琅满目，充分显示商品的个性特点、美感和质感；尽量做到一尘不染，给顾客留下舒适的印象。此外，商品的各种形式的价格优惠要突出、醒目，以吸引顾客注意力。

(5) 营造良好的现场气氛。现场气氛是指营销人员通过创造性地设计现场环境，产生一种情感，以提高顾客在现场购物的可能性。现场的人越多，想看想买的人就越多。顾客将拥挤程度视为商品受欢迎的程度，围观的人越多，商品就越有吸引力。

(6) 现场促销活动。成功的现场促销活动可以增加商场的销售额、提高本企业产品的竞争力，并削弱竞争对手的产品的竞争力，给商场带来喜人的回报。现场促销活动主要有长期性促销和短期性促销。长期性促销活动一般持续 1 个月以上，主要着眼点是塑造本店的优势，增加顾客对本店的向心力，以确保顾客长期来店购物。短期性促销活动通常持续 3～7 天，借助具有特定主题的促销活动，达到预期的营业目标。

2.5.2　店铺的选择

1. 逛店动机

对于很多消费者来说，除了工作和待在家里以外，另外一个重要的活动就是逛商店或上街购物。虽然在家购物或非店铺购物正在迅速发展，但即使在这种购物方式比较发达的美国，90%的零售收入仍是通过店铺式销售实现的。1987 年的一项调查发现，70%的美国人每周会去大型商场一次，而且其中 1/3 的人是男性。人们为什么会频繁地上街逛商店呢？为了购买某些需要的东西无疑是逛商店的主因，但它并不是这一行为的唯一动因。1972 年，美国学者托伯(Tauber)做了一次开创性的研究，探索了消费者上街购物的动机，这些动机可分为个人动机和社会动机两大类(见表 2-1)。

表 2-1　消费者逛店动机

个人动机	社会动机
● 角色扮演	● 家庭之外的社会体验
● 消遣	● 与兴趣相似的人交流
● 自我愉悦	● 参照群体的吸引
● 了解新潮流	● 地位与权威
● 身体活动	● 讨价还价的乐趣
● 感官刺激	

由表 2-1 可以看出，除了获得产品和信息外，还有很多其他购物动机促使消费者上街逛商店，其中包括排解孤独和压抑感、更好地打发时间、体验顾客的地位与权威等，这些购物动机能否满足，对提高消费者的购物满意感具有十分重要的影响。因此，零售商应特别关注消费者购物时的情绪体验和享乐性需求，并将其反映到零售策略的制定与实施过程中。

2. 影响店铺选择的店堂特征

(1) 商店的位置与规模。商店的位置对消费者是否光顾某一商店和在该商店光顾多长时间具有重要影响。一般来说，消费者的居住地离商店越近，他光顾该商店的可能性越大；反之，则越小。同样，商店的规模也影响消费者是否到该商店购物。除非对快速服务和便利性特别在意，在其他条件相同的情况下，消费者通常更愿意到规模大一点的商店购物。零售引力模型就是专门反映店铺吸引力水平与商店位置和规模之间关系的模型。该模型的一种很流行的表达方式是

$$MS_i = \frac{S_i}{t_i^{\lambda}} \bigg/ \sum_{i=1}^{n} \frac{S_i}{t_i^{\lambda}}$$

式中，MS_i 表示店铺的市场份额；S_i 表示店铺 i 的规模；t_i 表示到店铺 i 的路途时间；λ 表

示对某类产品的吸引力因子。

在零售引力模型中，店铺规模通常用店铺的营业面积来衡量，而且，营业面积的大小被假定与商品的宽度成正比，即商店营业面积越大，其经营的品种就越多。同样，到某一个商店的路途时间被假定是对消费者愿意付出的购买努力的衡量。因为消费者到某一个商店购物的意愿因产品而异，所以路途时间被赋予 λ 幂，由此使距离或路途时间随产品的不同而变动。对于方便品和小商品，由于消费者不愿跑很长的路程，因此吸引力因子很大；相反，对购买介入程度很高的商品，如汽车、婚纱等，人们在购买时通常愿意多跑一点路或多花一点时间，此时，吸引力因子较小，由此使得路途时间的影响减弱。

📖 **扩展阅读2-5**

常客隆超市开到农民家门口

(2) 商店的形象。商店的形象是指消费者基于对商店的各种属性的认识所形成的关于该商店的总体印象。这种印象的获得不仅来自消费者对商店的功能性特征(如价格、方便性和商品选择范围)的感知，也来自消费者对非功能性特征(如建筑物、商店内部装修、气味、广告等)的感觉与体验。

(3) 零售店广告。很多零售商通过广告向消费者传递店铺特性，尤其是促销价格方面的信息，目的是吸引顾客进店购买。一项涉及报纸广告的调查发现，零售广告的影响随产品类别而异。例如，受机油广告吸引而进店的消费者中，88%的人购买了广告中的机油产品；而在受服装广告吸引而进店的消费者中，这一比例只有 16%。整体而言，受零售广告吸引而进入商店的消费者中，约有 50%的人会购买广告中的产品。

3. 影响品牌选择和购买的店内特征

(1) 购物点陈列。采用不同于平时的放置方式陈列商品，例如将商品置于商店的橱窗或入口，并辅以特别推荐这些商品的促销材料，对消费者的品牌选择行为将产生重要影响。一项对2473 名超市购物者的调查表明，38%的人至少买了一件他们以前从未买过的产品，而购买者提及最多的购买原因是这些产品陈列特别。凯马特(Kmart)发现，通过在购物点循环播放展示体育用品的影视片，被展示的销售量大幅度上升。

(2) 削价与促销。削价和其他促销手段(如优惠券、赠品、综合折扣等)通常与购买点宣传材料的使用相配合。虽然这些手段的相对影响力不易分清，但日益增多的证据表明，店内降价对品牌选择有很重要的影响。根据在美国、英国、日本和德国做的调查，在降价初期，产品销售量会有大幅度的上升，随着时间的推移和降价活动的结束，销售量会回落到正常水平。

(3) 店堂布置与气氛。商店内商品如何摆放对产品和品牌的选择具有重要影响。显然，一种商品越容易被看到，它被购买的可能性就越大。研究表明，最好的货架位置是与视线平行的位置，接下来依次是与腰部平行的位置和与膝盖平行的位置。后两个位置的销售量只及前者的74%和57%。由于不可能把所有商品均置于与视线平行的位置，因此如何采用其他途径吸引顾客的视线成为企业十分关心的一个问题。企业可扩大商品的陈列空间，进而吸引顾客的视线。

在一般超市里，陈列的商品在两万种以上，如果没有足够的陈列空间，单个品牌很容易淹没在难以区分的商品海洋里。对于新产品，足够的陈列空间尤为重要。研究发现，新产品上市的最初 2～3 周内，陈列空间若扩大一倍，销售量增长 85%～165%。另外，周转速度快的商品较周转速度慢的商品对陈列空间变化的反应更明显和更强烈。

(4) 商品脱销。商品脱销是指商店在某段时间里存货不足，导致某种产品暂时缺货。在缺货的情况下，顾客面临转换商店、转换品牌、推迟或干脆放弃购买等众多选择。脱销还会影响消费者对脱销产品的态度和口碑。

(5) 销售人员。对于介入程度较低的购买，消费者在实际购买时一般较少求助于销售人员，此时，消费者和销售人员之间的互动比较弱。然而，随着购买介入程度的提高，两者相互影响的可能性随之增大。在汽车、保险等产品和服务的购买过程中，销售人员对消费者的选择有很大的影响。

2.6 购 后 行 为

产品在被购买之后，就进入了买后阶段，此时，市场营销人员的工作并没有结束。购后行为是消费者决策过程中的一个环节，此时，消费者根据他们的满意程度在购买产品之后采取进一步的行动。购后行为包括一些在产品使用后可能产生的心理活动，以及消费者发生在购买以后的典型行为。针对消费者的这些心理活动和行为，营销人员在消费者购买产品之后可采取相应措施来增加消费者的满意度和未来的销售量。

2.6.1 购后认知冲突

每个消费者可能都有过这样的体验，在做出某个重要的购买决定后，还会特别在意别人如何看待自己的决定，关心该决定是否明智。这种因某个购买行为而引起的心理焦虑、怀疑和不安称为购后认知冲突或购后不和谐。

1. 产生购后认知冲突的原因

产生购后认知冲突的直接原因是选择某一产品或某一品牌是以放弃别的选择为代价。例如，选择了"海尔"电视机就意味着放弃了"海信""长虹"等其他品牌的选择，而后面这些品牌是否一定不如"海尔"，消费者并没有十足的把握。消费者常用的降低购后认知冲突的方法包括：①增加对所选产品的欲求感；②减少对未选择产品的欲求感；③降低购买决策的重要性；④通过退货改变购买决定。另外，消费者也可以通过搜集更多的外部信息来证实某个选择的明智性。

2. 影响购后认知冲突强度的因素

有很多因素影响购后认知冲突的强度，具体如下。

(1) 消费者对两个或多个被选产品的偏爱程度相当。如果一个产品明显优于其他被选产品，则消费者不会存在购后认知冲突。

(2) 两个被选产品虽然在整体评价上不相上下，但在不同的属性上各有千秋。例如，其中一个产品在 A 属性上优于另一个产品，但另一个产品在消费者看重的 B 属性上表现更好。如果两个产品在各方面的表现都差不多，则消费者也不会产生购后认知冲突。

(3) 消费者具有选择的自由。在没有选择余地的情况下做的购买决定，消费者不会有购后认知冲突。

(4) 购买对消费者很重要或者消费者介入程度很高时，购后认识冲突越有可能产生。

(5) 决定越不容易改变，消费者产生购后认知冲突的可能性越大。

(6) 个人体验焦虑的程度也会影响购后认知冲突的强度。有的消费者更容易产生焦虑感，从而更有可能产生购后认知冲突。

2.6.2　消费者满意

1. 消费者满意的内涵

消费者购买商品后，通过自己的使用和他人的评价，会对自己购买的商品产生某种程度的满意或不满意。消费者满意是指购买者在特定的购买情形中，对其所付出的是否得到足够回报的认知状态，它是消费者对产品或服务的期望水平与认知的实际水平的主观比较，其内涵包括产品满意、服务满意和社会满意三个层次。产品满意是指企业产品带给顾客的满足状态，包括产品的内在质量、价格、设计、包装、时效等方面的满意程度。产品的质量满意度是构成顾客满意的基础因素。服务满意是指产品售前、售中、售后以及产品生命周期的不同阶段采取的服务措施令顾客满意，这主要体现在服务过程中的每一个环节都能设身处地地为顾客着想，做到有利于顾客、方便顾客。社会满意是指顾客在对企业产品和服务的消费过程中所体验到的对社会利益的维护，主要指顾客整体社会满意，它要求企业的经营活动要有利于社会文明进步。

购买者对购买活动的满意感(S)是有关其产品期望(E)和该产品可觉察性能(P)的函数：

$$S=f(E, P)$$

若 $E=P$，则消费者满意；若 $E>P$，则消费者不满意；若 $E<P$，则消费者会非常满意。消费者根据自己从卖主、朋友及其他来源所获得的信息形成产品期望。如果卖主夸大其产品的优点，消费者将会感受到不能证实的期望，这种不能证实的期望会导致消费者的不满意感。E 与 P 之间的差距越大，消费者的不满意感也就越强烈。当他们感到十分不满意时，肯定不会再购买这种产品，甚至有可能退货、劝阻他人购买这种产品。所以，卖主应使其产品真正体现出其可觉察性能，以便使购买者感到满意。事实上，那些有保留地宣传其产品优点的企业，更易使消费者产生高于期望的满意感，并树立起良好的产品形象和企业形象。消费者对其购买的产品是否满意，将影响以后的购买行为。如果对产品满意，则可能在下一次购买中继续采购该产品，并向其他人宣传该产品的优点。如果对产品不满意，则会尽量减少不和谐感，因为人自身存在一种在自己的意见、知识和价值观之间建立协调性、一致性或和谐性的驱使力。具有不和谐感的消费者可以通过放弃或退货来减少不和谐感，也可以通过寻求证实产品价值比其价格高的有关信息来减少不和谐感。市场营销人员应采取有效措施，尽量减少购买者买后不满意的程度，并通过加强售后服务、保持与顾客联系、使顾客从积极方面认识产品的特性等方式增加消费者的满意感。

2. 提高消费者满意度的途径

服务质量的特性导致企业必须考虑采用与制造业不同的方式来控制和提高服务质量，可以考虑的一些方法是建立和实施面向顾客的服务承诺、顾客服务和服务补救。

1) 服务承诺

服务承诺是指企业向顾客公开表述的要达到的服务质量。建立和实施服务承诺的作用如下。

(1) 服务承诺不仅可以起到树立企业形象、提高企业知名度的作用，还可以成为顾客选择企业的依据之一，更重要的是，它可以成为顾客和公众监督企业的依据，使企业得到持续改善的动力。

(2) 建立有意义的服务承诺的过程，实际上是深入了解顾客要求、不断提高顾客满意度的过程，这样可以使企业的服务质量标准真正体现顾客的要求，使企业找到努力的方向。

(3) 根据服务承诺，企业能够确定反映顾客需求的、详细的质量标准，再依据质量标准对服务过程中的质量管理系统进行设计和控制。

(4) 服务承诺可以产生积极的反馈，有可能使顾客有动力、有依据地对服务质量问题提出申诉，从而使企业明确了解所提供服务的质量和顾客所希望的质量之间的差距。

一项好的服务承诺应具有无条件、容易理解与沟通、有意义、简便易行和容易调用等特征。

2) 顾客服务

顾客服务是指除涉及产品销售和新产品提供之外的所有能促进组织与顾客间关系的交流和互动。顾客服务包括核心产品和延伸产品的提供方式，但不包括核心产品自身。以发型设计服务为例，理发本身不属于顾客服务，但顾客在理发前后或过程中所得到的待遇却属于顾客服务。假如顾客提出一些特别的处理要求，那也构成顾客服务的一项内容。在服务完成之后，假若顾客的惠顾得到感谢和赞扬，这些行径也应归入顾客服务。对制造品而言，除实际销售表现之外的所有与顾客的互动，都应看作顾客服务。

3) 服务补救

服务补救是指组织为重新赢得因服务失败而已经失去的顾客好感所做的努力。一些服务组织不管发生什么，都不做任何服务补救的尝试与努力，还有一些组织仅投入一半的力量来做这项工作，很少有组织为此制定全面的政策并竭尽全力地补偿顾客。开展一项重新赢得顾客信任的工作计划往往不被组织所认可，或者组织对此缺乏动力。企业可能认为，既然有无穷无尽的顾客流等待它们去挖掘，又何必为不满意的顾客费心。实际上，失去一位顾客的代价是高昂的。首先想一下，企业必须寻找一位新顾客来取代旧顾客，而通常寻找新顾客的成本很高。各种数据表明，补充一个流失顾客位置的成本比保留一位忠实顾客的成本要高 3～5 倍，这与服务的性质有关。获得新的顾客，需要支出大量的广告和销售费用。另外，忠实的顾客产生可观的销售额，他们通常比第一次来享受服务的顾客花钱多；他们的交易成本和沟通成本较低，无须信誉调查或其他初始成本，因为忠实顾客对服务享用相当熟悉，不需要太多帮助；他们还经常用正向口头宣传来为组织带来新顾客。相反，那些转向竞争对手的顾客会劝阻其他顾客来光顾本企业。

有研究表明，顾客流失率降低 5%，组织利润就会翻一番。因此，积极、努力地去挽回因为对一次服务体验不满而流失的顾客是有意义的。服务所包含的一系列环节和大量因素都会对顾客的服务体验产生影响，并最终影响顾客满意度。顾客与服务组织接触的每一个点都会影响顾客对服务质量的整体感觉。顾客与组织接触的每一个具体的点都是关键点，顾客用关键点来评价组织的服务提供，因此对于关键点需要制订服务补救计划。该计划一般包括 5 个步骤：道歉、紧急复原、移情、象征性赎罪和跟踪。

(1) 道歉。服务补救开始于向顾客道歉。当组织感觉到顾客的不满时，应有人向顾客道歉。道歉在一定意义上意味着承认失败，一些组织不愿意这样做，但是组织必须认识到自己有时确实无能为力。因为服务是易变的，存在失败的风险是组织的固有特征。承认失败，认识到向顾客道歉的必要性，真诚地向顾客道歉，能让顾客深切地感知到他们对组织的价值，并为重新赢得顾客好感的后续工作铺平道路。

(2) 紧急复原。紧急复原是道歉的自然延伸，也是不满的顾客所期望的。顾客希望组织做些事情以消除引起不满的根源。

(3) 移情。当紧急复原的工作完成后，就要对顾客表现一点移情，即对顾客表示理解和同情，能设身处地地为顾客着想，这也是成功的服务补救所必需的。组织应对愤怒的顾客表示理解，理解因服务未满足顾客需求而对顾客造成的影响。

(4) 象征性赎罪。移情之后的下一步工作是用有形的方式对顾客进行补偿，例如送个礼物表示象征性赎罪。可以用赠券的形式发放礼物，如一份免费点心赠券、一个高质量客房住宿赠券等。象征性赎罪的目的不是向顾客提供服务替代品，而是告诉顾客，组织愿意对顾客的失望负责，愿意为服务失败承担一定的损失。

(5) 跟踪。组织必须检验其挽回顾客好感的努力是否成功，跟踪使组织获得一次对补救计划自我评价的机会，以识别哪些环节需要改进。

当然，并非每一次顾客不满都需要完成上述全部的 5 个步骤。有时，顾客仅仅是对服务的某一个具体环节有些失望，这时只要采取前两个步骤就可能达到服务补救的目的——一个道歉和一项紧急复原行动就应该足够了；而在另外一些情况下，例如顾客被组织的服务失败所激怒，则需要采取服务补救的全部 5 个步骤。

3. 消费者满意的营销应用

对希望被消费者选择的品牌或商店来说，它必须被视为在整体上优于其他被选对象，因此商家营销策略自然要强调品牌或商店好的方面。然而，如果这样的强调导致消费者形成某种较高的预期，而产品本身并不能满足这种预期，负面的评价就会由此引发。负面评价会导致品牌转换、消极的传言和抱怨行动。所以，营销经理必须在对产品的热情宣传和对产品品质的现实评价之间找到平衡点。

例如，波音公司(Boeing)销售的每架飞机都价值几千万美元，消费者满意对重复购买和公司的声誉是很重要的。波音公司的销售人员估计产品的潜在优点时有点保守，例如宣传可省 5%的油，但实际省 8%。因实际性能超过期望，所以客户很满意，就会继续购买并告诉其他客户，说波音公司信守承诺。

2.6.3 消费者忠诚

1. 消费者忠诚的概念

消费者忠诚是指消费者对企业的产品或服务的依恋或爱慕的感情，主要通过消费者的情感忠诚、行为忠诚和意识忠诚表现出来。其中，情感忠诚表现为消费者对企业的理念、行为和视觉形象的高度认同和满意；行为忠诚表现为消费者再次消费时对企业的产品和服务的重复购买行为；意识忠诚则表现为消费者做出的对企业的产品和服务的未来消费意向。这样，由情感、行为和意识三个方面组成的消费者忠诚营销理论，着重于对消费者行为趋向的评价。通过这种评价活动反映企业在未来经营活动中的竞争优势，具体表现在以下方面。

(1) 消费者忠诚是指消费者在进行购买决策时，多次表现出来的对某个企业产品和品牌有偏向性购买行为。

(2) 忠诚的消费者是企业最有价值的消费者。

(3) 消费者忠诚的小幅度增加会使利润的大幅度增加。

(4) 消费者忠诚营销理论的关心点是利润。

建立消费者忠诚是实现持续的利润增长最有效的方法，企业必须把做交易的观念转化为与消费者建立关系的观念，从仅仅集中于对消费者的争取和征服转为集中于消费者的忠诚与持久。

2. 消费者忠诚与消费者满意的比较

消费者忠诚是从消费者满意概念引申出的概念，是指消费者满意后产生的对某种产品品牌或公司的信赖、维护和希望重复购买的一种心理倾向。消费者忠诚实际上是一种消费者行为的持续性，消费者忠诚度是指消费者忠诚于企业的程度。消费者忠诚表现为两种形式：一种是消费者忠诚于企业的意愿；另一种是消费者忠诚于企业的行为。一般的企业往往容易对这两种形式产生混淆，其实这两者具有本质的区别：前者对于企业来说并不产生直接的价值，而后者则对企业具有非常高的价值。道理很简单，消费者只有意愿，却没有行动，对于企业来说没有意义。企业要做的是：第一，推动消费者从"意愿"向"行为"的转化程度；第二，通过交叉销售和追加销售等途径进一步提升消费者与企业的交易频度。

消费者满意度不等于消费者忠诚度，消费者满意度是一种心理的满足，是消费者在消费后所表露出的态度；消费者忠诚是一种持续交易的行为，促进消费者重复购买的发生。衡量消费者忠诚的主要指标有两个：消费者保持度，即描述企业和消费者关系维系时间长度的量；消费者占有率，即消费者将预算花费在该公司的比率。有资料表明，仅仅有消费者的满意度还不够，当出现更好的产品供应商时，消费者可能会更换供应商。

满意度衡量的是消费者的期望和感受，而忠诚度反映消费者未来的购买行动和购买承诺。消费者满意度调查反映消费者对过去购买经历的意见和想法，只能反映过去的行为，不能作为未来行为的可靠预测；忠诚度调查却可以预测消费者最想买什么产品，什么时候买，这些购买可以产生多少销售收入。

消费者的满意度和实际购买行为之间不一定有直接的联系，满意的消费者不一定能保证他们始终会对企业忠诚，产生重复购买的行为。在一本《消费者满意一钱不值，消费者忠诚至尊无价》的有关消费者忠诚的畅销书中，作者称："消费者满意一钱不值，因为满意的消费者仍然购买其他企业的产品。对交易过程的每个环节都十分满意的消费者也会因为一个更好的价格更换供应商，而有时尽管消费者对你的产品和服务不是绝对的满意，你却能一直锁定这个消费者。"

例如，许多用户对微软的产品有这样或那样的意见和不满，但是如果改为使用其他产品要付出很大的成本，则用户仍会坚持使用微软的产品。一个调查发现，大约25%的手机用户为了保留他们的电话号码，会容忍当前签约供应商不完善的服务而不会转签其他电信供应商，但如果有一天，他们在转约的同时可以保留原来的号码，相信他们一定会马上行动。

不可否认，消费者满意度是导致重复购买最重要的因素，当满意度达到某一高度，会引起忠诚度的大幅提高。消费者忠诚度的获得必须有一个最低的消费者满意度水平，在这个满意度水平线下，忠诚度将明显下降。但是，消费者满意度绝对不是消费者忠诚的重要条件。

3. 忠诚度的测定方法

消费者忠诚度的测定主要有比较法、频率测定法和货币测定法三种方法。

(1) 比较法。比较法是根据某一消费者对某类产品购买的历史资料，比较 A 品牌与该消费者所选择的其他品牌 B、C、D 等的购买联系，以确定品牌忠诚度。如果消费者在一定时期内的品牌选择图为 AAABBBB，表明其品牌忠诚由 A 向 B 进行转移；如果品牌选择图为 AAABAAA，表明其对 A 品牌有较高忠诚度；如果品牌选择图为 ABCADAB，表明其缺乏忠诚品牌。

(2) 频率测定法。频率测定法是根据消费者对某类商品购买的品牌选择历史记录，记下某段时间内顾客购买此类商品的次数 T 和选择特定品牌商品的发生频率 S，忠诚度指数就等于 S/T。该指数越大，表明消费者对该品牌的忠诚度越高；反之，则越低。

(3) 货币测定法。货币测定法通过销售实验，观察一定时期内消费者对特定品牌愿意支付的额外费用(多于同类其他品牌的支出)，以此来判断品牌忠诚度。此费用包括购买商品的现金、为购买该商品支付的时间费用和搜寻费用等。

4. 消费者忠诚对企业营销管理的意义

(1) 有利于企业核心竞争力的形成。在现代营销活动中，营销观念是企业战略形成的基础。客户忠诚营销理论倡导以客户为中心，提示企业的营销活动必须围绕这个中心进行，关注客户对企业的评价，追求较高的满意度和忠诚度，这是市场营销观念的完善和发展。客户忠诚营销理论要求企业将客户作为企业的一项重要的资源，对客户进行系统化的管理，借助客户关系管理软件的应用，获取客户的相关信息，并将之作为企业战略决策的基础。实践证明，倡导客户忠诚所形成的核心竞争力将在企业的经营活动中得以体现。例如，上海三菱电梯有限公司从1998 年开始导入客户满意观念，2000 年年末将其提升为客户忠诚：首先，在企业内部开展内部营销，使内部客户满意，这是因为要满足外部客户的需求，首先要让内部客户满意；其次，从电梯这个特殊产品出发，以用户满意的合同为主线，从产品设计、制造、安装到维修、持续跟踪，落实用户各项需求；最后，从用户需求导入，实施质量功能展开(QFD)，并将其列入公司方针目标，通过定期的用户满意度和忠诚度调查，将用户需求转化为产品质量特性，从而创造客户持续的忠诚。目前，上海三菱电梯的产量、销售额、市场占有率、利润等多项经济指标连续在全国同行业中名列榜首。

(2) 对企业业务流程和组织结构具有重大影响。客户忠诚营销的实施工作是企业的一项系统性工程，它要求企业建立以忠诚度为基础的业务体系，合理分配和利用资源，进行以客户为核心的客户关系管理，在企业的销售自动化、市场营销自动化、客户服务三大领域中实现客户关系管理，会对企业现有的业务流程带来影响。同时，客户忠诚营销的实施也是对企业现有的组织结构的挑战，它要求企业内部形成一个自上而下的、便于客户关系管理工作开展的、畅通的信息传播体系，改变以往相互分割的状况，使组织能对客户的信息做出迅速的反应。

(3) 有利于提高企业员工的凝聚力。在客户忠诚营销理论中，客户的含义是广泛的，不仅指企业的外部客户，也指企业的内部员工。客户忠诚一方面要追求外部客户对企业的忠诚，同时，也要追求企业员工的忠诚。从某种意义上说，员工的忠诚具有重大作用，企业的产品和服务是通过员工的行为传递给客户的，一位对企业有着较高忠诚度的员工，无疑会努力用自身的良好行为，为企业的客户提供满意的服务，从而感染客户，赢得客户对企业的忠诚。因此，在企业中倡导客户忠诚观念，对员工实施关怀，给员工提供展现个人能力和发展的空间，会极大地提高员工的工作激情，形成巨大的凝聚力。

(4) 有利于推动社会的诚信建设。以客户满意为起点，以客户忠诚为经营活动的目标，就可以促进企业不断地追求更高的目标，为社会创造更多的令公众满意的物质财富。同时，企业贯彻以客户为中心的理念，可以带动企业建立诚实守信的经营机制，增强全体员工的服务意识和道德意识，从而杜绝各种制假售假、欺瞒诈骗的违法行为，为营造良好社会风气发挥积极的作用。

📖 **扩展阅读2-6**

余世维谈满意不等于忠诚

5. 提高消费者忠诚度的原则及方法

做好消费者服务，提高消费者忠诚度有十大原则，企业只有把握好了这些原则，才能真正地获得服务为产品带来的附加价值。

(1) 控制产品的质量和价格。产品质量是企业开展优质服务、提高客户忠诚度的基础。世界众多品牌产品的发展历史告诉我们，消费者对品牌的忠诚在一定意义上也可以说是对产品质量的忠诚。只有过硬的高质量产品，才能真正在人们的心目中树立起"金字招牌"，从而受到人们的爱戴。当然仅有产品的高质量是不够的，合理地制定产品价格也是提高客户忠诚度的重要手段。企业要以获得正常利润为定价目标，坚决摒弃追求暴利的短期行为；要尽可能地做到按客户的预期价格定价。所谓预期价格，是大多数消费者对某一产品的心理估价。如果企业定价超出预期价格，消费者会认为价格过高，名实不符，从而削弱购买欲望；如果企业定价达不到预期价格，消费者又会对产品的性能产生怀疑，进而犹豫不买。

(2) 了解企业的产品。企业必须要让服务人员充分地了解企业的产品，传授关于产品的知识和提供相关的服务，从而让企业赢得客户的信赖。同时，服务人员应该主动地了解企业的产品、服务和所有折扣信息，尽量预测到客户可能会提出的问题。

(3) 了解企业的客户。企业应该尽可能地了解相关客户的情况，这样就可以提供最符合客户需求和消费习惯的产品和服务。和客户交谈，倾听客户的声音，有助于企业找到使客户不满的根源所在。当客户与服务提供者相互了解后，如企业了解了客户的服务预期和接受服务的方式等，服务过程就会变得更加顺利，服务时间也会缩短，而且服务失误率也会下降。由此，为每个客户提供服务的成本会减少，企业的利润就会增加。倘若企业陷在自己的世界里，就察觉不到客户的实际感受。花些时间站在另一个角度，或当一次竞争对手的客户，对企业会有很大的帮助。

(4) 提高服务质量。企业的每位员工都应该致力于为客户创造愉快的购买经历，并时刻努力做得更好，超越客户的期望值。经常接受企业服务并且感到满意的客户会对企业做正面的宣传，而且会将企业的服务推荐给朋友、邻居、生意上的合作伙伴或其他人，他们会成为企业的免费市场推广人员。许多企业，特别是一些小型企业，就是靠客户的不断宣传而发展起来的。在这种情况下，新客户的获得不再需要企业付出额外的成本，但显然又会增加企业的利润。

(5) 提高客户满意度。客户满意度在一定意义上是企业经营"质量"的衡量方式。通过客户满意度调查、面谈等，企业可了解客户目前最需要的是什么，什么对他们最有价值，再想想他们能从企业提供的服务中得到这些认知的最好的做法。但是，除了销售活动、售后服务和企业文化等因素外，客户满意度的高低还会受法律等其他一些强制性约束条件的影响。对于那些由于心理特性和社会行为方式而背离忠诚的客户，放弃他们无疑是企业的最佳选择。从这个意义上讲，企业应该尽可能地提高客户满意度，而非不惜一切代价致力于全面的甚至极端的客户满意。

(6) 超越客户期待。不要拘泥于基本的和可预见的水平，而应向客户提供渴望的甚至是意外惊喜的服务。在行业中确定常规服务，然后寻找常规以外的机会，给予客户更多的选择。客户会注意到企业的高标准服务，也许这些可能被企业的竞争对手效仿，但企业只要持续改进就一定不会落于人后。

(7) 满足客户的个性化要求。通常企业会按照自己的想象预测目标消费者的行动。事实上，所有关于客户人口统计和心理方面的信息都具有局限性，而且预测模型软件也具有局限性。因此，企业必须改变"大众营销"的思路，注意满足客户的个性化要求。要做到这一点，就必须尽量占有客户知识，利用各种可以利用的机会来获得更全面的客户情况，包括分析客户的语言和行为。如果企业不能持续地了解客户，或者未能把所获得的客户知识融入执行方案之中，就不可能利用所获得的客户知识形成引人注目的产品或服务。

(8) 正确处理客户问题。要与客户建立长期的、相互信任的伙伴关系，就要善于处理客户的抱怨或异议。研究显示，通常在 25 个不满意的客户中只有一个人会去投诉，其他 24 个则悄悄地转移到了其他企业的产品或服务上。因此，有条件的企业应尽力鼓励客户提出抱怨，然后再设法解决其遇到的问题。还有研究显示，一个最好的客户往往是受过最大挫折的客户。得到满意解决的投诉者，与从没有不满意的客户相比，往往更容易成为企业最忠诚的客户。一般而言，在重大问题投诉者中，有 4% 的人在问题解决后会再次购买该企业产品，而小问题投诉者的重购率则可达到 53%，若企业迅速解决投诉问题，重购率将在 52%～95%。当然，客户满意度并不等于客户忠诚度。不满意的消费者并不一定抱怨，而仅仅会转向其他企业。但是，客户忠诚度必须有一个最低的客户满意度作为基础。客户的抱怨可以成为企业建立和改善业务的最好路标。客户能指出企业的系统在什么地方出了问题，哪里是薄弱环节；客户能告诉企业产品在哪些方面不能满足他们的期望，或者企业的哪些工作没有起色；同样，客户也能指出企业的竞争对手的优势，或企业员工在哪些地方落后于人。这些都是人们给咨询师付费才能获得的内容和结论，而善于利用的企业则由此获得了一笔免费的财富。

(9) 让购买程序变得简单。企业商品无论在商店里、网站上还是企业的商品目录上，购买的程序越简单越好。简化一切不必要的书写、填表步骤，帮助企业的客户找到他们需要的产品，解释这个产品如何工作，并且做任何能够简化交易过程的事情，制定标准、简化的服务流程。

(10) 服务内部客户。所谓内部客户，是指企业的任何一个雇员。每位员工或者员工群体都构成了对外部客户供给循环的一部分。如果内部客户没有适宜的服务水平能够使他们以最大的效率进行工作，那么外部客户所接受的服务便会受到不良影响，必然会引起外部客户的不满，甚至丧失外部客户的忠诚。如果企业对这一问题不给予足够的重视，势必会导致较低的客户忠诚度和较高的客户流失率，最终导致企业赢利能力降低。

本 章 小 结

对于复杂的消费者购买决策，一般要经过问题认知、信息搜集、评价与选择、购买行为和购后行为五个环节才能完成。消费者购买决策主要包括扩展型决策、有限型决策和名义型决策三大类。其中，名义型决策是一种惯例化反应，本身并未涉及决策，只是根据以前的经验发生惯性反应(不存在选择)，通常发生在低介入程度的购买过程中。名义型决策通常分为品牌忠诚型决策和习惯型购买决策两种类型。

消费者问题认知是消费者的理想状态与实际状态之间的差距达到一定程度，并足以激发消费者决策过程的结果。评价标准实际上是消费者在选择备选品时所考虑的产品属性或特征。这些属性或特征与消费者在购买中所追求的利益、所付出的代价直接相关。产品在被购买之后，就进入了买后阶段，此时，市场营销人员的工作并没有结束。购后行为是消费者决策过程的一个环节，在该环节，消费者根据他们是否满意决定购买产品之后所采取的进一步行动，包括一些在产品使用后可能产生的心理活动以及消费者购买以后的典型行为。

习 题

1. 名词解释

(1) 名义型购买决策   (2) 扩展型购买决策   (3) 忠诚型购买决策

(4) 满意度   (5) 习惯型购买决策

2. 填空题

(1) 消费者购买决策过程包括 5 个环节，分别为_____、信息搜集、_____、购买行为和_____。

(2) 霍华德将消费者购买决策分为三大类型，分别为扩展型购买决策、_____和_____。

(3) _____是指个人对自己各方面的认知和评价。

(4) _____是制定大多数营销策略的基础，其实质是将整体市场分为若干子市场，每一个子市场的消费者具有相同或相似的需求或行为特点，不同子市场的消费者在需求和行为上存在较大的差异。

(5) 名义型购买决策可以进一步分为两大类，即忠诚型购买决策和_____。

3. 简答题

(1) 消费者购买决策的类型有哪些？它们之间的区别是什么？

(2) 习惯型购买决策与忠诚型购买决策的区别是什么？

(3) 满意度与忠诚度的差别是什么？

(4) 品牌忠诚度测评方法有哪几种？

4. 案例分析题

根据三位消费者对某类产品购买的历史资料，采用比较法比较 A 品牌与消费者选择的其他品牌 B、C、D 等的购买联系：王先生的品牌选择图为 AABBB，张先生的品牌选择图为 AABAA，李先生的品牌选择图为 ABADC。请解释三位消费者的品牌忠诚度情况。

第3章

消费者资源、需要与购买动机

炫耀性物品走向大众消费的悲剧

想当年，红旗牌轿车何等辉煌! 红旗轿车以它典雅的造型、精心的手工工艺、宽敞的车身，代表着一种极高的社会身份，成为人人皆知的名牌，不仅中国人尊尚红旗，连外国人也仰慕红旗。如今，红旗轿车却被看作奥迪轿车的变形，不被人们看好。红旗轿车的悲剧就在于生产者给它定错了位，把它从炫耀性商品变为一般商品，从而失去了名牌的光环。

经济学家认为，人的消费动机决定了人的消费行为。人的消费不仅仅为了满足物质欲望，还为了满足精神欲望。随着社会的发展，人们富裕程度得到提高，精神欲望也越来越被重视。精神欲望是多种多样的，其中之一就是通过消费来显示、炫耀自己的社会地位。这种消费称为炫耀性消费，用于这种消费的物品称为炫耀性物品。在市场经济社会中，人的财富总是与社会地位和身份相关的。所以，消费高价名牌的物品表现自己的财富，也炫耀了自己的身份。炫耀性物品就是高价的名牌物品。红旗轿车之所以受青睐，就是因为它是炫耀性物品。汽车实际有两种功能: 方便交通与炫耀身份。一般轿车的功能主要是方便交通，而特殊的名牌轿车(如英国的劳斯莱斯、德国的奔驰与宝马、美国的凯迪拉克等)则主要用于炫耀身份。以前红旗轿车作为炫耀性商品，主要由于以下两点: 一是做工精细(许多零件由高级技术工人手工制作)，成本高，产量少，从而价格高; 二是使用有严格限制(据说以前正部级以上干部才有资格乘坐)。这样，红旗轿车自然身价不凡，名震中外了。

炫耀性物品只有价格高才有炫耀作用，因此对这类物品的需求与一般物品不同。一般物品是价格下降，需求量增加，但炫耀性物品如果降价，那么买的人增多，就没有炫耀作用了，所以，价格下降，炫耀性物品的作用就没有了(一般物品的作用仍然有)，作为满足炫耀欲望的商品的需求量就减少了。这类物品的生产者必须坚持低产量、高质量、高价格，才能维持自己作为炫耀性物品的地位，并从中获利。

红旗轿车的悲剧正在于生产者把这种炫耀性物品降为一般物品。如果说一般物品走向大众化是成功的起点，那么，炫耀性物品走向大众化则是它失败的开始。红旗轿车大批量生产，改变了原来典雅的造型，用机械生产的部件代替了手工精制的部件，降低了价格，与其他车型在作为交通工具的市场上竞争，这时它的悲剧也就开始了。作为普通轿车，人人都可以用，哪里有身份的象征？但作为普通轿车，红旗轿车的性能价格比又远远不如其他轿车。现在红旗轿车的价格几乎是捷达、富康、桑塔纳的三倍，性能比红旗轿车好的本田、别克、欧宝价格都比它低。红旗轿车象征身份的作用没有了，作为普通轿车又没有优势，它的前途能辉煌吗？

一种物品能成为社会公认的炫耀性物品是非常不容易的，劳斯莱斯、凯迪拉克这些西方公认的炫耀性名车都有将近百年的奋斗史。红旗轿车在人们心目中作为身份的象征，也是由汽车工人的勤劳奋斗和当时特殊的历史条件形成的。失去这种地位很容易，红旗轿车几十年的奋斗成果不就在几年中烟消云散了吗？这个历史的教训可不能忘啊！

(资料来源：从炫耀性消费者看红旗车的悲剧. 蓝动网. 2016-09-03. http://www.landong.com/u/p_17_268118.html. 有删改)

由导读案例可以看出，消费者的购买动机并不仅仅是商品的实用性，品牌的附加值往往远高于商品的生产成本。无论伦理学家如何评价炫耀性消费，这种消费需求的存在是不容忽略的，而且越来越重要。企业要根据市场需求生产，就不能轻视炫耀性物品的重要性。企业一方面要满足广大消费者的普通需求，另一方面也要满足一些人(哪怕是极少数人)炫耀性消费的需要。在经济日益发达的今天，消费者的需求动机也越来越多，比对手更早、更好地识别并满足消费者的需求，对企业的生存和发展至关重要。消费者需求的种类是非常多的，但并非任何需求都会导致消费者的购买行为，因为不同消费者拥有的经济、时间等资源是不一样的，因此，分析消费者资源并对消费者进行市场细分是企业分类营销策略制定的依据。

3.1　消费者资源

消费者资源主要包括消费者经济资源、消费者时间资源和消费者知识三大类，不同的消费者拥有的资源要素是不一样的，都会对消费者的购买行为产生直接影响。

3.1.1　消费者经济资源

消费者经济资源主要包括消费者收入、消费者财产和消费者信贷。

1. 消费者收入

消费者收入是指消费者个人从各种来源所得到的货币收入，通常包括个人的工资、奖金、其他劳动收入、退休金、助学金、红利、馈赠、出租收入等。消费者收入主要形成消费资料购买力，这是社会购买力的重要组成部分。

1) 消费者收入的类型

消费者收入可分为货币收入和实际收入。物价下跌，则实际收入上升；反之，则实际收入下降。此外，不同时期、不同地区、不同阶层的消费者收入水平不同。消费者收入主要形成消费人口的购买力，收入水平越高，购买力就越大，但消费者收入不会全部用于消费。因此，对企业营销而言，有必要区别以下几个概念。

(1) 可支配的个人收入。可支配的个人收入是指个人收入中扣除各种税款(所得税等)和非税性负担(如工会费、养老保险费、医疗保险费等)后的余额,是消费者个人可以用于消费或储蓄的部分,形成实际购买力。

(2) 可任意支配的个人收入。可任意支配的个人收入是指个人可支配收入中减去用于维持个人与家庭生存所必需的费用(如水电、食物、衣服、住房等)和其他固定支出(如学费等)后剩余的部分。这部分收入是消费者可任意支配的,因而是消费需求中最活跃的因素,也是企业开展营销活动所要考虑的主要对象。

(3) 家庭收入。许多产品的消费是以家庭为单位的,如冰箱、电视、空调等,因此家庭收入的高低会影响许多产品的市场需求。

2) 对消费者收入的分析

消费者收入不变,而商品价格上涨,就等于消费者收入减少;反之,如果物价下跌,就等于消费者收入增加。一个好的企业不仅要分析研究消费者的平均收入,而且要分析研究每个层次的消费者的收入和消费水平,只有这样才能抓住重点,提高企业的创收率。

消费者购买力来自消费者收入,所以消费者收入是影响社会购买力、市场规模大小以及消费者支出多少和支出模式的一个重要因素。进行经济环境分析时,要区别可支配的个人收入和可任意支配的个人收入、货币收入和实际收入等细分项目。另外,还要分析研究消费者的平均收入,要分析研究各个阶层的消费者的收入、不同地区的消费者的收入水平和工资增长率等因素。

当消费者收入水平较低时,迫于生计,不得不消费较多的劣等商品。当消费者收入提高时,会增加层次较高、品质较好的生活必需品的消费,这样自然而然减少了对劣等商品的消费。因此,劣等商品价格提高了,若撇开由相对价格变化引起的购买替代,则由于消费者实际收入的降低,就会引起消费者对该商品更多的购买。

3) 恩格尔定律

消费结构是在一定的社会经济条件下,人们(包括各种不同类型的消费者和社会集团)在消费过程中所消费的各种不同类型的消费资料(包括劳务)的比例关系。恩格尔定律是19世纪德国统计学家恩格尔根据统计资料,对消费结构的变化得出的一个规律:一个家庭收入越少,家庭收入中(或总支出中)用来购买食物的支出所占的比例就越大;随着家庭收入的增加,家庭收入中(或总支出中)用来购买食物的支出则会下降。推而广之,一个国家越穷,每个国民的平均收入中(或平均支出中)用于购买食物的支出所占比例就越大,随着国家的富裕程度提高,这个比例呈下降趋势。

2. 消费者财产

财产或净财产是反映一个人富裕程度的重要指标,从长期来看,它与收入存在高度的相关性。然而,这两者不能画等号。具体到个体,高收入并不意味着一定拥有大量的财产。同样,拥有大量财产的人,也可能是通过继承或过去投资获得这些财产,现在的收入不一定很高。即使其他条件不变,完全处于同一收入水平的两个人或两个家庭,所拥有的财产也可能存在非常大的差别,原因是各自的消费和储蓄模式完全不同。

财产既包括住房、土地等不动产,也包括股票、债券、银行存款、汽车、古董及其他收藏品。政府机构和私人组织很少系统地搜集居民财产及其分布的数据,因此,以财产为依据分割市场和制定营销策略相对比较困难。在西方发达国家，大多数居民最主要的财产是其所拥有的房产。据说，这一部分财产占其财产总额的 50%～60%。当然，对于超级富裕的居民来说，他们更有可能以股票、债券、银行存款等方式拥有其财产。目前，我国居民银行储蓄存款余额已逾 17 万亿元，因此银行存款成为一种主要的财产持有形式。在城镇，随着越来越多的人拥有属于自己的住房，房屋作为个人财产的地位越来越重要；在农村，实际上大多数居民的财产就是他们所拥有的住房。

拥有较多财产的家庭相对于拥有较少或很少财产的家庭，将会把更多的钱用在接受服务、旅游和投资上。富裕的家庭一般处于家庭生命周期的较后阶段，不一定特别在意重新装修房子和购买大件商品之类的事情，因此他们在这方面的支出并不高。由于特别珍惜时间，他们对商品的可获性、购买的方便性、产品的无故障性和售后服务等有很高的要求，并且愿意为此付费。另外，富裕家庭的成员对仪表和健康十分关注，因此，他们是高档化妆品、皮肤护理产品、健康食品、维生素、美容美发服务、健身器材、减肥书籍和减肥服务项目的主要购买者。为了保证身体和财产安全，他们还大量购买家庭保护系统、保镖服务、各种保险、防火与防盗器材、空气净化器等产品。

3. 消费者信贷

所谓消费者信贷，就是消费者凭信用先取得商品使用权，然后按期归还贷款以购买商品。消费者信贷的历史由来已久。中华人民共和国成立以前，有些商店平时赊销，逢年过节收账，这也是消费者信贷。第二次世界大战以来，由于生产迅速发展，许多商品供过于求，西方各国盛行消费者信贷。以美国为例，1980 年消费者信贷达到 14 000 亿美元，平均每人为 6298美元。

1) 消费者信贷的种类

(1) 短期赊销。例如，消费者在某家零售商店购买商品，这家商店规定无须立即付清货款，有一定赊销期限，如果顾客在期限内付清货款，不付利息；如果超过期限，要计利息。

(2) 住宅的分期付款。消费者购买住宅时，仅需支付一部分房款，但须以所购买的住宅作为抵押，向银行借款购买，以后按照借款合同规定在若干年内分期偿还银行贷款和利息(每月还款数额和每月租别人的房屋的租金数额差不多)。买主用这种方式购买的房屋，有装修、改造和出售权，而且房屋的价值不受货币贬值的影响。分期付款购买住宅，实质上是一种长期储蓄。

(3) 昂贵消费品的分期付款。消费者在某商店购买电冰箱、昂贵家具等耐用消费品时，通常签订一个分期付款合同，先支付一部分货款，其余货款按计划逐月加利息分期偿还。如果顾客连续几个月不按合同付款，商店有权将原售货物收回。

(4) 信用卡信贷。美国是信用卡的发源地。美国信用卡有两大类：一类是由大百货公司、超级市场发给顾客的，顾客可凭卡在公司所属商店赊账购买商品；另一类是由金融机构印发的信用卡，在全世界都可使用。

2) 发展消费者信贷的好处

(1) 发展消费者信贷有利于转化消费倾向，扩大内需。开拓国内市场，扩大国内需求是我国经济发展的基本立足点和长期战略选择，所以有效刺激消费是我国经济保持长期稳定增长的重要保证。尤其重要的是，当前我国经济运行呈现供给相对过剩和通货紧缩的特征，消费市场从卖方市场格局向买方市场格局转化。另外，居民储蓄率日趋高升，边际消费倾向递减。在此情况下，国家近年先后出台了一系列扩张投资需求的财政政策与货币政策，但从消费领域来看，消费市场依然偏淡，扩张投资需求刺激消费作用有限，进一步扩大内需、刺激消费还有赖于发展消费者信贷进而扩张有效需求。我们知道，投资和消费是经济增长的两个轮子，要使投资拉动经济增长的态势得以持续，消费者需求必须及时跟上，发展信用消费正是扩大消费者需求的一种重要途径。从全社会来看，由于消费与生产不可能完全同步，消费总是滞后于生产，两者之间存在一定的滞差，消费者信贷的实施有助于增加即期消费，保持生产与消费的良性循环。在当前经济形势下，消费者信贷尤其具有特殊重要的现实意义：消费者信贷是调节当前宏观经济的有效措施，消费者需求不足可以说是当前我国经济增长中的一个突出问题，积极开展消费者信贷，通过消费者信用支持需求扩张，可以达到启动消费市场带动经济增长的目的；政府通过消费者信用引导消费者的支出投向，有意识地加速或延缓某类消费的社会实现，还可以有效促进产业结构调整和升级，实现经济结构的优化，使经济增长步入良性循环。

(2) 发展消费者信贷有利于为经济增长提供推动力。消费的增长始终是经济活动的出发点与归宿点，以消费为导向也正是市场经济发展的真谛。居民消费的增长与消费需求结构的升级，正是经济规模扩大与经济向更高层次进化的根本推动力。统计显示，近年来居民消费对我国国民经济增长的贡献率正逐年增长，消费对国民经济增长的贡献率从 2015 年的 66.4%增长至 2018年的 76.2%。当前，我国居民的消费能力与水平不断升级，信贷消费也逐渐成为趋势。通过消费者信贷，部分急需改善生活条件并有一定经济实力的居民可提前满足对住房、汽车等高价值消费品的需求，也有利于提高居民生活质量，促进社会消费升级的顺利实现。事实上，消费者信贷是一个人乃至一个民族对未来有信心的标志，也就是说敢于花未来挣的钱。因此，通过发展消费者信贷，可以从根本上改变传统的制约消费的政策和观念，把消费和劳动生产有机结合起来，激发劳动者的劳动热情，提高劳动生产率，最终提高人民生活水平。

(3) 发展消费者信贷可以优化社会信用结构，使债权和债务有机地结合起来，从而提高信用的内在约束机制和全社会的信用水平。目前，在我国的社会信用结构中，居民高债权，政府和企业高债务，银行高风险。风险和收益是绝对分离的。发展消费者信贷可以优化居民的资产结构，使居民的收益和风险通过信用消费的方式相结合。消费者信贷和消费者储蓄对于货币流通的作用恰恰是相反的，前者是未来的收入现在使用，而后者是现在的收入未来再用。发展消费信贷也是构建市场储蓄向投资转化机制的重要措施。此外，发展消费者信贷可以延伸货币政策和信贷政策的作用范围，它是调整银行资产负债结构的有力工具之一。到目前为止，货币政策和信贷政策都是在短缺经济中发挥促进生产作用的，而通过消费者信贷可以使货币政策和信贷政策延伸到消费领域，建立消费主导型的经济增长方式。更进一步，通过政策作用范围的延伸，可以帮助银行调整资产负债结构，提高银行效率和效益。

3.1.2 消费者时间资源

"时间就是金钱"，这句今天看起来很平常的口号，是于改革开放初期在深圳蛇口提出的，它如一股强烈的冲击波，在当时对国人思想产生了巨大影响，从而改变了人们的时间观念、效率观念。在市场竞争日益激烈和生活节奏日益加快的今天，该口号对于多数企业和消费者越来越重要。

1. 时间的构成

传统上，人们将时间分为两部分：工作时间与休闲时间。然而，现在人们不再如此简单地对时间进行分割，而是将时间分成三个部分：工作时间、非自由处置时间和休闲时间。沃斯认为："休闲时间是指这样的自由处置时间，在此时间内消费者没有感受到经济的、法律的、道德的或社会的义务，也不是一种生理上的必需，消费者如何支配这段时间完全取决于他自身。"按照这一界定，吃饭、睡觉、家务、个人护理及其他负有道义责任的工作所占用的时间都应划入非自由处置时间。只有在扣除了这部分时间和工作时间之后，剩余的才是休闲时间。

人们在休闲时间里从事诸如阅读、登山、钓鱼、旅游、创作等愉悦身心的活动，这类活动通常称为休闲活动。休闲活动并不是绝对的，被大多数人视为休闲性的活动，对另一些人来说可能恰恰是本职工作。艺术家、大学教授、职业运动员所从事的就是这样一些"休闲性"工作。也许有些人把上街购物视为一种休闲活动，而另一些人则将其视为非休闲活动。正是由于上述原因，严格地界定什么是休闲活动并非易事。

2. 消费时间的产品

很多产品和服务，如看电视、溜冰、钓鱼、打网球、健身等，均需要花费时间。消费者是否购买这些产品和服务，很大程度上取决于他们是否拥有可自由支配的时间。如前所述，消费者的可自由支配时间与工作时间、非自由处置时间处于一种此长彼短的关系。后两种时间越多，可自由支配时间或休闲时间就越少；反之，则越多。随着收入水平的提高和越来越多的女性参加工作，对大多数人来说，工作时间不一定有明显的减少。另外，与收入增长同步，很多消费者的非自由处置时间往往也是增加的。

由于自由处置时间或休闲时间的减少，很多消费者要求在有限的休闲时间里获得更大的满足和快乐。他们在休闲时间里可能会更愿意出钱来获得享受，由此引起对能够带来这种享受的产品和服务(如空中旅行、高档体育用品和健身器材等)的需求，时间压力大的消费者还可能由比较悠闲的活动转向更为剧烈的活动，如由钓鱼转向打羽毛球，由打高尔夫球转向打网球。

应当指出，消费者的时间支出方式也在不断变化。研究发现，与过去相比，现在妇女做家务的时间减少了，而男性做家务的时间在增加。传统上，女性喜欢彼此交流，在这方面花的时间远较男性多，现在这种差距在缩小。

3. 节省时间的产品

减少工作时间可以增加休闲时间，但由此也会引起收入的减少，这对很多消费者来说可能不是一种好的选择。因此，要获得更多的休闲时间，更好的选择是压缩非自由处置时间。在这一方面，企业可以通过提供节省时间的产品与服务来帮助消费者达到目的。

很多服务，如雇人照看小孩、清扫与整理房间、修剪草坪等，均有助于消费者从繁忙的家务活动中解脱出来，从而腾出更多的时间来工作或休闲。在美国，越来越多的成年人运用各种节省时间的策略，例如超过 60%的消费者通过吃外卖食品、在快餐店用餐或减少房间打扫频率等方法来节省时间。

某些耐用品和非耐用品也有助于节省消费者时间，最为典型的是微波炉和洗碗机，这两种产品投放市场后，受到了极大的欢迎。在西方国家，需要加热的食品如果不适用于微波炉，是很难销售出去的。此举不仅影响食品行业，而且也对包装业产生了深远的影响。另外，像干洗剂、快干油漆、大马力割草机等，尽管价格偏高，但由于节省时间，仍受到时间敏感型消费者的欢迎。

另外一种节约消费者时间的方式是时间的多极运用，即让消费者同时做多件事情或完成多项任务。例如，在旅行过程中，让乘客看电视或用便携式计算机工作。有一家企业开发出配有搁书板的健身器，使消费者在健身的同时还可看书，便是采用了时间多极运用的概念。

一般来说，消费者越紧张、忙碌，对节约时间的产品越感兴趣，越愿意为此付费。具体到某一个体身上，这一结论是否适用还应做具体分析。事实上，忙碌的消费者还有其他方式缓解时间压力，而不一定非采用节省时间的产品不可。调查发现，忙碌导致了如下结果：①38%的人减少了睡眠时间。②人们尤其是女性做家务的时间减少了。③男女做家务的时间比例发生变化。例如，传统上家务以女性为主，不过做家务的男性有增多的趋势。据美国劳工局统计，2003—2017 年，美国男性在家做食物准备或饭后清理的比例从 35%增加到 46%。④消费者愿意花在购买上的时间减少了。

📖 **扩展阅读3-1**

希尔顿瞄准时间匮乏的消费者

3.1.3　消费者知识

1. 消费者知识的概念和内容

知识是指储存在头脑中的信息，消费者知识则是指与履行消费者功能相关的那些信息。消费者知识并不必然与消费者所受的教育成正比。一个受教育程度很高的人，在某些产品的购买、使用与消费上的知识可能远不及一个受教育程度低的人。消费者知识包括以下内容：关于产品术语、产品特征与属性的知识，关于具体产品或品牌信息的知识，产品价格等知识，以及购买及使用产品的相关知识。

加强消费者知识的调查，对消费者进行教育和正确引导，均有利于企业更好地拓展新的市场。一些企业正采用各种手段增加消费者的使用知识，而且向消费者提供的使用知识不仅仅局限于企业及其产品本身。例如，可口可乐公司印制了一本叫"如何与公司对话和获得反应"的小册子，向顾客宣传在遇到产品质量或服务问题时如何向公司投诉并使问题得到解决。这一小册子不是专门针对可口可乐公司的，它的推出使消费者增长了知识，因此受到人们的欢迎。读了这本小册子的顾客有一半对可口可乐更具信心，15%的人表示要买更多的可口可乐。

文化消费调研报告：受教育程度对文化消费的影响

2. 消费者教育

消费者教育就是通过一定的手段，将公司、产品、服务、政策、策略等期望消费者了解的信息传播给消费者，并获得认同的过程。它的好处是可以创造忠诚客户，并使新产品(服务)得到比较大的投资回报。营销企业仅仅"迎合"需求是远远不够的，由于消费者的需求与消费者的利益并不总是一致的，因此，营销企业还必须进一步分析消费者需求，辨别消费者需求的合理性，判断这种需求的满足对消费者个体利益、整体利益、眼前利益、长远利益的影响。在这样的基础之上运用企业的营销手段，引导消费者，教育消费者，增强消费者的理性程度，提高消费者的素质，通过企业的营销活动实现消费者需求的满足。只有这样才能真正实现和增加消费者的利益，使市场营销观念倡导的双赢得以实现。所以说，将引导消费者、教育消费者的思想纳入市场营销观念体系是对市场营销观念的发展和完善。作为一种营销手段，消费者教育旨在灌输给消费者正确的观念，提高消费者素质，培养理性成熟的消费者，以求消费者利益和企业利益的高度统一。因此，消费者教育的内容是消费者观念教育和素质教育。

1) 消费者观念教育

观念是行为的指导。营销活动中倡导和培养何种消费观念对营销结果有着重大影响，是在我国整体市场由数量追求向质量追求的转变时期，企业营销从数量、价格、个别促销等低层次的营销走向质量、服务、整体营销等高层次营销的客观需要。消费者观念教育的核心是在正确的企业经营理念指导下，通过大力倡导和宣传，使消费者树立与消费水平相适应，与优秀文化传统相适应，与社会发展、人类进步相适应的消费价值观和消费方式观。具体内容如下。

(1) 消费者的个人价值观教育。价值观既是一种营销环境，又是一种意识形态，对消费者购买行为具有决定性的影响。消费者价值取向的形成既受其所受文化、意识形态、教育程度和社会风气等宏观层面因素的影响，同时，也受到营销者的营销宣传等微观层面的影响。就营销宣传而言，最大限度地对非理性的"刺激""煽情"消费氛围的营造，已经使企业陷入了一味玩弄技巧和愚弄消费者的泥潭，走向了"反市场营销"的深渊。企业在端正自身经营理念的同时，引导和培养有利于企业长远发展，以及适应企业"可持续营销"的健康、正当、合理、文明的消费价值观，使消费者不被令人眼花缭乱的促销技巧所迷惑，抵制不切实际的、与文化伦理相抵触的不良消费欲望的诱惑，选择适合消费者个人和家庭的消费方式。

(2) 消费者的社会价值观教育。现代工业文明犹如一把"双刃剑"，在给人类带来物质文明的同时，也带来了不可避免的副产品。许多商品的消费是利害并存的，不仅涉及消费者的个人利益，而且涉及他人利益(如抽烟、噪声等)乃至整个社会的利益(如环境污染)。对消费者进行个人消费的社会价值观教育，就是要使消费者对个人可能产生的过度消费、有害消费及环境污染等进行自我道德约束和法律约束。

(3) 消费者的生活方式观教育。生活方式的进步是人类文明的标志，但由于观念的相对滞后，进步的新产品的消费往往受阻于传统和落后的生活方式观，使其不能很快地形成规模市场。因此，使消费者接受与人类文明进步同步的新的生活方式观，使企业所生产的可以改善生活方式和提高生活质量的新产品能够顺利地实现消费，就成为消费者教育的重要内容。

2) 消费者素质教育

消费者素质是消费者作为民事行为能力人完成购物行为所必需的基本知识和能力的综合反映。因此，消费者素质教育应包括以下内容。

(1) 商品知识传授。无知的消费者绝对当不成真正的上帝，假冒伪劣商品的盛行和损害消费者利益的行为屡禁不止的根本原因之一就是消费者的无知，改变这种现象的意义在于：一是有效地使消费者识别真伪优劣，借助消费者的力量淘汰伪劣产品；二是促使企业彻底打消欺骗的念头，改进销售服务；三是带动企业其他营销活动水平的提高(至少可以大大提高目前企业的广告水平)；四是减少用于解决各种消费者权益纠纷的营销费用。

(2) 购买能力培养。消费者购买能力是其语言表达能力、谈判能力、计算能力、识别能力、思维判断能力、决策能力等诸多能力的综合反映。从营销角度来讲，消费者购买能力的培养主要侧重于对消费者进行辨别能力、判断思维能力和决策能力的培养，从而增强消费者购买行为的成熟度和理性度，使消费者买其所需的商品，买其必买的商品，买其充分消费的商品，避免上当购买、无效购买、后悔购买和有限消费购买。

3. 消费者教育营销的方式

消费者教育归根到底是一种信息沟通，旨在为消费者提供全面、准确的信息知识，形成消费者购买的"合理预期"。

1) 产品整体中的消费者教育

包含于产品整体中的消费者教育是消费者教育的最基本层次，以产品整体中形成的产品相关要素为信息源和信息载体，将企业所要传达的观念、知识等内容附于其中，由接触该商品的消费者通过阅读后产生教育效果。由于该层次的消费者教育以形式产品的相关要素为载体，是一种稍作改进就能有很好效果而又较为经济的消费者教育模式。在现代超市化经营中，要发挥该模式的消费者教育功能，必须改变产品安装等产品要素的设计思路，尤其要改变对产品功能、配方、使用、注意事项、建议和忠告等内容过于弱化和简单的设计，加大消费者教育的内容，变包装等产品要素中过分追求色彩、符号等方面的广告功能设计为教育与广告设计并重。

2) 分销过程中的消费者教育

分销过程中的消费者教育需要渠道各成员的密切合作。以制造商为主，经销商配合支持，应是分销过程中消费者教育的基本框架。经销商的素质和能力对消费者购买的巨大影响力，决定了消费者教育过程中对经销商进行下列教育、帮助和指导是必需的：①对经销商的培训教育，使之成为具备足够的商品知识的合格的商品经营者；②有关生产、技术、产品等情报资料的提供；③对经销商开展消费者教育的内容、形式和程度的意见、要求甚至规定；④对经销商开展消费者教育的帮助和指导；⑤与经销商联合开展消费者教育活动。

3) 人员推销中的消费者教育

推销的特点是推销者与被推销者双方可以就被推销商品进行直接交流，信息沟通充分，能当面答疑解惑，针对性强，即时效果好。20 世纪 90 年代以来，人员推销这一成本—效益极不经济的消费品营销方式的成功，充分证明了教育与推销合二为一的营销方式之所以具有强大的生命力，原因就在于满足了顾客需要购物指导与服务的强烈需求。所以，成功的人员推销的过程同时就是对消费者教育的过程。人员推销过程中，介绍与演示、接受咨询、维修、建议与指导等消费者教育形式必不可少。

4) 非人员促销中的消费者教育

(1) "会员制俱乐部"教育。由教育者(通常是某一方面的专家或相关人员)以传播商品知识、介绍消费经验及产品的特殊利益为目的，对一群消费者进行教育。由于俱乐部式的消费者教育与任何商品的推销没有直接关联，使消费者在接受教育的过程中没有购物的心理压力，而且还能陶冶情操，提高审美能力，因此对消费者有较大的吸引力，容易得到消费者的响应与支持。俱乐部可以是消费者家庭聚会、沙龙、联谊会的形式，也可以是消费者学院(包括享受特定利益的会员制俱乐部和一般俱乐部)的形式等。

(2) 公益活动教育。这已成为企业投入较多的营销方式。在公益活动中适当增加消费者教育的内容，可收到事半功倍的效果。例如，假冒伪劣商品识别活动中增设义务咨询、义务维修、公益广告等内容。

(3) 公共教育。在更广阔的时空范围内，利用大众传媒将教育内容传播给社会公众，主要形式有商品知识的连续介绍、与媒体联合举办商品知识有奖问答、消费者热线、企业及产品专辑、公益广告等。

3.2　消费者需要

消费者需要包括许多种类，不同阶段的消费者需要是不一样的，消费者需要与行为之间有着密切而复杂的关系。

3.2.1　消费者需要的概念

需要就是人对某种目标的渴求或欲望，是人的行为的动力基础和源泉，是人脑对生理和社会需要的反应(人们对社会生活中各类事物所提出的要求在大脑中的反应)。心理学家也把促成人们各种行为动机的欲望称为需要。

人为了生存就要满足其生理的需要。例如，饿了就需要食物；冷了就需要衣服；累了就需要休息。人为了生存和发展还必然产生社会需要。例如，通过劳动创造财富，改善生存条件；通过人际交往沟通信息，交流感情，相互协作。人的这些生理需要和社会需要反映在个体的头脑中，就形成了他的需要。随着人类社会生活的日益进步，为了提高物质文化水平，逐步形成了高级的物质需要和精神需要。

消费者需要是指消费者生理和心理上的匮乏状态，即感到缺少些什么，从而想获得它们的状态。个体在其生存和发展过程中会有各种各样的需要，如饿的时候有进食的需要，渴的时候有喝水的需要，在与他人交往中有获得友爱、被人尊重的需要等。需要是和人的活动紧密联系在一起的。人们购买产品、接受服务，都是为了满足一定的需要。一种需要满足后，又会产生新的需要。因此，人的需要绝不会有被完全满足和终结的时候。正是需要的无限发展性，决定了人类活动的长久性和永恒性。

3.2.2 需要的种类

可以从不同的角度对需要的种类进行划分，具体介绍如下。

1. 生理需要和社会需要

按照需要起源的不同进行划分，需要包括生理需要和社会需要。生理需要是保存和维持有机体生命和种族延续所必需的。生理需要包括：维持有机体内不平衡的需要，如对饮食、运动、睡眠、排泄等的需要；回避伤害的需要，如对有害或危险的情景的回避等；性的需要，如配偶、嗣后的需要。生理需要是生而有之的，人与动物都存在，但人与动物表现在生理上的需要是有本质区别的。马克思曾说过："饥饿总是饥饿，但是用刀叉吃熟肉来解除的饥饿不同于用手、指甲和牙齿啃生肉来解除饥饿。"可见人的生理需要已被深深地烙上社会的痕迹，已不是纯粹的本能驱动。社会需要是人们为了提高自己的物质和文化生活水平而产生的社会性需要，包括对知识、劳动、艺术创作的需要，对人际交往、尊重、道德、名誉地位、友谊和爱情的需要，对娱乐消遣、享受的需要等。社会需要是人特有的在社会生活实践中产生和发展起来的高级需要。人的社会需要因受社会的背景和文化意识形态的影响而有显著的个别差异。

2. 物质需要和精神需要

按照需要的对象的不同进行划分，需要包括物质需要和精神需要。物质需要是指人对物质对象的需要，包括对衣、食、住有关物品的需要，对工具和日常生活用品的需要。物质需要是一种反映人的活动对于物质文明产品的依赖性的心理状态，因此，物质需要既包括生理需要又包括社会需要。精神需要是指人对社会精神生活及其产品的需要，包括对知识的需要、对文化艺术的需要、对审美与道德的需要等。这些需要既是精神需要又是社会需要。

3. 马斯洛的五个需要层次

美国人本主义心理学家马斯洛将人类需要按由低级到高级的顺序分成生理需要、安全需要、社交需要、尊重需要、自我实现需要五种基本类型。

(1) 生理需要：维持个体生存和人类繁衍而产生的需要，如对食物、氧气、水、睡眠等的需要。

(2) 安全需要：在生理及心理方面免受伤害，获得保护、照顾和安全感的需要，如要求人身的健康，安全、有序的环境，稳定的职业和有保障的生活等。

(3) 社交需要：希望给予或接受他人的友谊、关怀和爱护，得到某些群体的承认、接纳和重视。例如，乐于结识朋友，交流情感，表达和接受爱情，融入某些社会团体并参加他们的活动等。

(4) 尊重需要：希望获得荣誉，受到尊重和尊敬，博得好评，得到一定的社会地位的需要。自尊的需要是与个人的荣辱感紧密联系在一起的，涉及独立、自信、自由、地位、名誉、被人尊重等多方面内容。

(5) 自我实现需要：希望充分发挥自己的潜能，实现自己的理想和抱负的需要。自我实现是人类最高级的需要，涉及求知、审美、创造、成就等内容。

4. 现实需要和潜在需要

现实需要是指目前具有明确消费意识和支付能力的需要，也称为有效需要，满足消费者的现实需要是企业当前市场营销活动的中心。

潜在需要是指目前尚未显现或明确提出，但在未来可能形成的需要。潜在需要通常是由于某种消费条件不具备所致，如市场上缺乏能满足需要的商品、消费者的货币支付能力不足、缺乏充分的商品信息、消费意识不明确、需求强度较弱等。然而，上述条件一旦具备，潜在需要就可以立即转化为现实需要。

因此，对于支付能力不足的消费者的潜在需要，企业或商家可以采取降价、分期付款等营销措施；对于消费者意识不明确的潜在需要，企业应该采取广告宣传、示范表演、免费试用等营销手段，引导消费者将潜在需要转化为现实需要。

3.2.3　需要与购买行为

需要虽然是人类活动的原动力，但它并不总是处于唤醒状态。只有当消费者的匮乏感达到迫切程度，需要才会被激发，并促使消费者有所行动。例如，我国绝大多数消费者可能都有住上更宽敞住宅的需要，但由于受经济条件和其他客观因素制约，这种需要大都只是潜伏在消费者心底，没有被唤醒或没有被充分意识到。此时，这种潜在的需要或非主导的需要对消费者行为的影响力自然就比较微弱。需要一经唤醒，可以促使消费者为消除匮乏感和不平衡状态采取行动，但它并不具有对具体行为的定向作用。

在需要和行为之间还存在动机、驱动力、诱因等中间变量。例如，当饥饿的时候，消费者会为寻找食物而活动，但面对面包、馒头、饼干、面条等众多选择，到底以何种食品充饥，则并不完全由需要本身所决定。换句话说，需要只是对应于大类备选产品，它并不为人们为什么购买某种特定产品(服务)或某种特定品牌的产品(服务)提供充分解答。

3.3　消费者购买动机

消费者购买动机是消费者行为学中一个非常重要的内容，随着经济发展与居民消费水平的提高，消费者购买动机的类型也在不断变换，这值得企业及营销人员不断关注。

3.3.1　购买动机概述

1. 购买动机的概念

购买动机是直接驱使消费者采取某种购买活动的一种内部动力，反映了消费者在心理、精神和感情上的需要实质上是消费者为满足需要采取购买行为的推动者。消费者动机理论要研究的中心问题是消费者行为中的"为什么"问题。例如，消费者为什么需要某种商品或劳务？为什么从多种商品中选购了某种品牌的商品？为什么消费者对商品广告有截然不同的态度？为什么消费者经常惠顾某些零售商店？等等。回答消费者行为的"为什么"的问题，是最重要、最关心的问题，也是最难理解、最难以调查的。这个问题解决了，消费者购买动机就找到了，同时，对消费者行为现象的解释和说明也就有了坚实的基础。

2. 购买动机的特点

消费者的购买动机有如下特点。

1) 迫切性

购买动机的迫切性是由消费者的高强度需要引起的。例如有人对骑自行车本身不感兴趣，但搬到新家后，上班远了，乘车又不方便，看到邻居骑车上下班很方便，就会产生迫切需要一辆自行车的想法。

2) 内隐性

内隐性指消费者出于某种原因而不愿让别人知道自己真正的购买动机的心理特点。例如某些尚未用上电的农村，一些姑娘结婚时，非要让男方买电视机，美其名曰以后使用，实质上其真正的购买动机可能是为了显示自己的身价及富有程度，满足自己的虚荣心。

3) 可变性

在诸多消费者需要中，往往只有一种需要占主导地位(即优势消费需要)，同时还具有许多辅助需要。当外部条件达到时，占主导地位的消费者需要将会产生主导动机，辅助性的需要将会引起辅助性动机，主导性的动机能引起优先购买行为。一旦消费者的优先购买行为实现，优势消费需要得到满足，或者消费者在购买决策过程或购买过程中出现新的刺激，原来的辅助性购买动机便可能转化为主导性的购买动机。

4) 模糊性

有关的研究表明，引起消费者购买活动的动机有几百种，其中最普遍的是多种动机的组合作用。有些动机是消费者意识到的，有些动机则处于潜意识状态，这往往表现在一些消费者自己也不清楚购买某种商品到底是为了什么，这主要是由于人们动机的复杂性、多层次和多变性等造成的。

5) 冲突性

当个体同时存在两种以上消费需要，且两种需要互相抵触、不可兼得时，内心就会出现矛盾，这时人们常常采用"两利相权取其重，两害相权取其轻"的原则来解决矛盾。只有当消费者面临两个同时具有吸引力或排斥力的需要目标而又必须选择其一时，才会产生遗憾的感觉。动机冲突可分为以下三类。

(1) 双趋冲突。当消费者遇到两个以上都想达到的目标而又不能都达到时所产生的动机斗争称为双趋冲突。例如，当消费者挑选商品时，面对两种自己所喜爱的产品不能同时都买，选其中的一个又舍不得另一个，难以取舍时，他往往要对两种商品反复比较。这时，来自外界的因素可帮助其决策，如售货员或其他消费者的指点、说服、暗示，都可以起作用。

(2) 双避冲突。当消费者遇到两个以上不愉快的目标又必须选择其中一个时所发生的动机斗争称为双避冲突。例如，某副食商店，因售货员服务态度十分恶劣，使附近居民望而生畏，但油、盐等是每天必不可少的、用完就得及时补充的日常用品，如果到其他居民区商店去买就要受徒步远涉之苦。在这种情况下，本地区居民在购买副食品时既不想受附近商店售货员的气，又不愿走许多路去外区商店购买，因而发生动机斗争。结果是他们宁肯受点累，也觉得比受气强，因而纷纷去较远的商店购买，冲突随即消除。

(3) 趋避冲突。当消费者同时面临具有吸引力和具有排斥力的两种目标，需要做选择时所产生的动机斗争称为趋避冲突。例如，消费者想买一台双门无氟冰箱，但价格较高；单门有氟电冰箱价格虽低，但不够理想。这时，消费者便在质量和价格两者中徘徊，最后，或是选择满意的商品，或是选择低廉的价格，这是消费者决策和购买过程中常见的冲突。

3. 购买动机的类型

(1) 求实动机。这是一种以注重商品或劳务实际使用价值为主的购买动机。消费者在购买商品或劳务时，特别重视商品的实际效用、功能质量，讲求经济实惠、经久耐用，而对商品的外观造型、色彩、商标、包装等不太重视。在购买时大都比较认真、仔细地挑选，也不太受广告宣传的影响。一般而言，消费者在购买基本生活资料、日用品的时候，求实动机比较突出，而在购买享受资料，较高档次的、价值大的消费品时，求实动机不太突出。此外，还要考虑消费者的消费支出能力和消费的价值观念。

(2) 求新动机。这是一种以注重商品的新颖、奇特和时尚为主的购买动机。消费者在购买商品时，特别重视商品的外观、造型、式样、色彩和包装等，追求新奇、时髦和与众不同，而对陈旧、落后的商品不屑一顾。在购买时受广告宣传、社会环境和潮流导向影响很大。一般来说，具有这种购买动机的消费者观念更新较快，容易接受新思想、新观念，生活也较为富裕，追求新的生活方式。

(3) 求美动机。这是一种以注重商品的欣赏价值和艺术价值为主的购买动机。消费者购买商品时特别重视商品对人体的美化作用、对环境的装饰作用、对其身体的表现作用和对人的精神生活的陶冶作用，追求商品的美感带来的心理享受。购买时受商品的造型、色彩、款式和艺术欣赏价值的影响较大。强调感受，而对商品本身的实用性要求不高。这样的消费者往往文化素质较高，生活品位较强。但从现在的情况来看，有以下两个趋势：其一是随着人们生活水平的提高、收入的增加和用于非食物方面开支比重的增大，求美动机越来越强烈；其二是随着时间的推移，人们休闲时间的增加，越来越多的人注重求美动机。

(4) 求廉动机。这是一种以注重商品价格低廉，希望付出较少的货币而获得较多的物质利益为主要特征的购买动机。价格敏感是这类消费者的最大特点，在购买时不大看重商品的外观造型等，而是受处理价、优惠价、大特价、清仓价、"跳楼价"等宣传的影响较大。一般而言，这类消费者收入较低或者经济负担较重，有时也受对商品的认识和价值观的影响。近年来还有一种趋势，就是在目标市场营销中，较低档次的消费者对于较高档次的消费品而言，往往是求廉购买。例如，在广州不少的时装专卖店本来是面向高收入者的，讲究时装的质地、款式、流行度，以及服务、购物环境等，普通消费者一般是不会光顾的，但会在换季时、大减价时、清仓处理时去抢购，就是求廉动机的激发。

(5) 求名动机。这是一种以追求名牌商品或仰慕某种传统的名望为主要特征的购买动机。消费者对商品的商标、商店的知名度等特别重视，喜欢购买名牌产品，购买时受商品的知名度和广告宣传等影响较大。一般而言，年轻人、收入水平较高的人常常具有这种购买动机。

(6) 好胜动机。这是一种以争强好胜或为了与他人攀比并胜过他人为目的的购买动机。消费者购买商品不是为了实用而是为了表现出比别人强，购买时主要受广告宣传、他人的购买行为所影响，对于高档、新潮的商品特别感兴趣。

(7) 显耀动机。这是一种以彰显地位、身份和财富势力为主的购买动机。消费者在购买商品或从事消费活动时，不太重视消费支出的实际效用而格外重视由此表现出来的社会象征意义，通过购买或消费行为体现出有身份、权威或名流的形象。具有显耀动机的人与具有好胜动机的人相比，通常所处的社会阶层高，而又经常与下一阶层的人在一起，为了与众不同，常常购买具有社会象征意义的商品。

(8) 求同动机。这是一种以求得大众认可为主的购买动机，也称为从众动机。消费者在购买时主要以大众化商品为主，跟上潮流即可，人有我有，不求创新，也不要落后。在购买时受购买环境和别人的经验、介绍、推荐影响较大。

(9) 便利动机。这是一种以方便购买、便于使用维护为主的购买动机。在购买价值不高的日用品时，消费者常常具有这种购买动机。对于这类日用消费品，消费者经常购买，经常使用，购买时也不太认真挑选，讲求便利是其主要特征，他们对服务也有一定的要求。

(10) 偏爱动机。这是一种以某种商品、某个商标和某个企业为主的购买动机。消费者由于经常使用某类商品的某一种，渐渐产生了感情，对这种商品、这个商标的商品或这个企业的商品产生了偏爱，经常指名购买，因此也称为惠顾动机。再广泛一点说，有人喜欢购买日本商品，有人喜欢购买国产商品等都属于偏爱动机。企业注重服务，善于树立产品形象和企业形象，往往有助于培养、建立消费者的偏爱动机。

📖 **扩展阅读3-3**

奢侈品并非功能性产品

3.3.2　现代动机理论

1. 马斯洛的需要层次理论

马斯洛出生于美国纽约市布鲁克林区，是著名的社会心理学家、人格理论家和比较心理学家，人本主义心理学的主要发起者和理论家，心理学第三势力的领导人。在马斯洛看来，人类价值体系存在两类不同的需要：一类是沿生物谱系上升方向逐渐变弱的本能或冲动，称为低级需要；另一类是随生物进化而逐渐显现出来的潜能或需要，称为高级需要。人的内心潜藏着五种不同层次的需要，但在不同的时期表现出来的各种需要的迫切程度是不同的。人最迫切的需要才是激励人行动的主要原因和动力。人的需要是从外部得到的满足逐渐向内在得到的满足转化。低层次的需要得到基本满足以后，它的激励作用就会下降，其优势地位将不再保持下去，高层次的需要会取代它成为推动行为的主要原因。有的需要一经满足，便不能成为激发人们行为的起因，于是被其他需要取而代之。高层次的需要比低层次的需要具有更大的价值。热情是由高层次的需要激发。人的最高需要(即自我实现的需要)就是以最有效和最完整的方式表现自己的潜力，唯此才能使人得到高峰体验。

1) 需要层次理论的内容

马斯洛在 1943 年发表的《人类动机的理论》一书中提出了需要层次理论。马斯洛把需要分成生理需要、安全需要、社交需要、尊重需要和自我实现需要五类，如图 3-1 所示。

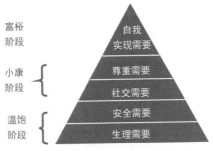

图3-1　需要层次理论图

图 3-1 中，各需要层次的基本含义如下。

(1) 生理需要。这是人类维持自身生存的最基本要求，包括饥、渴、衣、住、性等方面的要求。如果这些需要得不到满足，人类的生存就成了问题。从这个意义上说，生理需要是推动人们行动的最强大的动力。马斯洛认为，只有这些最基本的需要满足到维持生存所必需的程度后，其他的需要才能成为新的激励因素，而到了此时，这些已相对满足的需要也就不再成为激励因素了。

(2) 安全需要。这是人类要求保障自身安全、摆脱失业和丧失财产威胁、避免职业病的侵袭、解除严酷的监督等方面的需要。马斯洛认为，整个有机体是一个追求安全的机制，人的感受器官、效应器官、智能和其他能量主要是寻求安全的工具，甚至可以把科学和人生观都看成满足安全需要的一部分。当然，一旦这种需要获得相对满足后，也就不再成为激励因素了。

(3) 社交需要。这一层次的需要包括两个方面的内容：一是友爱的需要，即人人都需要伙伴之间、同事之间的关系融洽或保持友谊和忠诚；人人都希望得到爱情，希望爱别人，也渴望接受别人的爱。二是归属的需要，即人人都有一种归属于一个群体的感情，希望成为群体中的一员，并相互关心和照顾。感情上的需要比生理上的需要更加细致，它和一个人的生理特性、经历、教育、宗教信仰有关系。

(4) 尊重需要。人人都希望自己有稳定的社会地位，要求个人的能力和成就得到社会的认可。尊重可分为内部尊重和外部尊重。内部尊重是指一个人希望在各种不同情境中有实力，能胜任，充满信心，能独立自主，总之，内部尊重就是人的自尊。外部尊重是指一个人希望有地位，有威信，受到别人的尊重、信赖和高度评价。马斯洛认为，尊重需要得到满足，能使人对自己充满信心，对社会有着满腔热情，体验到自己活着的用处和价值。

(5) 自我实现需要。这是最高层次的需要，是指实现个人理想、抱负，将个人的能力发挥到最大程度，完成与自己的能力相称的一切事情的需要。也就是说，人必须干称职的工作，这样才会使他们感到最大的快乐。马斯洛提出，为满足自我实现需要所采取的途径是因人而异的。自我实现的需要是在努力实现自己的潜力，使自己越来越成为自己所期望的人物。

2) 需要层次理论在企业营销中的应用

从消费者满意企业经营战略的角度来看，需要层次理论中每一个需要层次上的消费者对产品的要求都不一样，即不同的产品满足不同的需要层次。将营销方法建立在消费者需要的基础之上考虑，不同的需要也可以采用不同的营销手段。

根据五个需要层次，可以划分出五个消费者市场。

(1) 生理需要对应满足最低需要层次的市场，消费者只要求产品具有一般功能即可。

(2) 安全需要对应满足对安全有要求的市场，消费者关注产品对身体的影响。

(3) 社交需要对应满足对交际有要求的市场，消费者关注产品是否有助提高自己的交际形象。

(4) 尊重需要对应满足对产品有与众不同要求的市场，消费者关注产品的象征意义。

(5) 自我实现需要对应满足对产品有自己判断标准的市场，消费者拥有自己固定的品牌。

需要层次越高，消费者就越不容易被满足。

在经济学中，消费者愿意支付的价格等价于消费者获得的满意度，例如，同样的洗衣粉，满足消费者的需要层次越高，消费者能接受的产品定价也越高。市场的竞争，总是越低端越激烈，价格竞争显然是将需要层次降到最低，消费者感觉不到其他层次的满意，愿意支付的价格当然也低。这样的划分是以产品分别满足不同层次的需要而设定的，消费者收入越高，所能达到的层次也越高。以洗衣粉举例说明如下：①生理需要使消费者关注"产品确实是洗衣粉"，选择价格最便宜的洗衣粉；②安全需要使消费者关注"洗衣粉质量好"，在价格相差不是很大的情况下，选择质量较好的洗衣粉；③社交需要使消费者关注"产品对于交际的影响"，如精美的包装、加香、柔顺等附加功能以及品牌的形象，都能让消费者愿意付出更高的价格；④尊重需要使消费者关注"获得别人认可"，把产品当作一种身份的标志，最优秀的技术、特殊的桶装、独一无二的功能，甚至包括最高的价格都是他们的选择理由；⑤自我实现需要使消费者对洗衣粉的认识转变为某个品牌对其生活的影响，在精神上认可某个品牌，也就是洗衣粉的品牌内涵对于他们的选择影响很大。

在低端市场，为获得生理需要以价格作为支点，这一市场的竞争是最为激烈的，而且利润也是非常小的。产品只需要拥有最基本的功能，特点便是便宜。由于利润很低，所以很多企业放弃了这一市场。然而，商场名言"薄利多销"证明了是可以在这一市场取得成功的，华龙方便面的"农村营销战略"是个典型的成功案例。华龙简化了包装及调料包，以每包0.6元的低价格立足农村市场，经过三四年的发展，这家默默无闻的小企业异军突起，创下了令人吃惊的发展速度：年生产能力由1600吨猛增到16万吨；月平均销售收入由58万元增长到3400多万元；固定资产由218万元飚升到2.5亿元；销量紧随康师傅、统一，位居第三位。显然对于为了满足生理需要的消费者而言，购买方便面是为了填饱肚子，所以华丽的包装、味道好的调料包都不能成为他们关注的焦点。相反，价格便宜，产品又没有质量问题，就很容易受到欢迎。

在中端市场，为获得安全需要以产品质量作为诉求点。福建闽梦床垫在广告中以压路机压轧产品来证明质量，这样的产品诉求点很容易获得二三级市场的消费者认可。而北京富亚涂料策划的"喝涂料"事件，也是出于消费者对安全需要的考虑，当消费者点名购买"能喝的那个涂料"时，便证明了这种营销手段的成功。由于这种营销手段满足的是消费者第二层次的需要，在经营上会导致企业在整个产业层面上不上不下的处境，而要改变处境则需要向高端突破，通常的出路是另立品牌。例如，华龙方便面在大中城市推出今麦郎弹面，包装、口味、产品特色都在质量的基础上有所突破，而且还聘请明星为形象代言人，这些策略就上升至第三层次乃至更高。

在中高端市场，为获得社交需要以社会认可作为诉求点。"每眨一下眼睛，全世界就卖出四部诺基亚手机"的诺基亚广告，表达的正是全世界人民对诺基亚手机的认可，即是第三层次的营销策略。另外，一些厂商热衷于大力度宣传"销量第一""国产品牌第一"都是基于这一层次的广告策略。笔记本电脑市场中，大多数国产的笔记本电脑虽然倡导个性化、时尚(第三层次)，但由于质量经常有问题，又经常表现为价格战(第一层次)，消费者满意度总是无法提高，所以在竞争中价格越降越低，利润不断流失。但是 IBM 则将笔记本电脑定位为商用，商务人士为了在交际中体现自己的身份，选择 IBM 笔记本电脑就成为一种共识。

在高端市场，为获得尊重需要以价格和品质的结合点抢占市场，要进入这一市场首先要价格高，然后是品质保证。价格高是吸引消费者关注的最直接因素，其次才是品质。宝马、奔驰的品牌价值之所以很高，因为它们都有最高端的产品、最优秀的造型、性能使它们成为有钱人的象征。对于普通消费者而言，高价格使他产生了"敬意"。所以，但凡经营企业，如果抢得市场的最高端，就能产生极强的品牌号召力。IBM 因为深蓝计算机，让全世界都认为 IBM 的计算机是最好的，这是最经典的高端营销案例之一。TCL 在手机上镶宝石，事实上也是在这一层次做文章。

针对自我实现需要的消费者，即对品牌忠诚的消费者，企业除了予以一定的回报，同时还要完善服务，并且以品牌内涵来获得消费者的满意。品牌的内涵需要根据市场的变化而改变。例如，麦当劳的 I'm love in it 品牌战略的转变，就巩固了年轻人对麦当劳的认可。通过企业与消费者长期的互动，消费者对于企业品牌会形成一定的忠诚度，这类消费者来自各个层面，也是企业最需要关注的群体。任何一个企业都不能忽略这些忠诚的消费者，所以对于老客户的关注是任何一个企业都需要重视的营销环节。对品牌忠诚的培养，很多企业已经开始从孩子抓起。例如，NIKE 给孩子的印象是穿 NIKE 品牌标志着成熟与长大，所以孩子们长大了会非常乐意买一双 NIKE 鞋。同时，NIKE 还体现了一种体育精神。在中国，假冒的 NIKE 商品很多，但是 NIKE 没有去打假，因为体育精神是真的，NIKE 公司坚信如果消费者有支付能力，一定会购买真正的 NIKE。

市场形势千变万化，但是消费者的需求是不变的，只有五类。消费者满意战略要求提高消费者满意度，企业必须根据市场的具体情况，了解其产品满足的是哪几个层次的消费者需要，然后才能有目的地制定营销策略，有效地提高消费者的满意度。

2. 奥尔德弗的 ERG 需要理论

美国耶鲁大学的奥尔德弗在马斯洛提出的需要层次理论的基础上，进行了更接近实际经验的研究，提出了一种新的人本主义需要理论。奥尔德弗认为，人们共存在三种核心的需要，即生存(existence)的需要、相互关系(relatedness)的需要和成长发展(growth)的需要，因而这一理论被称为 ERG 理论。生存的需要与人们基本的物质生存需要有关，包括马斯洛提出的生理需要和安全需要。相互关系的需要是指人们对于保持重要的人际关系的要求，这种社会和地位需要的满足是在与其他需要相互作用中达成的，与马斯洛的社会需要和自尊需要分类中的外在部分是相对应的。奥尔德弗把成长发展的需要独立出来，表示个人谋求发展的内在愿望，包括马斯洛的自尊需要分类中的内在部分和自我实现需要中所包含的特征。

除了用三种需要替代了五种需要以外，与马斯洛的需要层次理论不同的是，奥尔德弗的 ERG 理论还表明了：人在同一时间可能有不止一种需要起作用，如果较高层次需要的满足受到了抑制，那么人们对较低层次需要的渴望会变得更加强烈。

马斯洛的需要层次是一种刚性的阶梯式上升结构，即认为较低层次的需要必须在较高层次的需要满足之前得到充分的满足，两者具有不可逆性。而相反的是，ERG 理论并不认为各类需要层次是刚性结构，例如，即使一个人的生存需要和相互关系需要尚未得到完全满足，他仍然可以为成长发展的需要工作，而且这三种需要可以同时起作用。

此外，ERG 理论还提出了一种叫作"受挫—回归"的思想。马斯洛认为当一个人的某一层次需要尚未得到满足时，他可能会停留在这一需要层次上，直到获得满足为止。而 ERG 理论则认为，当一个人在某一更高等级的需要层次受挫时，那么，他的某一较低层次的需要作为替代可能会有所增加。例如，如果一个人的社会交往需要得不到满足，可能会增强他对得到更多金钱或更好的工作条件的愿望。与马斯洛需要层次理论相类似的是，ERG 理论认为较低层次的需要满足之后，会引发出对更高层次需要的愿望。不同于需要层次理论的是，ERG 理论认为多种需要可以同时作为激励因素而起作用，并且当满足较高层次需要的企图受挫时，会导致人们向较低层次需要的回归。因此，管理措施应该随着人的需要结构的变化而做出相应的改变，并根据每个人不同的需要制定出相应的管理策略。

ERG 理论有以下三个主要概念。

(1) 需要满足。也就是在同一层次的需要中，当某个需要只得到少量满足时，会强烈地希望得到更多的满足。这里的消费需要不会指向更高层次，而是停留在原有的层次，向量和质的方面发展。

(2) 需要加强。也就是低层次需要满足得越充分，高层次的需要就越强烈，消费需要将指向更高层次。

(3) 需要受挫。高层次的需要满足得越少，越会导致低层次需要的膨胀，消费支出会更多地用于满足低层次需要。

奥尔德弗的 ERG 理论在需要的分类上并不比马斯洛的需要层次理论更完善，对需要的解释也并未超出马斯洛需要层次理论的范围。如果认为马斯洛的需要层次理论是带有普遍意义的一般规律，那么 ERG 理论则偏重于带有特殊性的个体差异，这表现在 ERG 理论对不同需要之间联系的限制较少。

ERG 理论的主要特点如下。

(1) ERG 理论并不强调需要层次的顺序，认为某种需要在一定时间内对行为起作用，而当这种需要得到满足后，可能会去追求更高层次的需要，也可能没有这种上升趋势。

(2) ERG 理论认为，当较高层次需要受到挫折时，可能会退而求其次。

(3) ERG 理论认为，某种需要在得到基本满足后，其强烈程度不仅不会减弱，还可能会增强，这点与马斯洛的观点不一致。

3. 麦克利兰的成就动机理论

成就动机理论是美国哈佛大学教授戴维·麦克利兰(David C. McClelland)通过对人的需要和动机进行研究，于 20 世纪 50 年代在一系列文章中提出的。麦克利兰把人的高层次需要归纳为对成就、权力和亲和的需要。他对这三种需要(特别是成就需要)做了深入的研究。

1) 成就需要

麦克利兰认为，具有强烈的成就需要的人渴望将事情做得更为完美，提高工作效率，获得更大的成功，他们追求的是在争取成功的过程中克服困难、解决难题、努力奋斗的乐趣，以及成功之后的个人成就感，并不看重成功所带来的物质奖励。个体的成就需要与他们所处的经济、文化、社会、政府的发展程度有关，社会风气也制约着人们的成就需要。

麦克利兰发现高成就需要者有三个主要特点。

(1) 高成就需要者喜欢设立具有适度挑战性的目标，不喜欢凭运气获得的成功，不喜欢接受那些在他们看来特别容易或特别困难的工作任务。他们不满足于随波逐流和随遇而安，总是想有所作为。他们总是精心选择自己的目标，因此，他们很少自动地接受别人为其选定目标。除了请教能提供所需技术的专家外，他们不喜欢寻求别人的帮助或忠告。他们要是赢了，会要求应得的荣誉；要是输了，也勇于承担责任。例如，有两件事让你选，掷骰子(获胜机会是 1/3)和研究一个问题(解决问题的机会也是 1/3)，你会选择哪一样？高成就需要者会选择研究问题，尽管同样的获胜概率下掷骰子会容易得多。高成就需要者喜欢研究、解决问题，而不愿意依靠机会或他人取得成果。

(2) 高成就需要者在选择目标时会回避过分的难度。他们喜欢中等难度的目标，既不是唾手可得没有一点成就感，也不是难度太高只能凭运气才能达到。他们会揣度可能办到的程度，然后再选定一个力所能及的目标，也就是会选择能够取胜的最艰巨的挑战。对他们而言，当成败可能性均等时，才是一种能从自身的奋斗中体验成功的喜悦与满足的最佳时机。

(3) 高成就需要者喜欢能立即给予反馈的任务。目标对于他们非常重要，所以他们希望得到有关工作绩效的及时、明确的反馈信息，从而了解自己是否有所进步。这就是高成就需要者往往选择专业性职业或从事销售，或者参与经营活动的原因之一。

麦克利兰指出，金钱刺激对高成就需要者的影响很复杂。一方面，高成就需要者往往对自己的贡献评价甚高，自抬身价。他们有自信，因为他们了解自己的长处，也了解自己的短处，所以在选择特定工作时有信心。如果他们在组织中工作出色而薪酬很低，他们是不会在这个组织待很长时间的。另一方面，金钱刺激究竟能够对提高他们的绩效起多大作用很难说清，他们一般总以自己的最高效率工作，所以金钱固然是成就和能力的鲜明标志，但是由于他们觉得这配不上他们的贡献，可能也会引起不满。

具有成就需要的人对工作的胜任感和成功有强烈的要求，同样也担心失败；他们乐意，甚至热衷于接受挑战，往往会为自己树立一定难度但又不是高不可攀的目标；他们敢于冒风险，又能以现实的态度对待冒险，绝不会以迷信和侥幸心理对待未来，而是认真地分析和估计；他们愿意承担所做的工作的个人责任，并希望得到所从事工作的明确而又迅速的反馈；这类人一般不常休息，喜欢长时间、全身心地工作，并从工作的完成中得到很大的满足，即使真正失败了也不会过分沮丧；一般来说，他们喜欢表现自己。麦克利兰认为，一个公司如果有很多具有成就需要的人，那么公司就会发展很快；一个国家如果有很多这样的公司，整个国家的经济发展速度就会高于世界平均水平。但是，在不同国家、不同文化背景下，成就需要的特征和表现也就不尽相同，对此，麦克利兰未做充分表述。

2) 权力需要

权力需要是指影响和控制别人的愿望或驱动力。不同人对权力的渴望程度也有所不同。权力需要较高的人对影响和控制别人表现出很大的兴趣，喜欢对别人发号施令，注重争取地位和影响力；他们常常表现出喜欢争辩、健谈、直率和头脑冷静，善于提出问题和要求，喜欢教训别人并乐于演讲；他们喜欢具有竞争性和能体现较高地位的场合或情境；他们也会追求出色的成绩，但他们这样做并不像高成就需要的人那样是为了个人的成就感，而是为了获得地位和权力或与自己已具有的地位和权力相称。权力需要是管理成功的基本要素之一。

麦克利兰还将组织中管理者的权力分为两种：一种是个人权力，追求个人权力的人表现出来的特征是围绕个人需要行使权力，在工作中需要及时的反馈和倾向于自己亲自操作，麦克利兰提出，一个管理者若把他的权力形式建立在个人需要的基础上，不利于他人续位；另一种是职位性权力，要求管理者与组织共同发展，自觉地接受约束，从体验行使权力的过程中得到一种满足。

3) 亲和需要

亲和需要就是寻求被他人喜爱和接纳的一种愿望。高亲和需要者更倾向于与他人进行交往，至少是为他人着想，这种交往会令他愉悦。高亲和需要者渴望亲和，喜欢合作而不是竞争的工作环境，注重彼此之间的沟通与理解，他们对环境中的人际关系更为敏感。有时，亲和需要也表现为对失去某些亲密关系的恐惧和对人际冲突的回避。亲和需要是保持社会交往和人际关系和谐的重要条件。

麦克利兰的亲和需要与马斯洛的感情上的需要、奥尔德弗的关系需要基本相同。麦克利兰指出，注重亲和需要的管理者容易因为讲究交情和义气而违背或不重视管理工作原则，从而导致组织效率下降。

4. 赫茨伯格的双因素激励理论

双因素激励理论又叫激励保健理论，是美国的行为科学家弗雷德里克·赫茨伯格(Frederick Herzberg)提出来的。双因素激励理论是赫茨伯格最主要的成就，他还在工作丰富化方面进行了开创性的研究。20 世纪 50 年代末期，赫茨伯格和他的助手们在美国匹兹堡地区对 200 名工程师、会计师进行了调查访问。访问主要围绕两个问题：在工作中，哪些事项是让他们感到满意的，并估计这种积极情绪持续多长时间；又有哪些事项是让他们感到不满意的，并估计这种消极情绪持续多长时间。赫茨伯格以对这些问题的回答为材料，着手去研究哪些事情使人们在工作中快乐和满足，哪些事情造成不愉快和不满。结果他发现，使职工感到满意的都是属于工作本身或工作内容方面的；使职工感到不满的，都是属于工作环境或工作关系方面的。他把前者叫作激励因素，把后者叫作保健因素。

保健因素的满足对职工产生的效果类似于卫生保健对身体健康所起的作用。保健因素从人的环境中消除有害健康的事物，它不能直接提高健康水平，但有预防疾病的效果。保健因素不是治疗性的，而是预防性的，包括公司政策、管理措施、监督、人际关系、物质工作条件、工资、福利等。当这些因素恶化到人们认为可以接受的水平以下时，就会产生对工作的不满意。但是，当人们认为这些因素很好时，它只是消除了不满意，并不会导致积极的态度，这就形成了某种既不是满意又不是不满意的中性状态。

那些能带来积极态度、满意和激励作用的因素就叫作激励因素，这是能满足个人自我实现需要的因素，包括成就、赏识、挑战性的工作、增加的工作责任，以及成长和发展的机会。如果这些因素具备了，就能对人们产生更大的激励。从这个意义出发，赫茨伯格认为传统的激励假设，如工资刺激、人际关系的改善、提供良好的工作条件等，都不会产生更大的激励。它们能消除不满意，防止产生问题，但这些传统的激励因素即使达到最佳程度，也不会产生积极的激励。按照赫茨伯格的意见，管理者应该认识到保健因素是必需的，不过它一旦与不满意中和以后，就不能产生更积极的效果。只有激励因素才能使人们有更好的工作成绩。

双因素激励理论研究的是激励员工的因素，但它同样适用于顾客激励。若将双因素理论用于顾客购买行为的激励，会发现顾客所获得的价值要素可分成保健要素、激励要素、半激励要素和无关紧要要素。保健要素是指有些价值要素对于特定的服务是必备的，大多与核心服务有关。如果缺乏，则会对顾客感知价值和再购买意向造成极大的不良影响。但这些价值要素的大幅度改进并不会使顾客感知价值和满意度明显提高，相应地也不会对顾客的正面情感与再购买意向起到激励作用，如银行服务的诚实、安全、可靠、服务的可获得性和效率等要素。相反，激励要素则是那些能使顾客欣喜或愉悦的要素，大多与服务的提供过程或提供的程度超出了顾客的正面预期有关。在价格一定的情况下，服务实绩的提高，顾客感知价值也同时提高，并对顾客的正面情感与再购买行为起到激励作用，如银行服务的关心、照顾和友善等要素。

📖 扩展阅读3-4

苹果手机的消费心理

3.3.3　动机的测定

1. 观察法

观察法是在自然情境中或预先设置的情境中对人或动物的行为进行直接观察、记录而后分析，以期获得其心理活动变化和发展规律的方法。例如，研究人员可以通过观察消费者的行为来测定品牌偏好和促销的效果。观察法主要有自然观察法、设计观察法、掩饰观察法和机器观察法等几种类型，详见本书1.3.3 小节有关消费者行为研究方法的阐述。

值得指出的是，观察法可以观察到消费者的真实行为特征，但是往往只能观察到外部现象和部分动机，有时候并不一定能弄清真相。因此，还有必要直接与消费者进行沟通和交流。

2. 问卷调查法

问卷调查法是调查者运用统一设计的问卷，向被选取的调查对象了解情况或征询意见的调查方法。

问卷调查是以书面提出问题的方式搜集资料的一种研究方法。调查者将所要研究的问题编制成问题表格，以邮寄方式、当面作答或者追踪访问方式填答，从而了解被调查者对某一现象或问题的看法和意见，进而了解消费者动机。

1) 问卷的组成

调查问卷通常由三部分组成：卷首语、主体内容和结束语。

(1) 问卷前面的卷首语十分重要，一定要字斟句酌，它往往决定了被调查者是否愿意继续合作。卷首语应阐述调查主题、研究目的、意义、调查的主办单位及对个人资料隐私保护等的说明。文字务必简练易懂，意思要清楚明晰，并能激发被调查者的兴趣。卷首语一定要遵循信件的标准写作格式，言辞诚恳礼貌，否则会被视为对被调查者的不尊重，从而导致调查失败。如果有需要，卷首语往往还包括被调查者的基本情况和填写问卷的说明。被调查者的基本情况包括被调查者的年龄、性别、文化程度、职业、住址、家庭人均月收入等。如果问卷较为复杂，为指导被调查者更好地完成问卷填写工作，可编制专门的调查问卷说明，其内容主要包括填表要求、被调查者注意事项、交表时间等。

(2) 问卷主体内容是调查所要收集的主要信息，由很多小问题及相应的选项构成。在问题的设置上，应注意以下事项。

① 问题的设置一定要紧扣主题，不要问一些关联度不大的问题。问卷必须要有系统性，要依据研究问题的理论框架和研究思路，对所设置问卷题目的前后顺序进行适当调整。由浅而深，由易而难，以提升被调查者的积极性，敏感性问题往往放在最后作答。问卷各部分问题之间应该有严谨的逻辑关系，诸如时间顺序、递进关系或者由一般到特殊。最理想的问卷结构应当与被调查者的思考逻辑相接近，且能避免将问卷设计者的引导性倾向植入其中。

② 每个问题涉及的关键概念需要先行界定，避免被调查者有可能不熟悉的俗语、缩写或专业术语，不要让被调查者产生歧义甚至理解错误，以避免调查结果失真。

③ 选择合适的问卷方式。封闭式问卷(即被调查者只能在给定的被选答案中选择)可以让被调查者易于做出决断，但各备选项目之间必须有清晰的界限，不得出现相互关联的情况，影响被调查者的判断。对很多不易明确分解的问题，应用李克特量级表来询问，不仅能减少被调查者的工作量，更易于调查工作的开展，保证调查质量。最好不要采用开放式问卷，被调查者一般不情愿与调查者展开长时间面对面的交流，除非有特殊的工作关系或情感纽带。尽量少采用填空(或半封闭式问卷)的回答方式，过多的填空易造成被调查者的倦怠情绪。为保障问卷调查的质量，有学者喜欢在问卷形式的多样化方面做文章，例如将判断、选择、填空、排序、量级表、分配式、影音互动式等相结合，但在一个问卷中出现很多种提问方式容易令被调查者产生应接不暇之感。

④ 设置问题时，题干文字必须表述准确，用字口语化而不艰涩，但应尽量缩减文字，以免题干过长或者因被调查者对题意的认知及诠释有困难导致其终止问卷填写。题干文字要有艺术性，要避免对被调查者有不良心理暗示的表述，防止被调查者产生心理抗拒而不愿继续合作。此外，切忌一题多意。

⑤ 问卷不一定要过于详细。很多问题分得太细，调查结果反而不真实，因为太过详细的问题往往需要被调查者有详尽的素材和精深的专业知识。一旦被调查者感觉到问题棘手，超过了自己的知识上限，就会随意做答，提供不真实的信息。

⑥ 既不要设置显而易见的问题浪费被调查者的精力，也不要设置让被调查者左右为难的问题，例如向单位员工调查对顶头上司的评价，这样的问题令被调查者无从回答，更不要在设置问题的时候就出现引导性语句。同时，问题也不要设置太多，以免被调查者产生畏难情绪，未战先怯。问卷各部分的问题应尽可能不重复，相似问题过多，被调查者容易敷衍了事。同类型问题在问卷风格设置上要统一，可以考虑运用李克特量级表将同类型问题归总，便于被调查者填写。

⑦ 问卷中不能出现错别字、漏字、排版混乱、表格设计粗糙等外观质量缺陷，否则会降低调查者科研态度的严谨性，并给被调查者留下极为不好的印象。此外，版面的安排、字体的大小、同一题避免分页出现、纸张及装订质量等细微之处，问卷设计者都须谨慎对待。这些细节的提升能确保调查问卷的整洁、庄重，让被调查者感觉到调查活动的正式、严肃。

⑧ 问卷设计完成后，最好请参与研究的其他课题组成员或者相关专家试填，其目的是发现问卷中存在歧义、解释不明确的地方，寻找封闭式问题额外选项，以及了解被调查者对调查问卷的反应情况，对发现的问题要及时修订。问卷填写时间不应过长，题目量最好限定在 20～30 道，控制在 10～20 分钟能够答完为宜。

(3) 问卷结束语应能郑重表示对被调查者合作的感谢，并记录调查时间、调查地点、调查人员等相关信息。结束语要简短明了。

2) 问卷调查法的优缺点

问卷调查法的最大优点：能突破时空限制，在广阔的范围内对众多调查对象同时进行调查；便于对调查结果进行定量研究；匿名性；节省人力、时间和经费等。

问卷调查法也有很多缺点，主要如下：消费者可能不愿意透露他们的真实想法和动机，因此有意欺骗研究者；在问卷调查过程中，特别是自填式问卷调查，调查者难以了解被调查者是认真填写还是随便敷衍；填答问卷较容易，有的被调查者或者是任意打勾、画圈，或者是在从众心理驱使下按照社会主流意识填答，这都使得调查失去了真实性；回复率和有效率低，对无回答者的研究比较困难。

📖 扩展阅读3-5

某高端饮品市场调查问卷

3. 投射法

由于观察法和问卷法的诸多局限，因此，许多研究者经常采用投射法来挖掘消费者的真实动机。

投射法也称投射测试，在心理学上是指个人把自己的思想、态度、愿望、情绪或特征等，不自觉地反映于外界的事物或他人的一种心理作用。此种内心深层的反应实为人类行为的基本动机，而这种基本动机的探测，有赖于投射技术的应用。

具体来说，投射法就是让被调查者通过一定的媒介建立自己的想象世界，在无拘束的情景中显露其个性特征的个性测试方法。测试中的媒介可以是一些没有规则的线条，可以是一些有意义的图片，也可以是一些只有头没有尾的句子，还可以是一个故事的开头，让被调查者编写故事的结尾。因为这一画面是模糊的，所以一个人的说明只能来自他的想象。通过不同的回答和反应，可以了解不同人的个性。

1) 投射测试的特点

投射测试主要用于对人格、动机等方面的人事测量。测试所用的刺激多为意义不明确的各种图形、墨迹或数字，让被调查者在不受限制的情境下自然做出反应，由对反应结果的分析来推断被调查者的人格。

(1) 测试目的的隐蔽性。被调查者一般不知道测试的真实目的，也不知道对自己的反应会做何种心理学解释，他们所意识到的是对图形、故事或句子等刺激的反应，实际上他们的反应行为却把内心的一些隐蔽东西表现了出来，这样就减少了被调查者伪装自己的可能性。

(2) 内容的非结构性与开放性。投射测试使用非结构化任务作为测试材料，即允许被调查者产生各种各样不受限制的反应。为了促使被调查者充分想象，投射测试一般只有简短的指示语，测试材料也是模棱两可的，不像一般的测试方法中的试题那样非常明确。由于测试材料的模糊性，被调查者的反应较少受到情境线索和他人观点的影响，往往会表现出被调查者的真实的内在感受、需要、个性、情绪、动机、冲突、防御等心理状态。采用投射法可以测试出被调查者的真实心理。

(3) 反应的自由性。一般的测评技术都在不同的程度上对被调查者的回答(反应)进行了这样或那样的限制，而投射测试一般对被调查者的回答(反应)不做任何的限制，对被调查者而言是很自由的。

(4) 整体性。投射测试关注的是对人的总体评估，而不是针对单个特质的测量。被调查者的任何反应都可能影响评估结论，在对投射测试进行解释时要注意它的整体性特征。

2) 投射测试的种类

根据被调查者的反应方式，可以将众多的投射测试分为以下几类。

(1) 联想法。要求被调查者根据刺激说出自己联想的内容。

(2) 构造法。要求被调查者根据他所看到的图画等，编造一个包括过去、现在和未来发展的故事，可以从故事中探测其个性。例如绘人测试，要求被调查者在一张白纸上用铅笔任意画一个人；然后要求被调查者画一个与前者性别相反的人，被调查者可以通过面谈的方式向被调查者了解他所画人物的年龄、职业、爱好、家庭、社交等信息；最后，被调查者对被调查者的作品进行分析。

(3) 完成法。要求被调查者将一系列句子补充成完整的句子，被调查者给出的答案可以反映被调查者对家庭、社会等的态度。例如：

- 明星们常常＿＿＿＿＿＿＿＿＿＿。
- 在茫茫人海之中，她＿＿＿＿＿＿＿＿＿＿。
- 当看到她时，我＿＿＿＿＿＿＿＿＿＿。
- 最令我高兴的是＿＿＿＿＿＿＿＿＿＿。

被调查者完成这些句子的情况可以反映他们的一些个性特征。

(4) 表达法。要求被调查者用某种方法(如绘画)自由地表露其个性特点。例如，可以通过书写、谈论、唱歌、绘画等形式让被调查者自由表达，从中分析其人格。

(5) 选择或排列法。要求被调查者依据某种原则对刺激材料进行选择或予以排列。例如，可以让被调查者将一些描述人格的词按照好恶程度或适宜程度排序，从排序中可以分析出被调查者的人格。

本章小结

消费者资源主要包括消费者经济资源、消费者时间资源和消费者知识三大类，不同消费者拥有的资源要素是不一样的，这将对消费者的购买行为产生直接影响。消费者经济资源主要包括收入、财产和信贷。

消费者知识并不必然与消费者所受的教育成正比。一个受教育程度很高的人，在某些产品的购买、使用与消费上的知识可能远不及一个受教育程度低的人。消费者知识包括关于产品术语、产品特征与属性的知识，关于具体产品或品牌信息的知识，产品价格等知识，以及购买及使用产品的相关知识。消费者需要是指消费者生理和心理上的匮乏状态，即感到缺少些什么，从而想获得它们的状态。个体在其生存和发展过程中会有各种各样的需要，如饿的时候有进食的需要，渴的时候有喝水的需要，在与他人交往中有获得友爱、被人尊重的需要等。需要是与人的活动紧密联系在一起的。

购买动机是直接驱使消费者采取某种购买活动的一种内部动力，反映了消费者在心理、精神和感情上的需求，实质上是消费者为满足需要采取购买行为的推动者。马斯洛在 1943 年出版的《人类动机的理论》一书中提出了需要层次理论。马斯洛把需要由较低层次到较高层次分成生理需要、安全需要、社交需要、尊重需要和自我实现需要五类。

习　题

1. 名词解释

(1) 消费者资源　　(2) 动机　　(3) 消费者知识　　(4) 双因素激励理论　　(5) 需要层次理论

2. 填空题

(1) _____包括很多方面，最主要的有消费者经济资源、消费者时间资源和消费者知识。

(2) 传统上，人们将时间分为两部分：工作时间与_____。现在，人们将时间分成三部分：工作时间、_____和_____。

(3) _____理论是由美国心理学家赫茨伯格于 1959 年提出来的。20 世纪 50 年代末期，赫茨伯格和他的同事们对匹兹堡附近一些工商业机构的约 200 位专业人士做了一次调查。结果发现，导致对工作满意的因素主要有_____、认可、工作本身的吸引力、责任和发展；导致对工作不满的主要因素有企业政策与行政管理、监督、工资、人际关系及工作条件等。

(4) 赫茨伯格将导致工作不满的因素称为_____，将引起工作满意感的因素称为_____。

(5) 消费者意识到并承认的动机称为_____，消费者没有意识到或不愿承认的动机称为隐性动机。

(6) 动机冲突是指消费者面临两个或两个以上购买动机，其诱发力大致相等但方向相反。动机冲突主要有三类，分别为双趋冲突、_____和_____。

3. 简答题

(1) 消费者购买动机主要有哪些？

(2) 马斯洛需要层次理论的主要内容是哪些？

第4章

消费者注意、感觉与知觉

📖 导读案例

好的酒店标识设计广告能够引起消费者的注意

好的酒店标识设计广告能够引起消费者的注意，激发消费者的兴趣及购买欲望，最终实现购买。整合营销传播视野下的广告媒体选择要重视不同广告媒体形成的合力，直邮目录广告、户外平面广告、电视广告和网络广告在面向的受众、广告形式、广告成本及传播效果等方面均有所不同。对于新的酒店品牌，广告宣传应密集、强势、制作精良，使消费者在短时间内熟悉新的酒店品牌，并从广告的优良品质联想到酒店品牌的品质。酒店标识设计应针对品牌面向的主要细分市场有倾向性地选择广告媒体，例如，面向年轻人的酒店标识设计品牌应重视在网络及移动智能终端等互动媒体渠道的广告投入。通过多渠道的广告宣传，酒店品牌向消费者传递品牌利益及品牌个性等内容，在消费者的心智中形成并强化品牌印象。尽管投放于新媒体的广告也可以具有一定程度的互动性，但由于消费者对广告的印象根深蒂固，即使消费者愿意在微信朋友圈等个人社交平台上链接酒店品牌广告，也难以形成引起大家热议的互动讨论话题。要弥补广告单向传播缺陷的不足，酒店标识设计应策划营销活动、能引起话题的事件，以及进行公共关系推广。酒店标识设计的活动及事件传播是指酒店通过开展销售促进活动、策划有社会影响力的活动和事件来传播酒店品牌。

(资料来源：好的酒店标识设计广告能够引起消费者的注意. 人和时代网. 2017-01-23. http://www.hotelcis.com/blog/post/5327.html.有删改)

由导读案例可以看出，企业广告活动要解决的第一个问题是如何吸引受众的目光，也就是如何引起消费者的注意。哪怕是一个小小的酒店标识，只有吸引了顾客的眼球，才有可能令顾客产生消费的打算并进而做出行动。换句话说，只要消费者的注意力为广告所吸引，就说明这个广告的效果达到了。试想一下，如果广告毫无吸引力，无法使受众注意，还有什么作用呢？传递信息、沟通市场、促销产品、增强品牌等也就都成了无稽之谈。信息首先要被注意到，才能被大脑处理。心理学家称，不被注意的信息是无效信息。因而，在营销过程中首先要考虑如何被受众注意，即必须有吸引力。前几年盛极一时的"眼球经济"学说，依托的正是注意所产生的经济效益。

　　在市场营销活动中，消费者自主的、有意识的消费行为都是建立在一定心理活动的基础之上。消费者的心理活动过程实际上是对各种商品信息和影响因素进行处理和加工的过程，首先从对商品的认识开始，它是消费者购买行为的前提，也是其他心理活动的基础。因此，研究消费者心理必须从研究消费者认识过程出发，进而研究消费者心理活动的一般规律。消费者对商品的认识可以分成两个阶段，即对商品的认识形成阶段和对商品认识的发展阶段。本章着重分析了消费者认识的第一阶段——对商品认识的形成阶段。消费者对商品认识的形成阶段是指消费者通过自己的各种感觉器官，获得有关商品的多种信息及其属性的过程。这个过程是消费者的注意、感觉和知觉活动对与消费有关的现实世界的综合反应过程。通过本章的学习，学生应掌握消费者注意、感觉、知觉的内涵，以及它们各自在营销中的应用。

4.1　消费者注意

　　消费者注意直接影响企业营销活动及其广告效果，因此，掌握消费者注意的特征及分类、影响消费者注意的因素具有重要的现实意义。

4.1.1　注意及其特征

　　注意又称为留意、关注，是认识的开端，是人的心理活动对展露在其面前的一定对象的指向与集中。注意并不是一种独立的心理过程，而是伴随感觉、知觉等心理过程产生的共同特征，因为人的感觉、知觉等心理过程的产生，首先是从注意开始的。只有注意到什么，人们才能感觉、知觉、学习到什么。消费者的购买活动一般以注意为开端，在心理过程开始后，注意伴随心理过程，维持心理过程的指向性和集中性。

　　对于消费者而言，由于受认识能力的局限，在某一特定时点，他们不可能全面注意和处理所有展露在其面前的信息，而只能关注某一部分信息。因此，消费者注意具有以下几大特征。

1. 注意的选择性

　　在某一时点，消费者可能接触到大量的信息，但是他们会对信息进行筛选，使心理活动选择自己感兴趣的、符合自己需要的信息，避开或忽略其他无关的刺激，这就是注意的选择性。例如，当人们进商场买衣服时，可能对衣服以外的商品视而不见，对商场里的音乐及周围人的交谈产生过滤，而只是关注衣服的款式及价格。选择性注意的研究始于彻里(Cherry)对鸡尾酒现象的探讨。在鸡尾酒酒会中，人们被各种声音包围，他们只能听清与自己交谈的人的话或自己感兴趣的话，而"听不见"其他的谈话。

2. 注意的集中性

　　集中性是指心理活动不仅有选择地指向一定对象，而且相当长久地坚持指向这个对象，离开一切无关的对象，抑制其他活动。注意的集中性有时又称注意的稳定性、持久性，因为在较长的时间内,注意可以一直保持在某一对象或活动上,一直到完成任务、达到目的为止。消费者注意的集中性则指在选购商品时总是对有意向的购买目标倾注比较多的心理活动。例如,消费者在网上选购衣服时,一会儿上淘宝看看,一会儿上京东商城瞅瞅,一会儿记录下商品信息,一会儿比对商品,虽然注意的对象不断变换,但都集中于"选衣服"这一主题。

注意的选择性和集中性是互为发展的,选择性是集中性的前提和基础,而集中性则是选择性的体现和发展。

3. 注意的有限性

在稳定注意的条件下,有时也会发生注意分散,注意分散是指注意离开了心理活动所要指向的对象而被无关的对象吸引的现象。例如,学生在听课过程中,一边听老师讲解,一边做笔记,还不时和同桌说说话。人虽然可以同时将注意力放在几件事情上,但是做到不"顾此失彼"却是很难的。注意力是有限的,一旦注意力分散,这样势必影响听课的效率。注意的有限性也解释了为什么消费者在购买促销品的时候往往只考虑到产品的价格而忽略了其使用价值。

4.1.2 注意的分类

根据注意过程中有无预定目的和是否需要意志努力的参与,可以把注意分为无意注意、有意注意和有意后注意。

1. 无意注意

无意注意是指没有预定目的也不需要意志努力的注意,又称不随意注意。无意注意一般是在外部刺激物的直接作用下,个体不由自主地给予关注,其无预定目的,自觉性较差,保持时间较短。例如,正在图书馆看书的时候,听见有人大声说话,大家不自觉地注视那人;大街上看到奇装异服的人,行人会不由自主地扭头观望。

引起无意注意的原因可以分为两个方面:一是刺激物的强度;二是人本身的状态。刺激物的强度是引起无意注意的重要原因。强烈的刺激物,例如强烈的光线、巨大的声响、浓郁的气味,都容易引起人的无意注意。另外,无意注意虽然主要是由外界刺激物引起,但是也取决于人本身的状态。对于同样的客观事物,由于感知它们的人的状态不同,就可能引起一个人的注意而引不起另一个人的注意,这首先是由人们的需要、兴趣和对那个事物的态度决定的。以一件商品为例,如果它能满足消费者的需要,跟消费者的兴趣相符合,又能引起消费者的喜欢,那么,它就很容易成为无意注意的对象。人的心境对无意注意也起着很大的作用,它在很大程度上决定着什么事物容易引起注意。

2. 有意注意

有意注意是指有预定目的也需要做意志努力的注意。人们在工作和学习中的大多数心理活动都需要有意注意。例如,学生按老师的要求比较两种相似事物的特性时所表现出的注意,就是有意注意。有意注意是一种自觉性较好、保持时间较长、服从于当前活动任务需要的注意,属于注意的高级形式。它受人的意识的调节和控制,是人类所特有的一种心理活动。

引起和保持有意注意的主要条件如下。

（1）加强对目的任务的理解，培养间接兴趣。间接兴趣是指对活动本身可能没有兴趣，但对活动的最后结果却有很大兴趣。间接兴趣存在于人们自觉进行的每一项工作中，对于保持有意注意具有很大的作用。

（2）合理的组织活动。在明确目的的前提下，合理的组织活动也有助于集中有意注意。例如，教师在课堂教学中引入案例以及开展小组讨论等，都比枯燥、单一的理论讲授，更容易引起学生的注意。

（3）用坚强的意志和干扰做斗争。为了保持注意，要尽可能地排除干扰，还要用坚强的意志和干扰做斗争，这样既能够锻炼意志，又能够培养有意注意。人一般在安静的环境里容易集中注意力，这就要求想尽一切办法排除干扰。但是某些微弱的刺激不仅不会干扰人们的有意注意，相反会加强有意注意。例如，在嘈杂的环境中学习时，为了隔绝外界的声音，听听轻音乐，都会加强有意注意。

3. 有意后注意

有意后注意是指有预定目的但不需要意志努力的注意。它是在有意注意的基础上，经过一段时间的学习、训练或培养后，不需要意志努力就可以保持注意。在有意注意阶段，主体从事一项活动需要有意志努力，但随着活动的深入，个体由于兴趣的提高或操作的娴熟，不用意志努力就能够在这项活动上保持注意。例如，一个刚学游泳的人在初学阶段去游泳，还是有意注意，很容易感到疲倦；随着学习的深入，泳技不断提高，当他消除了许多障碍，能够全身心地投入这项运动进而喜欢上这项运动后，就可以达到有意后注意的状态。有意后注意是一种更高级的注意，它既有一定的目的性，又因为不需要意志努力，在活动进行中不容易感到疲倦，这对完成长期性和连续性的工作有重要意义。但是，有意后注意的形成需要付出一定的时间和精力。

无意注意、有意注意和有意后注意在实践活动中紧密联系，协同活动。无意注意在一定条件下可以发展为有意注意，有意注意也可以转变为有意后注意。

4.1.3 影响消费者注意的因素

注意的选择性特征要求企业认真分析影响消费者注意的各种因素，在此基础上设计出更能引起消费者注意的营销刺激物。据统计，平均每个消费者每天要接触300则广告，其中绝大部分没有引起消费者注意。一般而言，影响消费者注意的因素主要有三大类，即刺激物因素、个体因素和情境因素。下面分别对它们予以介绍。

1. 影响消费者注意的刺激物因素

刺激物因素是指刺激物本身的特征，如颜色、位置、大小等。由于刺激物因素是企业可以控制的，因此，在营销实践中它们常被用来作为吸引消费者注意的手段。

一般来说，在营销广告中，影响消费决策的刺激物主要有以下几个方面。

（1）刺激物的大小和强度。无意注意基本上服从于刺激物的大小和强度的法则。强烈的刺激物，如巨响、强光、浓烈的气味都会引起人们的注意。心理物理学的研究表明，刺激要达到一定的强度才能引起有机体的反应。对于以视觉呈现的广告来说，为增强效果，往往会采取大尺寸，另外，还会通过加大广告色彩的亮度和声音的强度来增强广告的强度。一般来说，大尺寸的和彩色的广告比小尺寸的和单色的广告更容易吸引受众的注意。

(2) 刺激物的变化和活动。活动的物体更容易引起人们的注意。很多广告采用活动或者变化的方式来增加吸引力。例如，广告牌上的霓虹灯不停闪烁，很容易引起人们的注意。对儿童而言，活动的或者会发光的玩具更能引起他们的注意和兴趣。

(3) 刺激物的位置。物体处于个体视线范围内的不同位置，其吸引注意的能力就会不同。通常，处于视野正中心的物体较处于边缘的物体更容易被人注意。这就是为什么供应商为取得与视线平行的货架位置而展开激烈争夺的重要原因。据研究，印在右面纸张上的广告较印在左面纸张上的广告更引人注意；报纸左上角的信息较右下角的信息更多地被注意到。

(4) 刺激物的新奇性。从感知觉的角度来说，一成不变的、单调的、呆板的事物很难吸引人的注意，新奇的刺激才能引起人们的关注。营销也追求标新立异，如果消费者对某则广告习以为常，则反应也是淡漠的。反之，在广告中常设置新奇性，让受众产生耳目一新的感觉，使他们对广告从被动地接受转为主动的搜索，这种具有新奇性广告的效果比长篇、反复广告的效果好很多。

(5) 信息量。信息量作为一个刺激物因素，同样会影响消费者的注意程度。给消费者提供过多的信息，会使他处于信息爆炸状态中。在信息爆炸状态下，消费者可能会不耐烦，从而降低信息处理水平。研究发现，随着收到的商品目录数量的增加，消费者购买的商品数量也会增加，但商品目录数量增加到一定数量后，反而会使消费者厌烦进而导致购买商品的数量减少，原因是此时发生了信息爆炸现象，在此状态下消费者产生心理排斥进而停止阅读任何商品目录[①]。一般来说，企业应及时了解并提供消费者需要的信息，以供那些感兴趣的消费者查用。

2. 影响消费者注意的个体因素

消费者在购买产品时，个体因素对其购买决策的影响是非常重要的，这些个体因素主要包括动机、态度及个性。

1) 动机

动机是指由特定需要引起的、欲满足各种需要的特殊心理状态和意愿，在心理学上一般被认为涉及行为的发端、方向、强度和持续性。对消费者而言，他们的动机往往具有多样性和复杂性，许多动机都可能影响购买行为。例如，商品的质量、价格、售后服务等方面的优势可能吸引消费者去购买某一产品。在分析消费者的过程中，市场营销应该设法了解为什么顾客习惯购买某些产品，分析那些购买或不购买本企业产品的消费者的主要动机。然而，动机往往是潜意识的，是难以计算和衡量的，所以对于营销企业而言，不能简单地去询问消费者的动机是什么，最好通过研究、交谈、推测以及问卷的统计与分析来得出。

2) 态度

态度是人们在自身道德观和价值观基础上对事物的评价和行为倾向。消费态度是人们对待某一商品和服务，或从事某项消费活动前的心理倾向性，它影响着消费者决策和行为的方向。现实生活中，消费者对不同的消费品会表示出不同的态度，对同一消费品的不同品牌也会有不同的态度。消费者对某一品牌或商品持有喜好的态度，则在适当的时候就会购买之；而对某一

---

① Hawkins Del J, Best R J, Coney K A. Consumer Behavior[M]. The McGraw-Hill Company, 1998: 299.

品牌或商品持有厌恶的态度，则可能连此商品多看一眼都不愿意。态度在某些时候对消费者行为有很大的影响，有时甚至起着决定性作用。消费者更倾向于接纳那些与其态度相一致的信息。例如，肥胖者对减肥广告或有助于增加个人魅力的信息可能处于一种注意状态，而瘦弱或者对减肥反感的人可能对这类信息没有兴趣或视而不见。换句话说，当消费者对某种产品有好感时，与此相关的信息更容易被注意，反之则会出现相反的结果。例如，中国人不喜欢数字4，认为它不吉利，故很少有人选择带4的日子作为喜庆的日子；西方人对13这个数字比较忌讳，因此对标有13号码的商品会产生厌恶或不喜欢的态度。

消费者对产品所持的态度，对营销战略的成败是至关重要的。当消费者对产品营销实践的一个或几个方面持否定的态度时，不仅他们自己会停止使用这种产品，还会要求亲朋好友也抵制这种产品，因此营销者应该估计消费者对价格、包装设计、售后服务等各方面所持的态度。有几种办法来估量消费者的态度，最简单的一种就是直接向人们发放调查问卷。所以在影响消费者购买决策时，要采取多种形式对消费者的态度进行一定影响，促使个体对企业和产品产生积极的态度，进而有效影响消费者购买决策。

3) 个性

所谓个性，就是个别性、个人性，是一个人在思想、性格、品质、意志、情感、态度等方面不同于其他人的特质，这个特质表现于外就是其言语方式、行为方式和情感方式等。任何人都是有个性的，也只能是一种个性化的存在，个性化是人的存在方式。消费者的个性心理主要由个性倾向性和个性心理特征两部分组成。个性作为反映个体基本精神面貌的、本质的心理特征，具有相对稳定性、可变性、整体性和倾向性等基本特性。不同职业、不同收入的消费者呈现不同的个性，抓住这些个性促销就更容易产生效果。例如，针对有车族，可以策划有车族喜欢参与的活动；针对月光族，可以策划如何省钱等主题的活动；针对家庭主妇，则可以策划以家庭和生活为主题的促销活动。营销企业要试图发现这些个体特点和购买行为之间的关系，相信人的个性对所购商品的品牌和类型会有影响，试图通过了解购买者的行为以便向消费者提供更为满意的服务。例如，人们所购买的服装、首饰、汽车等类型也反映了一种或几种个性特征。通常，营销者把广告宣传瞄准在某些一般人都有的个性特点上，通过运用那些积极的、有价值的个性特征来进行促销。

3. 影响消费者注意的情境因素

消费者情境是指消费者购买活动发生时，个体面临的一系列短暂的环境因素，如购物时的心情、天气状况、购物场所的环境等。情境由一些暂时性的事件和状态构成，它既不是营销刺激(产品、广告等)，也不是个体因素(个性、态度等)，然而它会对消费者如何评价产品以及做何反应产生重要影响。

贝克(Belk)认为，情境由五个变量或因素构成，它们是物质环境、社会环境、时间、购买任务和先行状态。一般而言，消费者情境包括物质环境、社会环境、时间、购买任务、先行状态等。

(1) 物质环境。物质环境是指影响消费者购物状态的有形或无形的物质因素，如商店的地理位置、店内装饰、背景音乐等。物质环境会对消费者的情绪和感受产生重要影响，如刺鼻的装修气味、暗淡的光线、嘈杂的音乐、狭窄的过道可能会使消费者望而却步，改变购物计划。

(2) 社会环境。社会环境是指购物或消费者活动过程中他人的影响，例如，是否有他人在场，彼此如何互动等。一个人独自购物和接受服务与有朋友在场时相比，行为会发生变化。

(3) 时间。时间是指消费者可支配时间的充裕程度，是消费者的重要资源。时间的充裕或紧张会影响消费者行为，例如，当消费者看到多人在排队等待时，可能会放弃计划好的购买活动。

(4) 购买任务。购买任务是指消费者购物的目的以及产品使用的场所，包括购买意图、计划购买、非计划购买、选择标准等。例如，为送礼而购买的行为与为自己消费而购买的行为明显不同。有关研究认为，像服饰这类具有象征意义的产品，消费者大都根据自我意象或者根据自己所属阶层的知觉来选购；而像家庭的日常用品，则更多地取决于收入。

(5) 先行状态。先行状态是指消费者在行为之前的暂时性的生理、情感或状态，如焦虑、兴奋、饥饿、疲劳等。一般来说，在积极的情绪下，消费者对事物正面的评价很多，消极的情绪则相反。先行状态对个体行为产生的影响不同于刺激引起的反应，也不同于个人具有的持久性特征，如个性产生的影响。

企业要仔细研究选择消费情境的设计方案，树立以顾客为中心的营销观念，通过对消费情境因素的研究和分析，牢牢抓住顾客心理因素中的主导因素，加强对消费者喜好的调查和行为分析，研究消费潮流，分析市场变化，抓住消费热点，确定营销策划方案。

4.1.4　消费者注意在营销中的应用

(1) 利用消费者注意，创造更多销售机会。在实际活动中，人的无意注意和有意注意是相互联系、相互转换的。例如，消费者在逛商场时，因为走路较久，需要长期处于有意注意状态，感觉非常疲劳。这时，营销企业就可以利用现代大型商场集购物、餐饮、休闲、娱乐为一体的优势，配上主题营销策略，使消费者在购物过程中有意注意、无意注意穿插进行，在购物的同时也可以适当消遣、娱乐。这种的多样化经营延长了消费者在商场停留的时间，不仅可以创造更多的销售机会，同时也使消费者自然而然地进行心理调节，感觉去商场是一件轻松、愉快的事情。

(2) 发挥注意心理功能，引发新的消费需求。正确地运用和发挥注意的心理功能，可以使消费者实现由无意注意到有意注意的转换。大部分消费者在接受广告宣传时都是处于无意注意状态中，特别是网络广告和电视广告，往往是在无意状态下被强烈刺激后引起消费者注意的转换。例如，在一则喉药广告的开头，一个演员在张嘴说话，但没有声音，突然，此演员说话了，"没声音，再好的效果也出不来"；正在看电视，突然电视出现雪花点，噪音一下子传出来，开始还以为是电视机坏了，突然蹦出几个闪亮的字："白加黑治感冒！"这些成功的广告告诉我们，营销企业要加强发挥注意心理功能，尽量使消费者的无意注意转换为有意注意。

(3) 利用影响注意的有利因素，激发消费者购买欲望。在消费者的消费观念和消费行为日益转变的情况下，刺激消费已渐渐成为当前消费的主流。营销企业只有更好地了解并分析影响消费者注意的因素，转不良因素为积极因素，才能吸引消费者的注意，刺激消费者的购买，促进销售额的提高，最终促进企业的长远发展。

扩展阅读4-1

免费白开水带来的注意力经济

4.2 消费者感觉

在消费过程中，当消费者与消费对象发生接触时，会借助眼睛、耳朵、鼻子、舌头、皮肤等感觉器官感受商品的物理属性(如颜色、形状、大小、软硬、光滑、粗糙等)和化学属性(气味、味道等)，并通过神经系统传递至大脑，从而引起对商品的各种感觉，包括视觉、听觉、嗅觉、味觉、肤觉等。消费者通过各种感觉器官，分辨商品和其他营销因素的具体特征，以引起不同的感觉。例如，一种新推出的面包，消费者用眼睛看到该面包的样子，用鼻子嗅到诱人的麦香，用手摸到其松软程度，并可亲自品尝其美妙的滋味，由此产生对该面包色、香、味等方面的感觉。消费者对商品的认识过程是从感觉开始的。

4.2.1 感觉的含义

感觉是一种最简单的心理现象，是人脑对直接作用于感觉器官的客观事物个别属性的反应。消费者感觉是商品外部的个别属性作用于消费者不同的感觉器官而产生的主观现象。感觉又是认识过程乃至全部心理活动的基础和起点。通过感觉，消费者才能取得进一步认识商品的必要材料，形成知觉、记忆、思维、想象等较复杂的心理活动，从而获得对商品属性全面、正确的认识。也正是以感觉为基础，消费者才能在认识商品的过程中产生各种情感变化，确认购买目标，做出购买决策，即引发和完成心理活动的情感过程和意志过程。反之，离开对消费对象的感觉，一切高级的心理活动都无从实现，消费者将失去与客观环境的联系，消费行为也无从谈起。因此，从一定意义上来说，感觉是消费者一切知识和经验的基础。

人的感觉主要有五种，分别是视觉、听觉、嗅觉、味觉、触觉。例如，人用眼睛看到漂亮的风景，用耳朵听到美妙的音乐，用鼻子嗅到鲜花的芬芳，用舌头品尝美味的菜肴，用手抚摸到柔软的物体等。消费者正是通过上述各种感觉器官来分辨商品的色彩、气味、温度、重量、形状、质地等各种具体特征，通过神经系统将信息从感觉器官传递到大脑，从而形成对商品的个别的、表面的初步印象。

4.2.2 感觉的基本规律

作为认识过程的心理机能之一，感觉有其特殊的表现形态和作用方式，具体包括感受性和感觉阈限、感觉适应、联觉等。

1. 感受性和感觉阈限

每个人都有感觉器官，但感觉能力却因人而异。同一种声音，有人听得见，有人却听不到；

同样的温度，有人感觉冷，有人感觉热，这就是感觉能力的差别。我们把感觉器官对适宜刺激的感觉能力叫作感受性；能引起感觉的最小刺激量叫作感觉阈限。感受性是用感觉阈限的大小来度量的，两者成反比，阈限值低则感受性高，阈限值高则感受性低。

感受性也可分为绝对感受性和差别感受性；感觉阈限可分为绝对感觉阈限和差别感觉阈限。

1) 绝对感受性和绝对感觉阈限

在消费活动中，并不是任何刺激都能引起消费者的感觉。如果要产生感觉，刺激物就必须达到一定的量。那种刚刚能够引起感觉的最小刺激量，称为绝对感觉阈限。对绝对感觉阈限或最小刺激量的觉察能力，就是绝对感受性。能察觉出来的刺激强度越小，表示感受性越高；否则，便是感受性低。感觉阈限是一个范围，能够感觉到的最小刺激强度叫作下限，能够忍受的刺激的最大强度叫作上限。下限和上限之间的刺激都是可以引起感觉的范围。绝对感受性是消费者感觉能力的下限。凡是没有达到绝对感觉阈限值的刺激物，都不能引起感觉。例如，有研究表明，电视广告的持续时间若少于 3 秒，就不会引起消费者的视觉感受。因此，要使消费者形成对商品的感觉，必须了解他们对各种消费刺激的绝对感受性和绝对感觉阈限值，并使刺激物达到足够的量。

绝对感受性与绝对感觉阈限在数量上成反比关系。如果用 E 代表绝对感受性，R 代表绝对感觉阈限，则它们之间的关系可用公式表示：$E=1/R$。不同个体的绝对感觉阈限有相当大的差异，即使同一个体也会因机体状况和动机水平而发生变化。广告是最常见的营销方式，如何达到最佳的预期广告效果，从感受性角度来看，各种刺激物的强度必须在绝对感觉阈限之内。由于太弱或太强的刺激均超出了感受性的范围，所以广告中的各种刺激物的强度必须在绝对感觉阈限之内。

2) 差别感受性和差别感觉阈限

刚刚能引起差别感觉的刺激的最小变化量叫作差别感觉阈限，又叫作差别阈限、最小可觉差。差别阈限表示的是差别感受性，一个人能够察觉到的差别越小，说明他的差别感受性越强。

在刺激物引起感觉之后，如果刺激的数量发生变化，但变化极其微小，则不易被消费者察觉。只有增加到一定程度时，才能引起人们新的感觉。例如，一种商品的价格上涨或下降1%～2%时，消费者可能毫无察觉。但如果调幅达10%以上，则会立刻引起消费者的注意。差别阈限值越高，差别感受性则越小；反之，亦然。这一规律清楚地解释了一个普遍的消费心理现象，即各种商品因效用、价格等特性不同，而有不同的差别阈限值，消费者也对其有不同的相对感受性。例如，一台价值几千元的计算机价格上调十元乃至几十元，往往不为消费者所注意；而一根橡皮筋提价0.2元，消费者却十分敏感。了解消费者对不同商品质量、数量、价格等方面的差别感受性，对合理调节消费刺激量，促进商品销售具有重要作用。

德国生理学家韦伯(E. H. Weber)发现同一刺激差别量必须达到一定比例，才能引起差别感觉。这一比例是个常数，用公式表示：ΔI(差别阈限)$/I$(标准刺激强度)$=K$(常数)。这就是韦伯定律。韦伯定律的提出，为人们提供了一个比较辨别能力的重要指标。如果要比较不同个体某一感觉到的辨别能力而所用的标准刺激又不相同时，就不能用差别阈限的绝对值进行比较，而要用韦伯定律来比较。

19 世纪，德国心理物理学家费希纳(Gustav Theodor Fechner，1801—1887)从韦伯定律中看到了度量阈上感觉的可能性。在韦伯定律 $\Delta I/I=K$ 中，ΔI 代表差别阈限，即最小可觉差。由此出发，费希纳认为每一个最小可觉差可以看作感觉上的一个最小变化，并假设每个最小可觉差的主观量都是相等的。费希纳定律是一个表达简单的定律，其公式为 $S=K\lg R$，其中 S 是感觉强度，R 是刺激强度，K 是常数。简单来说，这个定律说明了人的一切感觉，包括视觉、听觉、肤觉(含痛、痒、触、温度)、味觉、嗅觉、电击觉等，都遵从感觉不是与对应物理量的强度成正比，而是与对应物理量的强度的常用对数成正比的。这个定律称为韦伯—费希纳定律。

差别阈限是相对的，而不是绝对的。差别感受性与差别阈限成反比关系。对于消费者的差别阈限，企业根据既定的营销目标在不同场合下有多种形式的要求，有时是要缩小，有时是要扩大消费者的差别阈限，有时是把某种营销刺激变化控制在差别阈限之内，有时是要引起消费者的充分注意并发生期望的行为变化。企业在营销活动中运用差别阈限原理的典型体现在制定价格变动策略方面，企业发现应根据原价格水平来确定调价幅度才能达到某种营销目标，这是对韦伯定律的应用。但是影响差别阈限的因素相当复杂，而且营销要素也不仅仅是价格，这就要求企业在营销活动中要巧妙运用差别感觉阈限。在广告策划过程中强调寻找产品的 USP(独特销售主张)，树立差异化的品牌形象和对产品进行准确的市场定位，其实都是希望在目标消费者差别阈限的基础上，通过相应的信息诉求与销售刺激引起他们的感觉，以有效达成产品销售。

2. 感觉适应

"入芝兰之室，久而不闻其香；入鲍鱼之室，久而不闻其臭。"从暗处走到明处，受到阳光刺激，起初几秒钟什么也看不清，但很快就改变了。由于刺激对感受器的持续作用从而使感受性发生变化的现象，就叫作感觉适应。感觉适应既可引起感受性的提高，又可引起感受性的降低。例如，嗅觉、肤觉、视觉、听觉、味觉都会在适应后感受性提高或降低。

消费者的感受性会受到时间因素的影响。随着刺激物持续作用时间的延长，消费者因接触过度而造成感受性逐渐下降，这就叫作消费的感觉适应。要使消费者保持对消费刺激较强的感受性，就要调整消费刺激的作用时间，经常变换刺激物的表现形式。例如，商场即使设施完好无损，时间久了，顾客面对一成不变的环境就会找不到感觉。所以商场应根据不同时期、不同活动主题等经常改变装潢布置，令顾客不断拥有新奇的感觉。而对供应商来说，则需要不断变换商品的款式、包装，研发新产品等。

3. 联觉

人体各感觉器官的感受性不是彼此隔绝、孤立的，而是相互联系、相互作用的。各种感觉之间产生相互作用的心理现象，即对一种感官的刺激作用触发另一种感觉的现象，在心理学上称为联觉现象。消费者在同时接受多种消费物刺激时，经常会出现由感觉间相互作用引起的联觉现象。例如，在进餐时赏心悦目的各色菜肴会让进餐人的味觉感受增强。

除不同感觉器官之间的联觉外，同一感觉器官内不同部分的感受性也会发生联觉现象。联觉对消费者行为有直接影响。例如，热带国家某快餐店的墙纸原为淡蓝色，给人以凉爽、宁静的感觉，顾客浅斟慢酌，流连忘返，影响了餐桌周转率。后来店主将墙壁刷成橘红色，顾客进店后感到燥热不安，吃完饭立刻离去，从此餐桌周转率明显提高。可见，巧妙运用联觉原理，可以有效地对消费者行为进行调节和引导。

综上所述，企业在市场调研、市场细分、目标市场选择、市场定位的基础上，制定具体的市场营销策略时，应该恰当地运用相关理论，认真研究消费者的心理，全方位满足顾客的需求。唯有如此，企业才会长盛不衰、持续发展。

4.2.3 消费者感觉在营销中的作用

1. 感觉使消费者获得对商品的第一印象

消费者对产品产生什么样的感觉，在很大程度上源于对产品的第一印象。第一印象的深与浅、好与坏，直接影响消费者购物的态度。对商品的生产商和销售商来讲，要持有"先入为主"的意识，商品的推出应牢牢抓住消费者的眼光和感受，因此在产品的外观、品质、实用性、价格和服务等方面应注入更多的"感觉"成分，以打动消费者，并使其对产品保持长期的偏好。例如，某地一家饮料厂经市场调查后发现，喝饮料的最主要群体是年轻人，于是他们在产品上下功夫，将包装制成年轻人非常喜爱的运动型标签，并专门聘请了国内的运动明星做广告宣传，另外还派专人从书籍和报刊中收集了大量的体育小故事印在标签上，饮料也取名为"运动饮料"。该饮料一面世即受到热爱运动的年轻人的首选，其成功之处就在于其设计、包装与品牌名称上针对爱运动的年轻人的需求特点，提升了产品的文化品位，使产品除了能解渴之外，还满足了年轻人对运动的诠释，于是便成了一种特别的"感觉产品"。

2. 感觉特性为营销工作提供了制定营销策略的依据

在营销活动中，一方面，必须认识到感觉无处不在，必须从战略上重视感觉营销与感觉设计；另一方面，必须认识到不同消费群体的感觉是有差异的，要从消费者需求出发认真进行市场细分，了解消费者感觉的核心与基础，并且有针对性地进行感觉设计。市场经济高度发展的今天，大多数商家能运用"感觉"进行销售活动，给消费者创造优雅的购物环境，用灯光、音响、色彩、气味来刺激消费者，从而达到招揽顾客和促销的目的。例如，一般豆浆店卖的甜豆浆只加白糖，然而在大学城附近的一家豆浆店却独特地提供三种不同的糖供顾客选择：第一种是白糖，和普通豆浆店并无不同；第二种是具有滋养喉咙、保护声带功用的蔗糖，这是为在附近教学的老师贴心准备的；第三种是黑糖，由于学生群也是该店的主力客户，而学生们喜欢新奇，店家特别针对他们的特性准备了黑糖，加上后使整碗豆浆看起来黑黑的，别有一番滋味。这一家豆浆店每天车水马龙，每个店员都忙得不亦乐乎，与其他店的"门庭冷落车马稀"形成了强烈的对比。正因为他们在经营的创意上比别人多用了一份心，不仅提供顾客各自需要和喜爱的产品，让顾客满意，同时用亲切、额外的服务，让老顾客产生了最大好感。

3. 感觉在一定程度上引发消费者的情绪

以感觉对消费者进行吸引与引导，可以让消费者产生愉悦的感觉。2009 年，微软就开始采取以咖啡馆配合 Windows 7 操作系统销售的营销方案。虽然咖啡馆主要销售的产品就是食物和饮料，不过调查表明，人们在喝咖啡的同时，经由咖啡馆嗅觉、味觉、视觉营造的全面体验，能更好地欣赏并且感受微软当时推出的最新一代 Windows 7 操作系统。微软通过轻松氛围的营造，走亲民化路线，赢得了消费者对 Windows 7 操作系统的好感。

4. 感觉可以实现商品的使用价值

消费者通过感觉去鉴别与选择产品或服务，并对这种感觉加以强化形成记忆。例如一些品牌进行品牌延伸时，会把品牌感觉带到新品类或新产品里，消费者会对这种感觉记忆犹新，于是爱屋及乌。企业制造感官体验是为了制造情境、制造销售氛围，为消费者创造更美好的立体体验。

4.3 消费者知觉

当消费者对某件衣服的颜色、款式、质地等个别属性有所反应时，可以说对这件衣服有了感觉。当他对这件衣服形成比较完整的印象时，衣服的颜色、款式、质地等属性在头脑中已经有了综合的反应，这一过程的心理活动称为消费者知觉过程。不同的消费者会对同一件衣服产生不同的整体反应。

📖 扩展阅读4-2	
利用知觉来促销	

消费者通过感觉获得的只是对商品属性的表面、个别、孤立的认识。因此，若仅仅依靠感觉对商品做出全面评价和判断显然是不可靠的。在感觉的基础上，消费者的意识还会随着对感觉材料的综合处理，把商品所包含的许多不同的特征和组成部分加以解释，在头脑中进一步形成商品的整体印象。与感觉相比，知觉对消费者的影响更直接，也更为重要。知觉的形成与否决定消费者对商品信息的理解和接受程度；知觉的正误偏差制约消费者对商品的选择比较；经知觉形成的对商品的认知，是购买行为发生的前提条件。

4.3.1 知觉概述

在认识过程中，消费者不仅借助感觉器官对商品的个别属性进行感受，而且能将各个别属性联系、综合起来，进行整体反应。这种人脑对刺激物各种属性和各个部分的整体反应，就是知觉。知觉包含思维的因素。知觉要根据感觉信息和个体主观状态所提供的补充经验来共同决定反应的结果，因而知觉是人主动地对感觉信息进行加工、推论和理解的过程。

所谓消费者知觉，是指消费者将由外部输入的各种各样的刺激加以选择使其有机化，并作为有意义的首尾一贯的外界映像进行解释的过程，即知觉是人对所感觉到的东西经过分析、综合后的整体反应。例如，面对同一个商场推销员，随着他滔滔不绝地介绍产品，王女士可能感到这个推销员的行为太过于虚假，而李女士可能认为该推销员的介绍非常诚恳，有利于自己接受该项产品。

感觉与知觉既紧密联系又相互区别。首先，知觉必须以感觉为基础，因为任何客观事物都是由若干个别属性组成的整体，事物的整体与其个别属性是不可分割的，缺乏对事物个别属性的感觉，知觉就会不完整。感觉器官一旦离开了刺激物的直接作用，则既不能产生感觉，也不能产生知觉。对消费者而言，只有感觉到商品的颜色、形状、气味、轻重等各方面属性，才有可能形成对该商品的整体知觉。其次，知觉是对感觉材料的加工和解释，但它又不是感觉数量上的简单叠加，它所反映的是事物个别属性之间的相互联系，是建立在各个别属性内在联系基础上的事物的完整映像。感觉到的个别属性越充分、越丰富，对商品的知觉就越完整、越正确。最后，感觉是天生的反应，而知觉则是借助过去的经验，在知识经验的参与下，对感觉到的信息加以加工和解释的过程。没有必要的知识经验，就不可能对客观事物的整体形象形成知觉。知觉过程中还有思维、记忆等的参与，因而知觉对事物的反应要比感觉深入、完整。因此，知觉是比感觉更为复杂、深入的心理活动，是心理活动的较高阶段。

根据知觉感到的事物特征划分，知觉可分为空间知觉、时间知觉、运动知觉。根据某个感觉器官在反应活动中所引起的优势作用划分，知觉又可以分为视知觉、听知觉、触知觉和嗅知觉。

4.3.2 消费者知觉的特性

消费者知觉是消费者对消费对象的主动反应过程。这一过程受到消费对象特征和个人主观因素的影响，从而表现出某些独有的活动特性，具体表现在选择性、理解性、整体性、恒常性等方面。

1. 知觉的选择性

由于个人每时每刻所接触到的客观事物复杂而多样，因此不会也不可能对同时作用于感觉器官的所有刺激信息进行反应，而是主动地挑选某些刺激信息进行加工处理，从而排除其他信息的干扰，以形成清晰的知觉，并迅速而有效地感知客观事物来适应环境。这种根据当前需要，对外来刺激物有选择地作为知觉对象进行组织加工的特征就是知觉的选择性。

在消费过程中，消费者在认知商品时，仅仅能够知觉到商品的一部分属性。这除了人的注意力是有限的原因外，还取决于消费者的兴趣、需要、消费习惯和消费动机等。在商业设计中，为了突出名贵商品，增加背景渲染，用其他商品加以衬托，这种"众星捧月"式的设计正好符合知觉选择性的特点，可以吸引消费者的注意。

📖 扩展阅读4-3

知觉的选择性

有研究表明，平均每天潜在地显现在消费者眼前的广告信息达 1500 个，但被感知的广告只有 75 个，而产生实际效果的只有 12 个。引起消费者知觉选择的原因，一方面，源于感觉阈限和人脑信息加工能力的限制。凡是低于绝对感觉阈限和差别感觉阈限的较弱小的消费刺激，均不被感觉器官所感受，因而也不能成为知觉的选择对象。只有达到足够强度的刺激才能为消费者所感知。例如，对比性强、风味独特、售后服务佳、品牌鲜明等往往容易首先引起消费者的知觉选择。 另一方面，消费者自身的心情、个性、需要、偏好、欲望、态度、价值观等个体因素，对知觉选择也有直接影响。凡是符合消费者需要、欲望的刺激物，或消费者有较明显好感的刺激物往往容易成为选择的知觉对象；而与需要无关的、具否定态度的或是在心情不好等情形下，事物则经常被忽略。

2. 知觉的理解性

人们习惯用自己的思维方式来判断事物的对错或者真伪，这是因为人的知觉系统里有一个重要的特性——理解性在发挥作用。在知觉的过程中，人总是用过去所获得的有关知识和经验对信息进行加工处理，并用概念的形式把它们标示出来，知觉的这种特性就是知觉的理解性。人在知觉过程中，不是被动地把知觉对象的特点登记下来，而是以过去的知识经验为依据，力求对知觉对象做出某种解释，使它具有一定的意义。对知觉对象的理解情况与知觉者的知识和经验直接有关。知觉的理解性是以知识和经验为基础的，有关知识和经验越丰富，对知觉对象的理解就越深刻、越全面，知觉也就越迅速、越完整、越正确。

曾经有老师用对图片的感知来说明这一特性。课堂上老师先给学生展示一张图片，上面画着一个身穿运动服正在奔跑的男子，大部分学生一看就断定这位先生是在跑步锻炼身体；接着老师给学生呈现第二张图片，内容是在那位先生的前方增加一位惊慌失措奔跑的姑娘，这时学生们仿佛看到了一幅姑娘逃避坏人的画面；最后老师又拿出第三张图片，在奔跑的行人后面又增加了一头凶猛的狮子，这时，学生们才明白了图画的真正意思，即奔跑中的先生和姑娘都是为了躲避后面狮子的来袭。

📖 **扩展阅读4-4**

知觉的理解性

消费者在以往的生活实践中积累了一定的商品知识和经验，借助这些知识和经验，消费者才能对各种感觉到的商品信息加以选择和解释，然而，知觉的理解性可能是正确的，也可能是片面甚至错误的。例如，最贵的不一定就是最好的，包装简单的不一定质量差，等等。

20世纪70年代以前，我国大多数消费者从未接触过(甚至从未听说过)彩电、冰箱、洗衣机等高档家用电器，因而即使面对这些商品，也很难做出准确判断。消费实践与知识、经验水平的不同，造成消费者之间在知觉理解能力和程度上的差异。知识、经验的不足将直接导致消费者对商品的知觉迟缓和肤浅，甚至形成错误的知觉。

3. 知觉的整体性

在知觉过程中，人们不是孤立地反映刺激物的个别特性和属性，而是将多个个别属性、个别部分进行有机综合，据此来反映事物的整体和关系，这就是知觉的整体性。消费者根据自己的知识和经验将不完整的信息进行组织，以便全面、整体地把握该事物，有时知觉的完整性也称为知觉的组织性，因为人们需要通过知识和经验把直接作用于感官的不完备的刺激整合成完备而统一的整体。

📖 **扩展阅读4-5**

知觉的整体性

知觉对象作为一个整体不是各部分的机械堆砌，对一个事物的知觉取决于它的关键性强的部分，这一特性的表现形式如下。

(1) 接近性。人们往往倾向于把在空间和时间上接近的物体知觉成一个整体。

(2) 相似性。人们往往会把形状、颜色、大小、亮度等物理特性相似的物体知觉为一个整体。

(3) 连续性。人们往往会把具有连续性或共同运动方向等特点的个体知觉为一个整体。

(4) 闭合性。针对不完整的客体刺激，人们往往运用自己的主观经验为之增加(或减少)某些因素，以便获得有意义或符合逻辑的整体知觉。

(5) 求简性。人们在知觉过程中倾向于将最简单的形状知觉为一个整体。

除根据消费对象各部分的组合方式进行整体认知外，知觉的整体性还表现在对消费对象各种特征的联系与综合上。人们通常把某种商品的商标、价格、质量、款式、包装等因素联系在一起，形成对该商品的整体印象。知觉的整体特性使消费者能够将某种商品与其他商品区别开来，当环境变化时，可以根据消费对象各种特征间的联系加以识别和辨认，从而提高知觉的准确度。

📖 扩展阅读4-6

知觉的组织法则

4. 知觉的恒常性

当知觉的客观条件在一定范围内改变时，人们的知觉映像在相当程度上仍保持着它的稳定性，这就是知觉的恒常性，如外形的恒常性、大小恒常性、亮度恒常性、颜色恒常性、对比恒常性、方位恒常性等。

由于人们在实际生活中建立了大小、距离、形状与角度的联系，当观察条件变化时，利用已建立的这些联系，就能保持对客观世界较稳定的知觉。例如，当倾斜头部观察大楼时大楼不会因此而倾斜。恒常性使人在不同的条件下，始终保持对事物本来面貌的认识，保证了知觉的精确性。在不同的角度、不同的距离、不同明暗度的情境之下观察某一熟知物体时，虽然该物体的物理特征(大小、形状、亮度、颜色等)因受环境影响会有所改变，但人们对物体特征所获得的知觉经验却倾向于保持其原样不变的心理作用。

知觉的恒常性使消费者能够避免外部因素的干扰，在复杂多变的市场环境中保持对某些商品的一贯认知。有些传统商品、名牌商标、老字号商品之所以能长期保有市场份额，而不被众多的新产品、新企业所排挤，重要的原因之一就是消费者已经对它们形成恒常性知觉，在各种场合、条件下都能准确无误地加以识别，并受惯性驱使进行连续购买。

知觉的恒常性可以增加消费者选择商品的安全系数，减少购买风险，但同时也容易导致消费者对传统产品的心理定势，阻碍其对新产品的接受。

📖 扩展阅读4-7

知觉的各种恒常性

4.3.3　知觉风险

当你走在马路上，看到一辆向你疾驶而来的汽车，眼看就要撞上，你会惊出一身冷汗，而与你同行但被路边景色吸引住目光的朋友却可能对此一无所知。同样的危险差点降临到你俩头上，但后者由于对此没有知觉，自然也不会有与你一样的感受。所以，风险只有被知觉和感受到才会对行为产生影响。

1. 消费者知觉风险

知觉风险又称感知风险，最初由哈佛大学的鲍尔(Raymond Bauer，1960)从心理学中延伸出来，他认为消费者在产品购买前可能无法预知购买是否正确，因此，消费者的购买决策中隐含着某种不确定性，消费者能够知觉到的这种不确定性或者不利且有害的结果就是知觉风险。

消费过程中，消费者可能会面临各种各样的风险，这些风险有的会被消费者感受到，有的则不一定被感觉到；有的可能被消费者夸大，有的则可能被缩小。因此，知觉风险与实际风险可能并不一致，两者可能出现较大的差距。近年来，消费者在商品购买中的知觉风险有日益增大的趋势，知觉风险的大小因不同的商品、不同的个体、不同的情境而有差异。具体来说，知觉风险的影响因素如下。

(1) 随着生活节奏的加快，时间成为最宝贵的资源，消费者没有充裕的时间去搜集备选产品的充足信息，或者某些产品信息不对称，使消费者无法得到关于产品的确切信息，造成消费者对该产品的信心不足，因此知觉到的风险加大。

(2) 科技不断发展使新产品层出不穷，消费者经常面临新生事物的选择，在大多数人看来，新产品或没有体验的产品存在更大的不确定性，这种不确定性使消费者多半会因缺乏使用经验而使知觉到的风险加大。

(3) 随着信息技术的发展，消费者可以通过各种渠道得到越来越多的信息，但其中不乏一些负面的信息，如假冒伪劣产品在媒体的曝光，以及在同类产品的购买与消费中有过不满意的经历，让消费者对越来越多的产品购买产生知觉风险。"一朝遭蛇咬，十年怕井绳"，一旦消费者以前在购买中遭遇过不愉快的体验，就会心存余悸，从而对当前的购买产生不确定感。

(4) 随着生活质量的提高，消费者对自身在心理、健康、社会形象方面的关注度比以往有大幅度提高，因此较以往对健康风险、社会风险的知觉有所提高。

(5) 所购买的产品技术的复杂程度很高。一般来说，对于技术领先的新产品或功能属性较复杂的产品，消费者一般了解较少，这类产品的购买往往有较高的知觉风险。此外，如果所购产品价值很高，或产品对购买者特别重要，或选择后果具有不可更改性，此时，消费者所知觉的购买风险会相应增高。

2. 消费者知觉风险的类型

消费者知觉风险主要有以下类型。

(1) 功能风险。功能风险是指产品不具备人们所期望的性能或产品性能比备选商品差所带来的风险。例如，鞋子的质量比商家承诺得差，电器的寿命比正常预期的短，等等，这些均属于功能性风险。

(2) 物质风险。物质风险是指产品可能对自己或他人的健康与安全产生危害的风险。例如，食品的营养与卫生标准是否达到了食品安全国家标准，食品添加剂是否会对人体带来巨大的危害，消费者的此类担心均属于物质风险的范畴。

(3) 经济风险。经济风险是指担心产品定价过高或产品有质量问题招致经济上蒙受损失所产生的风险。例如，在选购房子时，综合各种因素考虑这个房子性价比如何，将来会不会贬值，这就属于经济风险。

(4) 社会风险。社会风险是指因购买决策失误而受到他人嘲笑、疏远而产生的风险。例如，我的家人、朋友不喜欢我买的这种牌子的商品怎么办？他们会不会因为我买这种牌子的商品而疏远我？对这类问题的关注和担心属于社会风险。

(5) 心理风险。心理风险是因决策失误而使消费者自我情感受到伤害的风险。例如，购买有特殊用意，如作为礼品、招待客人之用时对所买产品是否适合自己，是否能体现自己的形象等一类问题的担心即属于心理风险。

3. 消费者如何降低知觉风险

知觉风险的存在对消费者的购买决策过程有非常重要的影响。风险的暗示会使消费者推迟或者取消购买行为。为了降低知觉风险，消费者往往采取如下策略。

(1) 注重购买前信息的收集。信息搜集越多，消费者对各品牌的功能、属性了解得也越多，相应的消费者知觉到的风险也会适当降低。

(2) 从众购买。消费者在选择商品品牌时，他们不是选择经过分析比较后而认为较为合适、较为满意的品牌，而是模仿和跟随其他大多数消费者的购买行为来降低知觉风险。社会上曾经掀起的流行服装浪潮均是这类从众购买所致。

(3) 保持忠诚购买。基于第(1)种缓解知觉风险的方法要求消费者花费大量时间用于搜集信息，而第(2)种方法又无法体现自身的品位和个性，基于节约时间、经济和精力的投入，越来越多的消费者对某些品牌形成忠诚购买以降低选择新品牌所带来的知觉风险。

(4) 购买品牌和高价产品。大品牌和高价格往往被消费者认为是衡量产品质量的标准。很多消费者都抱着"便宜无好货，好货不便宜"的心理对产品质量进行判断。虽然这种判断不一定百分之百准确，但是随着代代相传，"一分价钱一分货" 的道理似乎也成了亘古不变的真理。

4.3.4　知觉的营销启示

1. 运用知觉的选择性原理帮助消费者确定购买目标

人的心理活动是极其微妙的，也是难以琢磨的，当各种琳琅满目的商品同时作用于消费者的感官时，消费者往往凭自己的需要、兴趣、爱好和经验购买商品。企业应分析消费者的特点，使本企业的营销信息被选择成为其知觉对象，形成有利于本企业的知觉过程和知觉效果。一方面，营销人员应尽其所能地突出商品特征，尤其是应千方百计地使产品成为消费者知觉的对象；另一方面，应尽可能地使经营的商品具有比较大的选择性，以满足各类消费者的各种各样的消费需求，最终促使消费者产生购买商品的行动。

2. 运用知觉的整体性、理解性原理开展营销活动

知觉的整体性、理解性原理告诉我们，当某种消费品的个别属性作用于人的感官时，人们能够凭借以往的知识和经验而把它知觉为一个整体。商品营销过程中应充分认识和体现整体性与理解性的基本要求，首先给消费者一个良好的感知印象。例如，有一家玉器店新进了一批翡翠手镯，质感和润度均佳，但不知什么原因，摆上柜台后一直销路不畅，平均每天只能卖出两三只。后来，一位营业员灵机一动，在柜台里放上一小碗清水，上面打上强烈的灯光，以更突出翡翠的"水头"(透明度)和石纹，前来选购的顾客一下子就被吸引了，结果每天的销售量增加到三四十只。实际上，那位营业员只是在销售现场加了清水和灯光，但是却突显了商品的整体优势，进而增强了顾客的购买欲。

3. 运用错觉原理制定商品促销策略

人们在知觉某些事物时，受背景干扰或某些心理原因影响，可能会产生失真现象，这种对客观事物不正确的知觉称为错觉。错觉现象在生活中十分普遍。例如，同一个人，穿黑衣服看起来比穿白衣服瘦一些；房间里少放置些家具，房间显得比原先宽敞许多；等等。在市场营销中要巧妙地运用错觉原理去满足消费者的心理要求。商业企业在店堂装修、橱窗设计、广告图案、包装装潢、商品陈列等方面，适当地利用消费者的错觉，进行巧妙的艺术处理，往往能产生一定的错觉心理效应来刺激购买。例如，用设计精致的包装袋来包装商品，会使人产生所购商品很高档的感觉；在适当的时候进行一系列捆绑销售，让消费者觉得优惠幅度很大，购买很划算。营销企业应综合运用各种错觉原理，科学、巧妙地推荐，促进消费者的购买欲望。

📖 **扩展阅读4-8**

"小黄人"快闪，左右你的注意力

本 章 小 结

消费者心理活动过程，实际上是对各种商品信息和影响因素进行处理和加工的过程，从对商品的认识开始，这是消费者购买行为的前提也是其他心理活动的基础。因此，研究消费者心理必须从研究消费者认识过程出发，研究消费者心理活动中的一般规律。

营销刺激只有被消费者所认知才会对其行为产生影响。消费者形成何种感觉、知觉，既取决于选择注意的对象，又与感知时的情境和消费者先前的知识与经验密切联系。本章重点讨论消费者心理认知过程：注意、感觉、知觉，并解释了感觉、知觉对于制定营销策略的重要意义。

习　题

1. 名词解释

(1) 感觉　　(2) 知觉　　(3) 韦伯定律　　(4) 差别阈限　　(5) 绝对阈限

2. 填空题

(1) 注意的基本特征是_____和_____、_____。

(2) _____与_____是认识的开端，是人类认识世界的基础。

(3) 注意的种类按其目的性和意志努力的程度不同，可分为_____和_____。例如，有一天阿基米德刚坐进浴池，便发现池内水位上升，此时的注意即_____，这使他惊喜不已，他立即对这一现象做了深入细致的研究，此时注意即_____，最后提出了著名的流体力学定律。

(4) 有意后注意是指有预定目的但不需要_____的注意。

(5) 最简单的心理现象是_____，我们关于世界的一切认识的最初的源泉是_____。

(6) 知觉的基本特征有_____、_____、_____和_____。

(7) 知觉的_____特点使消费者能够避免外部因素的干扰，在复杂多变的市场环境中保持对某些商品的一贯认知。

(8) _____是指担心产品定价过高或产品有质量问题招致经济上蒙受损失所产生的风险。

(9) 按刺激物相似特征组成知觉经验的心理倾向称为_____。

(10) 在知觉过程中，人们不是孤立地反映刺激物的个别特性和属性，而是多个个别属性、个别部分的有机综合，据此来反映事物的整体和关系。这就是知觉的_____。

3. 简答题

(1) 什么是有意注意？引起和保持有意注意的条件是什么？

(2) 什么是感觉？什么是知觉？简述感觉与知觉的关系。

4. 案例分析题

小明从小不喜欢吃鱼，也闻不得鱼肉的腥味。不料有一天他家旁边开了一家酸菜鱼馆，这下可好，他每天都被迫呼吸浓烈的鱼腥味，刚开始，熏得他直想吐，可慢慢地他反而觉得味不那么大了，对鱼肉也不那么反感了。请用心理学原理解释这种情况。

第5章

消费者学习与记忆

📖 **导读案例**

小李的一天

今天是国庆节，东方刚泛起鱼肚白，某企业员工小李一骨碌就翻身下了床，这是他从小就养成的习惯。迅速洗把脸，他得意地欣赏起昨天刚买的一双白球鞋，这是他小时候最喜欢穿的耐克运动鞋。他今天又要去跑步了。跑步回来，一边听着水木年华的《一生有你》，一边刷牙。"黑人牙膏的味道就是好。"小李想。该到食堂吃早餐了，品种很多，可是选来选去，还是选择了肉包子。"这肉包子也忒小了点，为什么不做成像读大学时的包子那样一个二两呢？那才够劲嘛！现在的包子都不够塞牙缝。"吃完早餐，小李准备去买点花露水，他一直使用老包装的六神花露水，"以前的老产品就是效果好"！

许多营销者意识到，产品与记忆之间习得的联系是一种重要的商机，也是培养和保持品牌忠诚的有效途径。学习对于消费过程来说是非常关键的，实际上，消费者行为绝大多数是习得性行为。

（资料来源：学习记忆和购买行为. 百度文库. 2017-02-23. http://wenku.baidu.com/view/1e146b16147 91711cc791703.html. 有删改）

由导读案例可以看出，消费者的学习与记忆是紧密联系在一起的。消费者的需要和行为绝大部分是后天习得的，通过学习，消费者获得了丰富的知识和经验，提高了对环境的适应能力。同时，在学习过程中，其行为也在不断地调整和改变。消费者的学习与记忆是紧密联系在一起的，没有记忆，学习是无法进行的；没有学习，也就没有记忆之说。本章主要通过对几种学习理论以及记忆内涵的讨论，重点掌握它们在营销领域的应用。

5.1 消费者学习概述

消费者学习是一个很宽泛的概念，包含多种学习类型，且学习过程包含动机、暗示、反应、强化(包括正强化和负强化)、重复等要素。

5.1.1　学习概述

1. 学习的概念

人从出生后的牙牙学语到耄耋之年的人生阅历都离不开"学习"这个主题，学习自古以来就受到哲学家和教育家的关注。所谓学习，是透过教授或体验而获得知识、技术、态度或价值的过程，是能够使动物的行为对特定的环境条件发生适应性变化的所有过程。学习的概念有广义和狭义之分。广义的学习是指个体经过练习或反复经验而产生的行为、能力或倾向上的比较持久的变化及其过程，包括三个方面的概念：第一，个体行为或行为潜能的变化(或内隐或外显)；第二，这种行为或行为潜能的变化是相对持久的；第三，这种行为或行为潜能的变化是因为练习或反复经验获得的。狭义的学习是指个体在教师的指导下，有目的、有计划、有组织地进行知识或技能的获取。

学习包含以下几个方面的内容。

(1) 学习是因经验而生的。凡知识、技能、观念等均属个体的经验。因经验而产生的学习大致有两种类型：一种是经由有计划的练习或训练而产生的学习，如通过硬笔书法的培训习得一手好字，通过厨师指导班而掌握烹饪的技巧均属此种类型；另一种是由生活中偶然的经历而产生的学习，如看到杂志上介绍的某种清洁家具的方法好而予以效仿，看到电视报道某条路经常出事故而意识到经过此路段时尤其要谨慎驾驶。

(2) 学习伴有行为或行为潜能的改变。从个体行为的改变，即可推知学习的存在。当某人表现出一种新的技能，如打毛衣、弹古筝、剪纸，我们即可推知，学习已经发生了。有时，个体通过学习获得的是一些一般性知识，如关于中国的历史或文化，关于中国的宗教与艺术，这类学习往往不会立即通过行为的变化外显出来，但可能潜意识里改变了人的行为潜能。由于行为潜能不一定马上转化为外显行为，如对待西方文化及艺术的态度，它本身又不能直接观察到，而是在潜移默化中影响个体的价值观念和将来对待某些事物的态度，所以学习对行为的影响是十分深远的。

由上面的叙述可以看出，学习所引起的行为或行为潜能的变化是相对持久的。疲劳、疾病等因素可以引起行为或行为潜能的短暂变化，但是不能视为学习。当然，学习所获得的行为也并非是永久性的，因为遗忘是人所共知或每一个人都会体验到的事实。学习所引起的行为或行为潜能的改变到底能持久到什么地步，要视学习的材料与练习的程度而定。一般而言，以身体活动为基础的技能学习，能维持的时间比较长。例如，当我们学会骑车、游泳、滑冰等技能后，几乎可以终生不忘。对于知识观念的学习，学习内容有时会被遗忘或被新的内容所取代，但相对于那些外在因素影响的暂时性变化，它们保持的时间也还是比较长久的。

2. 学习的分类

对于学习如何分类，学术界一直众说纷纭。传统上，学习被划分为记忆学习、思维学习、技能学习和态度学习[①]。

---

① 孟昭兰. 普通心理学[M]. 北京：北京大学出版社，1994：229.

根据学习材料与学习者原有知识结构的关系，可将学习分为机械学习与有意义学习。机械学习是一种单纯依靠机械记忆学习材料，而避免去理解其复杂内部和主题推论的学习方法，平时多称为死记硬背。例如，小孩在没有学算术之前，背诵加法口诀表就是靠机械记忆。他们在背诵过程中并未理解学习内容所代表的真正含义。有意义学习相关理论是由美国认知心理学家奥苏贝尔提出的，他认为有意义学习指符号所代表的新知识与学习者认知结构中已有的适当概念建立非人为的、实质性联系的过程。例如，用"脑白金"作为保健品商标，消费者自然会产生对大脑有益的联想；用"劲量"作为电池商标，则会使消费者将电池与"动力足""使用时间长"等遐想相联系。消费者对这一类内容的学习，无须借助外在的和人为的力量，属于有意义学习的范畴。

根据学习的效果，可将学习分为加强型学习、削弱型学习和重复型学习。消费者使用某种商品，如果觉得满意，他可能会对与该商品有关的知识和信息表现出更加深厚的兴趣，他对该产品的好感和印象会由此而强化，所以，这一类型的学习被称为加强型学习。削弱型学习则是指通过新的观察和体验，使原有的某些知识和体验在强度上减弱直至被遗忘。消费者如果对某种商品存在不愉快的使用经历，或者被亲朋好友告知某种商品有不好的效果，他对该产品的购买兴趣就会减弱。重复型学习则是指通过学习，学习效果既没有加强，也没有减弱，只是在原有水平上重复而已。

5.1.2 消费者学习的构成要素

消费者学习理论是心理学学习理论在消费者行为研究中的具体运用。消费者学习是指消费者在购买和使用商品的过程中，不断地获取知识与经验，通过积累经验、掌握知识，不断地提高自身识别商品的能力，完善自身购买行为的过程。消费者学习理论指出，消费者学习可以通过观察、思考、实践等多种途径，带来行为或认知的变化；消费者学习所引起的行为或认知的变化是相对持久的；消费者学习包含从简单到复杂的各种学习过程。

虽然不同的学者对学习的理论有不同的描述，但是大多数学者都同意学习过程包含一些共同的要素：动机、暗示、反应、强化和重复。

1. 动机

在第3章中已经介绍了消费者购买动机。动机可以用来激励学习，一般来说，动机越强，学习者学习的积极性就越高。例如，在乐器考级前，为了顺利通过考级，考生不仅参加了考前辅导班，而且加强了练习强度。

2. 暗示

暗示是在无对抗条件下，用含蓄、间接的方式对个体的心理和行为产生影响，从而使个体产生顺从性的反应。暗示是一种普遍心理现象，特点是信息是"暗示"的、不明确，主体接受暗示时并未认真思考，进行意识批判，信息是经过"后门"进入主体的意识并影响他的行为的。例如，商品的广告宣传中以间接、含蓄的方式向公众传递思想、观念、意见、情感等广义信息，来宣传商品、劳务或美化企业形象，使公众在理解和无对抗的情况下，心理和行为受到自然而明显的影响。在消费活动中，消费者受暗示而影响购买决策及行为的现象是极为常见的。实践证明，暗示越含蓄，其效果越好。

3. 反应

反应指消费者根据刺激和暗示所采取的行动。例如，消费者面对琳琅满目的商品，最终确定选择哪一样，在很大程度上取决于先前的学习；同样，学习则依附于这些相关的先前反应。

4. 强化

强化指能够增加某种反应在未来重复发生的可能性的任何事物。强化分为正强化和负强化。正强化指行为反应后能得到愉快的结果，那么，以后这个行为出现的频率就会趋向增加。一旦这种行为反应后产生令人不愉快的刺激，则能导致反应率下降，甚至产生负面效应，这就是负强化。例如，消费者在试用某一品牌洗衣粉的过程中，如果用后感觉效果不错，下次便会继续购买。因为这种洗衣粉的洁衣效果达到了他的预期目的，通过这种强化，学习就发生了。反之，如果这种洗衣粉经试用后发现洁衣效果很差，那消费者以后便再也不会购买了。

5. 重复

重复指不断重复某种信息来增加学习的速度与强度，达到熟能生巧的效果。例如，铺天盖地的脑白金广告，"今年过节不收礼，收礼只收脑白金"，虽然只是不断重复这一句话，但高频率的广告播出，使脑白金几乎成为家喻户晓的产品。然而，有些广告重复过度，令人产生抵触情绪，这时就值得引起营销人员的注意。

5.1.3　消费者学习的类型

1. 模仿式学习

模仿是指仿照一定榜样做出类似行动和行为的过程。社会学家的研究表明，人类在社会行为上具有模仿的本能，这一本能同样存在于人们的消费活动中。消费者对他人的消费行为认可或者向往时，产生效仿和重复他人行为的倾向，从而形成模仿式学习。在消费活动中，经常会有一些消费者，尤其是名人、专家等做出示范性的消费行为。这些特殊消费者的示范性行为会引起其他消费者的模仿，模仿者也以能仿效他们的行为而感到愉快。在消费心理领域，消费模仿是一种常见的社会心理现象，也是一种普遍的学习方式，是一个学习的过程。消费者通过观摩效仿的方法进行学习，其结果是消费者摒弃旧的消费理念及消费方式，适应新的消费观念。

2. 反应式学习

反应式学习即通过外界信息或事物的不断刺激，会形成一种相应的连锁反应，并通过感观和体验被消费者所接受和学习，促使其产生购买的行为。例如，苹果公司颠覆性的产品风靡全球，引发了无数"果粉"的膜拜。在 iPhone 手机的首发日，全球各地都出现了用户连夜排队购买的现象，可见该品牌在世界上的品牌效应如此强大。

3. 认知式学习

认知式学习即通过对前人经验的总结与学习，辅之以复杂的思维过程所学到的分析与解决问题的能力，对付不断面临的购买决策问题。可以理解为消费者在已知的领域由外部环境刺激所形成的心智上的表达。例如，保乐力加在中国推出芝华士防伪新装后，将整合力量集中对防伪新装进行宣传和推广，让消费者能尽快对新产品和防伪知识有一定的认知。宣传内容包括：在媒体广告中告知消费者，芝华士已经推出防伪新装，并且让消费者记住防伪瓶盖的模样；在芝华士的销售渠道中，通过宣传品和展示架，让消费者直接了解芝华士的防伪新装，以及如何鉴别和使用新的防伪瓶盖。

5.1.4　消费者学习的特征

消费者的学习是人类消费领域里存在的一个特殊学习现象，其学习途径主要有两种：一是直接进行实践活动，直接了解消费方式、消费对象的各种信息；二是间接学习，从他人的知识、经验、广告宣传中学习，间接了解各种消费问题。消费者学习的主要特征如下。

1. 消费者学习是源于消费需求的被动性学习

与积极、主动地学习知识与技能所不同，消费者学习是一个被动的学习过程。消费者认识一种商品一般不会像学生一样接受专门的培训和锻炼，他们是在有特定消费需求的前提下对商品的"临时"学习。因为要体现穿衣的品位，所以要了解一些服饰面料、搭配等方面的知识；因为要健康饮食，所以要知道一些食物营养、烹制方法方面的知识。消费者如果没有这些特定的需要，则不会主动去搜集这一方面的资料。

由于消费者学习具有被动性，所以消费者的学习水平相对肤浅，一般缺乏对商品的深刻认识。而且，消费者学习的知识一般都比较零散，缺乏全面性、连续性和系统性。

2. 消费者学习是对消费领域各方面内容的学习

消费者的学习是对商品购物、商品服务过程中各个环节的内容和知识的学习，以及相关购物知识及技能的获得。

(1) 商品、使用知识。消费者要了解商品的性能、使用方法、真假优劣辨别方法等。

(2) 维权知识和方法。在消费过程中，因商品质量或售后服务问题而引发的各种纠纷是不可避免的。消费者要掌握商品的退换办法、了解投诉渠道和方法，以及其他一些必要的维权知识。

(3) 消费技能。生活中，有的人经常买到物美价廉的商品，有的人则总是运气不佳，不仅买得贵，而且买得差。这里面就有消费技能的问题。消费者要掌握消费过程中对于商品的感知辨别能力、对商品及相关信息的分析和评价能力、购买商品过程的决策能力等。通过有意识地掌握商品信息、了解商品知识、逐渐积累消费经验等，来慢慢培养自己的消费技能。

(4) 消费观念。消费观念指消费主体在进行或准备进行消费活动时，对消费对象、消费行为方式、消费过程、消费趋势的总体认识评价与价值判断。消费者在这种判断标准的指导下，避开消极的、不能接受的商品和消费行为，而去追求积极的、符合已有价值判断的商品和消费行为。消费观念的形成一方面与一定社会生产力的发展水平及社会、文化的发展水平相适应；另一方面可以通过消费学习强化、获得。

(5) 消费态度。同一个消费者会对不同的商品存在各种不同的态度，对同一产品的不同品牌也会存在不同的态度。消费态度是人们对待某一商品(或服务)，或从事某项消费活动前的心理倾向性，它影响着消费决策和行为的方向。消费者对各种商品的消费态度并不是与生俱有的，而是通过后天学习，即感知、认识、实际使用消费品，加上其本人的文化素养、知识水平、生活经验的变化所形成的。

3. 消费者学习是实践性学习

实践性学习是通过主动的探索、发现和体验，学会对大量信息进行收集、分析和判断，从而增强思考力和创造力的学习方式。

消费者的学习行为是人类实践活动的一部分，它是人获得直接消费经验、消费知识和消费技能的主要途径和方式。消费者的每一次消费过程本身也是一次实践学习过程。例如在购物过程中，消费者通过观察、比较、筛选了解到不同商品的差异，这就是消费者的学习过程。消费者的实践性学习包括以下几个方面的内容。

(1) 消费者实践性学习是对商品进行选择和对比的过程，其学习对象是具体的商品。

(2) 消费实践过程是由一系列消费操作行为组成的。

(3) 消费者学习结果影响以后的消费实践行为。良好的结果能够强化已有的知识经验，增加同一消费行为的重复机会；反之，则将减少或停止原有的消费行为。

4. 消费者学习是隐性知识的学习

在生活中，知识无所不在，却没有一种固定在书本上，可以供人轻松获得的形式。根据知识能否清晰地表述和有效地转移，可以把知识分为显性知识和隐性知识。隐性知识是迈克尔·波兰尼(Michael Polanyi)在1958年从哲学领域提出的概念。他认为：“人类的知识有两种。通常被描述为知识的，即以书面文字、图表和数学公式加以表述的，只是一种类型的知识。而未被表述的知识，像我们在做某事的行动中所拥有的知识，是另一种知识。”他把前者称为显性知识，而将后者称为隐性知识。例如，“美酒飘香”，你不可能向一个从来没有闻过酒味的人准确地传递酒如何香，除非他闻过，才会有共同的记忆。因此，可以说隐性知识来源于个体对外部世界的判断和感知，来源于经验，很难规范化，也不易传递给他人，只能通过演示证明它是存在的。学习这种技能的唯一方法是领悟和练习。

消费者的隐性知识可以划分为两类：一类是技能方面的隐性知识，包括消费者购物过程中的技能、技巧、经验和诀窍等；另一类是认识方面的隐性知识，包括消费者对于商品的洞察力、直觉、感悟、兴趣爱好等。

5.1.5　消费者学习的效果

消费者存储在记忆中的关于商品和服务的大部分信息来自学习过程，消费者通过学习可以改变其购买态度和行为方式。一般来说，消费者学习的效果有以下四种。

(1) 加强型学习的效果。通过一段时间的学习，加强了原来的行为，增加了购买行为的频率。例如，某家庭在使用过程中发现，某品牌的节能灯不仅节能效果佳而且质量非常好，以后只要买节能灯，该家庭就会首选这一品牌，并且会向亲朋好友大力推荐该品牌。

(2) 稳定型学习的效果。由于学习消费某种商品或某一类型的商品之后，逐渐形成了一定的消费需要或消费习惯，这种行为方式逐渐被稳定下来。例如，一位女士使用香水，这种行为便成了她的一种习惯。形成消费习惯后，该消费者购买香水的直接动机就不再是因为兴趣、炫耀或新奇等，而是出于习惯性的需要。

(3) 无效型学习的效果。无论怎样学习，消费商品也好，接受商品信息也罢，都没有改变消费者对待这种商品的行为方式。学习之后没有任何效果，出现这种情况的原因可能是消费者长期缺少这一方面的需求。

(4) 削弱型学习的效果。削弱型学习的效果与加强型学习的效果相反，是指在接受了商品的信息，了解到商品的某些特点后，反而削弱或转变了原来的行为方式。例如，国家卫生总局频频曝光某品牌的牛奶，以至于原先非这个牌子的奶不喝的李先生再也不敢选购这个牌子，转而尝试其他的品牌。

消费者学习的效果告诉我们，企业的营销策略主要应该促成加强型学习，强化消费者对企业和产品的良好印象，提高产品质量和服务，防止或减少削弱型学习的不良后果。

5.1.6 消费者学习的意义

消费者的购买行为不是与生俱来的，而是学习的结果。消费者每时每刻都在学习，学习本身及学习效果都对消费行为有着重要意义。

1. 获得有关购买信息

随着全球经济的迅猛发展，消费市场的日益扩大导致商品和服务种类越来越多，在相关购买信息多如牛毛的情况下，消费者的购买决策是以收集和获得有关购买问题的知识与信息为前提的。这种消费信息获取过程本身就是消费者学习的过程：通过哪些渠道获取商品或服务信息、选择哪一方面的信息、对商品有关情况了解到什么程度，均需要借助学习这一手段。在消费者掌握更大信息控制权的时代，一旦消费者确定对某种商品或服务的需要后，他就会有目的、有意识地广泛搜集与该商品有关的信息与情况，以便自己做出决策。消费者搜集信息的来源与渠道可以有很多种，既可以翻阅报刊，又可以收看电视广告，还可以向朋友、同事、熟人等了解情况。而购买方案正是在消费者这种有目的的消费信息收集和加工处理过程中形成的。正是这种对商品信息的学习过程，简化了消费者的决策过程，使他们的购买决策更富于理性并且更优化。

2. 促发联想

联想是指消费者因一种事物而想起另一种事物的心理过程，它是消费者行为中非常重要的心理活动。例如，在节日来临之际，自然而然会想起需要购买一些贺卡寄给远方的朋友；家人咳嗽了，不由得会想起广告中经常播出的"川贝枇杷止咳糖浆"。这些都是建立在对商品信息的学习基础上的。联想在消费决策中有着非常重要的作用，它既能促进消费者的购买行为，又能抑制或阻碍购买行为。很多企业在宣传其产品时，都试图改变单一的广告宣传策略，采取多种方式，加强主动宣传的力度对消费者施加更积极的影响，努力促发消费者对自己产品的积极联想，从而激起消费者的购买欲望。

3. 影响消费者的态度和对购买的评价

消费者对特定商品或服务的态度，是经由学习逐渐形成的。例如，当消费者经过观察、比较和接触，对某公司的产品或者服务持否定态度时，不仅自己会停止使用该公司的产品，还会要求亲戚和朋友也这样。另外，消费者的学习还影响他们对产品和服务的评价。典型的评价标准通常是与消费者期望获得的利益有关的产品特征或属性。例如，对于购买牙膏的顾客而言，首先考虑的是价格因素，觉得牙膏都具有清洁口腔的功效，除了品牌的差别外，效用没有任何区别。然而，当他们试用过某一款含氟的牙膏以后，觉得氟是与防蛀牙这一利益相关的评价标准，下次选购牙膏时，除了考虑品牌和价格外，是否含氟也成为其对产品的选择和评价标准。

5.2　经典条件反射理论及营销应用

目前关于学习的有关理论主要有两大类，即行为主义学习论和认知学习理论。其中行为主义学习论也称刺激—反应理论，这一理论主张学习完全可以由外部可观察到的行为来加以解释，认为学习就是刺激与反应之间建立一种前所未有的关系的过程。刺激—反应理论主要包括经典条件反射理论和操作性条件反射理论。

5.2.1　经典条件反射理论

经典条件反射又称巴甫洛夫条件、反应条件、Alpha 条件，最早是由俄国生理学家伊万·巴甫洛夫(Ivan Pavlov)提出来的。该理论认为，借助某种刺激与某一反应之间的已有联系，经过练习可以建立起另一种中性刺激与同样反应之间的联系。

经典条件反射理论是建立在著名的巴甫洛夫的狗与铃声的实验基础上。巴甫洛夫命令助手给狗喂食前都先发出一些信号(一开始是摇铃，后来还包括吹口哨、使用节拍器、敲击音叉、开灯等)，起先，狗看到食物或吃东西之前会有流唾液的现象，连续几次之后，他试了一下摇铃但不喂食，发现狗虽然没有东西可以吃，却照样流唾液，而在实验之前，狗对于铃声响是不会有反应的。他从这一点推知，狗经过了连续几次的经验后，将"铃声响"视作"进食"的信号，因此引发了"进食"会产生的流唾液现象。受此现象的启发，巴甫洛夫开展了著名的条件作用研究。巴甫洛夫的发现开辟了一条通往认知学的道路。狗与铃声的实验表明：原来并不能引起某种本能反射的中性刺激物(如铃声)，由于它总是伴随某个能引起该本能反射的刺激物(如食物)出现，如此多次重复之后，这个中性刺激物也能引起该本能反射(流口水)。后人称这种反射为经典条件反射。

这个实验的过程如下：①食物可以使狗流唾液，流唾液是自然的、无法控制的反应，食物是一种无条件刺激；②一般情况下，铃声不会使狗流唾液，铃声是一种条件刺激；③巴甫洛夫把食物和铃声配合起来，使狗学会把这两者联系起来；④最后，即使没有食物，铃声也可以引起狗流唾液。由此得出，条件反射的情境涉及四个事项：两个属于刺激，两个属于机体的反应。两个刺激中，一个是中性刺激，它引起预期的、需要学习的反应，在条件反射形成之前，即条件刺激(CS)——在巴甫洛夫的实验中就是铃响。第二个刺激是无条件刺激(US)，它在条件反射形成之前就能引起预期反应(本能)，即条件反射形成之前，出现了食物，就引起唾液分泌。对于无条件刺激的唾液分泌反应叫作无条件反应(UR)，这是在形成任何程度的条件反射之前就会发生的反应；由于条件反射的结果(被刺激)而开始发生的反应(流唾液)叫作条件反应(CR)，即没有食物，只有铃响的唾液分泌反应。当两个刺激紧接着(在空间和时间上相近)反复地出现，就形成条件反射。通常，无条件刺激紧跟着条件刺激出现，条件刺激寄生于无条件刺激。条件刺激和无条件刺激相伴出现数次后，条件刺激就逐渐引起唾液分泌，这时，动物就有了条件反应。由此得出，经典条件反射中的四个变量是无条件刺激、无条件反应、条件刺激、条件反应。

在学习过程中，许多学生的态度就是通过经典性条件作用而学到的。例如，许多学生可能不喜欢数学，因为他们将数学与要求进行烦琐而又枯燥的计算联系了起来。在课堂上被提问难题(条件刺激)引起了焦虑(无条件反应)，学生形成了对数学恐惧的条件作用，可能泛化到他们对其他课程或学校机构的恐惧，以致在其他学习经验中发生类似的学习过程。

经典条件反射始于刺激—反应联系，如婴儿生下来会吮奶，手指碰到烫的东西会马上缩回，食物进口会分泌唾液等。这些都是先天就有的本能，不需要任何训练，而且能一直保持下去。巴甫洛夫把这类先天性反射称为非条件反射，而条件反射则是后天习得的过程。

📖 **扩展阅读5-1**

巴甫洛夫的狗

条件反射的例子在生活中很常见，例如，学校在上课和下课都会响起铃声，当我们在上课时，熟悉的铃声一响，学生的反应就是"下课了"，即使铃声提前响起，还没有到下课时间学生也会以为是下课了。也就是说，他们把铃声和上下课形成了联系，有了条件反射。

图 5-1 所示为一个关于警车灯光和警笛声的经典条件反射案例。

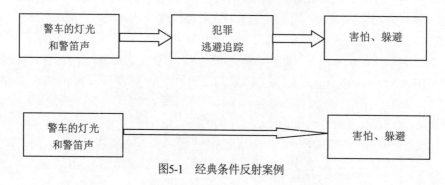

图5-1　经典条件反射案例

大家都见过警车，警车开过的时候有闪烁的红蓝灯，还有刺耳的警笛声。一般人走在大街上看到警车经过有没有反应？应该没有反应。警车的灯光和警笛声对一般人来说属于中性刺激。可当一个人因为犯罪而逃避警察的追捕时，只要一听到大街上警笛的声音或者老远看到警车的影子，他都会害怕。

在生活中，经典性条件反射可以不断地建立，也可以由于环境的改变使一些已经形成的条件反射消退，可以利用这些原理来消除一些不好的行为习惯。

5.2.2 经典条件反射的规律

1. 习得与消退

(1) 条件刺激与无条件刺激的一次成对呈现称为一次试验，有机体学习这两个刺激之间的联结关系的过程叫作条件反射的习得阶段。条件反射建立以后，如果得不到强化，条件反射会逐渐削弱，直至消失。例如，狗对铃声形成唾液分泌的条件反射以后，得到了食物(强化)，条件反射将进一步巩固；如果只给铃声不给食物，已经形成的条件反射就会消退。这种无强化的条件刺激物的重复出现称为消退。

(2) 另外，条件刺激作为无条件刺激出现的信号，必须先于无条件刺激而呈现，如果条件刺激在无条件刺激之后出现，即使有条件反射形成，其效果也是微弱的。

(3) 要完全消除一个已经形成的条件反应则比获得这个反应要困难得多。

2. 刺激泛化与分化

当学会对某个刺激作特定的反应时，这种反应不仅可以由原有的刺激引起，而且可以由类似的刺激所引起，这种现象称为学习的泛化。在巴甫洛夫的实验中，当狗对铃声产生唾液分泌反应以后，一个稍高或稍低的铃声也会诱发它的唾液分泌反应，这种条件反应自动扩展到条件刺激以外的其他刺激上的现象，叫作刺激泛化。新刺激越接近原来的刺激，越容易诱发条件反射的发生。例如，对消费者而言，一旦消费者认可某一品牌的某个产品，便认为它的新产品也会很好。这种情况就是刺激泛化。营销者经常运用这一原理进行品牌延伸。

刺激分化也叫刺激辨别，是指通过选择性强化和消退使有机体学会对条件刺激和与条件刺激相类似的刺激做出不同反应的过程。刺激泛化和刺激分化是互补的过程。借助刺激泛化可以将学习扩展到最初的特定刺激以外，而借助刺激分化则可以针对不同的情境做出不同的恰当反应，从而避免盲目泛化。例如，狗可以学会只对三声铃声做出唾液分泌的条件反射，而对一声或两声铃声没有唾液分泌的反射。实现分化的手段可以是选择性强化或消退。

在市场中，同类产品可能只有少数的特征不同，营销企业常常需要考虑如何将自己的产品从众多的竞争品中突显出来，以防止自己的产品与其他同类产品相混淆，为此采取的策略就是强化消费者去注意其产品的特色。也就是要求消费者对刺激做出区分，以使消费者对它们做出不同的反应。例如，拜耳(Bayer)阿司匹林与其他品牌的阿司匹林不同，为了发展品牌忠诚型消费者，必须教会消费者区分拜耳阿司匹林与其他品牌的阿司匹林。要做到这一点，营销者可以采用多种方法，其中最显而易见的一种方法就是在广告中具体指出各种品牌的差别。

刺激泛化与刺激分化是互补的过程，泛化是对事物的相似性的反应，分化则是对事物的差异的反应。泛化能使学习从一种情境迁移到另一种情境，而分化则能使人们对不同的情境做出不同的恰当反应，从而避免盲目行动。

5.2.3 经典条件反射原理对营销的意义

经典条件反射过程中的学习，实际上是关于条件刺激与无条件刺激之间关系的学习。在商品经济高度发达的今天，经典条件反射理论已经被广泛地运用到市场营销实践中。例如，一则立邦漆的广告,在一套刚刷完漆的新房子里,一对年轻的父母带着一个可爱的宝宝牵着一条牧羊犬,悠闲自得地追逐嬉戏,给人的感觉似乎来到了一片森林中,充分地呼吸着新鲜的空气,这样的画面似乎在诉说空气的清爽和生活的美好。很显然,该广告试图通过营造一种美好的氛围,以激发受众的联想,并使之与画面中的产品相联结,从而增加人们对该款立邦漆的兴趣与好感。

正如巴甫洛夫所研究的理论那样,经典性条件反射有四个特征:习得、消退、恢复和泛化。在营销应用中,营销企业也应该巧妙运用这四个特征,通过广告让消费者在获取大量产品信息时,反复宣传,以防止这种反射消退。久而久之,消退的现象消失了,取而代之的是恢复,甚至更甚从前,最终达到泛化的效果。

根据经典条件反射理论,市场营销活动都可以被视作对购买者行为的刺激,如产品、价格等,营销者通过观察消费者的反应和购买选择来推断他们的购买决策,包括产品的选择、厂牌选择、购物商店选择、购买时间选择和购买数量选择等,并据此来不断调整营销策略。

📖 **扩展阅读5-2**

广告中的音乐

5.3 操作性条件反射理论及营销应用

经典条件反射是被动的,是由于事件的发生而使人们以某种特定的方式进行反应,产生于人们对于具体的、可识别的事件做出的反应。然而,大多数行为,尤其是个体在组织中的复杂行为,都是主动出现的,而不是被诱导出来的;都是主动自觉的,而不是被动反射的。例如,学生准时上下学,遇到困难找警察,在无人监督时消极怠工等行为。要想进一步了解这些行为是如何习得的,还应该学习操作性条件反射的知识。

5.3.1 操作性条件反射

1. 操作性条件反射理论

操作性条件反射也叫工具性条件反射,发生在消费者修正其行为以对市场的奖励和惩罚做出回应之时。根据操作性条件反射,行为发生的频率会受到行为结果的修正。操作性条件反射理论来源于美国心理学家斯金纳(B. F. Skinner)的老鼠喂食实验。斯金纳把一只饥饿的老鼠放入实验箱内,当它偶然踩在杠杆上时,即喂食以强化这一动作,经多次重复,老鼠为了得到食物就会自动踩杠杆。这类必须通过自己某种活动(操作)才能得到强化所形成的条件反射,称为操作性条件反射或工具性条件反射。

操作性条件反射理论的基本思想实际上很简单,该理论认为:学习是一种反应概率上的变化,而强化是增强反应概率的手段。如果一个操作或自发反应出现之后,有强化物或强化刺激相尾随,则该反应出现的概率就增加,这是经由条件作用强化了的反应;如果出现后不再有强化刺激尾随，该反应出现的概率就会减弱，直至不再出现。用一句话归结，就是强化会加强刺激与反应之间的联结。例如，当人们在一家饭店吃过一顿可口的午餐后，下次吃饭时就会考虑再去这一家。

一般来说，操作性条件反射作用更适合高介入度的购买情境。因为在高介入度情境下，消费者对购买回报将会有意识地予以评价。以购买计算机为例，消费者将计算机购买回家后很可能会从价格和性能两个方面对购买行为做出评价，在此情形下，强化无疑会在消费者心理上产生重要影响。例如，如果有其他人对消费者所买的计算机予以赞许，或者在同事家发现对方购买的计算机性价比不如自己的计算机时，就会对消费者起到正面的强化作用。在低介入度的购买情境下，除非产品功效远远低于预期，否则消费者不会对购买做太多的评价。因此，低介入度情境下的满意购买虽然对行为也具有强化作用，但相对而言不如高介入度情境下作用那么大。

扩展阅读5-3

消费者介入程度

2. 强化理论

强化理论是美国的心理学家和行为科学家斯金纳、赫西、布兰查德等人提出的一种理论，其主要功能就是按照人的心理过程和行为的规律，对人的行为予以导向，并加以规范、修正、限制和改造。对人的行为的影响是通过行为的后果反馈给行为主体这种间接方式来实现的。强化包括正强化、负强化和自然消退三种类型。

(1) 正强化，又称积极强化，是指应用有价值的结果增加产生结果的这种行为重复出现的可能性。例如，企业的一些激励政策：表扬、发放奖金、提高工资收入、改善工作条件、晋升职务、给予学习的机会等。概括而言，正强化就是奖励那些组织上需要的行为，从而加强这种行为。在正强化中，行为的结果是积极的，所以该行为会频繁发生。

(2) 负强化，又称消极强化，是指行为出现时把不愉快的刺激撤销或者减少，这样也可以增加行为的频率。例如，生产线上的工人被企业安全管理人员告知，如果不遵守安全操作规程就要受到批评，甚至得不到安全奖励，于是工人为了避免此种不期望的结果，而认真按操作规程进行安全作业。

使用负强化的时候，应该注意负强化必须和惩罚配合起来使用。惩罚是负强化的一种典型方式，没有相应的简单明确的惩罚措施，人就不会为了逃避惩罚而出现适宜性行为，这样负强化就有可能达不到预期的结果。

(3) 自然消退，又称衰减，是指某种条件反射形成后，由于在一定时间内不予强化，久而久之这种反射被判定无价值而导致此行为出现的频率降低或最终逐渐消退。例如，企业曾对职工加班加点完成生产给予奖酬，后经研究认为这样不利于职工的身体健康，并且有可能影响产品的质量，因此决定不再给额定工作量之外的作业量发放奖酬，最终为了超额完成工作量而加班的职工逐渐减少。

正强化的目的是加强所期望的个人行为；负强化和自然消退的目的是减少和消除不期望发

生的行为。这三种类型的强化相互联系、相互补充，构成了强化的体系，并成为一种制约或影响人的行为的特殊环境因素。

在消费活动中，强化学习对消费者的消费决策起着关键作用。按照操作性条件反射理论，任何能够提高消费者特定消费反应出现概率的刺激物都可以看作强化。就生活中的消费行为来看，人们对某种产品或服务的消费都是从尝试购买开始的，如果在尝试过程中对产品满意，则将提高购买行为出现的频率，使消费者在未来的购买决策中偏向于对该品牌的选择。而如果消费者在购买后，获得的是不能达到预期的产品或服务，按操作性条件反射理论，也就是说获得的是"惩罚"，那么消费者必将在未来的购买中避免再次购买该品牌，即减少行为发生的频率，转而选择其他同类的商品或服务。

5.3.2 操作性条件反射理论的营销启示

经典条件反射作用的原理虽然为许多市场应用和消费者行为提供了理论解释，但它并不能解释所有的消费者学习行为。人们对商品的评价经常是建立在"满意度—回报—做出购买行为"的感受性基础上，也就是说，一些购买行为会因为操作性条件反射的作用而产生。

操作性条件反射理论特别强调强化物对学习的重要性，其对营销的启示是，应通过各种强化手段保持与顾客的长期交换关系。因为消费者决策是建立在消费者对商品间断性体验的基础上的，是消费者在长期的消费体验中经过点滴的积累逐步形成的。因此，企业在营销实践中应格外重视产品质量的一致性，只有保持产品质量的稳定，才能更好地满足消费者的需要，从而强化消费者对该产品的反应。

操作性条件反射重视消费者的消费体验对其未来行为的影响作用，对以下营销活动提供了理论基础。

(1) 在营销活动中，应极力避免消费者产生消极情绪，促使顾客恰当使用泛化和分化。在某些情境下，消极情绪可能通过经典性条件作用习得。如果一个顾客在一次消费中发生了不愉快，他可能会对这家超市、这种品牌的商品，甚至生产这种产品的企业产生厌恶的情绪，进而影响他的再购买行为。因此，在营销过程中应尽力避免这种情况的发生。

(2) 注重引导消费行为与积极情绪结合。例如，企业在进行营销活动的时候，可以根据商品的特点及消费者的需求来布置展销会，以此吸引顾客的注意，进而让顾客对该商品或服务产生加强型学习。另外，商家对购买产品的顾客给予诸如折扣、赠品之类的"额外"强化，或者免费派送试用品或优惠券鼓励消费者试用产品。这样使消费者对其产品产生正强化，增加消费行为，甚至使消费者成为忠诚顾客。

5.3.3 经典条件反射和操作性条件反射的区别

经典条件反射和操作性条件反射的基本原理是相同的，都以强化神经系统的正常活动为基本条件。经典条件反射与操作性条件反射在刺激、反应、强化时间的先后、神经系统的操作水平、可观察到的行为变化、行为消退的方式及学习模式等方面有众多相异之处。

经典条件反射和操作性条件反射具体到营销应用方面，有以下几点区别。

1. 有无意识参与

从神经系统的操作水平来看，经典条件反射中被试者的动作是在植物性神经系统的支配下进行的，是不随意的。被试者的动作大多是自发做出的，是一种较低级的行为反射，不需要太多的学习与锻炼，往往是与生俱来的，意识的参与程度较低。操作性条件反射是在躯体性神经系统的参与下完成的，往往有高级的神经系统参与，是一个需要意识参与的过程。

另外，就接受强化的性质来看，具有主动与被动之别。经典条件反射中，有机体是被动地接受强化，强化的主动权掌握在实验者的手里；而在操作性条件反射中，有机体要学习的反应需要自己去寻找，只有通过有机体的操作活动才能得到强化，主动性较强。例如，从巴甫洛夫和斯金纳的实验中可以看出，在形成操作性条件反射的过程中，动物可以自由地活动，它通过主动操作来达到一定的目的。但在形成经典条件反射的过程中，动物往往被束缚着，是被动地接受刺激。

在实际营销活动中，一款护肤产品聘用一个人气很高的明星做代言人，消费者因为喜欢这个明星而喜欢、购买这个牌子的护肤品，这是经典条件反射，不需要太多的心理过程和注意；在使用过该产品以后，发现这款护肤品很适合自己，以后经常购买，包含评判和反应等过程，这就属于操作性条件反射了。所以，如果从首次购买与多次购买的角度来讲，首次购买中，经典条件反射运用比较多，在多次购买中，利用操作性条件反射比较有效。

2. 刺激和行为出现的先后顺序

经典条件反射中，刺激物在行为之前已经呈现，刺激是引发行为的一种手段，也就是说特定的刺激引发特定的行为。而在操作性的条件反射的实验中，刺激物在行为之后呈现，它是用做强化的，即强化实验者期望被试者做出的行为。当被试者做出实验者期望的行为，那么刺激就会出现。从某种意义上来说，操作性条件反射的强化更有利于被试者学会所预期的行为。而经典条件反射的强化刺激仅仅用来引发商家所期望做出的行为。

由此可以推知，经典条件反射多用在品牌、产品包装、广告策略等方面，如品牌的延伸、包装的优化等，需要更多的时间来建立产品与购买行为之间的联结；而操作性条件反射多用于消费者学习选择商品、选择服务的过程中，因为这样会增加消费者对产品、服务和整个消费活动满意度的强化，从而学会商家所预期的行为。

3. 介入程度

从介入的程度来看，经典条件反射适合低介入度的购买情景，而操作性条件反射更适合高介入度的购买情境。

在低介入度情境下，经典条件反射比较常见，因为此时消费者对产品或产品广告可能并没有十分注意，也不关心产品或广告所传达的具体信息。然而，在一系列对刺激物的被动接触之后，各种各样的联想或联系可能会由此建立起来。应特别指出的是，在低介入度情境下，消费者所学到的并不是关于刺激物的信息，而是关于刺激物的情感反应。正是由于这种反应，将导致消费者对产品的学习和试用。

操作性条件反射更适合高介入度的购买情境。因为在高介入度情境下，消费者对购买回报将会有意识地予以评价。在低介入度情境下，除非产品功效远远低于预期，否则消费者不会对购买做太多的评价。因此，低介入度情境的满意购买虽然对行为也具有强化作用，但相对而言不如高介入度情境下作用那么大。

简言之，消费者通过经典条件反射学习到对商品的良好的情感，由于良好的情感而购买商品。而操作性条件反射下，消费者通过强化物的安排，如奖券、积分、赠品、试用等方式学习到对商品良好的态度，进而再次购买。

例如，一位女士因为使用了某一品牌的化妆品后，多年的黯淡肤色得到了改善，并得到了周边朋友们的赞美，她以后会更倾向于购买这一品牌的产品；但若该女性因为使用这一品牌的化妆品导致肌肤不舒服或者没有明显的效用，这时消退现象就会发生，她将不打算再购买这一品牌的化妆品。

5.3.4　认知学习理论

前面的内容中提到，学习的有关理论主要有两大类，即行为主义学习理论和认知学习理论。属于行为主义学习理论的经典条件反射理论和操作性条件反射理论均着眼于刺激与反应之间的联结，将学习等同于刺激与反应之间关系的获得。而认知学习理论认为，在研究人的复杂行为时，除了要关心个体可观察到的行为外，更要关心"刺激—反应"的中间过程，即刺激怎样引起反应和学习行为的内在机制。

个体获得这种刺激—反应关系后，只要原来的或类似的刺激情境出现，习得的习惯性反应就会自动出现。在人们的日常生活中，许多简单行为经反复练习和强化就会形成习惯的习得，如说话的神态、走路的姿势、习惯动作等就是习惯使然。然而，用刺激—反应联结或习惯的形成来解释人类复杂的学习行为则未免过于简单化。例如，低年级学生在做数学题 76 - 4 - 6 - 12 时，对数学里的连减可能形成了逐一相减的习惯算法，但在学过减法的综合运算后，则可以推广出一个数减去几个数的和的算法：76 - (4+6+12)。由此可见，习惯未必一定支配人的行为。

最早对行为主义学习理论提出反对意见的是完形心理学家，其中以德裔美国心理学家柯勒最为著名。柯勒通过观察黑猩猩在受阻的情境中的行为反应，发现黑猩猩在学习解决问题时，并不需要经过尝试与犯错误的过程，而是通过观察发现情境中各种条件之间的关系，然后才采取行动。柯勒将黑猩猩此种类型的学习称为顿悟。在柯勒看来，顿悟是主体对目标和达到目标的手段之间关系的理解，顿悟学习不必靠练习和经验，只要个体理解了整个情境中各成分之间的相互关系，顿悟会自然发生。

📖 扩展阅读5-4

　柯勒的黑猩猩

继柯勒的顿悟学习实验之后，美国心理学家托尔曼(E. C. Tolman)等人又通过方位学习实验反驳了刺激—反应联结理论，并在此基础上发展了学习的认知理论。托尔曼从事的一项最为有名的研究是三路迷津实验。该实验以白鼠为对象，进行认识方位学习的实验。实验分预备练习与正式实验两个阶段。在预备练习阶段，先让白鼠熟悉整个环境，并确定它对自出发点到食物箱三条通道的偏好程度。结果发现，白鼠选择第一条通道的偏好程度最高。在正式实验阶段，先在 A 处设阻，结果白鼠迅速从 A 处退回，改走第二条通路；随后，再在 B 处将第二条通路阻塞，此时，白鼠才改走路程最远且练习最少的第三条通路。实验时，以随机方式在 A 处或 B 处设阻，以观察白鼠的反应。结果发现，白鼠能根据受阻情境随机应变，选择最佳的取食路径。

托尔曼认为，白鼠在迷津中到处游走后，已掌握了整个迷津的认知地图，其随后的行为是根据认知地图和环境变化予以调整，而不是根据过去的习惯行事的。这正如出租车司机在发现塞车严重的情况下会舍弃平时习惯的最直接的路径，而改走预期没有塞车但相对曲折的路径一样。在托尔曼看来，个体的行为并不是由行为结果的奖赏或强化所决定，而是由个体对目标的期待所引导的。

托尔曼与霍齐克(C. Honzik)于 1930 年所做的关于潜伏学习的实验对行为主义的强化学习原理做了进一步反驳。该实验发现，在既无正强化也无负强化的条件下，学习仍可以采用潜伏的方式发生。关于这一点，现实生活中的很多现象都可以对此提供支持。例如，在接触各种广告的过程中，消费者可能并没有有意识地对广告内容予以学习，在其行为上也未表现出受某则广告影响的迹象，但并不能由此推断消费者没有获得关于此广告的某些知识与信息。也许，当某一天消费者要达成某种目标时，会突然从记忆中提取出源于该广告的信息，此时，潜伏的学习会通过外显行为表现出来。斯金纳认为操作学习与反射学习是不同的。反射学习是刺激—反应的过程，而操作学习则是刺激—反应—刺激的过程，重要的是跟随反应之后的刺激。例如，幼儿园的学生入园第一周可能会发出许多反应，如和其他学生交谈、注意老师、在屋子里走动、打扰其他学生等。随着老师强化某些反应，如对注意老师的学生微笑，其反应将会出现得更为频繁。而几乎人类的各种情境中，学习都可看作是操作。要改变行为，只要奖励你所需要改变的行为，当你预期的行为出现后立即强化，再出现，再强化。这样，你所希望的这种行为再发生的比率就上升了。对人类的发展也可用这个原则。斯金纳把重点放在对反应做分析，而不在乎有机体内部发生了什么。因此，要首先注意与影响有机体反应有关的环境和条件。

5.3.5　社会学习理论

在学习理论的研究中，很长时间里主要存在强调外在因素决定论的行为主义学习理论体系和强调内在因素决定论的认知学习理论体系。然而，两者都不能对人的行为发展的学习做出全面、合理的解释。为解决这一矛盾，20 世纪 40 年代，心理学家在美国提出了集合两种理论的优点，又独树一帜的社会学习理论。社会学习理论是调和行为主义学习理论和认知学习理论的产物，主要观点是人们倾向于模仿被强化的榜样行为。人类的社会行为和人格主要是通过观察学习、模仿学习和自我调节过程，以及榜样作用而形成。

比较有代表性的社会学习理论是美国心理学家阿尔伯特·班杜拉(Albert Bandura)于 1977 年发表的《社会学习理论》。他在书中指出，人学会的许多事情是以观察他人为基础，并以他人的行为为榜样的，更确切地说，是由个性和环境因素不断相互影响决定的。班杜拉强调了学习的社会因素和认知因素，以及观察学习、榜样作用和自我调节在决定人的个性及行为上的重要作用。

班杜拉的社会学习理论的一个最显著的特点是强调学习过程中社会条件的作用。他认为，以往的学习理论家一般都忽视了社会变量对人类行为的制约作用。他们通常是用物理的方法对动物进行实验，并以此来构建他们的理论体系，这对于研究生活于社会之中的人的行为来说，似乎不具有科学的说服力。由于人总是生活在一定的社会条件下的，所以班杜拉主张要在自然的社会情境中而不是在实验室里研究人的行为。

不少著作将班杜拉的社会学习理论归于认知学习理论体系之下，但从严格意义上来讲，班杜拉的思想既受认知心理学的影响，又受行为主义心理学的影响，他本人并不能被称为认知心理学家。基于此，似乎可以将其社会学习理论视为认知学习理论与行为主义学习理论的某种融合。

5.4　消费者记忆与遗忘

消费者记忆直接影响企业营销活动和广告行为的效果，消费者记忆包括短时记忆、瞬时记忆、长期记忆等多种类型，提高消费者对产品或广告的记忆能力和降低遗忘水平对于企业来说至关重要。

5.4.1　记忆的内涵

记忆是在头脑中积累和保存个体经验的心理过程，代表一个人对过去认识、经验的印象累积。凡是人们感知过的事物、学习过的东西、体验过的情感都可以以映像的形式保留在人的头脑中，在必要的时候又可把它们再现出来，这个过程就是记忆。人脑之所以能对经历过的事物进行反映，是由于人脑受到外界事物刺激之后，会在大脑皮层上留下兴奋的痕迹，这些痕迹在一定条件的诱导下会重新活跃起来，在人脑中重现已经消失的刺激物的映像。记忆既不同于感觉，又不同于知觉。感觉和知觉只能反映在当前感觉到的事物上，离开当前的客观事物，感觉和知觉就不复存在了。记忆则出现在感觉和知觉之后，是人脑对过去经验的反映。例如，消费者在逛完街后，能把比较中意的几件衣服的款式、料子、颜色和手感描述出来，这就是通过记忆来实现的。

记忆是一个复杂的心理过程，包括识记、保持、回忆或再认三个基本环节。识记是记忆的开端，是主体通过反复感知，借以形成比较巩固的暂时联系，从而积累知识和经验的过程。保持是巩固已获得的知识和经验的过程，然而并非是原封不动地保存头脑中识记过的知识、经验的静态过程，而是一个富于变化的动态过程，这种变化表现在质和量两个方面。回忆是主体从头脑中提取知识和经验的过程，是记忆的第三个环节。凡经历过的事物再度出现时，能把它重新回想起来，则称回忆或再认。从信息加工的观点来看，记忆就是对输入信息的编码、储存和提取的过程。其中，对信息的编码相当于识记过程，信息的存储相当于保持过程，信息的提取则相当于再认或回忆过程。记忆过程中的三个环节是相互联系和相互制约的，识记是记忆的开始，是保持和回忆的前提。保持是识记和回忆之间的中间环节，回忆是识记和保持的结果，回忆也是对识记和保持的检验，而且有助于巩固所学的知识。

📖 **扩展阅读5-5**

如何才能让消费者留下品牌记忆

5.4.2 记忆系统与机制

1. 记忆的系统

认知心理学把记忆解释为记忆系统或记忆储存的模型，是人脑对信息进行编码、存储、提取的过程。记忆储存的模型认为记忆加工有三个不同的阶段，分别是感觉记忆、短时记忆和长时记忆。三者的关系可以由图 5-2 表示出来。来自环境的信息首先到达感觉记忆，如果这些信息被注意，则进入短时记忆。在短时记忆中，个体把这些信息加以改组和利用并做出反应。为了分析存入短时记忆的信息，会调出储存在长时记忆中的知识。同时，短时记忆中的信息如果需要保存，也可以经过复述、编码存入长时记忆。

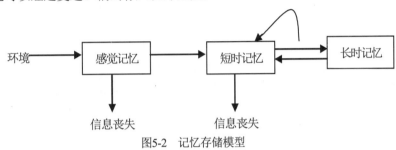

图5-2 记忆存储模型

(1) 感觉记忆。感觉记忆又称瞬时记忆或感觉登记，是记忆系统的开始阶段，当外界刺激以极短的时间一次呈现后，信息在感觉通道内迅速被登记并保留一瞬间的记忆。感觉记忆是一种原始的感觉形式，是个体凭视、听、味、嗅等感官器官，感应到刺激时所引起的暂时记忆，其持续时间往往为几分之一秒。感觉记忆只留存在感官层面，如果不加注意，转瞬便会消失。例如，看报纸时，除非有意注意报纸中缝间的广告，否则，大多是即看即忘，此类现象即属于感觉记忆。感觉记忆按感觉信息的原有形式储存，反映的内容是外界刺激的简单复制，尚未经加工和处理，因此，感觉记忆的内容最接近原来的刺激。

(2) 短时记忆。感觉记忆中的信息如果被注意和处理，就会进入短时记忆。短时记忆是指记忆信息保持的时间在一分钟以内的记忆。例如，寄信时需要查找收件人的邮编，查完后立刻写在信封上，但事后再被问那个邮编时就记不起来了。此类记忆就是短时记忆。短时记忆中的信息是当前正在加工的信息，既有从感觉记忆中转来的信息，也有从长时记忆中提取出来的信息，它们是可以被意识到的。正因为短时记忆是一种即时的信息处理状态，所以有时又叫工作记忆。短时记忆中的信息经适当处理后一部分会转移到长时记忆系统，另一部分则会被遗忘。

(3) 长时记忆。长时记忆是指记忆信息保持在 1 分钟以上，这种永久性的信息储存经过复习或精细复述之后，一般能在头脑中保持多年甚至终身。长时记忆具有以下特点：与短时记忆相比，长时记忆的容量是相当大的，无论是信息的种类还是数量，在某程度上可以认为是无限容纳；长时记忆的信息是以有组织的状态被储存起来的，储存起来的信息如果不是有意回忆，人们是不会意识到的。只有当人们需要借助已有的知识和经验时，长时记忆储存的信息再被提取到短时记忆中，才能被人们意识到。

2. 记忆的心理机制

信息通过感觉记忆、短时记忆和长时记忆三个阶段进入人脑储存起来。从信息加工的观点来看，记忆就是人脑对所输入的信息进行复述、编码、储存和提取的过程。

(1) 复述。个体在内心对进入短时记忆的信息予以默诵或做进一步加工努力，以巩固记忆的心理操作过程。信息在复述的作用下，保持在短时记忆中，并向长时记忆中转移。消费者可以简单地对刺激物重复默记，以此将刺激物与长期记忆中已经存在的信息建立联系。

(2) 编码。编码是信息从一种形式或格式转换为另一种形式的过程，在认知上是解释传入的刺激的一种基本知觉的过程。技术上来说，这是一个复杂的、多阶段的转换过程，从较为客观的感觉输入(如光、声)到主观上有意义的体验。记忆编码则是把感觉转换成记忆的过程。虽然复述对记忆具有重要作用，但是同样不容忽视的是信息的编码，因为编码在很大程度上决定着转换的时间以及信息在记忆中的存放位置，一旦掌握了特定的信息编码技术，记忆存储速度就会加快。

(3) 储存。储存是指将信息用各种途径与原有知识整合起来，留存在记忆中，以备必要时供检索之用的一系列过程。信息经编码后虽然更容易储存但是毕竟不是像装在储物箱里的物品一样永远不变。随着时间的推移和新信息的影响，储存在头脑中的信息在质和量上均会发生变化。在心理学中，记忆的存储时间因记忆系统的不同而有差异，一般来说，感觉记忆为0.25～2秒，短时记忆为5秒～2分钟，长时记忆为大于1分钟。

(4) 提取。对某一信息的编码是记忆的首要环节，编码影响储存的质量，而编码和储存的最终目的是在将来需要时能够正确地提取。提取属于信息的输出过程，是指将信息从长时记忆中抽取出来。学习或记忆过程中的提取环节对于促进知识保持有重要作用。对于熟悉的事物，提取几乎是自动的和无意识的。例如，当被问及今年暑假你和哪些人一块结伴去旅游时，你可以不需要思索，脱口而出。对于有些事物或情境，如去年的某一天你在干什么，恐怕很难立刻回忆出来，这时往往需要经过复杂的搜寻过程，甚至要借助各种外部线索和辅助工具，才能完成回忆任务。

作为记忆过程的基本环节，复述、编码、储存和提取之间是相互作用和不断循环的。

5.4.3　遗忘及其影响因素

1. 遗忘的含义

遗忘发生在记忆或者回忆的过程中，具体表现为对识记过的信息不能再认和回忆，或者表现为错误的再认和回忆。生活实践表明，人的记忆会随着时间逐渐变得模糊，或者被新的记忆所覆盖。

德国心理学家艾宾浩斯(Hermann Ebbinghaus)对遗忘现象做了系统的研究，他用无意义的音节作为记忆的材料，用时间节省法计算识记效果，经过多次反复实验，得到了不同时间间隔所保持或遗忘的百分数，最后把实验数据绘制成一条曲线，称为艾宾浩斯遗忘曲线。艾宾浩斯遗忘曲线表明了遗忘变量与时间变量之间的关系，其纵坐标代表遗忘比例，横坐标代表保持时间。由此得出结论，遗忘进程不是均衡的，在识记的最初一段时间遗忘很快，以后逐渐缓慢，过了一段时间后，几乎不再遗忘。可以说，遗忘的发展历程是先快后慢，呈负加速型。另外，遗忘的进程不仅受时间因素的制约，也受其他因素的制约。人们最先遗忘的是没有重要意义的、不感兴趣、不需要的材料，不熟悉的比熟悉的遗忘的要早。图 5-3 所示为艾宾浩斯遗忘曲线。

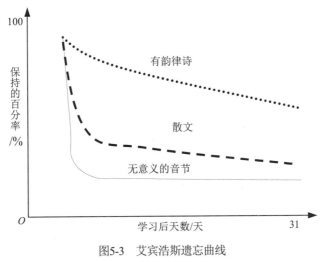

图5-3 艾宾浩斯遗忘曲线

由图 5-3 可知，人们对无意义的音节的遗忘速度快于对散文的遗忘，而对散文的遗忘速度又快于有韵律诗。

2. 造成遗忘的因素

遗忘在学习之后立即开始，除了时间以外，学习材料对学习者的意义、学习材料的性质和数量、学习材料的系列位置、学习的程度、学习时的心理状态等均会对遗忘的进程产生影响。下面分别讨论这些因素的影响。

1) 学习材料对消费者的意义

学习者对实际信息的需要、兴趣等因素，对遗忘的快慢有一定的影响。研究表明，在人们的生活中不占主导地位的、不符合一个人需要的、不引起人们兴趣的事情，会被较快地遗忘；而对学习者而言是需要的，或者感兴趣的、主观上有好感的学习材料，则遗忘得较慢。另外，经过人们的努力、积极加以组织的材料遗忘得较少，而单纯地重述材料则识记的效果较差，遗忘得也较多。

在消费过程中，凡不能引起消费者兴趣，不符合消费者需要，对消费者购买活动没有太多价值的材料或信息，往往遗忘得快；反之，则遗忘得较慢。例如，同样是看有关数码相机的宣传材料，对于准备购置相机的消费者与从未想到要购置相机的消费者，两者对所识记信息的保持时间将存在明显差别。

2) 学习材料的性质和数量

一般来说，熟练的动作和生动形象的材料在遗忘程度上比起抽象的学习材料和枯燥乏味的信息要慢。另外，在学习程度相等的情况下，识记材料量越大，识记后遗忘得就越多；反之，信息量少，则遗忘得较慢。因此，学习时要根据材料的性质来确定学习的数量，一般不要贪多求快，要进行有效率的记忆。

3) 学习材料的系列位置

学习材料的系列位置是指记忆材料在系列位置中所处的位置对记忆效果发生的影响，包括首因效应和近因效应。一般先学的和后学的容易回忆，中间的较难回忆。在回忆的正确率上，最后呈现的词遗忘得最少，叫作近因效应；最先呈现的字词较易回忆，遗忘较少，叫作首因效应。首因效应现象被认为是由于短期记忆在一个事件序列的开头时远没有在中段和末端时那么"繁忙"，与之相比，在开头就有更多的时间给短时记忆去处理信息，使其转换进入长时记忆，从而保存更长时间。

例如，老师在对学生的熟悉过程中有一个奇特的现象，对同一个班级的学生而言，老师对名列前茅的优秀学生记忆比较深刻，老师对排名靠后、调皮捣蛋或者成绩不理想的学生也难以遗忘，而对排名在中间，既不太好也不太差的中等生，老师却很难想起他们的名字。这就体现了系列位置效应。

4）学习的程度

学习重复的次数越多，就越不容易遗忘，这里强调的重复并不是机械地重复，而是应在理解的基础上对知识进行编码、储存、提取的过程。例如，老师在授课的过程中，一般会要求学生勤预习、常温习，有些同学往往到万不得已时才拿起书本来看，虽然这种"临时抱佛脚"的同学在考试效果上与经常复习的同学看不出多大的差异，但是在对目标知识的掌握程度及应用能力上却远远不如勤预习、常温习的学生，为了应付考试而"背"书的学生拥有的只是短时记忆，考试过后很快就会遗忘，那些平时为了获得知识而去看书的学生却能拥有较深、较久的记忆。当然，这也不意味学习强度越高就必然会使遗忘程度降低，有时过重的学习负荷也会出现适得其反的效果。有研究表明，一般来说，学习强度越高，遗忘越少。过度学习达150%时，记忆效果最佳。低于或超过这个限度，记忆的效果都将下降。

5）学习时的心理状态

人的学习过程是受人的心理支配的。我们每个人都会有这样的感受：当处于良好的精神状态时，就会对所学的知识感到亲切，乐于学习；当心情不好时，见到书本就会感到厌烦，注意力难以集中，即使强迫自己去学习，学习效率也极差。由此可见，学习时的心理状态也是至关重要的。经研究得出一般性结论，能引起学习主体愉快情绪体验的材料更容易保持记忆。而心情紧张、沮丧、精神无法集中时所学习的内容更易于遗忘。因为积极的情绪状态会使消费者从记忆中提取出更为广泛和更加完整的各类知识，从而有助于对当前输入信息的记忆。

5.4.4　遗忘的原因

遗忘是一种普遍的现象，那么，如何对这种现象进行解释呢？这一直是心理学家们关注的一个理论问题，而且不同时期、不同流派的心理学家对其的认识也很不一致。总体来看，这些观点可归纳为以下几种。

1. 记忆痕迹衰退说

记忆痕迹衰退说主要强调生理机制对记忆痕迹的影响。这种学说认为，遗忘是由于记忆痕迹得不到强化而逐渐减弱，以致最后消退的结果。从巴甫洛夫的条件反射理论来看，记忆痕迹是人在感知、思维、情绪和动作等活动时大脑皮层上有关部位所形成的暂时神经联系，联系形成后在神经组织中会留下一定的痕迹，痕迹的保持就是记忆。在有关刺激的作用下，会激活痕迹，使暂时神经联系恢复，保持在人脑中的过去的经验便以回忆或再认的方式表现出来。有些没有被强化的痕迹，随着时间的推移而逐渐衰退造成遗忘。记忆痕迹衰退说虽然因为没有得到有力的实验证明而遭到很多学者的怀疑，但它的解释接近常识，能说明很多遗忘现象，所以很容易为人们所接受。但它并不符合所有的事实，例如，童年时期的某些经历已事隔几十年仍然历历在目，几天前刚学过的外语单词却想不起来。由此表明，时间延长不一定都会产生痕迹衰退，这并非遗忘的唯一原因。衰退在感觉记忆、短时记忆和长时记忆中有重要意义：它使有限的存储空间不至于爆满。但是，长时记忆理论上具有无限的存储空间，可是我们仍然会忘记长时记忆的内容，这是因为记忆一生都存在着，问题只在于人们是否能将其调出。其实失去的记忆内容还存在，但不能找回来。就像你在家里找一样东西，明明确定它肯定在家里的某一个地方，可是具体在什么地方就是想不起来。

2. 干扰说

干扰说认为，遗忘是由于新旧材料之间互相干扰，产生相互抑制，使储存在大脑中的真正需要的材料不能提取。此学说的依据是刺激—反应理论，最明显的依据是倒摄抑制和前摄抑制。倒摄抑制是指后学习的材料对先前学习材料的干扰作用。例如，刚学习一种材料，马上就学习另一种新材料，这样就会忘记前面学习的材料。而前摄抑制是指先前学习的材料对后学习材料的干扰作用。前摄抑制和倒摄抑制的影响常表现在课文的学习上，人们正在学习一篇课文时通常都是开头部分和结尾部分容易记住，中间部分最容易遗忘，其原因就在于中间部分受到前摄和倒摄两种抑制的干扰。

干扰是经常导致的遗忘原因。人们在记忆内容相近的数学公式时，因为内容的相近性，发现每多记一个公式，记忆的能力呈显著下降趋势。不过，针对这一现象也有补救措施，那就是不要过于长时间、过于单调地学习相近的内容。此外，要学的东西越是缺乏含义，相互干扰的作用就会越明显。所以就要不断尝试通过特定的编码去加强记忆。

3. 压抑说

压抑说认为，遗忘既不是由痕迹的消退所造成的，也不是记忆材料之间的干扰所造成的，而是由于某种动机所引起的遗忘，是人们压抑痛苦的或不愉快的事，以免引起焦虑的后果，因此又称动机性遗忘。这一理论出自弗洛伊德的精神分析说。弗洛伊德认为，回忆痛苦经验将使人回到不愉快的过去，为避免痛苦感受在记忆中复现，人们常常对这些感受和经验加以压抑，使之不出现在意识之中，由此引起遗忘。

5.4.5　消费者记忆在营销中的作用

在消费过程中，消费者对商品有了初步感知后，往往运用记忆把曾经有过的商品经验提取出来，进一步加深对商品的认知。商品的品牌、质量、包装、广告等都是消费者记忆的主要材料。消费者不同的记忆环节，对市场营销会以不同的方式产生不同的影响，消费者能否记住有关产品和服务的信息并在以后的购买决策中应用，对市场营销来说是非常重要的。虽然从理论上讲，消费者的记忆容量很大，对信息保持的时间也可以比较持久，但在市场经济条件下，消费者接触的信息众多，能够进入其记忆并被长期保持的实际上只有很小的一部分。正因为如此，企业才需要对消费者的记忆予以特别的重视。一方面，要了解消费者的记忆机制，即信息是如何进入消费者的长时记忆,有哪些因素影响消费者的记忆,进入消费者记忆中的信息是如何储存和提取的;另一方面,要了解已经进入消费者长时记忆的信息为什么和在什么条件下可能被遗忘,企业在防止或阻止消费者遗忘方面能否有所作为。对于营销企业来说,要使产品信息被消费者记住并长期保持,营销主题、情境、图像等应当具有独特性或显著性,否则,信息可能很快被遗忘。广告中经常运用对比、新异性、新奇性、色彩变化、特殊规模等表现手法,目的就是突出宣传材料的显著性。一般认为,对熟练的动作和形象材料遗忘得慢,而无意义材料比有意义材料的遗忘要快得多。

综上所述,记忆对于市场营销的影响非常深,而这些影响对市场营销的要求是把营销活动的中心集中在消费者身上,确立以市场需求为导向的观念。

本 章 小 结

消费者学习是指消费者在购买和使用商品的过程中,不断地获取知识与经验,通过积累经验、掌握知识,不断地提高自身识别商品的能力,完善自身购买行为的过程。虽然不同的学者对学习的理论有不同的描述,但是大多数学者都同意学习过程包含一些共同的要素:动机、暗示、反应、强化和重复。

消费者学习具有被动性学习、实践性学习、隐性知识的学习等特征。经典条件反射最早是由俄国生理学家巴甫洛夫提出来的。该理论认为,借助某种刺激与某一反应之间的已有联系,经过练习可以建立起另一种中性刺激与同样反应之间的联系。

当学会对某个刺激做特定的反应时,这种反应不仅可以由原有的刺激引起,而且可以由类似的刺激所引起,这种现象称为学习的泛化。刺激辨别是指通过选择性强化和消退使有机体学会对条件刺激和与条件刺激相类似的刺激做出不同反应的过程。刺激泛化和刺激分化是互补过程。

消费者的学习离不开记忆。记忆是过去经验在人脑中的反映。记忆系统包括三个相互联系的子系统,即感觉记忆、短时记忆和长时记忆。从记忆的心理机制分析,记忆就是人脑对所输入的信息进行复述、编码、储存和提取的过程。

遗忘是与记忆相对应的一个概念,是指消费者对学习过的内容不能再认或回忆,或者表现为错误的再认或回忆。学习材料对学习者的意义、学习材料的性质和数量、学习材料的系列位置、学习的程度及学习时的心理状态等均会对遗忘进程产生影响。了解记忆机制和遗忘的原因,有助于营销人员改变刺激手段,增强和强化消费者对产品的认识。

习 题

1. 名词解释

(1) 消费者学习 (2) 负强化 (3) 遗忘曲线 (4) 瞬时记忆 (5) 经典条件反射

2. 填空题

(1) 记忆过程的环节有_____、_____、_____。

(2) 在_____情境下，经典条件反射比较常见，而操作性条件反射作用更适合_____介入度的购买环境。

(3) 传统上，学习被划分为_____、_____、_____和_____。

(4) 消费者学习的构成要素主要包括动机、_____、_____、_____和重复。

(5) 遗忘的原因主要有_____、_____、_____三种。

(6) 在_____反射条件下，消费者试用在先，对产品的喜爱在后。在_____反射条件下，消费者喜爱在先，对产品的试用在后。

(7) _____学习是通过主动的探索、发现和体验，学会对大量信息的收集、分析和判断，从而增强思考力和创造力的学习方式。

(8) 强化理论主要包括_____、_____、_____三种类型。

(9) _____是指某种条件反射形成后，由于在一定时间内不予强化，久而久之这种反射被判定无价值而导致此行为出现的频率降低或最终逐渐消退。

(10) _____是无条件刺激的英文缩写。

3. 简答题

(1) 简述消费者学习的一般特征。

(2) 造成遗忘的因素有哪些？

(3) 简述经典条件反射理论及其在营销中的应用。

4. 案例分析题

在一则沙发广告中，一只可爱的波斯猫坐在柔软的沙发上，悠闲自得地欣赏着美妙的音乐，似乎在诉说沙发的舒适和生活的美好。很显然，该广告试图通过营造一种美好的氛围，激发受众的遐想，并使之与画面中的产品相联结，从而增加人们对该沙发的好感。请分析该营销广告中利用了学习的哪种理论，并阐述这种理论在营销中的具体运用。

第6章

消费者态度

📖 **导读案例**

万宝路从"淑女"到"牛仔"形象的转变

菲力普莫里斯从1924年开始将万宝路推向市场。当时，万宝路是一种极为温和的过滤嘴香烟，"像五月一样温和"是其促销口号。早期的促销活动无一例外地用非阳刚气质的历史人物来宣传万宝路。到了20世纪50年代，万宝路作为女士香烟的形象已被牢固地树立起来。20世纪50年代中期，过滤嘴香烟占据整个市场的趋势已日益明显，然而万宝路的销路不佳，吸烟者中很少有人抽万宝路的，甚至知道这个牌子的人也极为有限。

正值一筹莫展之时，菲力普莫里斯找到了当时非常著名的营销策划人李奥·贝纳，交给了他一个课题：怎么才能让更多的女士购买并消费万宝路香烟？

在对香烟市场进行深入的分析和深思熟虑之后，李奥·贝纳大胆向莫里斯公司提出，将万宝路香烟的定位改变为男子汉香烟，让香烟市场的主要消费者——男性接受万宝路。

广告上的重大改变是：万宝路香烟的广告不再以女性为主要诉求对象，广告中一再强调万宝路香烟的男子汉气概，以浑身散发粗犷、豪迈、英雄气概的美国西部牛仔作为品牌形象。

这是迄今为止最为成功和伟大的营销策划之一。在万宝路的品牌形象改变后的第二年，万宝路香烟在美国香烟品牌中的销量一跃排名第10位，之后便扶摇直上，成为今天世界上销量最大的香烟品牌之一，其品牌价值高达500亿美元。

（资料来源：消费者态度的形成与改变. 百度文库. 2019-01-07. https://wenku.baidu.com/view/db7ae493900ef12d2af90242a8956bec0875a537.html. 有删改）

由导读案例可知，企业可以利用消费者态度形成和改变理论，成功地改变消费者对产品的态度来改变消费者的行为。本章主要讲述消费者态度及测量方法，以及消费者态度与消费者行为的关系。

6.1 消费者态度概述

6.1.1 消费者态度的含义

目前，学术界对态度大致有三种不同的看法。第一种看法认为，态度主要是情感的表现，或反映人们的一种好恶观。瑟斯顿及赖茨曼对态度的定义就反映了这种观点。第二种看法认为，态度是情感和认知的统一。美国学者罗森伯格(M. Rosenburg)认为："对于态度客体的情感反应，是以对客体进行评价所持的信念或知识为依据的，所以，态度既有情感成分又有认知成分。"第三种看法则将态度视为由情感、认知和行为构成的综合体。克雷奇、弗里德曼等人对态度下的定义就反映了这种观点。

人们几乎对所有事物都持有态度，这种态度不是与生俱来的，而是后天习得的。例如，我们对某人形成好感，可能是由于他或她外貌上的吸引，也可能是由于其言谈举止的得体、知识的渊博、人格的高尚使然。不管出自何种缘由，这种好感都是通过接触、观察、了解逐步形成的，而不是天生固有的。态度具有相对持久和稳定的特点，一经形成，就逐渐成为个性的一部分，使个体在反应模式上表现出一定的规则和习惯性。在这一点上，态度和情绪有很大的区别，后者常常具有情境性，伴随某种情境的消失，情绪也会随之减弱或消失。正因为态度所呈现的持久性、稳定性和一致性，使态度改变具有较大的困难。

6.1.2 消费者态度的功能

消费者对产品、服务或企业形成某种态度，并将其储存在记忆中，需要的时候，就会将其从记忆中提取出来，以应付或帮助解决当前所面临的购买问题。通过这种方式，态度有助于消费者更加有效地适应动态的购买环境，使之不必对每一新事物或新的产品、新的营销手段都以新的方式做出解释和反应。从这个意义上来看，形成态度能够满足或有助于满足某些消费需要，或者说态度本身就具有一定的功能。虽然学术界已经发展起了不少关于态度功能的理论，但其中受到广泛注意的则数卡茨(D. Katz)的四功能说。

(1) 适应功能，亦称实利或功利功能。指态度能使人更好地适应环境和趋利避害。人是社会性动物，他人和社会群体对人的生存、发展具有重要的作用。只有形成适当的态度，才能从某些重要的人物或群体那里获得赞同、奖赏或与其打成一片。

(2) 自我防御功能。指形成关于某些事物的态度，能够帮助个体回避或忘却那些严峻环境或难以正视的现实，从而保护个体的现有人格和使个体保持心理健康。

(3) 知识或认识功能。指形成某种态度，更有利于对事物的认识和理解。事实上，态度可以作为帮助人们理解世界的一种标准或参照物，有助于人们赋予变幻不定的外部世界以某些意义。

(4) 价值表达功能。指形成某种态度，能够向别人表达自己的核心价值观念。20 世纪70 年代末 80 年代初，对外开放的大门刚刚开启，一些年轻人以穿花格衬衣和喇叭裤为时尚，而很多中老年人对这种装束颇有微词，这实际上反映了两代人在接受外来文化上的不同价值观念。

6.1.3　消费者态度与信念

消费者信念是指消费者持有的关于事物的属性及其利益的知识。不同消费者对同一事物可能拥有不同的信念，而这种信念又会影响消费者的态度。一些消费者可能认为名牌产品的质量比一般产品高出很多，能够提供很大的附加利益；另一些消费者则坚持认为，随着产品的成熟，不同企业生产的产品在品质上并不存在太大的差异，名牌产品提供的附加利益并不像人们想象的那么大。很显然，上述不同的信念会导致消费者对名牌产品的不同态度。

在购买或消费过程中，信念一般涉及三方面的联结关系，由此形成三种类型的信念。这三种信念分别是客体—属性信念、属性—利益信念、客体—利益信念。

(1) 客体—属性信念。客体可以是人、产品、公司或其他事物。属性则是指客体所具备或不具备的特性、特征。消费者所具有的关于某一客体拥有某种特定属性的知识就叫客体—属性信念。例如，某种发动机是汽轮驱动，阿司匹林具有抑制血栓形成的功能，就是关于产品具有某种属性的信念。总之，客体—属性信念使消费者将某一属性与某人、某事或某物联系起来。

(2) 属性—利益信念。消费者购买产品、服务是为了解决某类问题或满足某种需要。因此，消费者追求的产品属性是那些能够提供利益的属性。实际上，属性—利益信念就是消费者对某种属性能够带来何种后果，提供何种特定利益的认识或认知。例如，阿司匹林所具有的阻止血栓形成的属性有助于降低心脏病发作的风险，由此使消费者建立起这两者之间的联系。

(3) 客体—利益信念。客体—利益信念是指消费者对一种产品、服务将导致某种特定利益的认识。在前述阿司匹林例子中，客体—利益信念是指对使用阿司匹林与降低心脏病发病概率之间联系的认知。通过分析消费者的需要和满足这些需要的产品利益，有助于企业发展合适的产品策略与促销策略。

6.2　消费者态度的测量

态度作为一种潜在变量，无法直接被观察到，但可通过人的语言、行为，以及人对外界的反应等间接地进行测量。态度是可以测量的，消费者行为学中常用的态度测量方法是态度量表、问卷等。在选择态度测量方法时，首先必须明确态度对象。态度对象可以是比较具体的，也可以是比较抽象的，但必须能与其他概念清楚地区别开来。态度的主要属性是评价性，即对一定态度对象的积极或消极的反应倾向。

态度量表是常用的且较为客观的测量态度的工具，可以对态度进行定量测量。态度量表能够测量出态度的方向和强弱程度，通过一套有关联的叙述句或项目，由个人对这些句子或项目做出反应，根据这些反应推断个人及团体的态度。

态度应在评价连续体上处于一定的位置，表示其方向和程度。态度与个人的基本价值观和基本需要有联系，这会造成自我卷入程度上的差别。态度不是直接观察到的，它的存在是通过可见反应显示出来的。可见反应可分为三类，即认知反应(同意或不同意)、情感反应(喜欢或不喜欢)和行为反应(支持或反对)。评价倾向可以通过上述任何一种反应来估量,信念方面通常只能通过认知反应来估量。例如,通过测量消费者对整体品牌的喜好或情感,可以相当准确地预测该消费者对这一品牌的购买和使用情况。

用于测量消费者态度的工具和方法主要有以下几种。

1. 语义差距量表

语义差距量表是运用若干语义相反的极端形容词(短句)来调查应答者的态度,它实现了把个人的定性判断转换为可以定量分析的方式。语义差距量表包含了一系列反映研究对象的不同属性的相反的形容词,受访者通过指出在连续序列中的定位来反映对每个属性的印象。

在社会学、社会心理学和心理学研究中,语义差异量表被广泛用于文化的比较研究、个人与群体间差异的比较研究,以及人们对周围环境或事物的态度、看法的研究等。语义差异量表以形容词的正反意义为基础,标准的语义差异量表包含一系列形容词和它们的反义词,在每一个形容词和反义词之间有 7～11 个区间,人们对观念、事物或人的感觉可以通过所选择的两个相反形容词之间的区间反映人们对性质完全相反的不同词汇的反应强度。

语义差距量表能够度量不同特性在被访者心目中的差别,通过累加各种特性所收集的分数可以得出该答案的总分数。首先要确定被测量对象相关的一系列属性,对于每个属性,选择一对意义相对的形容词,分别放在量表的两端,中间划分为 5 个、7 个甚至 9 个连续的等级。受访者被要求根据他们对被测对象的看法评价每个属性,在合适的等级位置上做标记。语义差异量表看起来似乎是评级量表,可以作为等距量表来处理,但由于诸多属性形容词并没有可比性,所以最好当作顺序量表对待。测量电视剧中某人物形象的量表如表 6-1 所示。

表 6-1　测量电视剧中某人物形象的量表

指标属性	分 值							指标属性
粗心的	1	2	3	4	5	6	7	细致的
易激动的	1	2	3	4	5	6	7	温和的
不安的	1	2	3	4	5	6	7	平静的
果断的	1	2	3	4	5	6	7	优柔寡断的
节俭的	1	2	3	4	5	6	7	浪费的
快乐的	1	2	3	4	5	6	7	不快乐的
理性的	1	2	3	4	5	6	7	感性的
成熟的	1	2	3	4	5	6	7	幼稚的
正统的	1	2	3	4	5	6	7	放荡的
严肃的	1	2	3	4	5	6	7	散漫的
复杂的	1	2	3	4	5	6	7	简单的
无趣的	1	2	3	4	5	6	7	有趣的
谦虚的	1	2	3	4	5	6	7	虚荣的
谨慎的	1	2	3	4	5	6	7	随便的

测量电视剧中某人物形象的不同指标均有 7 个等级的分值。由于功能的多样性,语义差距

量表被广泛地用于市场研究、比较不同品牌的形象，以及帮助制定广告战略、促销战略和新产品开发计划。

2. 李克特量表

李克特量表是由一组与测量问题有关的陈述语和记有等级分数的答案组成的，并以总分作为评价依据的主要用于测量态度等主观指标强弱程度的社会测量表。实践中，常用李克特量表测量情感成分。首先围绕所要测量的问题搜集众多句子，然后采用项目分析方法筛选出辨别力较强的句子。根据被调查者对这组句子的各项回答，采用总和计分方式判断其态度的强弱。李克特量表的特点如下：

(1) 主要应用于测量态度意向等主观指标；

(2) 由一组陈述语及其等级分答案组成；

(3) 答案一般分成五个等级，分别记以 1、2、3、4、5，具有排序功能；

(4) 评判回答者态度强弱的依据是他在所有陈述语上的得分总和。

李克特量表有一个假设前提，即认为每一个叙述句在测定态度时均起同等作用，在表现态度的程度差别时，其能力是相同的。研究者在使用李克特量表所获结果时必须充分注意到这一点。

3. 直接询问法

直接询问法是最简明的消费者态度测量方法，常用来测量行为成分。例如，最近一次我购买的饮料是什么？下一次买软饮料时，买健怡可乐的可能性有多大？有以下几个选项：肯定会买、可能会买、可能不会买、肯定不会买等。

4. 瑟斯顿量表

瑟斯顿量表是瑟斯顿为构造品质态度测量方法而设计的一项技术，即从单一的维度测量态度，由在测量态度的尺度上排列间隔相等的一组题目组成。实施时，被调查者就量表各项目表示赞同或不赞同，将每个被调查者赞同的量表项目依分数高低排列，选择居中的项目分数为该被调查者的态度分数。

1) 瑟斯顿量表的编制步骤

(1) 搜集与所研究的态度主题有关的广泛的观点和见解，并按照从最消极到最积极的等级排列。

(2) 通过大量的判断把这些观点分到 11 个等级中去，这些等级是按对态度主题从最消极到最积极的次序排列的。

(3) 计算各条观点在 11 个等级中的次数分配。根据累积次数百分比图决定每一个项目的中位数与四分位数(Q 值)。Q 值大的陈述句由于其意义不明确而被删除。对剩下的观点进行内部一致性项目分析，把不一致的陈述句作为离题的项目删除。

(4) 从剩下的一致性高的、意义明确的观点中选择 Q 值小的观点构成量表，它们的量表值(评分中位数)是从 1 到 11 排列的。

2) 瑟斯顿量表的特点

瑟斯顿量表由调查表中的每一组 11 个等距观点中选出的两个或更多的陈述句组成。被调查者找出所有他们同意的观点，而每位被调查者所赞同的项目依分数从高到低排列，居中的项目分数便为其态度分数。

如果题库中有足够多的测试题，那么选择一些配对的测试题便可构建两套相同的测验，从而确定态度得分的信度。

与其他技术(如李克特量表、古特曼量表和奥斯古德量表)相比，瑟斯顿量表有其优越性，但它非常复杂和耗时，多数情况下已被新发展起来的态度测量技术所代替。然而，瑟斯顿量表是行为固定等级量表编制的关键环节。

5. 社会距离量表

社会距离量表是用于衡量人们对某个事物态度的重要工具，也是一种研究偏见行为成分的重要工具，主要用于测量人际关系亲疏态度和社会距离等。社会距离量表的理论基础是，人对某一群体的偏见越深，就越不愿与该群体的成员交往。

由研究者设计出一套能反映不同社会距离的意见，让被调查者根据自己的实际看法和自己感情的第一反应，从由密切到疏远的 7 种关系中选出自己愿意与某个群体的一般成员产生一种或一种以上的关系。然后根据自己的选择在相应的意见项内打上记号，再把一个群体的所有成员的态度距离加以统计，制成曲线图。曲线图反映了一个群体对某个对象所持的态度的距离分布。不同的群体对同一事物的态度的距离分布可做比较，同一群体对几个事物的态度距离分布也可以做比较。

事实证明，社会距离量表不论在测量一般社会距离(接受或拒斥外来群体的倾向性)的个体差异方面，还是在测量群体偏好程度方面，都有极高的信度。例如，博加达斯的社会距离量表有 5 个选项：你愿意让黑人生活在你的国家吗？你愿意让黑人生活在你的社区吗？你愿意让黑人住在你居住的那条街吗？你愿意让黑人做你的邻居吗？你愿意让黑人与你的子女结婚吗？每一选项的分值从弱到强分别为 1～5 分，被调查者所选择的分值除说明被调查者的态度外，还显示出被调查者的态度结构。

需要注意的问题是应避免测量错误。在态度测量上常出现两种问题：客观解释问题和主观偏向问题。研究者发现，问卷使用的态度量表有时并未反映被调查者的真实态度。如果某个项目编制用语模糊，被调查者产生误解，那么对这个项目的反应就不可能反映出被调查者的态度。这是客观解释问题。要避免这种错误，在编制态度量表时应当用多个项目测量同一个态度，这样可以避免理解上造成的误解，进而测量到真实的态度。更严重的问题是主观偏向问题。如果人们由于某种原因而不愿表达真实的态度，那么就可能做出虚假的反应，有时人们也可能自己并不了解与行为不同的内心深处的态度，在这种情况下作为测量工具的态度量表的效度就成了问题。社会心理学家已提出一些避免这类问题的办法。

在许多场合下，人们做出虚假反应是由于他们知道哪些态度是社会赞许的，哪些是社会不赞许的。为了解决这个问题，有人提出了一种称为假通道技术的方法，调查者申明采用一种仪器可以探查到被调查者的真正态度(实际上这是做不到的)。如果被调查者不了解实情，相信调查者真能做到，就可能做出真实的反应。H.西戈尔等人 1971 年的研究证明，采用假通道技术与传统量表法相结合比单用传统量表法更能揭示出真实的态度。他们的实验基本假设是，由于社会压力，大学生倾向于对美国人表现出比实际态度差一些的态度，对黑人表现出比实际态度好一些的态度。他们将 60 名白人大学生分为两组。第 1 组 30 人对美国人的态度做出反应，第 2 组 30 人对黑人的态度做出反应。每一组的 15 人连通一台标名为"肌电图"的仪器，其余 15

人只做反应，不连通仪器。结果表明，结合假通道技术的确能探查出更真实的态度。

除了假通道技术外，还有人提出利用行为指标的办法。人们认为，当人们倾听他们赞成的信息时往往点头而不是摇头，这种肢体动作也可以被用来探查真实态度。另外，皮电反应和肌电图也是可以利用的。虽然这类生理反应与态度没有直接联系，但有助于了解唤起水平，从而查明不真实的反应。

某些人格特征也会造成反应偏向。社会心理学家发现，某些人对问卷或测验总是以一定模型反应，而不管其态度。有些人有赞同反应倾向，他们对问卷项目倾向于做出肯定的回答；有些人有否定倾向，他们对问卷项目倾向于做出否定回答。对此可采用对同一个态度运用多个问题来测量的方法，而且问题的表述采用不同的方式，对同一问题有时要求用"同意"回答，有时要求用"不同意"回答。

6.3　消费者态度与行为

消费者态度会直接影响消费者行为，购买能力、情境等因素也会导致消费者态度与行为的不一致，国内外学者还提出了认知反应模式、说服模型等一系列消费者态度方面的理论研究。

6.3.1　消费者态度与行为的关系

1. 消费者态度对购买行为的影响

一般而言，消费者态度对购买行为的影响，主要通过以下三个方面体现出来：首先，消费者态度将影响其对产品、商标的判断与评价；其次，态度影响消费者的学习兴趣与学习效果；最后，态度通过影响消费者购买意向，进而影响购买行为。

费希本(M. Fishbein)和阿杰恩(I. Ajzen)认为，消费者是否对某一对象采取特定的行动，不能根据他对这一对象的态度来预测，因为特定的行动是由采取行动的人的意图所决定的。要预测消费者行为，必须了解消费者的意图，而消费者态度只不过是决定其意图的因素之一。

2. 购买行为与态度不一致的影响因素

消费者态度一般要通过购买意向这一中间变量来影响消费者购买行为，态度与行为之间在很多情况下并不一致。造成不一致的原因，除了前面已经提及的主观规范、意外事件以外，还有很多其他的因素。下面择要对这些影响因素做一简单讨论。

(1) 购买动机。即使消费者对某一企业或某一产品持有积极态度和好感，但如果缺乏购买动机，消费者也不一定会采取购买行动。例如，一些消费者可能对 IBM 生产的计算机怀有好感，认为 IBM 计算机品质超群，但这些消费者可能并没有意识到需要拥有一台 IBM 计算机，由此造成态度与行为之间的不一致。

(2) 购买能力。消费者可能对某种产品特别推崇，但由于经济能力的限制，只能选择价格低一些的同类其他品牌的产品。很多消费者对"奔驰"汽车评价很高，但真正做购买决定时，可能选择的是其他品牌的汽车，原因就在于"奔驰"的高品质同时也意味着消费者需承担较高的价格。

(3) 情境因素。如节假日、时间的缺乏、生病等，都可能导致购买态度与购买行为的不一致。当时间比较宽裕时，消费者可以按照自己的偏好和态度选择某种牌号的产品。但当时间非常紧张，如要赶飞机或者要很快离开某个城市时，消费者实际选择的产品与他对该产品的态度就不一定有太多的内在联系。

(4) 测度上的问题。行为与态度之间的不一致，有时可能是由于对态度的测量存在偏误。例如，只测量了消费者对某种产品的态度，而没有测量消费者对同类其他竞争品的态度；只测量了家庭中某一成员的态度，而没有测量家庭其他成员的态度；离开了具体情境进行测度，而没有测量态度所涉及的其他方面；等等。

(5) 态度测量与行动之间的延滞。态度测量与行动之间总存在一定的时间间隔。在此时间内，新产品的出现、竞争品新的促销手段的采用，以及很多其他的因素，都可能引起消费者态度的变化，进而影响其购买意向与行为。时间间隔越长，态度与行动之间的偏差或不一致就会越大。

6.3.2　消费者态度形成理论

关于态度的形成理论，西方学者先后提出过许多理论，如学习论、诱因论、自我知觉理论等，但是其与消费者的关系分析研究不够。本小节重点从消费者态度角度探讨消费者态度形成理论。

1. 认知反应模式

认知反应模式最早是由认知心理学家格林瓦尔德(Greenwald)于 1968 年提出来的，后来经怀特(Wright)和佩蒂(Petty)、卡西奥波(Cacioppo)加以发展与完善。该模式的提倡者认为，在与广告的接触过程中，受众积极、主动地卷入信息加工过程之中，他们根据已有的知识和态度对广告信息加以分析和评价。认知反应就是发生于传播活动过程之中或之后的积极思考过程或活动。

一般来说，认知反应会影响最终的态度改变，甚至成为态度改变的基础。认知反应模式的基本思想概括起来，即广告接触导致认知反应，认知反应影响态度改变。受众在广告接触过程中产生的认知反应可分为两大类，即反对意见(CA)和支持意见(SA)。它们可以用受众的口头报告来测量，实质内容包括：①同意或不同意广告的逻辑推理或内容。例如，受众可能会认为"××咖啡不可能是 100%的纯咖啡豆精制而成"。②赞同或怀疑广告的结论。例如，有些保健品广告宣称能使人更年轻，消费者可能表示赞同，也可能表示怀疑、相信或怀疑广告的情境。又如，有的受众看了三维动画广告之后可能会认为"现实生活中不可能出现这种情况"。③相信或怀疑广告的信息来源。例如对名人推荐的产品，有人会认为"一定是企业给她很多钱"，有人则深信不疑。

认知反应模式预言，认知反应对态度改变的影响取决于认知反应的实质，支持意见的数量与态度和行为意向的改变有积极的关系，反对意见的数量与态度改变存在消极的关系。这一预言得到了许多研究的支持，研究者们因此得出结论：要改变受众的态度，应该设法增加支持意见，减少反对意见。

从认知反应模式所强调的认知反应来分析，在广告实践中，如果希望加强广告的说服力，那么有几个方面一定要注意：广告信息来源一定要可靠、可信，例如要选择信誉高的媒体；广告中的品牌代言人不管名人，还是普通人物，最好是品牌产品的真正使用者；广告的情境要让人有真实感，广告中说明产品优点的论据一定有说服力，广告中的推理论证逻辑性要强。

2. 知识反应分析理论

知识反应分析理论并不新颖，其新鲜之处是在于它对评价广告信息方面的作用，这种应用首先由 Timothy Brock 于 1995 年在俄亥俄州大学提出并进行实验。

知识反应分析与其他绝大多数广告事先测试方法的区别就在于它将重点放到消费者与广告的相互关系及相互作用上。绝大多数其他方法的理论前提是依据行为心理学的刺激反应现象：接触广告后所发生的事情。而知识反应分析模型却基于这样的观点：那些能够引导出与消费者有关联的反应广告更可能产生说服力。因此，知识反应分析集中记录可以观察到的消费者与广告之间相互作用的真实情况。人们接触广告后，他们的行为表现并非作为品牌信息的被动、客观的接受者，而是经过自身的世界观这一"过滤装置"从自己的角度对广告进行解释。他们会联想其他方面的信息，譬如与自己的经验进行比较，与其他相竞争的信息或传闻对比，与其争辩。所有这些都属于"认知过程"这个范畴。广告的这种认知过程进行得越深入，就越有可能在对品牌的态度或对广告的某些其他方面产生正面或负面的影响，这些其他方面是广告产生一定影响的基本前提。当然，产生影响并不等于有功效(即预期的影响)。广告的功效取决于这种过程的程度和特定的内容两方面。知识反应分析便是一种探索这两方面内容的系统的方法，以求了解人们与广告的内心对话。

知识反应分析理论的应用步骤如下。

(1) 运用定性方法引导消费者说出他在看广告过程中所出现的各种评论——想法、意见和反应。

(2) 运用三种标准：是否与自我关联；正面还是负面；评论内容是关于产品、制作、沟通物。将所有评论语句分为 12 类，然后求出每一类的语句数占总语句数的百分比。

(3) 对所分的类进行交叉分析，并将每一类语句所占的百分比与标准值数据相比较，然后进行解释。

(4) 将全部评论语句按其内容进行分类，计算每一细分类被提及的百分比，并与人口统计资料及问卷中其他问题进行交叉分析。

除了将重点集中到可以清楚观察到的而不是投射方面外，知识反应分析的优点是将定性方法和定量方法结合起来，能够引导出人们对广告的开放式回答，这一点便使其保持了定性分析所特有的离散度和丰富性。另外，知识反应分析运用目标定向原则将反应进行会聚和分类，显示了定量分析方法在统计上的精确性和可靠性。知识反应分析将评价准则(反应的自我关联水平和极性)和诊断要素(反应的具体内容)有机地结合起来，这样就避免了广告文案定性测试中经常出现的这两方面的脱节。这种方法的要求提高，研究人员要非常熟悉广告及其目标。它排除了定量广告文案测试中常发生的使人不舒服之感，而这常常被喻为"对广告不友好"。

6.3.3 消费者态度的改变

1. 消费者态度改变的含义

消费者态度的改变包括两层含义：一是指态度强度的改变，二是指态度方向的改变。消费者态度的改变，一般是在某一信息或意见的影响下发生的，从企业角度来讲，又总是伴随宣传、说服和劝导。从这个意义上来讲，态度改变的过程也就是劝说或说服的过程。

1) 改变消费者态度的说服模式

霍夫兰德(C. I. Hovland)和詹尼斯(I. L. Janis)于 1959 年提出了一个关于态度改变的说服模式，称为霍夫兰德说服模式，如图 6-1 所示。

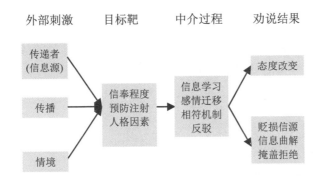

图6-1　霍夫兰德说服模式

霍夫兰德说服模式虽然是关于态度改变的一般模式，但它指出了引起态度改变的主要影响因素和态度改变的过程，对理解和分析消费者态度改变具有重要的借鉴与启发意义。霍夫兰德认为，任何态度的改变都涉及一个人原有的态度与外部存在不同的看法。由于两者存在差异，由此会导致个体内心冲突和心理上的不协调。为了恢复心理上的平衡，个体要么是接受外来影响，即改变自己原有的态度；要么采取各种办法抵制外来影响，以维持原有态度。

霍夫兰德说服模式将态度改变的过程分为四个相互联系的部分。

(1) 第一部分是外部刺激，包括三个要素，即传递者(信息源)、传播与情境。传递者是指持有某种见解并力图使别人接受这种见解的个人或组织。例如发布某种劝导信息的企业或广告公司，劝说消费者接受某种新产品的推销人员，都属于传递者的范畴。传播则是指以何种方式和什么样的内容安排把一种观点或见解传递给信息的接收者或目标靶。信息内容和传递方式是否合理，对能否有效地将信息传达给目标靶并使之发生态度改变具有十分重要的影响。情境是指对传播活动和信息接收者有附带影响的周围环境，例如信息接收者对劝说信息是否预先有所了解，信息传递时是否有其他干扰因素等。

(2) 第二部分是目标靶，即信息接收者或企业试图说服的对象。说服对象对信息的接收并不是被动的，他们对于企业或信息传递者的说服有时很容易接受，有时则采取抵制态度，这在很大程度上取决于说服对象的主观条件。例如，如果某人在多种场合公开表示过不喜欢某种产品，那么，改变他的态度的难度就比较大，因为那样将意味着他对自己的否定。

(3) 第三部分是中介过程，是指说服对象在外部劝说和内部因素交互作用下态度发生变化的心理机制，具体包括信息学习、感情迁移、相互机制、反驳等方面。限于篇幅，对于这些中介过程，本书不进行具体介绍，有兴趣的读者可以参阅有关社会心理学的书籍。

(4) 第四部分是劝说结果。劝说结果不外乎两种：一种是改变原有态度，接受信息传递者的劝说；另一种是对劝说予以抵制，维持原有态度。从劝说方的角度来看，前一种结果当然最为理想。但在很多情况下，劝说可能并未达到理想目标，而是出现后一种情况。在此情况下，信息接收者或目标靶可能采用各种方式对外部影响加以抵制，以维护自己原有的态度。常见的方法有：贬损信源，比如认为信息发送者存有私利和偏见，其信誉很低，以此降低劝说信息的价值；歪曲信息，如对传递的信息断章取义，或者故意夸大某一论点使其变得荒唐而不可信；掩盖拒绝，即采用断然拒绝或美化自己的真实态度的方法抵御外部劝说和影响。例如，面对舆论对"大吃大喝""公款消费"的指责，个别领导会以"工作需要"为搪塞理由，拒绝改变其态度。

2) 传递者对消费者态度改变的影响

一般来说，影响说服效果的信息源特征主要有四个，即传递者的权威性、传递者的可靠性、传递者外表的吸引力和受众对传递者的喜爱程度。

(1) 传递者的权威性，指传递者在有关领域或问题上的学识、经验和资历。一种新药的评价如果是出自一位名医之口，显然会比普通人的评价更具有说服力。报刊、电台上经常请有关专家、学者宣布某项消息或信息，目的就是增加信息的可信度和影响力。

(2) 传递者的可靠性，指传递者在信息传递过程中能否做到公正、客观和不存私利与偏见。再有名的医学权威，如果是在为自己开创的公司做宣传，人们对其评价的可信度就会存在疑问。很多消费者之所以对广告和推销员的说辞表示怀疑，原因也恰恰在于他们认为后者在宣传中难以做到客观、公正。

(3) 传递者外表的吸引力，指传递者是否具有一些引人喜爱的外部特征。传递者外表的魅力，能吸引人注意和引起好感，自然会增强说服效果。很多商业广告，用俊男靓女作为打动顾客的手段，就是运用这一原理。总体而言，关于传播者外表特征的研究也是支持上述原理的。邱肯(S. Chaiken)的研究发现，在改变人们的信念方面，外表更富魅力的传递者更容易获得成功。此外，人们更倾向于对有外表吸引力的传递者形成好的印象。例如，有一个研究发现，男女大学生普遍认为有外表魅力的人更加敏感、热忱、谦虚和幸福。总之，这些研究结果可以概括为一句话，那就是"美的事物总是好的"。研究人员也发现，传递者的外表魅力不一定能单独发挥作用，而可能受制于一些其他因素。在一项实验中，具有高外表吸引力和低外表吸引力的人为两种产品——咖啡和香水做广告。结果显示，当产品是香水时，具有高吸引力的传递者能引发更多的购买意向；相反，当产品是咖啡时，不太具有吸引力的传递者能产生更好的影响效果。由此表明，使用外表漂亮、具有性感的模特做广告，并不是任何情况下都合适。

(4) 受众对传递者的喜爱程度，指受众或消费者对传递者的正面或负面情感。消费者对传递者的喜爱程度可能部分基于后者的外表魅力，但更多的可能是基于其他的因素，如举止、谈吐、幽默感等。喜爱之所以会引起态度改变，是因为人具有模仿自己喜爱对象的倾向，较容易接受后者的观点，受他的情趣的影响，学他的行为方式。喜爱程度和相似性有着密切关系。人们一般更喜欢和自己相似的人接触和相处，从而也更容易受其影响。布罗克(T. Brock)曾于20世纪60年代做过一个有趣的实验。他让一些化妆品柜台的售货员劝说顾客购买一种化妆品，有的售货员充作有专长但与顾客无相似身份，另一些则充作与顾客有相似身份但无专长。结果发现，没有专长但与顾客有相似身份的劝说者比有专长而与顾客无相似身份的劝说者对顾客的劝说更为有效。

📖 **扩展阅读6-1**

小松买手机的故事

3) 传播特征与消费者态度改变

严格地讲，传播特征也应包括传递者的特征。关于传递者与消费者态度改变的关系在前面已做了讨论，下面主要介绍其他传播特征对消费者态度变化的影响。所谓其他传播特征，主要包括：传递者发出的态度信息与消费者原有态度的差异；恐惧的唤起；单面论述与双面论述。

(1) 传递者发出的态度信息与消费者原有态度的差异。一般而言，传递信息所维护的观点和消费者原有态度之间的差异越大，信息传递所引起的不协调感会越强，消费者面临的改变态度的压力越大。然而，在较大的差异和较大的压力之下，能否引起较大的态度改变则要看以下两个因素的相互作用：一个是前面说的差异或差距，另一个是信息源的可信度。差距太大时，信息接收者不一定以改变态度来消除不协调的压力，而可能以怀疑信息源的可信度或贬低信息源来求得不协调感的缓解。多项研究发现，中等差异引起的态度变化量大；当差异度超过中等差异之后再进一步增大，态度改变则会越来越困难。

(2) 恐惧的唤起。恐惧唤起是广告宣传中常常运用的一种说服手段。头皮屑带来的烦恼、蛀牙所带来的严重后果、脚气患者的不安表情，无不是在用恐惧诉求来劝说消费者。在过去三十多年里，人们对于恐惧诉求的有效性的看法发生了相当大的变化。早期一个关于恐惧唤起的研究试图运用恐惧诉求劝说消费者更频繁地刷牙。研究中，一组高中学生目睹牙龈溃疡的可怕镜头，并被告知牙龈感染会导致心脏、肾脏等多种器官损坏的严重后果；其余一些组则看到的是一些没有如此令人恐惧或根本没有恐惧感的场面。结果显示，高恐惧组的人更少有行为的改变。此结果使不少学者得出恐惧诉求在劝说中没有什么效果的结论。

然而，近些年来，恐惧诉求在改变消费者态度方面越来越多地被视为是有效的。人寿保险公司、防盗器具生产商、汽车制造商日益增多地运用恐惧诉求唤起消费者对其产品的兴趣。

正如很多研究人员所指出的，如果对上述各方面给予充分重视，高恐惧信息较陈述或事实性信息将产生更好的劝说效果。之所以如此，关键原因是恐惧诉求更易于激发情绪性反应，由此会使消费者更多地集中精力应付问题和在此基础上学会如何对威胁做出反应。

(3) 单面论述与双面论述。在说服过程中，是陈述一方面的意见或论据好呢？还是同时陈述正、反两方面的意见与论据好呢？这是信息传递者或说服方经常遇到的一个问题。研究显示，在有些情况下，双面论述是一种有效的说服手段。双面论述给消费者一种客观、公正的感觉，可以降低或减少后者对信息和信息源的抵触情绪。霍夫兰德等人的研究表明：当听众与劝说者的观点一致，或前者对所接触的问题不太熟悉时，单面论述效果较好；如果听众与劝说者观点不一致，而且前者对接触的问题又比较熟悉时，单面论证会被看作传递者存在偏见，此时，采用双面论述效果将更好。

4) 目标靶的特性

研究说服过程或消费者态度改变的过程，除了要研究信息源、传播本身和情境因素之外，另一个不容忽视的内容就是目标靶的特征。

(1) 对原有观点、信念的信奉程度。如果消费者对某种信念信奉程度很高，如在多种公开场合表明了自己的立场与态度，或者根据这一信念采取了行动，此时，要改变消费者的态度将是相当困难的。相反，如果消费者对某种信念的信奉程度还不是特别强烈，而且也没有在公开场合表明过自己的立场，此时，说服消费者改变其原有的态度会相对容易一些。

(2) 预防注射。通俗地讲，预防注射是指消费者已有的信念和观点是否与相反的信念和观点做过交锋，消费者是否曾经构筑过对相反论点的防御机制。一个人已形成的态度和看法若从未与相反的意见有过接触和交锋，就易于被人们说服而发生改变。相反，如果他的观点、看法曾经受过抨击，他就在应付这种抨击中建立了一定的防御机制，如果找到了更多的反驳理由，那么他便有能力抵御更加严重的抨击。

(3) 介入程度。消费者对某购买问题或关于某种想法的介入程度越深，他的信念和态度可能就越坚定。相反，如果介入程度比较低，可能更容易被说服。在购买个人计算机时，消费者可能要投入较多的时间、精力，从多个方面搜寻信息，然后形成哪些功能、配置比较重要的信念。这些信念一经形成，可能相当牢固，要使之改变比较困难。而在低介入的购买情形下，例如购买饮料，消费者在没有遇到原来熟悉的品牌时，可能就会随便选择售货员所推荐的某个品牌。

(4) 人格因素。人格因素包括自尊、智力、性别差异等。研究发现，低自尊者较高自尊者更容易被说服，因为前者不太重视自己的看法，遇到压力时很容易放弃自己的意见。与此相反，高自尊者往往很看重自己的观点与态度，在遇到他人的说服或攻击时，常会将其视为对自身价值的挑战，所以不会轻易放弃自己的观点。一般认为，智力高的人比智力低的人难以被说服，但迄今还缺乏证据支持这种观点。调查表明，总体而言，高智商者和低智商者在被说服的难易程度上没有显著差异。但高智商者较少受不合逻辑的论点的影响，低智商者则较少受复杂论证的影响。总体来说，智力和说服仍是有关系的，而且这种关系并不像人们想象的那样简单。

(5) 性别差异。伊格利(A. H. Eagly)和卡莱(L. L. Carli)在回顾了有关这方面的大量实证研究后指出，从实验结果来看，男性与女性在谁更容易被说服的问题上不存在明显差异。差异主要集中在双方各自擅长的领域。例如，从事金融、管理等工作的大多是男性，女性在这方面可能缺乏自信，在与此有关的一些问题上可能较男性更易被说服。但在家务和孩子抚养上，女性较为自信，因此对与这些方面有关的问题，可能较男性更难被说服。

5) 情境因素与消费者态度改变

说服过程不是在说服方和被说服方之间孤立进行的，而是在一定的背景条件下进行的。这些背景条件或情境因素对于说服能否达到效果有着重要的影响。

(1) 预先警告。如果某一消费者在接触说服信息前，对劝说企图有所了解，他有可能发展起反驳的论点，从而增强抵御劝说的能力。弗里德曼(J. L. Freedman)和西尔斯(D. O. Sears)于1965年做过一项关于警告、分心与对传播影响的抵制的研究。研究人员在一场报告开始前10分钟告诉一组青少年，他们将去听一个关于为什么不允许青少年开汽车的报告，而另一组青少年则在报告开始时才听到这一主题。结果得到预告警告的一组青少年受报告影响的程度比未受到预先警告的青少年要小得多。

预先警告并不总是对信息接收者起抵制说服的作用。研究表明，如果一个人不十分信服他原来的观点，预先警告会起相反的作用，即能促进态度的转变。还有一项研究显示，警告的作用与意见内容是否涉及个人利益有紧密联系。预先警告，对于没有个人利益介入的人，能促进其态度转变；对于有较深利益牵连的人，能阻挠其态度的改变。

(2) 分心。分心是指由于内外干扰而分散注意力或使注意力不能集中的现象。在劝说过程中，若情境中存在"噪音"致使受众分心，就会影响劝说的效果。若引起分心的"噪音"太大，使目标靶听不到信息，则劝说等于没有发生。例如，广告节目中，若背景部分太吸引人，反而会淹没主旨，影响受众对广告主题内容的回忆。研究也发现，如果情境中有某些"噪音"适当地分散受众的注意力，不让受众集中精力去思考和组织反驳理由，劝说效果会更好。所以，分心对态度转变的影响，实际上应视分心程度而定。适度的分心有助于态度的改变，过度的分心则会降低劝说效果，从而阻碍态度改变。

(3) 重复。前文已经较详细地讨论了重复与学习和记忆之间的关系。这里想强调的一点是，重复对消费者态度变化亦会产生重要影响。双因素理论认为，当消费者接受重复性信息时，两种不同的心理过程将同时发生作用。一方面，信息的重复会引起不确定性的减少和增加对刺激物的了解，从而带来积极的和正面的反应；另一方面，随着重复增加，厌倦和腻烦也随之增长，在某一点上，重复所引起的厌倦将超过它带来的正面影响，从而引起消费者的反感。所以，为了避免或减少受众的厌倦感，企业在做广告时，最好是在不改变主题的条件下对广告的表现形式不时做一些小的变动。

2. 改变消费者态度的策略

根据以上相关理论的分析可知，消费者态度在一定条件下是可以改变的，这里从企业的角度讨论。要改变消费者态度，可以采取以下策略。

1) 改变认知成分

改变认知成分的策略包括以下内容。

(1) 改变信念，指改变消费者对品牌或产品的一个和多个属性的信念，具体方法是提供有说服力的事实或描述。

(2) 改变属性的权数。营销人员可以设法改变消费者的属性权数，强调本公司产品相对较强的属性是此类产品最重要的属性，以改变消费者的品牌认知。

(3) 增加新属性，指在消费者的认知结构中增加新的属性概念，使消费者原先没有认识到或没有重视而本公司产品相对较强的属性成为影响消费者产品认知的重要属性。

(4) 改变理想点，指在既不改变消费者的属性权数，也不增加新属性的条件下，改变消费者对属性理想标准的认识。

2) 改变情感成分

改变情感成分主要有以下三种方法。

(1) 经典条件反射。企业将消费者喜爱的某种刺激与品牌名称放在一起展示，多次反复就会将该刺激产生的正面情感转移到品牌上来。

(2) 激发对广告本身的情感。消费者如果喜爱一则广告，也能导致对该广告产品的正面情感，进而提高购买参与程度，激发有意识的决策过程。

(3) 增加消费者对品牌的接触。大量的品牌接触也能增加消费者对品牌的好感。对于低度参与的产品，可以通过广告的反复播放提高消费者的喜爱程度，而不必改变消费者最初的认知结构。

3) 改变行为成分

消费者的行为可以发生在认知和情感之后，也可以发生在认知和情感之前，甚至也可以与认知和情感相对立。在改变消费者的认知或情感之前改变其行为的主要途径是运用操作性条件反射理论。营销人员的关键任务是促使消费者使用或购买本企业产品并确保产品的优异质量和功能，使消费者感到购买本产品是值得的。吸引消费者试用和购买产品的常用技巧有优惠券、免费试用、购物现场的展示、搭售以及降价销售等。

例如，对习惯性购买行为的主要营销策略如下。

(1) 利用价格与销售促进吸引消费者试用。由于产品本身与其他品牌的同类产品相比难以找出独特优点以吸引顾客的兴趣，就只能依靠合理价格与优惠、展销、示范、赠送、有奖销售的手段吸引顾客试用。一旦顾客了解和熟悉了产品，就能经常购买以致形成习惯。

(2) 开展大量重复性广告加深消费者印象。在低度介入和品牌差异小的情况下，消费者并不主动收集品牌信息，也不评估品牌，只是被动地接受包括广告在内的各种途径传播的信息，根据这些信息所造成的对不同品牌的熟悉程度来决定选择。企业可开展大量广告使顾客经过被动地接受广告而产生对品牌的熟悉感。为提高效果，广告信息应简短有力且不断重复，只强调几个重要论点，突出视觉符号与视觉形象。

(3) 增加购买介入程度和品牌差异。在习惯性购买行为中，消费者只购买自己熟悉的品牌而较少考虑品牌转换，如果竞争者通过技术进步和产品更新将低度介入的产品转换为高度介入并扩大与同类产品的差距，将促使消费者改变原先的习惯性购买行为，并在价格和档次上与同类竞争性产品拉开差距。

📖 **扩展阅读6-2**

麦当劳为了改变消费者态度是如何进行问题思考的？

本 章 小 结

消费者态度具有适应功能、自我防御功能、知识或认识功能、价值表达功能。消费者信念是指消费者持有的关于事物的属性及其利益的知识。不同消费者对同一事物可能拥有不同的信念，而这种信念又会影响消费者的态度。在购买或消费过程中，信念一般涉及三个方面的联结关系，由此形成三种类型的信念。这三种信念是客体—属性信念、属性—利益信念、客体—利益信念。

态度作为一种潜在变量，无法直接被观察到，但可通过人的语言、行为以及人对外界的反应等间接地进行测量。态度是可以测量的，在消费者行为学中常用的态度测量方法是态度量表、问卷等。消费者是否对某一对象采取特定的行动，不能根据他对这一对象的态度来预测，因为特定的行动是由采取行动的人的意图所决定的。要预测消费者行为，必须了解消费者的意图，而消费者态度只不过是决定其意图的因素之一。

霍夫兰德认为，任何态度的改变都涉及一个人原有的态度和外部存在的与此不同的看法。由于两者存在差异，由此会导致个体内心冲突和心理上的不协调。为了恢复心理上的平衡，个体要么接受外来影响，即改变自己原有的态度，要么采取各种办法抵制外来影响，以维持原有态度。

习　题

1. 名词解释

(1) 消费者态度　(2) 消费者信念　(3) 消费者态度改变　(4) 说服模型　(5) 预先警告

2. 填空题

(1) 阿司匹林具有抑制血栓形成的功能，就是关于产品具有某种_____的信念。

(2) _____作为一种潜在变量，无法直接被观察到，但可通过人的语言、行为以及人对外界的反应等间接地进行测量。

(3) 卡茨的四功能说具体指适应功能、_____、知识或认识功能、_____。

3. 简答题

(1) 举例说明李克特表测量情感成分词。

(2) 测量消费者态度时如何避免测量错误？

(3) 认知反应模式对市场营销的启示有哪些？

第7章

消费者个性与生活方式

📖 导读案例

Swatch成功的原因

Swatch是全球闻名的一家生产钟表的瑞士公司，20世纪70年代中期，瑞士制表业曾一度陷入空前的危机。面对危机，该公司推出了 Swatch。这是一款纤细的塑料腕表，内装 51 个机件(通常一块表有 91 个或更多机件)，不仅品质一流，而且价格低廉。1983 年，Swatch 开始正式上市。自那时起，Swatch 品牌就不断发展，成为有史以来最成功的腕表品牌之一。其母公司Swatch集团也成为全球最大、最具活力的制表公司之一。

从 Irony(Swatch金属腕表)到Swatch SKIN Chrono(全球最薄的计时表)、Swatch Snowpass (内置出入门控制功能，可在全球多家滑雪场充当滑雪场门票)和Swatch Beat(独创的因特网时间功能)，多年来，新产品开发一直与传统Swatch塑料腕表的发展齐头并进。

Swatch是多届奥运会和世界杯滑雪比赛的官方计时器，这是Swatch杰出技术能力与先进科技结晶的绝佳体现。当尼古拉斯·哈耶克把Swatch从一家净资产11亿美元、年亏损1.24亿美元的公司变成一家净资产21亿美元、年创利2.86亿美元的公司时，许多人都认为他创造了一个奇迹，是什么原因促使他成功呢？在一次对他的采访中，采访人问："你发现了什么别人未发现的东西？"他说："我意识到我们不仅在销售一种消费品，或是一种名牌产品，我们是在销售一种情感化的产品，是在提供一种个性文化。"

对大部分产品被赋予一种情感或者个性会更让消费者情有独钟。个性是个体在多种情境下表现出来的具有一致性的反应倾向，它对于消费者是否更容易受他人的影响，是否更倾向于采用创新性产品，是否对某些类型的信息更具有感受性等均有一定的预示作用。自我概念是指自己对自身的情感和看法，而生活方式是指个体如何生活，后者实际是前者的外在表现和反映。生产、制作情感化的产品更容易成功。

(资料来源：案例追求差异化的 SWATCH 营销概要. 百度文库. 2018-12-22. https://wenku.baidu.com/view/a4a4270f49d7c1c708a1284ac850ad02df80077b.html. 有删改)

个性是个体于多种情境下表现出来的具有一致性的反应倾向，不同个性的消费者其生活方式和消费行为也不一样，本章主要介绍消费者个性、自我、生活方式的内涵及相关理论，并讨论其对消费者行为和态度的影响。

7.1　消费者个性

个性是在个体生理素质的基础上，经由外界环境的作用逐步形成的。个性的形成既受遗传和生理因素的影响，又与后天的社会环境尤其是童年时的经验具有直接关系。个性是一个人长期一贯的行为方式。研究个性的目的在于探讨一个人的自我形象如何影响他的购买行为，本我和超我的相互矛盾的需求决定消费者动机有无意识的特点，环境变化在个性中的作用等问题。

7.1.1　个性的含义与特点

个性(personality)有时也称人格，personality 来源于拉丁语 persona，最初指演员所戴的面具，后来指演员和他所扮演的角色。心理学家引申其含义，把个体在人生舞台上扮演的角色的外在行为和心理特质都称为个性。关于个性的定义，迄今仍是众说纷纭。这里引用施契夫曼(Schiffman)和卡努克(Kanuk)对个性所下的定义：个性是指决定和折射个体如何对环境做出反应的内在心理特征。内在心理特征包括使某一个体与其他个体相区别的具体品性、特质、行为方式等多个方面。构成个性的这些心理特征不仅对产品选择产生影响，而且还会影响消费者对促销活动的反应，以及何时、何地和如何消费某种产品或服务。

人的个性具有多方面的特点：首先，个性既反映个体的差异性，又反映人类、种族和群体的共同心理特征，"人心不同，各如其面"；其次，个性具有一致性和稳定性；最后，个性并非完全不可改变，生活中的某些重大事件，如小孩的出生、亲人的去世、离婚等都可能导致个性的改变。

📖 **扩展阅读7-1**

中外学者对个性的分析描述

7.1.2　有关个性的理论

1. 弗洛伊德的精神分析论

弗洛伊德的精神分析论既是一种动机理论，也是一种人格或个性理论。除了第 6 章所介绍的由本我、自我和超我组成的人格系统以外，弗洛伊德还提出了个性发展的阶段理论。他认为，个性的形成取决于个体在不同的性心理期如何应付和处理各种相应的危机。弗洛伊德将性心理期分为口腔期、肛门期、性器期、潜伏期和两性期，在每一个时期的结束阶段，个体都将面临某种危机。例如，在口腔期即 0～1 岁阶段，婴儿的欲望主要靠口腔部位的吸吮、咀嚼、吞咽等活动获得满足，婴儿的快乐也多源自口腔活动。当婴儿即将断奶或不再用瓶子吮吸，危机就发生了。如果婴儿的口腔需要没有得到很好的满足，个体在成人后就会"固化"在这一阶段，会展现出诸如过度依赖口腔活动等行为倾向。弗洛伊德的个性理论是以本能尤其是性本能为基础的理论。

2. 荣格的个性类型说

荣格(Jung)曾是弗洛伊德精神分析论的支持者，后因观点不同而自创分析心理学。荣格心理学涉及内容极为广泛，与消费者行为分析尤为密切的首推其个性类型说。根据这一学说，人格结构由很多两极相对的内动力所形成，如感觉对直觉、思维对情感、外倾对内倾等。具体到一个人身上，这些彼此相对的个性倾向常常是失衡的或有所偏向。例如，有的人更多地凭直觉、凭情感做决策，另外一些人则更多地凭理智和逻辑做决定。将前述两极相对的个性倾向每两组配对，可以组成很多彼此不同的组合，如外倾感觉型、内倾思维型、直觉思维型等。分析这些个性类型，有助于营销者了解每种类型的个性在行为上的特点，从而据此制定更加有效的营销策略来满足消费者的需要。

3. 新弗洛伊德个性理论

弗洛伊德的一些同事和门徒并不同意弗洛伊德关于个性主要是由本能或性本能所决定的观点，这些被称为"新弗洛伊德者"的学者认为，个性的形成和发展与社会关系密不可分。例如，阿德勒(Adler)认为，人具有相当的自主性，并非受制于本我与潜意识内盲目的冲动。人具有与生俱来的追求卓越的内在动力，它是人类共同的人格特质。由于在实际生活中所用的追求方式及由此产生的后果的不同，每个人会逐渐形成彼此各具特色的生活格调。按阿德勒的说法，一般人的生活格调的形成在 4~5 岁。个人的生活格调一经形成，就不易改变，它对以后的行为方式将产生深远的影响。

另一个新弗洛伊德个性理论的代表人物沙利文(Sullivan)则认为，人们不断地追求与他人建立具有互惠价值的关系。他特别关注个体为缓解各种紧张、焦躁和不安所做的努力。与沙利文一样，霍尼(Horney)对焦虑的研究也特别感兴趣，他集中研究儿童与父母关系对行为的影响，尤其是个体抑制焦躁情绪的欲望对行为的影响。霍尼按个性将人分为三种类型：

(1) 顺从型或依从型。这一类型的人倾向于与他人打成一片，特别希望获得别人的爱和被别人欣赏。

(2) 攻击型。这一类型的人上进心特别强，总想超越别人和赢得他人的羡慕和尊敬。

(3) 我行我素型。这一类型的人倾向于独立、自给自足和摆脱各种各样的束缚。

4. 特质论

特质论认为，人的个性是由诸多特质构成的。特质是指人拥有的、影响行为的品质或特性，作为一种神经心理结构，它使个体以相对一贯的方式对刺激做出反应。特质论并不是把个性分为绝对的类型，而是认为存在一些特质维度，每个人在这些特质上存在不同的表现。例如，慷慨是一种特质，每个人都可在不同程度上具备这种特质。人的个性之所以有差异，原因在于不同的人在各种特质上有不同的表现。

在消费者行为研究领域，一些学者试图测定某些与企业营销活动密切相关的个性特质，如消费者的创新性、对人际影响的敏感性等。一般认为，这类研究对于理解消费者如何做选择、是否消费某一大类产品颇有帮助，而对于预测消费者具体选择何种品牌的产品则帮助不大。例如，某种个性可能更多地对消费者是否购买微波炉而不是购买何种牌号的微波炉具有预示作用。

📖 **扩展阅读7-2**

日本消费从大众到个性化的变迁

7.1.3 个性与消费者行为

1. 运用个性预测购买者行为

大多数个性研究是为了预测消费者的行为。心理学和其他行为科学关于个性研究的丰富文献促使营销研究者认定，个性特征应当有助于预测品牌或店铺偏好等购买活动。20 世纪 50 年代，美国学者伊万斯(Evans)试图用个性预测消费者是拥有福特汽车还是雪佛莱汽车。他将一种标准的个性测量表分发给福特和雪佛莱汽车的拥有者，然后对收集到的数据用判别分析法进行分析。结果发现，在 63%的情形下，个性特征能够准确地预测实际的汽车所有者。由于在随机情况下这一预测的准确率也将达到 50%，所以个性对行为的预测力并不很大。伊万斯由此得出结论，个性在预测汽车品牌的选择上价值较小。

几个后续研究虽然发现了关于个性与产品选择和使用之间存在相关关系的证据，但个性所能解释的变动量是很小的。迄今为止，即使颇具结论性的研究中，个性所能解释的变动量也不超过 10%。个性对行为只有较小的预测力，实际上并不奇怪，因为它只是影响消费者行为的众多因素中的一个因素而已。即使个性特征是行为或购买意向的有效的预示器，能否据此细分市场还取决于很多条件。

2. 品牌个性

品牌个性是品牌形象的一部分，是指产品或品牌特性的传播以及在此基础上消费者对这些特性的感知。现在，越来越多的研究人员开始摒弃那种认为个性特征对消费者决策行为的影响放之四海而皆准的假设，相反，越来越多的研究人员认为具体的品牌具有激发消费者一致性反应的作用。

对品牌可以从三个方面考察：一是品牌的物理或实体属性，如颜色、价格、构成成分等；二是品牌的功能属性，如活力 28 洗衣粉具有去污渍、少泡沫等特点；三是品牌的个性，即消费者对品牌是新潮还是老气，是沉闷还是富有活力，是激进还是保守等方面的评价和感受。品牌的个性无疑具有一定的主观性，然而它一旦形成就会与其他刺激因素共同作用于信息处理过程，使消费者得出这一品牌适合我或不适合我的印象。品牌个性不仅使其与其他品牌相区别，而且还具有激发情绪和情感，为消费者提供无形利益之功效。缘于此，品牌个性还会引发生理上的反应，而且这种反应是可以通过某些客观的方法予以量度的。

3. 与采用创新产品相关的个性特征

消费者采用新产品是有先有后的，有些人是新产品的率先采用者即创新采用者，而另外一些人则是落后采用者。创新采用者和落后采用者有哪些区别性特征，这是营销者特别希望了解的。

(1) 消费者的创新性。创新性实际上反映的是消费者对新事物的接受倾向与态度。有些人对几乎所有新生事物持排斥和怀疑的态度，另外一些人则持开放和乐于接受的态度。

(2) 教条性或教条主义。教条主义是这样一种个性特质，它反映个体对不熟悉的事物或与其现有信念相抵触的信息在多大程度上持僵化立场。非常僵化的人对陌生事物非常不安并怀有戒心，相反，少有教条倾向的人对不熟悉或相对立的信念持开放的立场。与此相应，少教条性的人更可能选择创新性产品，而教条倾向严重的人则更可能选择既有产品或已经成名的产品。另外，教条倾向重的人更可能接受带有"权威诉求"的新产品广告，部分出于这一目的企业运用名人和权威来推广其新产品，以使那些疑心重重的消费者乐于采用新产品。

(3) 社会性格。在社会心理学中，社会性格是用来识别和区分不同的社会亚文化类型。在消费者心理学领域，社会性格是用来描述个体从内倾到外倾的个性特质。有证据显示，内倾型消费者倾向于运用自己内心的价值观或标准来评价新产品，他们更可能成为创新采用者；相反，外倾型消费者倾向依赖别人的指引做出是非判断，因此成为创新采用者的可能性相对要小。上述两种类型的消费者在信息处理上也存在差别。一般来说，内倾型消费者似乎较喜欢强调产品特性和个人利益的广告，而外倾型消费者更偏爱那些强调社会接受性的广告。由于后者倾向根据可能的社会接受性来理解促销内容，所以这类消费者更容易受广告影响。

(4) 最适激奋水平。有些人喜欢过简朴、宁静的生活，而另外一些人则喜欢过具有刺激和不寻常体验的生活。目前的一些研究主要是探讨不同个体的最适激奋水平(OSL)受哪些具体的个性特质影响，某一特定的最适激奋水平又是如何与消费者行为相联系。例如，最适激奋水平与个体承担风险的意愿、与创新性和新产品采用、与收集购买信息和接受新的零售方式之间存在何种关系等。

📖 **扩展阅读7-3**

纪洞察——"90后"结婚消费更追求"颜值和个性"

4. 个性与决策

虽然个性在预测购买结果上并不尽如人意，但它对解释不同购买决策阶段上的行为却颇有帮助。目前，关于这方面的研究主要集中于个性与信息处理变量的关系上。

(1) 认知需要。认知需要是指个体进行思考的努力程度，更通俗地说是指个体喜爱思考活动的程度。广告如何影响消费者对产品态度的形成与认知需要有密切的关系？研究发现，高认知需要者更多地被广告的内容与陈述质量所影响，而低认知需要者更多地被广告的边缘刺激如陈述者的吸引力所影响。

(2) 风险承担。是否愿意承担风险将直接影响消费者对诸如新产品推广和目录销售等营销活动的反应。在个性研究中，风险不仅仅是决策后果的不确定性，它也意味着对将要发生的损失的个人预期。一些消费者被描绘成 "T 型顾客"，这类顾客较一般人具有更高的寻求刺激的需要，很容易变得腻倦；他们具有追求冒险的内在倾向，更可能将成功和能力视为生活的目标。与此相反，风险规避者更可能将幸福和快乐视为生活的首要目标。

(3) 自我驾驭或自我掌控。辛德(Snyder)将自我驾驭界定为这样一种个性品质，反映个体是更多地受内部线索还是更多地受外部线索的影响。自我驾驭程度低的个体，对自身内在的感受、信念和态度特别敏感，并认为行为主要受自己所持有的信念和价值观等内在线索的影响。与此相反，自我驾驭程度高的个体，对内在信念和价值观不太敏感。凡恩(Fine)和舒曼(Schumann)发现，消费者与销售人员的自我驾驭特质存在交互影响。当双方自我驾驭水平不同时，互动效果更加正面和积极。

7.2　消费者自我

消费者的自我概念或自我形象与个性有紧密的联系。

7.2.1　自我概念的含义与类型

自我概念是个体对自身一切知觉、了解和感受的总和。每个人都会逐步形成关于自身的看法，如是丑是美、是胖是瘦、是能力一般还是能力出众等。自我概念回答的是 "我是谁？" 和 "我是什么样的人？" 一类问题，它是个体自身体验和外部环境综合作用的结果。一般认为，消费者将选择那些与其自我概念相一致的产品与服务，避免选择与其自我概念相抵触的产品和服务。正是在这个意义上，研究消费者的自我概念对企业特别重要。

消费者不只有一种自我概念，而是拥有多种类型的自我概念。

(1) 实际的自我概念，指消费者实际上如何看待自己。

(2) 理想的自我概念，指消费者希望别人如何看待自己。

(3) 社会的自我概念，消费者感到别人是如何看待自己。

(4) 期待的自我概念，消费者期待在将来如何看待自己，它是介于实际的自我与理想的自我之间的一种形式。由于期待的自我折射出个体改变 "自我" 的现实机会，对营销者来说，期待的自我也许比理想的自我和实际的自我更有价值。

自我概念就消费者而言就是我自己是什么样的人和希望自己成为什么样的人。按照这个含义，自我概念又可以分为私我和超我两个类型，私我是一个人的客观实际情况的反映，是真实的自我，而超我则是理想的自我。

7.2.2　自我概念与产品的象征性

在很多情况下，消费者购买产品不仅仅是为了获得产品所提供的功能效用，而是要获得产品所代表的象征价值。购买劳斯莱斯或宝马汽车，对购买者来说，显然不是购买一种单纯的交通工具。一些学者认为，某些产品对拥有者而言具有特别丰富的含义，它们能够向别人传递关于自我的很重要的信息。

　　贝尔克用延伸自我这一概念来说明这类产品与自我概念之间的关系。贝尔克认为，延伸自我由自我和拥有物两部分构成。换句话说，人们倾向于根据自己的拥有物来界定自己的身份。某些拥有物不仅是自我概念的外在显示，它们同时也是自我身份的有机组成部分。从某种意义上来说，消费者是什么样的人是由其使用的产品来界定的，如果丧失了某些关键拥有物，那么，他或她就成为不同于现在的个体。

　　哪些产品最有可能成为传递自我概念的符号或象征品呢？一般来说，成为象征品的产品应具有三个方面的特征：第一，应具有使用可见性，也就是说，它们的购买、使用和处置能够很容易被人看到；第二，应具有变动性，换句话说，由于资源禀赋的差异，某些消费者有能力购买，而另一些消费者则无力购买，如果每人都可拥有一辆奔驰汽车，那么这一产品的象征价值就丧失殆尽了；第三，应具有拟人化性质，能在某种程度上体现一般使用者的典型形象。像汽车、珠宝等产品均具有上述特征，因此，它们很自然地被人们作为传递自我概念的象征品。

7.2.3　身体、物质主义与自我概念

1. 身体与自我概念

　　每个人都会形成对自己身体及各构成器官的看法，这些看法亦构成自我概念的一部分。肖顿(Schouten)采用深度访谈方式访问了 9 位做过整容手术的消费者，以考察整容与消费者自我概念的关系。结果发现，消费者一般是因对自己身体的不满而做这类手术，手术后，他们的自尊得到了极大的改善。消费者做整容手术，多是发生在角色转换期间，如离婚或改变工作之后。整容使他们在社会交往过程中更加自信，从而极大地改变了他们对自身的看法。

　　在很多人看来，身体各个部分或不同器官的重要性是不同的。眼睛、头发、心脏、腿和生殖器被认为是形成自我感的核心成分，而肾、下巴、膝盖和鼻子相对而言没有如此重要。有趣的是，有证据显示，女性较男性更强烈地将其身体视为自我身份的核心。身体的不同部分在消费者自我概念中占据不同的位置，本身具有重要的实践价值。很显然，从心理角度来看，移植对自我而言非常重要的器官，无论对器官捐献者还是对器官接受者都会产生非常大的损害性。鼓励人们在过世之后捐献重要器官，首先要从心理上改变社会关于这些器官对自我身份的重要性的看法。

2. 物质主义与自我概念

　　如前所述，自我概念从某种意义上是由个体所拥有的象征品(如汽车、住宅、收藏品等)所界定。然而，不同的个体对这些世俗的拥有物的注重程度是存在差别的。有的人特别关注这些物质类产品，并将其视为追逐的目标，另一些人则可能相对淡泊它们的价值。个体通过拥有世俗物品而追寻幸福、快乐的倾向称为物质主义。怀有极端物质主义倾向的人将世俗拥有物置于生活的中心位置，认为它们是满足感的最大来源。由于不同个体在物质主义倾向上存在显著差别，因此测量这种差别是很重要的。

　　客观地说，关于物质主义与自我概念之关系的研究尚处于起步阶段，但也取得了一些初步的成果。例如，研究发现，被视为具有高物质主义倾向的人通常表现出如下特点：他们不

太愿意为移植目的捐献器官；他们对花大量的钱购买汽车和房子持赞许态度；他们较少可能希望在昂贵的餐馆用餐；他们更可能视圣诞节为购物时间；他们较少认为别人会欣赏其助人行为。

📖 **扩展阅读7-4**

自我意识与品牌形象

7.3 消费者生活方式

人口统计特点回答了"谁"会从事哪些行为，而并未回答"为什么会出现这种情况"这个问题。出生于同一时代的两个人，可能购买不同的品牌，也可能拥有类似的嗜好。了解生活方式与个性可以更好地了解消费者行为。

7.3.1 生活方式的含义

关于生活方式的说法很多，简言之，生活方式就是人如何生活，指人们如何花费自己的时间(活动)，在他们生活的环境中他们认为什么是比较重要的(利益)以及对自己和周围世界的看法(观点)，反映了其态度、兴趣和观点。具体地说，生活方式是个体在成长过程中，在与社会诸因素交互作用下表现出来的活动、兴趣和态度模式。个体和家庭均有生活方式。虽然家庭生活方式部分地由家庭成员的个人生活方式所决定，反过来，个人生活方式也受家庭生活方式的影响。

从消费者角度理解，生活方式就是人如何生活，它对个体应选择何种消费模式，包括消费观念、如何使用时间和金钱等均有重要影响。

生活方式与前面讨论的个性既有联系又有区别。一方面，生活方式很大程度上受个性的影响。一个具有保守、拘谨性格的消费者，其生活方式不大可能太多地包容诸如登山、跳伞、丛林探险之类的活动。另一方面，生活方式关心的是人们如何生活，如何花费，如何消磨时间等外显行为，而个性则侧重从内部来描述个体，它更多地反映个体思维、情感和知觉特征。可以说，两者是从不同的层面来刻画个体。区分个性和生活方式在营销上具有重要的意义。一些研究人员认为，在市场细分过程中过早地以个性区隔市场，会使目标市场过于狭窄。因此，他们建议，营销者应先根据生活方式细分市场，然后再分析每一细分市场内消费者在个性上的差异。这样可使营销者识别出具有相似生活方式特征的大量消费者。

7.3.2 研究消费者生活方式的途径

研究消费者生活方式通常有两种途径：一种途径是研究人们一般的生活方式模式，另一种途径是将生活方式分析运用于具体的消费领域，如户外活动或与公司所提供的产品、服务相关的方面。在现实生活中，消费者很少明确地意识到生活方式在其购买决策中所起的作用。例如，在购买登山鞋、野营帐篷等产品时，很少有消费者想到这是为了保持其生活方式。然而，追求户外活动和刺激生活方式的人可能不需多加考虑就购买这些产品，因为这类产品所提供的利益与其活动和兴趣相吻合。

📖 **扩展阅读7-5**

中国人消费呈现新趋势

7.4 消费者生活方式的测量

对于消费者生活方式，人们试图进行量化以从中获取有益的信息，这些方法最初曾被称为心理地图。以下重点介绍 AIO 清单法、VALS2 生活方式分类系统。

7.4.1 AIO 清单法

最初的生活方式测量工具是一种叫 AIO(activity、interest、opinion，活动、兴趣、看法)清单的方法，又称 AIO 目录法。AIO 清单法是通过问卷调查的方式了解消费者的活动、兴趣和看法以区分不同的生活方式类型。研究人员从消费者中抽取大量样本，以问卷的方式向被调查者提出一系列问题和答案，请消费者以文字表述或选择答案的方式回答。提出的关于活动方面的问题是消费者做什么、买什么、怎样打发时间等；兴趣方面的问题是消费者的偏好和优先考虑的事物；看法方面的问题是消费者的世界观、道德观、人生观，对经济和社会事务的看法等。AIO 清单由大量的陈述句(一般约 300 条)组成，消费者回答对这些陈述的同意或不同意的程度。研究人员运用计算机分析消费者的回答，把回答相似的消费者归为一类，以此识别不同的生活方式。AIO 清单中具体设计什么项目并没有一个一成不变的标准，应视研究目的和研究所涉及的领域及其性质来决定。一般来说，AIO 清单中的问题可分为具体性问题和一般性问题两种类型。前者与特定产品相结合，测试消费者在某一产品领域的购买、消费情况；后者与具体产品或产品领域无关，意在探测人群中各种流行的生活方式。两种类型的问题均有各自的价值。具体性问题提供关于消费者如何看待某种产品的信息，使营销者了解消费者喜欢产品的哪些方面、不喜欢哪些方面和希望从中获得哪些利益，从而有助于企业改进产品和提高服务水平。一般性问题提供的信息为营销者勾勒出目标市场上消费者的一般生活特征，从而有助于企业从中发现市场机会和据此拟定有关营销策略。

7.4.2 VALS2 生活方式分类系统

迄今最受推崇的关于生活方式的研究是斯坦福国际研究所(SIR)于 1978 年做的价值观与生活方式项目，即 VALS 系统或 VALS 生活方式分类系统。该系统以动机和发展心理学作为理论基础，将美国成年人的生活方式分成 9 种类型。由于 2/3 的人口被划在其中的两种类型里，加上该系统过多地依赖人口统计数据，因此使其运用价值受到影响。基于此，SIR 于 1989 年引进了被称为 VALS2 的新系统。美国斯坦福国际研究所的 VALS2 生活方式分类系统在两个层面上将消费者按其生活方式分成 8 个细分市场，第一个层面是消费者资源，第二个层面是自我取向。消费者资源不仅包括财务或物质资源，而且包括心理和体力方面的资源。自我取向被分成三种类型：原则取向、身份取向、行动取向。持原则取向的人主要是依信念和原则行事，而不是依情感或获得认可的愿望做出选择。持身份取向的人很大程度上受他人的言行、态度的影响。持行动取向的人热心社会活动，积极参加体能性活动，喜欢冒险，寻求多样化。下面是对 VALS2 的 8 个细分市场的简要描述。

(1) 实现者，约占人口的 8%。他们是一群成功、活跃、独立、富有自尊的消费者。他们的资源最丰富，大学文化水平，平均年龄在 43 岁左右，年收入达 58 000 美元。他们在消费活动中喜欢"精美的东西"，容易接受新产品、新技术，对广告的信任度低，经常广泛地阅读出版物，看电视较少。

(2) 完成者，约占人口的 11%。他们采取原则取向，是一群成熟、满足、善于思考的人。他们拥有较丰富的资源，受过良好教育，从事专业性工作，平均年龄 48 岁，年收入约 38 000 美元，一般已婚并有年龄较大的孩子。他们在消费活动中对形象或尊严不感兴趣，在家用产品上是高于平均水平的消费者，休闲活动以家庭为中心，喜欢教育性和公共事务性的节目，广泛并经常阅读。

(3) 信奉者，约占人口的 16%。他们采取原则取向，是一群传统、保守、墨守成规的人。他们资源较少，高中教育程度，平均年龄 58 岁，年收入约 21 000 美元。他们的生活超过平均水平，活动以家庭、社区或教堂为中心，购买美国制造的产品，寻找便宜货，看电视，阅读有关养老、家居、花园的杂志，不喜欢创新，改变习惯很慢。

(4) 成就者，约占人口的 13%。他们采取身份取向，是一群成功、事业型、注重形象、崇尚地位和权威、重视一致和稳定的人。他们拥有丰富资源，受过大学教育，平均年龄 36 岁，年收入约 50 000 美元。在消费活动中，他们对有额外报酬的产品特别有兴趣，看电视的程度处于平均水平，阅读有关商业、新闻和自己动手类的出版物。

(5) 奋斗者，约占人口的 13%。他们采取身份取向，寻求外部的激励和赞赏，将金钱视为成功的标准，由于拥有资源较少，因而常因感到经济的拮据而抱怨命运不公，易于厌倦和冲动。他们平均年龄 34 岁，年收入约 25 000 美元。在消费活动中，他们中的许多人追赶时尚，注重自我形象，携带信用卡，钱主要用于服装和个人护理，看电视比读书更令他们喜欢。

(6) 体验者，约占人口的 12%。他们采取行动取向，是一群年轻而充满朝气的人。他们拥有较丰富的资源，一般是单身、尚未完成学业，平均年龄 26 岁，年收入约 19 000 美元。他们追逐时尚，喜欢运动和冒险，将许多收入花在社交活动上，经常冲动性购物，关注广告，听摇滚音乐。

(7) 制造者，约占人口的 13%。他们采取行动取向，是一群保守、务实，注重家庭生活，勤于动手，怀疑新观点，崇尚权威，对物质财富的拥有不是十分关注的人。他们拥有的资源较少，受过高中教育，平均年龄 30 岁，年收入约 30 000 美元。在消费活动中，他们的购买是为了舒适、耐用和价值，不去关注豪华奢侈的产品，只购买基本的生活用品，听收音机，一般阅读涉及汽车、家用器具、时装和户外活动内容的杂志。

(8) 挣扎者，约占人口的 14%。他们生活窘迫，受教育程度低，缺乏技能，没有广泛的社会联系。一般年纪较大，平均年龄 61 岁，年收入仅 9000 美元，常常受制于人和处于被动的地位。他们最关心的是健康和安全，在消费上比较谨慎，属于品牌忠诚者，购物时使用赠券并留意降价销售信息，相信广告，经常看电视、阅读小报和女性杂志。

需要指出的是，虽然 VALS2 较原 VALS 系统有较大的改进，但它同样存在 VALS 系统所具有的某些局限。例如 VALS2 中的数据是以个体为单位收集的，而大多数消费决策是以家庭为单位做出或很大程度上受家庭其他成员的影响。另外，很少有人在自我取向上是"纯而又纯"的，SIR 所识别的三种导向中的某一种可能对消费者具有支配性影响，然而支配的程度及处于第二位的自我取向的重要性会因人而异。尽管如此，VALS2 仍是目前运用生活方式对市场进行细分的最完整的系统，它已经并将继续被企业广泛地运用。

📖 **扩展阅读7-6**

消费者生活方式的发展变化趋势

本 章 小 结

个性是指决定和折射个体如何对环境做出反应的内在心理特征。内在心理特征包括使某一个体与其他个体相区别的具体品性、特质、行为方式等多个方面。人的个性具有多方面的特点。首先，个性既反映个体的差异性，又反映了人类、种族和群体的共同心理特征。"人心不同，各如其面"。其次，个性具有一致性和稳定性。最后，个性并非完全不可改变，生活中的某些重大事件，如小孩的出生、亲人的去世、离婚等都可能导致个性的改变。

自我概念是个体对自身一切的知觉、了解和感受的总和。每个人都会逐步形成关于自身的看法，如是丑是美、是胖是瘦、是能力一般还是能力出众等。某些产品对拥有者而言具有特别丰富的含义，它们能够向别人传递关于自我的很重要的信息。

从消费者角度理解，生活方式就是人如何生活，它对个体应选择何种消费模式，包括消费观念、如何使用时间和金钱等均有重要影响。

研究消费者生活方式通常有两种途径：一种途径是研究人们一般的生活方式模式，另一种途径是将生活方式分析运用于具体的消费领域，如户外活动或与公司所提供的产品、服务相关的方面。

习 题

1. 名词解释

(1) 个性　(2) 自我　(3) 生活方式　(4) 高物质主义倾向　(5) 认知需要

2. 填空题

(1) ＿＿＿＿＿＿是个体对自身一切的知觉、了解和感受的总和。

(2) 不太愿意为移植目的捐献器官的人，往往被视为具有高＿＿＿＿＿＿倾向的人。

(3) 从消费者角度理解，_____就是人如何生活，它对个体应选择何种消费模式，包括消费观念、如何使用时间和金钱等均有重要影响。

3. 简答题

(1) 生活方式与个性的联系和区别是什么？

(2) 根据品牌与个性的关系，应该从哪些方面考察品牌？

(3) 阐述个性与决策的关系，列出主要观点。

第8章

经济、文化因素与消费者行为

📖 导读案例

中国企业海外本土化发展须克服文化差异

"华为取得成功的重要因素是创新和本土化。其中,尊重所在国文化习俗,增进、了解并融入当地社会是非常重要的。"华为瑞典公司总经理罗刚日前接受新华社记者专访时说。罗刚说,作为中国企业派驻当地的主管,要尽量平衡本地和中方员工的利益与工作,特别在出现沟通障碍和误解时,要及时协调,使来自不同文化背景的员工能够团结一致去提高企业的经营实绩。据罗刚介绍,华为公司2000年在瑞典成立瑞典研究所,2003年开始扩展瑞典电信市场,注册成立华为瑞典子公司,随后的四年间陆续在挪威、丹麦、芬兰设立办事处。2012年,华为瑞典公司订货额预计将达到4.7亿美元。经过多年努力,华为正逐渐成为当地主流运营商的战略合作伙伴,网络地位不断提高。 目前,华为在北欧地区的员工总数超过800人,在瑞典就有500多人,其中60%以上都是本地员工。罗刚说,文化差异是大多数中国企业拓展海外市场时遭遇的一条鸿沟。多年来,华为瑞典公司在本土化发展方面不遗余力,严格遵照当地劳工法律为所有员工缴纳各种保险和所得税,并建成一支以本地员工为主的队伍。随着业务的不断壮大,这支队伍可以更好地服务本地客户,洞悉客户需求,并能有效打通与华为公司总部各相关业务部门的协作流程,从而实现本地化需求端到终端的高质量交付和服务。

华为在北欧的业务拓展不免会遇到难题。为更好地服务游客和居民,华为与挪威电信运营商挪威电信公司决定共同在斯瓦尔巴特群岛部署世界上最先进的LTE技术。但北极地区可达零下46℃的恶劣气候和偏远的地理位置增加了人员和物资的运输难度,该地区的北极熊也对安装人员形成威胁。为解决难题,华为公司与挪威电信公司重新优化配置参数,通过立体运输的方式,采用直升机、大型叉车、雪地汽车等多种运输工具,将人员和物资安全地运送到安装站点,克服困难完成了设定目标。华为公司在积极拓展电信市场的同时,也积极投入北欧国家的社会公益事业。罗刚介绍说,公司曾组织10名丹麦大学生通过"华为科技文化之旅"前往中国,体验公司高科技和中国文化。华为还与丹麦哥本哈根商学院孔子学院正式结成伙伴关系,协助推动丹麦的汉语教学并促进中国文化的传播。通过在科技、文化、教育等多方面的合作,华为赢得了北欧社会的认可,进一步消除了文化差异带来的不利影响。罗刚表示,华为瑞典公司将坚持长期本地化投入和服务于本地客户，与本地员工、合作伙伴、消费者形成共赢，努力为中国企业在海外赢得良好口碑。

（资料来源：海外工程项目与当地文化差异. 百度文库. 2019-04-03. https://wenku.baidu.com/view/14d3cd6e6394dd88d0d233d4b14e852458fb39d4.html，有删改)

　　宏观经济政策、居民收入、商品价格等经济因素会直接影响消费者的消费模式与消费水平，而文化因素对消费者行为影响更为深远，经济和文化都是影响消费者行为的重要环境因素。本章在阐述收入、支出等经济因素和文化价值观、亚文化理论的基础上，讨论经济和文化因素对消费者行为的影响。

8.1　经济因素与消费者行为

　　经济因素包括宏观经济因素和微观经济因素。宏观经济因素是指整体的经济环境，这与经济形势、经济周期有关。一方面，消费者行为影响经济周期阶段的发展；另一方面，当经济处于不同的经济周期阶段时，消费者的行为是不同的。当经济处于繁荣时期，人们的经济状况良好，可以有更多的可支配收入，消费水平也相对高；当经济处于衰退时期，人们的收入减少，就会节省开支，消费水平就会降低。微观经济因素主要涉及消费者的以往经济状况、现有经济状况、预期经济状况、经济地位等一系列因素，这些因素决定消费者的支出、储蓄和购买决策等。

8.1.1　宏观经济因素

　　宏观经济因素是指影响企业营销活动的一个国家或地区的宏观经济状况，主要包括经济发展状况、经济结构、居民收入、消费者结构等方面的情况。宏观经济因素可以说是制约消费者消费行为的一个基本因素。

1. 宏观经济因素对消费者行为的影响

　　宏观经济因素对消费者行为的影响有以下几点：

　　(1) 通过直接对家庭的经济资源产生扩张性或紧缩性的影响，宏观经济会对消费者的购买行为产生鼓励或抑制的作用；

　　(2) 通过影响消费者的情绪，宏观经济会鼓励或抑制消费者消费行为的发生；

　　(3) 通过推动商业周期的发生，宏观经济会对消费者的消费及储蓄行为产生影响。

2. 影响消费者行为的主要宏观经济因素

　　影响消费者行为的宏观经济因素主要是社会生产力、社会生产关系、消费者经济收入和商品价格四个方面。

　　1) 社会生产力对消费者行为的影响

　　由于消费者消费的商品是由生产提供的，生产能够提供什么，提供多少，客观上制约着消费什么，消费多少。生产不仅制约着消费的品种、规格、数量，而且还制约着消费结构。例如，在中国几千年的历史长河中,无论哪个封建帝王,不管怎样富有,也不可能有汽车、飞机、电冰箱等物质消费。另外,社会生产力发展水平也制约着人们的消费方式。例如,从原始人茹毛饮血的饮食方式到现代人刀叉进餐的饮食方式,不能说不是生产力发展的必然结果。

2) 社会生产关系对消费者行为的影响

在阶级社会中,每一个消费者作为一定的社会成员,其经济地位是被社会生产关系所规定的,不同社会经济地位会导致消费者不同的消费行为。但在社会主义社会,劳动者的消费具有了不再隶属于资本的独立性质,消费增长表现为社会成员共同富裕基础上的消费者消费水平的普遍提高。不论社会主义社会的消费水平是高还是低,都不能否定劳动者在消费生活中的主人翁地位。

3) 消费者经济收入对消费者行为的影响

由于消费者收入是有差异的,又是不断变化的,它必然会影响消费者的消费数量、质量、结构及消费方式,因此,它影响消费者行为。

(1) 消费者绝对收入的变化影响其消费行为。引起消费者绝对收入变化的主要因素是:消费者工资收入变化引起绝对收入的增加或减少;消费者财产价值意外的变化,如突然得到他人赠送、接受遗产、彩票中奖,意外地蒙受灾害、被盗、被窃等带来消费者绝对收入的增减;政府税收政策变化,企业经营状况好坏等造成个人收入的变化,也会导致消费者绝对收入的变化,从而影响消费者的消费品种、数量、结构及方式。

(2) 消费者相对收入的变化影响其消费行为。有时消费者自己的绝对收入没有发生任何变化,但由于他人的收入发生了变化,这种相对收入的变化必然影响消费者的消费行为,可能要比别人减少消费或改变消费结构,也可能模仿收入相对提高的他人而提高自己的消费层次,以致出现相对的超前消费。

(3) 消费者实际收入的变化影响其消费行为。例如由于物价上涨,商品价格提高,使消费者的实际收入发生变化,则实际购买的数量、品种、结构、方式都会发生相应的变化。

(4) 消费者预期收入的变化影响其消费行为。消费者总要对未来的收入情况做出一定的预期估计,如果消费者预见未来收入将比现期收入高,那么他就可能增加现期的消费支出,甚至敢于借债消费;如果预见未来的收入要降低,那么消费者就可能减少现期消费而增加储蓄。

4) 商品价格对消费者行为的影响

由于消费者在一定时间内的收入是有限的,同时,可供人们消费的商品也总是以一定的价格形式出现在市场上。因此,消费者为了满足消费需要,必须根据自己的收入状况,根据不同商品的价格水平,在各种商品中进行选择。例如,收入高或负担轻的消费者,由于经济条件较宽松,可能多选择高档商品;而收入少或负担重的消费者,则可能较多地选择中低档商品。又如,人们预期未来价格不会发生很大的变化或会以某种固定幅度变化,就不会发生因物价上涨而采取的抢购行为。一般来说,价格越高,对消费者的推力越大,即可能把大多数消费者从该类商品购买者行列中推出去;反之,价格越低,对消费者的拉力越大,即越可能把人们拉入该商品的购买者行列。但这种现象并不是绝对的,在现实生活中,有的消费者出于某种偏好或消费心理,不顾价格的昂贵,反而以购买高价商品为荣,这就要做更深入的分析。

8.1.2　消费者收入

1. 消费者收入水平的变化

消费者收入是指消费者个人从各种来源中所得的全部收入，包括消费者个人的工资、退休金、红利、租金、赠予等收入。消费者的购买力来自消费者的收入，但消费者并不是把全部收入都用来购买商品或劳务，购买力只是收入的一部分。因此，在研究消费收入时，要注意以下几点：

(1) 国民生产总值。它是衡量一个国家经济实力与购买力的重要指标。从国民生产总值的增长幅度可以了解一个国家经济发展的状况和速度。一般来说，工业品的营销与这个指标有关，而消费品的营销则与此关系不大。国民生产总值增长越快，对工业品的需求和购买力就越大；反之，就越小。

(2) 人均国民收入。这是用国民收入总量除以总人口的比值。人均国民收入大体反映了一个国家人民生活水平的高低，也在一定程度上决定商品需求的构成。一般来说，人均收入增长，对消费品的需求和购买力就大；反之，就小。根据近 40 年的统计，一个国家人均国民收入达到 5000 美元，则机动车可以普及，其中小轿车约占一半，其余为摩托车和其他类型车。

(3) 个人可支配收入。个人可支配收入是在个人收入中扣除税款和非税性负担后所得余额，是个人收入中可以用于消费支出或储蓄的部分，它构成实际的购买力。

(4) 个人可任意支配收入。个人可任意支配收入是在个人可支配收入中减去用于维持个人与家庭生存不可缺少的费用(如房租、水电、食物、燃料、衣着等项开支)后剩余的部分。这部分收入是消费需求变化中最活跃的因素，也是企业开展营销活动时所要考虑的主要对象。因为这部分收入主要用于满足人们基本生活需要之外的开支，一般用于购买高档耐用消费品、旅游、储蓄等，它是影响非生活必需品和劳务销售的主要因素。

(5) 家庭收入。很多产品是以家庭为基本消费单位的，如冰箱、抽油烟机、空调等。因此，家庭收入的高低会影响很多产品的市场需求。一般来讲，家庭收入高，对消费品需求大，购买力也大；反之，需求小，购买力也小。需要注意的是，企业营销人员在分析消费者收入时，还要区分货币收入和实际收入，只有实际收入才影响实际购买力。因为实际收入和货币收入并不完全一致，由于通货膨胀、失业、税收等因素的影响，有时货币收入增加，而实际收入却可能下降。实际收入是扣除物价变动因素后实际购买力的反映。

2. 消费者收入与消费行为的关系

(1) 消费需求弹性。受经济收入有限性的影响，绝大多数消费者对商品的价格都比较敏感，对商品的性能、质量都比较重视。消费需求弹性即收入水平不变时，需求量与价格成反比。作为一个消费者，他的收入总是有限的，面对众多的商品，消费欲望与实际收入的矛盾，使得人们每一次购买都很谨慎，即在不超出支付能力的限度内，选择一个质量较为理想的商品。

(2) 消费者收入与消费支出结构。恩格尔定律是指一个家庭或一个国家越穷，其消费支出总额中，用于购买食品的费用所占比例越大；反之，一个家庭或一个国家越富有，其消费支出总额中，用于购买食品的费用所占比例越小。根据恩格尔系数划分的消费结构水平代表了一个国家或一个家庭的生活水平，并可以据此分析消费者的消费行为与消费趋势。

（3）消费者收入与新产品采用。在影响新产品采用的因素中，消费者的经济状况起了一定的作用。收入高的消费者，在消费心理方面表现为求新、求好，因而常常是新产品的最先使用者。而收入一般的消费者，在消费心理方面表现为谨慎、求实，因而通常是新产品的晚期采用者。当消费者的收入很低时，他一般不可能对新产品产生任何的奢望，因而表现在消费心理方面只能是守旧者。

（4）消费者储蓄和信贷情况。储蓄量越多，现实消费量越少，潜在消费量越多；储蓄量越少，现实消费量越多，潜在消费量越少。储蓄目的不同影响潜在需求量、消费模式、消费内容、消费发展方向，企业必须调查了解消费者储蓄动机和目的后制定不同的策略。

信贷是对未来收入的提前支取，主要包括短期赊销、购买住宅分期付款、购买昂贵消费品分期付款、信用卡信贷等。由于信贷促使人们购买超过自己现实购买力的商品，因此会创造更多就业机会、收入及需求。同时，信贷也是一种经济杠杆，可以调节积累与消费、供给与需求的矛盾。

8.1.3　消费者支出

随着消费者收入的变化，消费者支出模式会发生相应变化，继而使一个国家或地区的消费结构也发生变化。西方一些经济学家常用恩格尔系数来反映这种变化。恩格尔系数表明，在一定的条件下，当家庭个人收入增加时，收入中用于食物开支部分的增长速度要小于用于教育、医疗、享受等方面的开支增长速度。食物开支占总消费量的比重越大，恩格尔系数越高，生活水平越低；反之，食物开支所占比重越小，恩格尔系数越小，生活水平越高。

这种消费支出模式不仅与消费者收入有关，而且还受到下面两个因素的影响：①家庭生命周期的阶段影响。据调查，没有孩子的年轻人家庭，往往把更多的收入用于购买冰箱、电视机、家具、陈设品等耐用消费品上。而有孩子的家庭，则在孩子的娱乐、教育等方面支出较多，而用于购买家庭消费品的支出减少。当孩子长大独立生活后，家庭收支预算又会发生变化，用于保健、旅游、储蓄部分就会增加。②家庭所在地点的影响。例如住在农村与住在城市的消费者相比，前者用于交通方面支出较少，用于住宅方面的支出较多，而后者用于衣食、交通、娱乐方面的支出较多。

消费结构是指消费过程中人们所消耗的各种消费资料(包括劳务)的构成，即各种消费支出占总支出的比例关系。优化的消费结构是优化的产业结构和产品结构的客观依据，也是企业开展营销活动的基本立足点。第二次世界大战以后，西方发达国家的消费结构发生了很大变化：①恩格尔系数显著下降，目前大都下降到20%以下；②衣着消费比重降低，幅度在20%～30%；③住宅消费支出比重增大；④劳务消费支出比重上升；⑤消费开支占国民生产总值和国民收入的比重上升。

8.1.4　消费者储蓄和信贷情况

消费者的购买力还受储蓄和信贷的直接影响。

1. 消费者的储蓄

消费者个人收入不可能全部花掉，总有一部分以各种形式储蓄起来，这是一种推迟了的、潜在的购买力。消费者储蓄一般有两种形式：一是银行存款，增加现有银行存款额；二是购买有价证券。当收入一定时，储蓄越多，现实消费量就越小，但潜在消费量越大；反之，储蓄越少，现实消费量就越大，但潜在消费量越小。企业营销人员应当全面了解消费者的储蓄情况，尤其是要了解消费者储蓄目的的差异。储蓄目的往往影响潜在需求量、消费模式、消费内容和消费发展方向，这就要求企业营销人员在调查、了解储蓄动机与目的的基础上，制定不同的营销策略，为消费者提供有效的产品和劳务。

我国居民有勤俭持家的传统，长期以来养成了储蓄习惯。近年来，我国居民储蓄额和储蓄增长率均较大。据调查，居民储蓄目前主要用于供养子女和婚丧嫁娶，但从发展趋势来看，用于购买住房和大件用品的储蓄占总储蓄额的比重将逐步增加。我国居民储蓄增加，显然会使企业目前产品价值的实现比较困难，但是，企业若能调动消费者的潜在需求，就可开发新的目标市场。例如 1979 年，日本电视机厂商发现，尽管中国人可任意支配的收入不多，但中国人有储蓄习惯，且人口众多。于是，他们决定开发中国黑白电视机市场，不久便获得成功。当时，西欧某国电视机厂商虽然也来中国调查，却认为中国人均收入过低，市场潜力不大，结果贻误了时机。

2. 消费者的信贷

西方国家广泛存在的消费者信贷对购买力的影响也很大。所谓消费者信贷，就是消费者凭信用先取得商品使用权，然后按期归还贷款，以购买商品。这实际上就是消费者提前支取未来的收入，提前消费。西方国家盛行的消费者信贷主要有短期赊销、购买住宅分期付款、购买昂贵的消费品分期付款和信用卡信贷等几类。

信贷消费允许人们购买超过自己现实购买力的商品，从而创造了更多的就业机会、更多的收入以及更多的需求；同时，消费者信贷还是一种经济杠杆，它可以调节积累与消费、供给与需求的矛盾。当市场供大于求时，可以发放消费信贷，刺激需求；当市场供不应求时，必须收缩信贷，适当抑制、减少需求。消费信贷把资金投向需要发展的产业，刺激这些产业的生产，带动相关产业和产品的发展。我国现阶段的信贷消费还主要是公共事业单位提供的服务信贷，如水、电、煤气的缴纳，其他方面，如教育、住宅建设以及一些商家的信用卡消费正在逐步兴起。

8.2　文化因素与消费者行为

现代企业在营销中必须考虑文化因素，不同文化类型的消费者的消费观念及需求是不一样的，将文化因素融入营销中往往能成为营销活动成功的关键。相反，忽略消费者文化因素的营销也容易遭遇失败。

8.2.1　文化的含义

一般来讲，从广义的角度来看，文化是人类在社会实践的历史发展过程中创造的一切物质和精神财富的总和，包括风俗习惯、行为规范、宗教信仰、生活方式、价值观念、态度体系，以及人们创造的物质产品等。从狭义的角度来看，文化是一种社会意识形态和行为方式，是决定人类欲望和行为的基本因素，包括文学、艺术、教育、道德、宗教、社会习俗、行为规范等内容。在消费者行为研究中，本书将文化定义为一定社会经过学习获得的、用以指导消费者行为的信念、价值观和习惯的总和。

信念包括大量的心智或语言的表达，这些表达反映了一个人对有关事物的特有知识和评价；价值观是人们关于事物有无价值以及价值大小的根本观点和评价标准；习惯是公开的行为方式，它们构成特定环境中文化上被许可或可接受的行为方式，习惯构成了一定社会中人们的日常行为。

文化是知识、信念、艺术、法律、伦理、风俗和其他由一个社会的大多数成员所共有的习惯、能力等构成的复合体。

首先，文化是一个综合的概念，它几乎包括了影响个体行为与思想过程的每一个事物。文化虽然并不决定诸如饥饿或性等一些生理驱力的性质和频率，但它却影响如何使这些驱力得以实现或满足。

其次，文化是一种习得行为，它不包括遗传性或本能性行为与反应。由于人类绝大多数行为均是经由学习获得而不是与生俱来的，所以，文化确实广泛影响着人们的行为。

再次，现代社会极为复杂，文化很少对什么是合适的行为进行详细描述。在大多数工业化社会，文化只是大多数人提供行为和思想的边界。

最后，由于文化本身的性质，人们很少能意识到它对我们的影响。人们总是与同一文化下的其他人员一样行动、思考、感受，这样一种状态似乎是天经地义的。文化的影响如同人们呼吸的空气，无处不在，无时不有。

消费者行为学研究中对文化的定义是文化为一定社会经过学习获得的，用以指导消费者行为的价值观念、行为规范、风俗习惯、生活方式、伦理道德和信仰等的总和。

文化既是一种社会现象，又是一种历史现象。文化随着社会物质生产的发展而发展，随着新的社会制度的产生而产生，有其自身的客观规律，不以人的意志为转移。文化的发展又具有历史连续性，并以社会物质产生的发展为基础。文化是一定社会政治和经济的反映，反过来对社会政治和经济产生巨大的影响。文化的形成和发展离不开人的活动，一旦形成，又影响和制约人们的行为和观念。

文化和亚文化对消费行为的影响是通过消费观念、生活方式、风俗习惯等实现的。不同文化背景下的人们，其消费观念有着很大的差别：人们的生活方式与社会文化也有密切的关系，文化不仅直接影响人们的行为方式，而且通过观念影响人们的消费行为；不同社会文化的风俗习惯，还会受到社会舆论的谴责和惩罚。因此，不同的社会文化总会形成一些独特的消费行为习惯。可见，不同的文化会有不同的消费观念、生活方式、风俗习惯，因而文化的差异会引起消费行为的差异。

消费文化是由一个社会群体中影响人们行为的态度、信念、价值观、风俗、习惯等构成的复合体。不同社会阶层的文化方式是不同的；人类的相互作用产生了价值观并规定了每种文化所能接受的行为；只要一种价值观或信念符合社会的需求，它们就始终是文化的一部分；如果不了解文化，企业销售产品的机会将会减少。

📖 **扩展阅读8-1**

星巴克的品牌文化

8.2.2　文化的特征

对一定社会各种文化因素的了解将有助于营销者提高消费者对其产品的接受程度。归纳起来，文化具有如下特点。

(1) 习得性。社会文化的习得性分为三类：正式的、非正式的，以及专业性的规范和标准。例如，如何做客、待客，如何欣赏艺术，怎样选择产品和服务。社会文化就是通过家庭、学校和社会的教育、灌输，使社会成员接受社会的规范和价值标准，自然地形成各自的行为模式。

(2) 民族性。文化的民族性主要是指导思想、意识、感情、心理等不同的精神特质。

(3) 延续性。文化的延续性就是相对稳定性。促销必须研究潜在的目标市场所具有的特定文化背景，这样才可能指导自己的产品更好地被该社会成员所接受并更有效地将产品特征传递给消费者，以达到说服购买的目的。

(4) 发展性。文化是不断变化的，例如人们的价值观念、习惯、兴趣、行为方式等随着人类社会的前进，会发生一定的变化。

8.2.3　文化价值观

1. 价值观的含义

价值观是关于理想的最终状态和行为方式的持久信念，代表一个社会或群体对理想的最终状态和行为方式的某种共同看法。因此，文化价值观为社会成员提供了关于什么是重要的、什么是正确的，以及人们应追求一个什么最终状态的共同信念。价值观是人们用于指导其行为、态度和判断的标准，而人们对于特定事物的态度一般也是反映和支持他的价值观的。

2. 文化价值观及其演变

每一个社会或群体都有其居于文化核心地位的价值观。同时，文化价值观有核心价值观与次要价值观之分。文化的核心价值观是指特定的社会或群体在一定历史时期内形成并被人们普遍认同和广泛持有的占主导地位的价值观念。文化的次要价值观则是指特定的社会或群体在一定时期内形成和持有的次要的、居于从属地位的价值观念。

文化价值观的另一种分类方法是由心理学家米尔顿提出来的。他把价值观区分为终极价值观和工具性价值观。终极价值观是人们理想的终极状态，即人们期望最终实现的生活理想。工具性价值观是指人们为达到理想的终极状态所要求的行为和行动。

某一社会或群体的人们所共同持有的某些基本价值观念，即所谓的核心价值观，具有极强的稳定性，在相当长的历史时期通常不会改变。这些价值观念是一个人类群体所共有的，即使这一群体的成员不断更新，它们也会被延续下去，并且具有较强的抵制变革惯性。核心价值观一般来自父母，并通过学校、宗教机构或其他社会组织得以强化。例如，大多数中国人恪守的"仁爱孝悌""精忠爱国""见利思义""诚信知报"等信念，绵延数千年，迄今仍未发生多大变化。对于这些核心价值观和信念，任何企业都无法或很难改变，合理的策略选择应是努力去适应，并在其经营理念中有所折射和反映，保持企业理念与社会核心价值观念的一致。否则，失败就将是难免的。

一个社会或群体的文化中居于从属、次要地位的价值观，则是相对容易改变的。例如，随着人们收入和消费水平的提高，消费者将越来越注重购买和消费过程中的情感满足，并越来越要求消费的个性化，伴随这种变化的是人们价值观的多元化。对于这些变化，企业就必须密切关注并随时做出适应性的反应。

下面用速溶咖啡的例子来说明价值观念变化对消费者行为及市场营销影响。当速溶咖啡首次引入美国市场时，美国的家庭主妇大多抱怨其味道不像真正的咖啡。但当这些家庭主妇被蒙住眼睛试饮时，她们中大多数人都分辨不出哪一种是速溶咖啡，哪一种是传统咖啡。这说明她们对速溶咖啡的抵制只是由于心理的原因。进一步的研究证明，主妇们拒绝速溶咖啡的真正原因是她们认为购买速溶咖啡的人都是一些懒惰、浪费、不称职的妻子，并且是安排不好家庭计划的人。然而，20年后的一项研究则表明，美国家庭主妇们的观念已发生了巨大变化，在她们的心目中，速溶咖啡的购买者已不再是 20 年前的形象了。显然，速溶咖啡现在在美国市场所遭受的抵制要比20年前少得多。

3. 与消费者行为有关的文化价值观

下面介绍另一种有意义的文化价值观分类，即把文化价值观区分为三大类：有关社会成员间关系的价值观、有关人类环境的价值观和有关自我的价值观。这些价值观都是一些极端的情况，在两个极端的价值观之间，还存在无数的中间状态。

1) 有关社会成员间关系的价值观

有关人们之间关系的价值观反映的是一个社会关于该社会中个体与群体、个体之间，以及群体之间适当关系的看法。这类价值观对于营销实践有着重要影响。

(1) 涉及他人的价值观：这类价值观反映社会与个人之间、个体与群体之间，以及群体彼此之间应如何相处或建立何种关系的基本看法。这些关系对于营销实践有着重要影响。

(2) 在自己与他人关系上的价值观：人们在自己与他人之间的关系上，在相对强调个人利益和自我满足，还是相对强调社会利益和满足他人方面，会表现出不同的价值取向。

(3) 在个人与集体关系上的价值观：不同的社会文化在对待个人与集体关系上会有不同的价值取向。有的社会强调的是团队协作和集体行动，并且往往把成功的荣誉和奖励归于集体而不是个人；相反，有的社会强调的是个人成就和个人价值，荣誉和奖励常常被授予个人而不是集体。

(4) 在成人与孩子关系上的价值观：家庭活动在多大程度上是围绕孩子的需要而不是成人的需要，孩子在家庭决策中扮演什么角色，以及孩子在决策中扮演的角色哪些与自己有关，对这些问题的分析可以发现一个社会在成人与孩子关系上的价值取向。

(5) 在青年与老人关系上的价值观：不同的社会文化，在对待青年人与老年人的价值取向上也可能存在差异。有的社会，荣誉、地位、重要的社会职务都是属于老年人的；另一些社会，则可能是属于青年人的。

(6) 在男人与妇女关系上的价值观：具有不同文化的社会中，男人与妇女的社会地位可能存在很大差异。在我国，男女的社会地位是平等的，都有机会担任重要的社会职务；在重要的家庭购买中，通常是由夫妻共同做出决定。但在有些国家，可能存在严重的性别歧视，妇女在社会和家庭中没有重要地位。

(7) 在竞争与协作关系上的价值观：不同的社会文化对于竞争与协作的态度会有所不同。在有的文化价值观中，人们崇尚竞争，信奉"优胜劣汰"的自然法则；在另一些文化价值观中，人们则倾向于通过协作而取得成功。这方面的价值观往往能从不同的文化对比较广告的反应中表现出来。例如，墨西哥和西班牙都禁止做比较广告，我国也是如此。但在美国，比较广告却是被容许的。

(8) 浪漫主义的价值观：在不同的社会文化背景下，人们可能会具有不同的浪漫主义性格。在许多文化中，浪漫爱情是文学作品中的普遍主题。然而，在另一些社会文化中，婚姻由父母包办，青年人没有恋爱、择偶的自由。美国品牌 Listerine 的产品在泰国做广告时，最开始是以相爱的男女青年作为画面背景，结果失败了。公司将广告画面改为两个女孩在一起谈论 Listerine 后，销售业绩则马上得到提高。

2) 有关人类环境的价值观

有关人类环境的价值观反映社会对经济、技术和物质环境之间相互关系的看法。这类价值观对于消费者行为也具有重要影响，并最终影响企业营销策略的选择及其成败得失。

(1) 在个人成就与出身关系上的价值观：一个社会在强调个人成就或家庭出身方面的文化差异，将导致这个社会把经济、政治和社会机会平等或不平等地给予不同的个人或集团。在一个个人成就取向的社会里，机会、报酬和具有较高荣誉的社会职位会被更多地提供给那些个人表现和成就突出的人。在这样的社会里，任何社会集团都不具有特权。在一个重视家庭出身和家庭背景的社会里，个人的机会往往取决于他的家庭、家庭的社会地位及其所属的社会阶层。

(2) 在风险与安全关系上的价值观：有的社会文化具有很强的冒险精神，勇于冒险的人会受到社会的普遍尊敬；另一些社会文化则可能具有很强的逃避风险的倾向，把从事冒险事业的人看作十分愚蠢的。这方面的价值观对企业家的培养和社会经济的发展具有重要的影响。不崇尚冒险的社会是难以发展出足够的企业以推动社会经济发展的。

(3) 在乐观与悲观关系上的价值观：当人们遇到困难和灾难时，是有信心去克服，还是听天由命、采取宿命论的态度，会集中反映一个社会所具有的是乐观还是悲观的价值观。在加勒比海地区，人们常会在遇到困难时说声"没有问题"或"没有关系"以宽慰自己。在他们的观念中，难题既然已经存在，所以担心也没用。墨西哥人则相反，他们大多是一些宿命论者。因此，当墨西哥人购买到不满意的商品或服务时，一般都不会提出正式的抱怨。

(4) 关于自然的价值观：不同文化背景下的人们在对待自然以及人与自然的关系上，可能会具有不同的观念和态度。一些人觉得他们受到了自然的奴役，另一些人认为他们与自然之间是和谐的，还有一些人认为他们能够征服和左右自然。中西文化的一个重要区别就是在对待人与自然关系的价值观念和态度上。

3) 有关自我的价值观

有关自我的价值观反映的是社会成员认为应为之追求的生活目标以及实现这些目标的途径、方式。这类价值观对于消费者行为有重要影响，因而对企业的市场营销也具有重要的影响。

例如，在一个及时行乐的社会里，消费信贷有着巨大的市场；而在一个崇尚节俭的社会里，消费信贷的推行将是艰难和缓慢的。

(1) 在动与静上的价值观：不同的社会文化会导致人们对待各种活动的不同态度，并且形成不同的"好动"或"好静"倾向。一项关于比较美国妇女和法国妇女社会活动的调查发现，法国妇女一般认为与朋友一起在炉边闲聊消磨夜晚是自己喜欢的活动。美国妇女则一般认为自己喜欢有音乐和谈话的聚会。这种在动与静上的价值观差异会带来不同的产品或服务需求。由于人们的观念不同，广告的诉求主题也应有所不同。

(2) 物质主义与非物质主义的价值观：在不同的社会文化中，人们在对物质财富与精神财富的相对重视程度上会存在差异。尽管一切物质财富是一切社会存在和发展的基础和前提，但人们对待物质财富的态度却不是一样的。有的社会奉行极端的物质主义，认为"金钱万能"。有的社会更加强调非物质的内容，例如在某些国家，宗教的地位是至高无上的，当物质利益与宗教信仰发生冲突时，人们会毫不犹豫地选择坚持他的宗教信仰。

(3) 在工作与休闲关系上的价值观：不同的社会文化在对待工作与休闲关系问题上会有不同的观念和态度。一般地，人们为了获取经济报酬而工作。但是，有的文化使人们较倾向于从工作中获得自我满足，有的文化则使人们在基本的经济需求满足后较倾向于更多地选择休闲。在企业营销中，如果忽视这方面的文化差异，可能付出的代价将是巨大的。

(4) 在现在与未来关系上的价值观：人们是为今天而活还是为明天而活，是更多地为今天着想还是更多地为明天打算，可以集中地体现一个社会在现在与未来关系上的价值观。这类价值观对于企业制定促销和分销策略具有重要的意义。

(5) 在欲望与节制关系上的价值观：这一类价值观体现在人们的生活态度是倾向于自我放纵、无节制，还是倾向于克制自己、节制欲望等方面。例如，穆斯林文化在此类价值观上是非常保守的。产品、包装、品牌和广告等都必须谨慎处理，以保证符合穆斯林的价值标准。快速成像照相机在阿拉伯国家获得成功的主要原因之一是阿拉伯人给自己的妻子和女儿照相时不必担心她们的相貌会被照相馆里的陌生人看见。

(6) 在幽默与严肃关系上的价值观：社会文化的差异也体现在幽默在多大程度上被接受和欣赏，以及什么才算是幽默等方面。一个社会文化中被看作幽默的东西，在另一个社会文化中可能不会给人以任何幽默感；男人认为是幽默的东西，女人不一定认为是幽默。成人与儿童在幽默感上也会存在差异。

📖 扩展阅读8-2

美国快乐文化的传播者——麦当劳

4. 影响非语言沟通的文化因素

不同国家、地区或不同群体之间，语言上的差异是比较容易察觉的，易于被人们忽视的往往是那些影响非语言沟通的文化因素，包括时间、空间、象征、契约、友谊、礼仪和礼节等。这些因素上的差异往往也是难以察觉、理解和处理的。

1) 时间

不同的社会文化可能具有不尽相同的时空观。人们在时间观念上可能存在一定差异。例如，美国人和加拿大人倾向于把时间看作必然的、线性的和稳定流动的，他们还具有一个时间只做一件事的信念，具有强烈的当前和近期导向。拉丁美洲人则倾向于把时间看作连续的和难以计划的，认为许多活动同时发生的复杂情况是自然的。

由于时间观念的差异，人们在时间的使用方式上往往表现迥异。世界上的大多数地区，决策所要求的时间是与决策的重要性成正比的。但是，如果某笔生意谈的时间太长，美国人可能反而认为对方没有给予足够的重视。美国人喜欢直截了当，主张迅速达成交易，因此在与日本经理交往时，往往会吓走对方，或者使谈判时间拖得更长，因为日本经理会认为美国人唐突而没有礼貌，从而更加谨慎地行事。

人们在时间观念上的差异及由此产生的需求和生活方式的不同，对于营销实践具有许多重要影响。例如，一家美国烟草公司在向某一个亚洲市场引入一种过滤嘴香烟时，曾以过滤嘴香烟所能带来的未来利益——减少肺癌风险作为广告宣传的主要产品利益。结果不久之后，市场中就显示出了失败迹象，因为该市场中的人们在时间观念上具有强烈的当前导向，未来利益在该社会中是没有价值和意义的。

2) 空间

人们在空间观念上也可能存在差异。美国人总认为，大的就是好的。因此，在美国人的公司里，办公室一般按照职务等级或声望高低，而不是按照实际需要进行分配。董事长拥有最大的办公室，其次是执行副董事长，以此类推。日本人可以几个人共用一张办公桌，美国人对此会感到很不自在。美国人往往把经理人员的办公室与所属机构的工作现场分隔开来，法国人则喜欢把经理人员办公室设在所属机构的中间。南美洲人与别人谈生意时，总是靠得很近，几乎是鼻尖对鼻尖，而美国人在普通商务会谈时要求保持比较远的距离，极其私人性的事情才要求保持相对较近的距离。因此，在南美洲人与美国人谈生意时，常常是美国人往后退，南美洲人就向前进，结果不欢而散。

3) 象征

象征也是文化的重要内容。所谓象征，美国当代人类学家怀特认为，是由使用某物质的人赋予它价值和意义，而象征的意义是产生并取决于使用它们的人类，是人类加在物质的东西和事件之上的。象征是重要的，因为象征能帮助人们以最小的努力迅速地进行复杂思想的沟通。

现在，许多公司都通过产品命名或品牌设计来使它们的产品具有象征价值。例如，汽车制造商对用动物名(如野马、美洲豹、蓝鸟)给其汽车命名就一直保持着较高热情，希望以此来赋予汽车以某种特点和个性，诸如快捷、灵活、勇敢、力量等。

颜色和服装等也具有象征价值。红、黄、绿、蓝、紫、白、黑等都有各自的象征意义。一般来说，白色代表纯洁，红色代表热情喜庆，黑色代表哀伤或庄重肃穆，绿色象征生命、青春与和平。但在不同的国家，相同的颜色可能具有完全不同的象征意义。蓝色对绝大多数美国人来说，是最有男子汉形象的颜色；而在英国和法国，红色才具有相似的意义。在日本，灰色是与廉价商品联系在一起的；对于美国人来说，灰色却代表着昂贵、高质量，并且值得信赖。人们有时也赋予服装、首饰及其他饰品一定的象征意义。例如，制服代表某一群体或组织的成员，长袍代表性保守，紧身衣和暴露装代表性开放，昂贵的珠宝代表一定的社会阶层或财富。

📖 扩展阅读8-3

巴西广告的文化因素

4) 契约

在现代社会中，企业具有越来越重要的地位和作用。我国在计划经济时代，契约是不作为商业活动重要依据的，商业关系主要服从并受制于行政指令和人伦关系的道德原则。在传统上，中国商人最关心的是其潜在贸易伙伴的信誉，而不是契约本身。即使在今天，这种倾向在一定程度上仍然是存在的。

就何时才算达成契约而言，不同社会文化中的人们的理解可能不一样。在俄罗斯人和希腊人看来，契约的签订仅仅是严肃谈判的开始，而且谈判要一直持续到整个项目的完成。中国人和美国人则一般把契约的签订看作谈判的结束。在契约签字方面，中国人认为举行隆重的合同签字仪式是一种重视，而阿拉伯人可能认为要求在契约上签字是对自己的侮辱。在谈判的内容方面，在一些国家，有些内容是由法律或习惯规范的，所以并不需要专门进行协商、谈判，而同样的内容在另一些国家，则可能必须经过当事人双方详细谈判后加以确定。同样，不同的社会文化条件下，人们在决策程序、谈判风格、风险策略等方面也可能存在差异。

5) 友谊

友谊是另一个重要的非语言文化因素。友谊与契约类似，意味着双方之间有一定的权利和义务。在欧洲的许多地方，通过朋友和邻居进行产品分销是行不通的，因为那里的人们对向朋友推销以获利的行为具有极度的反感。在墨西哥，通过家庭主妇进行某些产品的分销则可能是非常有效的，因为墨西哥妇女认为推销能为她们提供一种参加社交活动的绝好机会。事实上，在不同的社会文化中，友谊意味着不同的义务和权利。众所周知，美国人能够容易、迅速地建立友谊，而失去友谊也是容易的，其部分原因可能是由于美国人具有高度的流动性。中国人建立友谊则要缓慢得多，而且是慎重、认真的。因为"近朱者赤，近墨者黑"，所以要慎交朋友。

友谊常常能代替或补充法律和契约制度以确保商业和其他责任的履行。在一些商法典不完善、法制不健全的社会，人们往往坚持只与朋友做生意。例如，在中东国家，经理人员赢得潜在顾客友谊的能力，在获得或失去机会方面就是非常关键的。类似的一种情况是，在许多国家(如日本)，由于顾客与小零售商之间的友谊，夫妻店之类的小店铺具有坚韧、顽强的生命力，新的零售机构的进入则非常缓慢和困难。

6) 礼仪和礼节

礼仪和礼节代表社会交往中一般被接受的行为方式，它也可能导致人们相互间的误解或不自在。在一个文化中被认为粗鲁无礼和令人讨厌的行为，在另一个文化中可能是十分正常和被人们普遍接受的。例如，在中国和其他一些东方国家，坐着时跷二郎腿在许多场合(如晚辈在长辈面前)会被认为是对他人的不尊敬或者是缺少教养和没有礼貌。对一个阿拉伯人亮出鞋底，也是不礼貌的。但在美国，则会被认为是普遍的和可接受的。因此，许多美国广告都有跷二郎腿，或者把双脚搁在桌子上的画面，而且画面中的人物优哉游哉，充满自信。又如，与印度人谈话时，不盯着对方表示尊敬。而在美国，直盯着谈话者眼睛才表示尊敬。

总之，适当的礼仪和礼节对于企业营销尤其是人员推销和广告的重要性是显而易见的。营销人员必须懂得，在自己文化中是自然和适宜的礼仪和礼节，在其他文化中可能是非常不当的。

8.2.4 我国传统文化与消费者行为

1. 我国传统文化的特征

中国传统文化源远流长，其基本精神为讲究中庸、注重伦理、重义轻利，当今社会传统文化对消费的影响日趋明显，文化悄悄成为消费的新噱头。因此，重新认识我国的传统文化，发掘传统的新价值，对社会经济、文化的发展都将起到不可估量的作用。而且中国传统文化的价值观念、思维方式、生活方式、消费观念等也都有其独特性，研究这一独特性，特别是研究中国传统文化对人们的消费心理与行为的影响，对于我国企业参与国际竞争、搞好市场营销工作具有重要意义。

中国文化历史悠久，而且现在正处于急剧转型时期，再加上中国社会的各种繁杂关系造就的复杂多变的心态，使中国消费者的消费行为难以把握。他们可能恪守传统，但又为面子而追逐时髦；他们可能注重实惠，但又为攀比而挥霍无度。当然，表面的矛盾放到实际的背景中或许也能得到解释，下面列举一些与消费有关的文化特征。

1) 中国文化强调人伦主义

现在虽然家庭核心化，三世或四世同堂的现象有所减少，但传统的家庭伦理观念仍然保持着，亲子之间的相互依存关系很是明显。中国人的家庭观念、家庭依赖感、家庭责任感都比西方人强，中国人的家庭往往就是一个消费单位。在中国，个人的消费行为常常与整个家庭的行为活动息息相关。因此在中国，个体的消费行为不仅要考虑自身的需要，而且要顾及整个家庭的消费需要。家庭生活周期是进行市场分析时必须要考虑的，仔细研究每个周期的特点，具有市场营销的意义。例如，从年轻单身阶段到新婚阶段，再到生儿育女阶段，直至儿女成人离开家阶段，各阶段有不同的消费心理和消费需求，企业在产品开发及营销服务等方面应该注意产品的多功能、多用途及综合性强的特点，尽量使产品能够适合家里各成员不同阶段的需要。另外，在产品或劳务信息传递和沟通方面，口头信息沟通比正式的信息沟通渠道(如广告)更能让中国人相信和接受。

2) 中国文化重视人情关系

人情关系可从两个层次来了解：一是人情往来，即凡有婚丧嫁娶之类的事情，都要赠送礼品或现金，再如在一些精致的商品包装上印有"馈赠佳品"，即是这种倾向的反映；二是重义轻利，注重情义和精神价值，轻视物质利益，强调人与人之间的感情和道义，是中国文化的一大特色，同时也是中西文化之间的主要差异之一。例如在人际交往和正常的工作关系中，过于重视超越规则的感情交流，热衷于互相馈赠各种礼品甚至金钱，以强化相互关系。重义轻利在消费行为中的表现就是人情消费盛行，如"送礼就送脑白金"成功的原因就在于很好地利用了人情消费的契机。

3) 中国文化讲究中庸之道

中庸之道是儒家的一种基本主张，其思想精髓是"和"，是权衡之后的一种微妙平衡与和谐。就个人而言，中国人往往竭力遵守群体规范，力求在言行举止上与大家一致，避免突出个人风头。这种文化意识反映在消费行为上表现为求同和从众心理，尽量取得他人的认同和接受，比较容易接受大众化的商品。此外，儒家文化追求精神境界，讲求道德的贤者风范，注重通过个人品质的修炼使之达到完美，节制个人欲望被视为一种美德，从消费行为上表现为注重商品的实用性和耐用性。了解到这个特点，在商品的开发、生产和促销方面就能有的放矢，减少风险。

4) 中国文化特有的面子文化

由中国传统文化中的"礼"演变出了中国特有的"面子"文化，经过几千年的发展后，时至今日人们对面子更加看重。如果说中国人甘于平庸，那还不完全，只要有机会，中国人还是极想露脸的。中国文化的一大特色就是人际交往中讲究自己的形象和在他人心目中的地位，重视脸面。近年来的研究文献表明，与其他国家相比，中国人尤其注意通过角色扮演在他人心中留下一个好印象，获得一个众人赞誉的好名声。中国人对于丢脸之事深恶痛绝，而对露脸则心驰神往。所以，中国人特别注重给别人和自己留面子。反映在消费者行为中，中国人过于看重体面的消费，过于看重与自己身份一致、与周围他人相一致的求同心理和人情消费，在许多时候甚至出现"死要面子活受罪"的不良消费行为。

2. 我国传统文化对居民消费心理和消费行为的影响

1) 注重人情和求同的消费动机

人情消费在消费支出中所占的比重比较大；群体感强，注重规范，在消费心理上表现为求同，在消费行为中表现为从众。

2) 朴素的民风和勤俭节约的消费观念

在花钱、购物方面比较慎重，富有计划性，重视积累，不崇尚奢华；习惯攒钱买东西，不习惯借钱或贷款购物；购置生活必需品较多，用于享受方面的奢侈品少，崇尚实惠、耐用。

3) 含蓄的民族性格和谦逊的购物方式

在购物中，用语谨慎、措辞温和。

4) 以家庭为主的购买准则

中国人的家庭观念、家庭依赖感、家庭责任感强，家庭是一个消费单位。在以中国人为主的消费市场中，个体的消费行为不仅要考虑自身的需要，而且要顾及整个家庭的消费需要。

5) 注重直觉判断的购买决策方式

中国人在思维方面常常依赖个人经验和直观外推可以解释的领域。中国人购物时采用的是大体的和直觉的判断方式。中国人的购买模式是形成良好的印象后再寻找依据予以证明。与之相反，西方人的购买模式是先细致的分析和比较，然后再形成总体的印象。

3. 基于传统文化消费心理的营销对策

正确地认识并科学地分析我国传统文化影响下的消费心理与行为特点，对企业制定营销策略具有重要的现实意义。可结合中国传统文化的核心价值观，针对中华传统文化对消费者消费的影响，提出相应的行销策略。

1) 基于"人伦主义"的营销对位策略

运用亲慈子孝心理的广告画面在电视中时有所见。父母与孩子共同形成了一个特殊的消费单位，很多的消费决策是他们在互动中形成的。而独生子女一代的父母与以往的父母相比有自己的特点：他们受过更好的教育，经济总体水平较高，都希望孩子有更美好的未来，能把财务与其他资源向孩子聚焦，不少父母就是通过孩子所消费的东西来体现对孩子的关爱。因此，成功地开展针对孩子的营销需要在协助他们构建关系与满足他们彼此的互动性需要上做足功课，例如迪士尼乐园的"亲子游"。同时，商家可以将独生子女细分成更多的深度细分市场，并提供相应的产品与服务，让孩子们明确那是专门针对他们设计的。在产品与品牌信息上，需要更故事化、文学化、音乐化、艺术化与正面化，因为对孩子有吸引力的信息对现在的父母也有吸引力，他们更愿意接受美好的事物。

2）基于"人情"的关系营销策略

中国人的"人情"是建立在儒家文化的亲缘关系和由此外推的拟亲缘关系基础之上的，在处理问题时考虑最多的便是感情因素，因而相对来说缺乏理性。由于感情成分的介入，中国人的"人情"交往一般采用非等价交换原则。即一方希望在交往中由于"人情"的付出而获得更大的回报，但当获得预期回报时，又觉得对方的回报多于自己的付出，感觉反而又欠了对方的"人情"，于是又要把多得的"人情"还回去，这样循环反复，往往不可能"平账"。这种"人情"现象是基于中国人的"不欠"和"回报"心理而产生的。因此，中国的"人情"既是一种情感，也是一种维持彼此关系的资源，是连接相互关系的纽带。在中国充满"人情"的营销环境中，商家们一般不是完全按照西方完善的市场导向做生意，而是夹杂了一些"人情"在里面。贸易双方的交易可能不是等价交换，而是在一方"让利"给对方的条件下成交的。这种"让利"从某种程度上讲也就是送"人情"给对方。对方接受了此"人情"，将来在贸易中必然会以其他形式"回报"，其中的微妙关系是西方商人无法理解的。所以，在与中国商家或顾客做生意时，要巧妙地运用"人情"的给予和取得来维护交易双方的长期关系。另外，我国生意场上的"人情"不仅仅指利润让渡和价格折扣等物质方面的互换，还可以通过与贸易方的高层或直接接触的顾客进行"感情交流"，而使对方感觉到"人情"的存在，继而能帮助企业顺利地展开关系营销，赢得顾客的满意和忠诚。

3）基于"中庸"的心理认同营销策略

柳传志主张"战略上偏执，方法上中庸"。企业界的游戏规则是"胆小的等死，胆大的找死"。究竟如何做，关键在于权衡。在汽车行业，外观中庸、性能中庸，加上质量保持稳定，丰田的凯美瑞和花冠在美国市场连续取得很好的销量。而强劲竞争对手本田的产品受众比较年轻化、个性化，虽然在性能上还好过丰田产品，但是总是屈居亚军，所以中庸的产品更容易获得大多数人的认同。白酒中的五粮液则体现了中国"中庸"文化中的最高境界。五粮液生产工艺的各个环节中，"能现代化的都现代化了，该传统的依然传统"，传统工艺与现代科技的完美结合，造就了其"各味谐调，恰到好处"的独有风味。这种折中和平衡，恰恰契合并传承了中华民族传统文化的"中庸之道"的精髓，也是中国传统文化在酒品中的典型体现。

4）基于"面子"的互惠营销策略

在中国，爱面子是一种普遍现象，体现了中国人的自尊，其实质是中国人自我观的体现。这种心理也许是中国传统文化中重伦理的渗透、维护祖宗心态的外显和追求理想人格的具体体现，所以中国人往往以对方给不给自己面子，给自己多少面子来判定对方对自己的接纳程度，并对彼此的关系进行认知和评价。鉴于中国人"面子"问题的存在，企业在具体运用营销策略时应对两个方面加以注意：一方面，在认为顾客对企业无比忠诚的同时，也不要忘记了对企业的品牌、商标和企业形象进行投资，以使老顾客感觉购买和使用企业的产品或服务能够有身份和有面子；另一方面，企业在与生意伙伴打交道时，要尽量为他们留有"面子"，给不给"面子"直接影响生意伙伴的满意度，而生意伙伴的不满意是导致企业与其关系中断的重要原因。据研究，我国生意人之间的分歧往往不是因为是非、利益问题，而是因为"面子"问题。生意场上打交道的目的、期望值等各不相同，处理好彼此的"面子"问题可以增进和改善生意双方之间的关系。而面子的核心就是尊重，所以，要想和生意伙伴保持长久的彼此信任的关系，就应在生意往来中将对方的位置摆得比自己高一点，让对方获得交易的满足感。

8.2.5　跨文化与消费者行为

全球一体化背景下，跨文化影响形成了市场营销决策的基础。例如，凯洛公司意识到对健康和营养的重视不仅仅是美国特有的现象后，成功预见健康会改变其他国家人们的早餐习惯，从而使盒装谷物食品需求量上升。

跨文化营销的关键是对社会价值的判定。一个家具商开拓海外市场时，认定每个国家的消费者都重视美观、社会认可和舒适是符合逻辑的，但必须针对不同的市场建立不同的生产线和策略。美观的价值观决定了渴望具有时髦风格家具；社会认可的价值观更偏爱显示社会地位的家具。

1. 导致全球文化价值观相似的因素

(1) 全球传播。全球有线电视网的建立，电视成为全球媒体。例如，MTV 拥有 78 个国家的 6 亿观众，CNN 的用户遍及 100 个国家的 7800 万个家庭。可以通过这些机构以相同的主题面向多个国家进行广告宣传，更容易创造出世界品牌。利用大众媒体获得信息，收到类似刺激，有助于用户形成对同一现实相似的观点。

(2) 全球年轻人。全球一体化形成了一批生活在不同国家但具有相似价值观的年轻人。他们购买相同的产品，看相同的电视，听相同的音乐等。

(3) 相同的人口特征。职业女性上升，单亲家庭增加，家庭子女数量下降等。

(4) 贸易壁垒减少。相邻两国消费者价值观的接近使企业采用同一手段在不同国家销售产品成为可能。

(5) 消费者价值观的美国化。传媒全球化和壁垒减少刺激了全球范围内对美国文化的接受。

2. 跨文化及全球化影响的应用

(1) 当地化策略。由于国家之间口味、习惯和产品使用等存在巨大差异，企业在跨国营销时必须根据当地的文化来进行广告宣传、口味调整等。例如，在英国，美乐披萨公司会在披萨饼的表皮盖上一层甜玉米；在德国则使用意大利腊肠；在澳大利亚用的是对虾。

(2) 全球化策略。公司在各个国家进行相同的促销和产品定位，以此带来规模经济，减少成本。例如，可口可乐公司通过全球化广告策略每年可以节约大约 800 万美元。通过在自己的广告中使用相同的主题，可以使公司产品在国际市场上树立统一形象，确立竞争优势。例如，百事公司的目标群是年轻人，在俄罗斯的广告采用"新一代人选择百事可乐"是在主题"年轻一代的选择"的基础上变化而来。而红、白、蓝三色罐是一种普遍性的象征。现实中，无论产品具有多大的应用性，都要对它进行一些调整才能适应不同地区的习惯和口味及广告语言。例如可口可乐也不是在全球范围内严格地遵循同一种方法，在一些国家是做了一定改动后生产的。尽管它采用一个全球性主题，但每个国家的广告宣传都做了一些改动。除此之外，媒体也是一个局限，例如 MTV 在澳大利亚要进行电影剧组的重新拍摄才能播放。

在既要考虑规模经营又要适应当地特殊文化的变化的情况下，采取"从全球角度出发思考问题，从地区情况着手采取行动"的策略称为弹性全球化，即试图在各个国家使其策略标准化，同时保持足够的弹性以使策略中的某些因素能根据当地具体情况进行调整。目前，弹性全球化已经成为一种规范。

8.3　亚文化群与消费者行为

亚文化是指某一文化群体所属次级群体的成员共有的独特的信念、价值观和习惯。文化和亚文化的区别是相对的。对一个国家的主文化来讲，其地区、民族等的文化就是亚文化；而对于世界大同文化来讲，每个国家的文化就变成了亚文化。对于一个社会某一时期的文化主流来讲，该时期不同阶段的文化特色就是亚文化。总之，相对于某一主文化来说，亚文化总是一种局部的文化现象。

一种亚文化往往是一种生活模式，既包括与主文化共同的价值和观念，又具有自己的独特特色。亚文化以直接的方式影响其社会成员的思想和行为。每一个亚文化系统内的社会成员，不仅要遵循其独特社会文化的各种要求，而且还要遵循或者不能违背主文化倡导的文化价值观念与行为方式。而任何一种主文化，又往往是不同亚文化的综合反映。

表 8-1 所示为常见的亚文化类型，主要有年龄亚文化、宗教亚文化、种族亚文化、民族亚文化等。不同的民族在观念、信仰、语言、文字和生活方式等方面，都有各自独特的文化特征。不同地域的人由于生活环境和文化的影响，也在需要、兴趣、爱好等方面表现出明显的差异。各国有各国的文化，中国的传统文化基本上可以概括为仁爱、信义、礼貌、智慧、诚实、中庸、忠孝、尊师重道。不同种族的人在消费心理上存在差异，自然有不同的消费行为。不同的宗教，因其不同的教规和禁忌，而对其教徒的思想和行为有重要影响。世界上影响较大的宗教有伊斯兰教、佛教、天主教、基督教、道教等。世界上信仰宗教的人很多，了解不同宗教的消费心理对掌握其消费行为有重要作用。

表8-1　常见的亚文化类型

分类标准	亚文化类型
年龄	儿童、少年、青年、中年、老年等
宗教	佛教、基督教、伊斯兰教等
种族	亚裔、西班牙裔等
民族	汉族、蒙古族、壮族、维吾尔族等
收入水平	高收入、中等收入、中低收入、低收入等
国籍	英国人、韩国人、加拿大人、美国人等

8.3.1 年龄亚文化群体

年龄亚文化群是由年龄相近且生活经历相似的人组成的。处于某个特定年龄群的个体在购买决策上有许多共同之处，并表现出一些不同于其他年龄亚文化群的特征。研究发现，年龄因素会对消费者的品牌偏好产生影响，个体在某个特定的年龄阶段易于对某种商品形成持久的偏好。不同年龄段的消费者在信息加工能力上的差异会对决策产生影响。记忆加工容量的局限性会阻碍儿童和老年人完成比较复杂的信息加工任务，而其他年龄段能更有效地完成加工任务，更好地做出购买决策。

按年龄特征，一个主流文化中可以分为以下亚文化群体。

(1) 儿童：购买逐步从依赖型向自主型过度。

(2) 青年：经济上没有负担，还会得到父母的资助，购买力较强。容易接受新事物，易发生冲动型购买。

(3) 中年：经济负担重，阅历深，有较多、稳定的收入。购买比较理智，比较尊重传统。讲究实际，不追求享受，比较在乎别人的反应。

(4) 老年：追求健康，忌讳被称为老年人，对为老年人提供的打折服务并不做出积极的反应。

8.3.2 性别亚文化群体

男性和女性对产品的看法是有差异的，如表 8-2 所示。

表8-2　男性和女性对产品看法的差异

指　标	女　性	男　性
对时尚的敏感度	高	低
对商品重视的方面	商品的外观	性能和实用性
购买方式及过程	耐心、细致，但缺乏意志和立场	不够耐心与细致，一旦做出决定则比较坚决
决策领域	家庭日常必需品，服装	高档耐用消费品

男性和女性在拥有一件产品的看法上存在很大差异。对于男性来说，拥有一件产品应使他获得一种优势，使自己与他人有所不同，而女性则购买能强化个人和社会关系的产品。

男性和女性对商场服务质量的评价存在差异。对于男性来说，以服务的主要方面以及获得目标作为评价依据，而女性则关注与所遇到的刺激有关的方面。此外，女性对时尚的敏感度要明显高于男性。

8.3.3 民族亚文化群体

不同民族的消费者在做决策时会表现出不同的特征。民族是指历史上形成的，处于不同社会发展阶段的各种人的共同体。同一民族的群体成员具有共同的语言、积聚地域，共同的经济生活，以及表现于共同文化方面的共同心理素质与行为特征。几乎每个国家都是由不同民族所构成的，而不同的民族各有其独特的风俗习惯和文化传统。民族亚文化对消费者行为的影响是巨大、深远的。

8.3.4　地理亚文化群体

不同地理位置上的消费者在偏好上有着显著差异。处于不同位置的国家，每个国家内部不同地理位置的省县，都有着不同的文化和生活习惯。这些地理亚文化的存在也会影响人们的行为方式，从而影响人们的消费习惯。长期形成的地域习惯一般比较稳定。自然地理环境不仅决定一个地区的产业和贸易发展格局，而且间接影响一个地区消费者的生活方式、生活水平、购买力的大小和消费结构，从而在不同的地域形成不同的商业文化。

8.3.5　宗教亚文化群体

不同的宗教亚文化群体具有不同的文化倾向、习俗和禁忌。例如我国有佛教、道教、伊斯兰教、天主教、基督教等，这些宗教的信仰者都有各自的信仰、生活方式和消费习惯。宗教能影响人们的行为，也能影响人们的价值观。

消费者的宗教因素是消费者决策的一个重要的因素。在消费者的个性、收入、家庭形式等影响个体的购买决策的消费变量上，宗教可施加非常重要的影响。

宗教和宗教团体都有各自的教规和戒律，影响宗教信徒的生活方式、价值观念、审美观和行为准则。

从国际市场营销的角度来看，宗教反映了相关消费者的生活理想、消费愿望和追求的目标。

8.3.6　种族亚文化群体

白种人、黄种人、黑种人都各有其独特的文化传统、文化风格和态度。不同种族的人即使生活在同一国家甚至同一城市，也会有自己特殊的需求、爱好和购买习惯。

8.3.7　职业亚文化群体

消费者职业在消费者决策过程中发挥独特的影响，使不同职业的亚文化消费群在生活方式以及消费习惯上有很大区别，而这种区别又以因职业不同而产生的收入差别为主要特征。

当代社会职业发展变化的趋势有以下几点。

(1) 社会职业种类的大幅度增加。

(2) 体力劳动脑力化的趋势。

(3) 同一职业或职位对就业者的要求不断发生变化，分布于第三、第四产业中的职位的比重在不断增加。

职业声望是人们对职业地位的主观评价。特莱曼的研究表明，职业声望的决定因素主要是职业收入，其次是职业所拥有的权力、从业人员受教育的年限、职业所需要的经验以及职业岗位的稀奇程度。

本 章 小 结

文化反映了一个社会所共有的理念和传统。文化影响并反映了消费者行为。影响消费者行为最为广泛的因素是文化，文化通过价值和规范反映出来。文化影响购买行为，文化对消费者的影响比生活方式更持久和深入。企业经营策略必须随着文化的变迁做出相应的调整和改变。

习 题

1. 名词解释

(1) 文化　　(2) 亚文化　　(3) 文化价值观　　(4) 核心价值观　　(5) 终极价值观

2. 填空题

(1) 心理学家米尔顿把文化价值观分为_____和_____两部分。

(2) _____是指某一文化群体所属次级群体的成员共有的独特的信念、价值观和习惯。

(3) _____是关于理想的最终状态和行为方式的持久信念，它代表一个社会或群体对理想的最终状态和行为方式的某种共同看法。

3. 简答题

(1) 文化有哪些特点？

(2) 亚文化有哪些类型？

(3) 如何理解核心价值观和次要价值观？

4. 案例调查

(1) 小组调查：选择两个因文化因素的影响而失败的广告案例，分析失败的原因并提出改进建议。

(2) 访问两名少数民族同学或分别居住在南方和北方的同学，了解并分析其文化价值观、风俗、习惯与你所属民族或所处住所的差异，分析这些差异对企业的营销活动有何影响。

第9章

社会阶层与消费者行为

📖 导读案例

不同社会阶层的网络消费特征

近年来，随着网络的不断发展，购物更加方便，我国居民的购买欲日益旺盛。不同的人群也通过购买不同的商品来尝试更多的生活方式，展现自我。从京东数据研究院发布的《2017中国网上超市消费趋势报告》中发现：中国的年轻人消费追求个性体现，而年长者更看重社会地位彰显；年轻人在消费时更看重品牌所传达的情感态度，要有独特的风格，像"年轻就要不一样"这样的宣传语更对他们的口味，而且新一代的年轻人大都是"看脸"的，审美水平高，产品的包装精美更能吸引他们。如果品牌的代言人是高颜值男星，就更能赢得他们的欢心。

报告显示，62%的城市消费者不想和大部分其他消费者购买同样的商品。45%的老年消费者更趋向于购买代表他们社会阶层的商品。人们都希望购买的产品展现出独特的一面，彰显身份、地位，所以在一定程度上，你购买的东西展现了你是谁也是有据可循的，但并不是绝对的。拥有一定财富与身份的人到了某种程度，他自己就是一个标志、一个符号，而不再需要用物质来彰显自己的身份。

将京东商超的用户按照消费能力划分为高、中、低三个层级，可以看出，这三个层级的差异化非常明显。

高消费人群线上消费最偏爱酒类，酒类消费规模增长率超过210%。而且高消费人群一般都出境购买美妆和个护产品，对于网上购物的偏好较低。

中消费人群比较青睐网上购物，而且高度集中于母婴、食品、美妆和个护等日用品，占总规模的84.77%。可见中消费人群才是网购主力军！

低消费人群购买酒类、玩具乐器、宠物生活和绿植等偏重精神消费的产品占比则只有15.23%。毕竟养家糊口比较重要嘛，等钱赚的多了自然也会注重精神方面的消费。

由此可见，随着商品经济的不断发展，人们进行购物不再是简单地为了生活，而是表达一种立场，做出一种选择，展现自我与身份。所以买什么东西并不能决定你是谁，而是你自身的消费层次促成了你的购买行为。

(资料来源：消费代表社会阶层，悲哀还是现实. 搜狐网. 2017-09-01. http://www.sohu.com/a/168829566_695034，有删改)

任何消费者均处于某一社会阶层，不同社会阶层消费者的消费行为和价值观也存在较大差异，研究社会阶层与消费者行为的关系具有重要意义。本章在分析社会阶层的含义、特征、划分理论的基础上，讨论社会阶层对消费者行为、企业营销的影响。

9.1　社会阶层概述

每个消费者处在一定的社会阶层，同一阶层的消费者在行为、态度和价值观方面具有同质性，不同阶层的消费者在这些方面存在较大的差异。因此，研究社会阶层对于深入了解消费者行为具有特别重要的意义。

研究社会阶层一方面是了解不同阶层的消费者在购买、消费、沟通、个人偏好等方面具有哪些独特性，另一方面是了解哪些行为基本上被排除在特定阶层的行为领域之外，哪些行为是各社会阶层成员所共同的。

每个社会阶层的成员都有一套独特的行为模式，由此使社会阶层这一概念对营销者具有重大意义。营销者了解社会阶层在何种情况下是一种行为影响力量很重要，并不是所有的行为都因社会地位不同而不同。事实上，大多数行为都是社会各阶层所共有的。因此，我们应该认识到社会地位因素在营销策略中的作用受产品因素和情景因素的制约。

9.1.1　社会阶层的含义

与社会阶层意义相近或相关的汉语词汇还有等级、阶层、社会等级、等级社会，按照马克思主义理论的划分，类似的还有社会阶级，即对具有相同或相似的经济水平和社会身份的社会群体总称。

在很多历史或政治中引用的"阶级"意指具有不同身份、不同地位与权利、不同意识形态的多个社会性群体，通常不同阶级之间都存在压迫与被压迫的不平等关系。关于阶级的大部分学说，都是建立在认为社会存在分裂和对立的集团，并且集团之间的对立使社会处于持久的冲突的基础上。

社会阶层是指所有社会成员按照一定的等级标准，被划分为许多相互区别的、地位从低到高的社会集团，是由具有相同或类似社会地位的社会成员组成的相对持久的群体，他们经常以正式或非正式化的方式在彼此之间进行社会化，并且具有相类似的行为规范。社会阶层表现为人们在社会地位上存在差异。社会地位是人们在社会关系中的位置以及围绕这一位置所形成的权利义务关系。个人的社会地位更多地取决于社会、职业化、个人对社会贡献的大小等因素，但家庭和社会制度等因素也对个人的社会地位有影响。

社会阶层是一种普遍存在的社会现象，不论发达国家还是发展中国家，不论社会主义国家还是资本主义国家，均存在不同的社会阶层。产生社会阶层的最直接的原因是个体获取社会资源的能力和机会的差别。所谓社会资源，是指人们所能占有的经济利益、政治权力、职业声望、生活质量、知识技能，以及各种能够发挥能力的机会和可能性，也就是能够帮助人们满足社会需求、获取社会利益的各种社会条件。导致社会阶层出现的终极原因是社会分工和财产的个人所有。社会分工形成了不同的行业和职业，并且在同一行业和职业内形成领导和被领导、管理和被管理等错综复杂的关系。当这类关系与个人的所得、声望和权力联系起来时，就会在社会水平分化的基础上形成垂直分化，从而造成社会分层。

社会分层表现为人们在社会地位上存在差异。社会地位是人们在社会关系中的位置以及围绕这一位置所形成的权力义务关系。社会成员通过各种途径，如出生、继承、社会化、就业、创造性活动等占据不同的社会地位。在奴隶社会和封建社会，社会地位主要靠世袭、继承和等级制的安排所决定。在现代社会，个体的社会地位更多地取决于社会化、职业、个人对社会的贡献大小等方面，但家庭和社会制度方面的因素对个体的社会地位仍具有重要影响。

9.1.2　社会阶层的特征

社会阶层是在一个社会中具有相对的同质性和持久性的群体，它们是按等级排列的，每一阶层成员具有类似的价值观、兴趣爱好和行为方式。社会阶层有以下几个特征。

1. 社会阶层展示一定的社会地位

一个人的社会阶层是与他的特定的社会地位相联系的。处于较高社会阶层的人，必定是拥有较多的社会资源，在社会生活中具有较高社会地位的人。他们通过各种方式展示其与其他社会成员不同的一面。社会学家凡勃仑所阐释的炫耀性消费，实际上反映的就是人们显示其较高社会地位的需要与动机。

由于决定社会地位的很多因素，如收入、财富不一定是可见的，因此人们要通过一定的符号将这些不可见的成分有形化。按照凡勃仑的说法，每一个社会阶层都会有一些人试图通过炫耀性消费告诉别人他们是谁，处于哪一个社会层次。研究发现，即使在今天，物质产品所蕴含、传递的地位意识在很多文化下仍非常普遍。

传统上，人们通过购买珠宝、名牌服装、高档电器等奢侈品或从事打高尔夫球、滑雪等活动显示自己的财富和地位。今天，这一类显示地位的手段或符号仍然被很多人运用。然而应当注意的是，随着社会的变迁和主流价值观的变化，它们的表现方式、作用都在发生变化。例如，一方面，随着收入水平的提高，很多过去只有上层社会才消费得起的产品、服务已经或正在开始进入大众消费领域，这些产品作为"地位符号"的基础开始动摇；另一方面，越来越多上层社会的消费者对通过消费显示其财富和地位感到厌倦。一项研究发现，虽然奢侈品的营销者试图造成一种印象，似乎只有富翁才买这些产品，但实际购买它们的往往是那些"假富翁"。真正的富翁具有"普通人"的消费习惯，他们将大多数奢侈品视为专为那些财务上并不特别成功的人开发的玩具。

2. 社会阶层的多维性

美国学者 Weber 认为，社会阶层不单纯是由某一个变量如职业、收入所决定的，而是由包括这些变量在内的多个因素决定的。这些决定因素包括经济层面、政治层面和社会层面等。在众多的决定因素中，其中某些因素较另外一些因素起更大的作用。收入常被认为是决定个体处于哪一个社会阶层的重要变量，但很多情况下它可能具有误导性。例如在我国现阶段，某些商贩的收入比一般的大学教师和工程师高，但从社会地位和所处的社会层级来看，后者显然高于前者。除了收入，职业和住所亦是决定社会阶层的重要变量。一些人甚至认为，职业是表明一个人所处社会阶层的最重要的指标，原因是从事某些职业的人更受社会的尊重。

3. 社会阶层的层次性

任何社会都存在经济、政治和社会的不平等，社会成员按照各种不平等的标准进行分层，从而形成生活方式和生活机会各不相同的社会阶层。最低的地位到最高的地位，社会形成一个地位连续体。不管愿意与否，社会中的每一个成员实际上都处于这一连续体的某一位置上。那些处于较高位置上的人被归入较高层级，反之则被归入较低层级，由此形成高低有序的社会层级结构。

社会阶层的层次性使得消费者在社会交往中，要么将他人视为是与自己同一层次的人，要么将他人视为是比自己更高或更低层次的人。这一点对营销者十分重要。如果消费者认为某种产品主要被同层次或更高层次的人消费，他购买该产品的可能性就会增加；反之，如果消费者认为该产品主要被较低层次的人消费，那么他选择该产品的可能性就会减少。人们挣钱的多少、谋生的方式、父母亲是谁、在哪里上学、上过多长时间、谈吐方式、穿着、居住地，以及对社会问题的反应，所有这一切构成了社会的等级设置。

4. 社会阶层对行为的限定性

大多数人在与自己处于类似水平和层次的人交往时会感到很自在，而在与自己处于不同层次的人交往时会感到拘谨甚至不安。这样，社会交往较多地发生在同一社会阶层之内，而不是不同阶层之间。同一阶层内社会成员的交往会强化共有的规范和价值观，从而使阶层内成员间的影响加强。另外，不同阶层之间较少互动，会限制产品、广告和其他营销信息在不同阶层人员间的流动，使彼此的行为呈现更多的差异性。

5. 社会阶层的同质性

社会阶层的同质性是指同一阶层的社会成员在价值观和行为模式上具有共同点和类似性。这种同质性很大程度上是由他们的共同的社会经济地位所决定，同时也与他们彼此之间更频繁的互动有关。对营销者来说，同质性意味着处于同一社会阶层的消费者会订阅相同或类似的报纸、观看类似的电视节目、购买类似的产品、到类似的商店购物，这为企业根据社会阶层进行市场细分提供了依据和基础。

6. 社会阶层的动态性

随着时间的推移，同一个体所处的社会阶层会发生变化。社会阶层的动态性是指随着时间的推移，同一个体所处的社会阶层会发生变化。这种变化可以朝着两个方向进行：从原来所处的阶层跃升到更高的阶层，或从原来所处阶层跌入较低的阶层。越是开放的社会，社会阶层的动态性表现得越明显；越是封闭的社会，社会成员从一个阶层进入另一个阶层的机会就越小。

社会成员在不同阶层之间的流动，主要由两方面促成：一是个人的原因。例如个人通过勤奋学习和努力工作，赢得社会的认可和尊重，从而获得更多的社会资源和实现从较低到较高社会阶层的迈进。二是社会条件的变化。例如改革开放以来，随着社会对知识的重视，知识分子的地位不断提高，作为一个群体，知识分子从较低的社会阶层跃升到较高的社会阶层。

📖 **扩展阅读9-2**

年薪高、消费惊人！7200 万人成中国"新社会阶层"

9.1.3　社会阶层的决定因素

吉尔伯特(Jilbert)和卡尔(Kahl)将决定社会阶层的因素分为三类：经济变量、社会互动变量和政治变量。经济变量包括职业、收入和财富；社会互动变量包括个人声望、社会联系和社会化；政治变量则包括权力、阶层意识和流动性。下面主要介绍其中与消费者行为研究相关性较强的几个因素。

(1) 职业。在大多数消费者研究中，职业被视为表明一个人所处社会阶层的最重要的单一性指标。当首次与某人谋面时，人们大多会询问他在哪里高就和从事何种工作。一个人的工作会极大地影响他的生活方式，并赋予他相应的声望和荣誉，因此职业提供了个体所处社会阶层的很多线索。不同的职业，消费差异是很大的。例如，蓝领工人的食物支出占收入的比重较大，而经理、医生、律师等专业人员则将收入的较大部分用于在外用餐、购置衣服和接受各种服务。在大多数国家，医生、企业家、银行家和科学家是备受尊重的职业，近些年，随着信息产业的迅速发展，与信息技术相关的职业(如计算机工程师、计算机程序员、后勤管理经理等职业)日益受到社会青睐。

(2) 个人业绩。一个人的社会地位与他的个人成就密切相关。同是大学教授，如果一个人比别人干得更出色，这个人就会获得更多的荣誉和尊重。平时所说"某某教授正在进行一项非常重要的研究""某某是这个医院里最好的神经科医生"，均是对个人业绩所做的评价。虽然收入不是表明社会阶层的一项好的指标，但它在衡量个人业绩方面却是很有用的。一般来说，在同一职业内，收入居前 25%的人，很可能是该领域内最受尊重和最有能力的人。

个人业绩或表现也涉及非工作方面的活动。也许某人的职业地位并不高，但他或其家庭仍可通过热心社区事务、关心他人、诚实善良等行为品性赢得社会的尊重，从而取得较高的社会地位。

(3) 社会互动。诚如前面所指出的，大多数人习惯于与具有类似价值观和行为的人交往。

在社会学里，强调社会互动的分析思路被称为"谁邀请谁进餐"学派。这一派的学者认为，群体资格和群体成员的相互作用是决定一个人所处社会阶层的基本力量。

社会互动变量包括声望、联系和社会化。声望表明群体其他成员对某人是否尊重，尊重程度如何。联系涉及个体与其他成员的日常交往，他与哪些人在一起，与哪些人相处得好。社会化则是个体习得技能、态度和习惯的过程。家庭、学校、朋友对个体的社会化具有决定性影响。到青春期，一个人与社会阶层相联系的价值观与行为已清晰可见。虽然社会互动是决定一个人所处社会阶层的非常有效的变量，但在消费者研究中它们用得比较少，因为这类变量测量起来比较困难而且费用昂贵。

(4) 拥有的财物。财物是一种社会标记，它向人们传递有关其所有者处于何种社会阶层的信息。拥有财物的多寡、财物的性质决定同时也反映了一个人的社会地位。对财物应做广义的理解，它不仅指汽车、土地、股票、银行存款等通常所理解的财物，也包括受过何种教育、在何处受教育、在哪里居住等"软性"的财物。名牌大学文凭、名车、豪宅、时尚服饰，无疑是显示身份和地位的标记。然而，正如前面所指出的，对它们特别有兴趣的恰恰是缺乏这些财物或对其缺乏了解的人。商学专业的学生或其他希望成为"管理高手"的人，而不是业已成功的人才是诸如《成功的秘诀》《哈佛学不到》之类的书籍的潜在买主。

(5) 价值取向。个体的价值观或个体关于应如何处事待人的信念是表明他属于哪一社会阶层的又一个重要指标。由于同一阶层内的成员互动更频繁，他们会发展起类似和共同的价值观。这些共同的或阶层所属的价值观一经形成，反过来成为衡量某一个体是否属于此阶层的一项标准。不同社会阶层的人对艺术和抽象事物的理解、对金钱和生活的看法均有所差异，实际折射的就是价值取向上的差异。

(6) 阶层意识。阶层意识是指某一社会阶层的人，意识到自己属于一个具有共同的政治和经济利益的独特群体的程度。人们越具有阶层或群体意识，就越可能组织政治团体、工会来推进和维护其利益。从某种意义上说，一个人所处的社会阶层是与他在多大程度上认为他属于此阶层所决定。

一般而言，处于较低阶层的个体会意识到社会阶层的现实，但对于具体的阶层差别并不十分敏感。例如，低收入旅游者可能意识到星级宾馆是上层社会成员出入的地方，但如果因五折酬宾而偶然住进这样的宾馆，他或她对出入身边的人在穿着打扮、行为举止等方面与自己存在的差别可能并不特别在意。在他们眼里，星级宾馆不过是设施和服务更好、收费更高的"旅店"而已，地位和阶层的联系在他们的心目中如果有的话也是比较脆弱的。相反，经常出入高级宾馆的游客，由于其较强的地位与阶层意识，对于星级宾馆这种"来者不拒"的政策可能会颇有微词。

9.2 社会阶层的测量

任何社会都有社会阶层，不同社会阶层的消费行为特征也不一样，同一阶层的消费者行为具有一定的相似性。因此，掌握社会阶层的测量方法对于企业营销的市场细分具有重要意义。

9.2.1　社会阶层的测量方法

在社会学中有关社会阶层的研究颇多，然而，将这些研究应用到消费者行为的分析上还不成熟。社会学家做研究的主要目的是了解阶层存在的原因，因此，他们从许多行为去推论社会阶层是否存在。然而，研究消费者行为的人则一开始就假定社会阶层是存在的，并探讨阶层间行为的差异。

研究社会阶层的方法很多，包括实地调查法、深度会谈法、心理测量法、实验法等。虽然方法很多，但在研究个人社会阶层的决定要素时，通常用下列方法来测量。

1. 主观测量

主观测量是指让研究对象自己来估计自己的社会地位，把自己归入研究者供其选择的一系列的社会阶层的某个阶层。

所谓主观测量法，是要求个人直接测量自己，判断个人属于哪个阶层。这个方法在行销研究上经常使用。这个方法的缺点在于测量者个人往往会高估了自己的社会地位，评量者会避免极端的评量，个人大多认为自己是中阶层的人物，但事实并非如此。

2. 声誉测量

声誉测量是指让消费者评估其他人的社会地位，将之归为某一社会阶层。利用声誉测量法探讨社会阶层，主要是个人评定他人社会地位之等级。通常评定的对象是个人所熟知的。当然，也许有的人会说他没有阶层的观念，但是人们还是可以将他归入不同的阶层里。此外，也可以通过会谈来了解个人的看法，了解他为什么将此人归入某个阶层。

声誉测量法是由社会学家沃纳发展出来的，而且做了许多社会阶层的研究来支持这种测量法的有效性。一般来说，这种方法只能适用于小团体或小社区的分析，至于较大的团体，例如所有消费者的群体，则不太有效。此外，利用此种测量法来区分社会阶层的费用颇为惊人。然而，这种方法也有不少好处，至少它可使人们了解小社区社会阶层间的生活方式、价值观及其他行为模式等。

3. 客观测量

客观测量是指依据特定的经济变量来评判消费者所属的社会阶层，包括单一变量指标法和复合变量指标法。

下面重点介绍社会阶层的客观测量法。

9.2.2　社会阶层的客观测量法

所谓客观测量法，是以如职业声望等某些客观的变量为基础，决定个人所属的社会阶层。通常所采用的变量包括教育程度、职业、收入、住宅的大小及形式、财富、组织上的亲和力等。一般来说，大部分的消费行为研究者都是以这些变量来区分个人的社会阶层。客观测量法的区分标准包括单一指标法和多元指标法。

1. 单一指标法

单一指标法是仅用一个社会经济变量(如职业或收入等)来评价消费者所属社会阶层的方法。单一指标常用来做社会阶层指标，由职业来判定个人的社会阶层，是以职业在社会上的声望为标准的。因此，个人究竟是属于上阶层或下阶层，可根据个人职业的声望而定。当然，职业并非评量社会阶层的唯一标准，也有人利用财富来衡量个人的社会阶层。例如，有一位行销学家就曾说："由个人的家庭布置及家具上，就可以看出个人属于哪个社会阶层。"当然，这位行销学家的指标还不只这样。他认为人们还可以从客厅地板的形式、摇椅的张数、书架的数目、古董的陈列、窗帘的质料及其他项目来测量个人的社会阶层。然而，用这种指标评量未免有失客观，所以近年来改以财富来评量，似乎较为具体、简便。

1) 教育

中国的文化一向重视教育。教育是提高社会地位的主要途径，因此，它是评价社会地位的直接标准。在美国社会和大多数其他社会中，一个人所受的教育程度越高，他的社会地位就越高。教育是常用的评价标准，同时也是三种多项指数评价法中常用的两个标准之一。

教育不仅能提高人的社会地位，而且能影响个人品位、价值观和获取信息的方式。个人受教育水平影响其消费模式和生活方式的各个方面。但是，受教育水平很少能完全解释消费模式。例如，由法庭或政府机构指定的公共辩护律师年薪只有3万美元，而私人律师年收入为10万美元。这两类律师虽然学历相似，但其生活方式则有差异。

2) 职业

在市场调研中，职业是应用最广的单项指数。事实上，人们初次见面，总是以职业来评价和界定对方。每当遇到新朋友，人们内心总是在问"他是做什么的？"很显然，这是人们判断一个初识的人最常用的信息。几乎无一例外，人们推测某人的生活方式时总是要了解其职业类型，职业又与教育及收入紧密地联系在一起。

一个人的职业代表着他的社会地位。一个人的工作类型以及与其共事的同事的类型直接影响他的价值观、生活方式和消费过程等各个方面。

3) 收入

收入一直被用来衡量人们的购买力和社会地位。很明显，财富能显示人的地位，也使消费成为可能。然而，一般情况下，收入对消费的影响没有教育和职业对消费的影响那么大。

以收入作为评价标准会产生一些问题。最基本的问题是，研究者必须决定以哪种收入作为衡量标准。包括：是个人收入还是家庭收入？是税前收入还是税后收入？是工资收入还是总收入？很多人也许不能确切地知道按研究人员所界定的收入概念自己到底有多少收入。此外，人们一般不愿公开自己的收入，即使他们说出了自己的收入，也不一定是真实的收入。

很显然，收入是维持某种生活方式所不可或缺的。一般而言，与收入低的人相比，收入高的人社会地位也高。不过，收入本身不能完全有效地解释生活方式。大学教授或律师也许与卡车司机或管道修理工的收入差不多，但很有可能他们对许多商品的消费过程大不相同。下面就会谈到，相对于其他相关变量如职业，收入是营销研究中十分有用的因素。很多研究表明，收入单独作为评价标准也很有用。

4) 相对职业阶层收入

到目前为止，本书一直在讨论社会地位的某一方面相对于另一方面的优势，但在某些情况下，把社会地位的某一方面与其他方面综合起来考虑可能效果更好。这就涉及相对职业阶层收入(relative occupation class income，ROCI)。相对职业阶层收入是指某个家庭的总收入相对于同一职业阶层的其他家庭的收入平均水平之间的关系。职业阶层被认为是决定基本生活方式的基础，而相对收入则决定消费者在追求其与职业相联系的生活方式时是否资金充裕、平衡抑或入不敷出。相对地，对应于收入的上述三种情况，一个家庭可能生活优越、生活水平一般或生活水平低下。研究表明，相对职业阶层收入能影响诸如咖啡、汽车之类商品的消费；同时，相对职业阶层收入(按科尔曼的多项指数评价标准)也影响人们在什么类型的商店购物。

与相对职业阶层收入密切相关的概念是主观可任意支配收入(subjective discretionary income，SDI)。主观可任意支配收入是消费者对其可花在非生活必需品上收入的一个估计。它是按统计学原理，把消费者对下列问题的回答按十分赞同、很赞同、赞同、不赞同、很不赞同、完全不赞同六个层次分别计 1~6 分，最后得出结果。这些问题是：①无论收入增长多快，我们从不乱花钱；②我们比邻居花在"额外"商品上的钱多；③我们的收入足以满足一切重要的购买欲望。

一项大型研究表明，主观可任意支配收入在很大程度上能增加家庭总收入的预测力。当家庭收入不能预测人们是否购买某些商品时，便可用主观可任意支配收入来进行预测。下面列举该研究的某些成果：共同基金、个人退休金、股票、豪华汽车等投资要求家庭总收入水平和主观可任意支配收入水平两方面都高；贷款和二次抵押贷款要求家庭总收入相对较高(必备条件)而主观任意支配收入低(对额外现款的心理需要)。

2. 综合指标法

综合指标法是同时参照数个社会经济变量(如职业、收入、住房、教育、居住地区、社交圈等)来评价消费者所属社会阶层的方法，主要有以下几种。

1) 沃纳的社会地位特征指数(ISC)

以社会经济因素为基础(职业、收入来源、住房类型和居住地)的四个因素可将社会分为六大社会阶层。在多元指标里，沃纳的社会地位特征指数做过最多的实证性研究，因此该法的正确性颇高，而且具有下列好处：可准确地预测由声誉测量法所得的结果，即使由不同的人员施测，所得的结果也非常类似；可用在大团体及大量取样上；准确性已由许多研究证实。沃纳的社会地位特征指数评分标准如表 9-1 所示。

表9-1 沃纳的社会地位特征指数评分标准

得分	职业(加权值4)	收入(加权值3)	住房类型(加权值3)	居住地区(加权值2)
1	专业人员、大企业股东	大半继承财产	非常豪华的住宅	非常好
2	大企业干部	有投资或储蓄	很好的住宅	良好；高级公寓、郊外高级住宅区
3	职员	事业收入	好的住宅	平均之上；条件好的公寓
4	工头(熟练工人)	月工资	新建住宅	平均；没有恶化的居住环境
5	月薪工人	计时工	旧式住宅	平均之下；开始恶化的居住环境
6	非熟练工人	经济援助	破旧住宅	不好；相当恶化的居住环境
7	临时工人	生活补助	贫民窟	非常不好；贫民

根据表 9-1 所示社会地位特征指数的评分标准，可以计算出 ISC 的得分。

$$ISC =(职业 \times 4)+(收入 \times 3)+(住房类型 \times 3)+(居住地区 \times 2)$$

根据计算结果可知具体的社会地位，沃纳社会地位等级体系如表 9-2 所示。

表9-2 沃纳社会地位等级体系

社 会 地 位	得 分 范 围	社 会 地 位	得 分 范 围
上上层	12～17	下中层	38～50
下上层	18～24	上下层	51～62
上中层	25～37	下下层	63～84

由表 9-2 可知，沃纳社会地位等级共有六级，每一级的基本分数是不一样的。

2) 科尔曼&雷因沃特地位指数法

科尔曼&雷因沃特地位指数法将社会结构体系构建在"声望"的基础上，综合考虑了收入、职业、社会联系等因素。根据科尔曼&雷因沃特地位指数法，科尔曼和雷因沃特将美国消费者分为上、中、下三层，如表 9-3 所示。

表9-3 科尔曼&雷因沃特社会等级分类法

社 会 阶 层		百分比/%	收入/万美元	学 历	典 型 职 业
上层	上上层	0.3	60	硕士	董事长
	上中层	1.2	45	硕士	社团总裁
	上下层	12.5	15	医学学位	开业医生
中层	中产阶层	32	2.8	本科	高中老师
	工薪阶层	38	1.5	高中	装配工人
下层	贫困线上	9.0	0.9	高中肄业	门卫
	真正底层	7.0	0.5	小学	无业

(1) 上层分为上上层、上中层和上下层。

① 上上层(0.3%)：继承财产的社会高级阶层，有贵族名门，靠世袭而获取财富、贵族头衔的名副其实的社会名流。肯尼迪家族是全国上上层阶层的代表。在美国多数地区都有一个或几个家业巨大的大家族。这些人有豪华住宅、高级汽车，并有原创艺术收藏品，常常周游世界。除非进入政界或资助某项慈善活动或社会活动，他们一般不在公共场合露面。

② 上中层(1.2%)：新兴社会精英，包括当代专业人士、公司领导，靠业务成就、社团领导地位起家的新贵，占总人口的 2%～3%。那些靠职业成就而缓慢获取财富的人尤其如此，他们并不试图仿效或超过上上层阶层。一般而言，他们的收入大大超出满足其生活方式需要的水平，他们是各类投资市场的主体。

③ 上下层(12.5%)：正宗大学毕业的管理人员和专业人员，以私人俱乐部、事业和艺术为生活方式的核心，拥有大学文凭的经理和专业人员，专注于事业、私人俱乐部和公益事业，可以称为中高阶层。上下层阶层的其他成员试图效仿旧有的上上层阶层。暴富的企业家、体育明

星和娱乐圈人士的行为模式往往属于这一类，但他们常常不能和排外的上上层人士一样加入同一俱乐部或享受社会对"真正贵族"的那种尊敬。因此，他们中很多人便热衷于炫耀性消费，常常以汽车、房子、游艇、服装等来显示他们的财富。人们常常可以看到某个职业体育明星拥有5辆或10辆豪华汽车、多处别墅。这些人被称作"暴发户"，对这个阶层的人来说，讲豪华、赶时髦很重要。他们极力追求名牌和参加有影响的活动。

(2) 中层分为中产阶层和工薪阶层。

① 中产阶层(32%)：可赚到平均水平收入的白领和他们的蓝领朋友，生活在"条件更好的城镇地区"，努力做"比较合适的事情"，约占美国总人口的 1/3。中产阶级核心成员的典型特征是上过大专，有白领或工厂督导员职位，收入一般。20 世纪 90 年代，由于政府部门和私人企业的裁员，中产阶层有种不安感。下面是关于很多中产阶层美国人所面临的困扰的一段描述：

看到朋友、亲戚、邻居纷纷失业又找不到新工作，你还总认为"我公司效益好，自己在公司的位置举足轻重，无论如何，即使失业了，凭我的技术和经历，也能很快找到新的工作"。然而有一天，你真的失业了。几个月找不到和原来一样好的新工作，又花完了所有的积蓄。虽然最后在一家小公司找到一份薪金只有原来一半的工作，但却为时不长，你再次失业了，又没有失业养老金。面对现实，你意识到以后的几年中自己的家庭收入将锐减。你只好告别信用卡、度假一类的奢侈品。你家庭中的所有成员——配偶、子女都得工作。你别无他法，只好求助于教堂，寻找抵押贷款，甚至加入领取救济金的行列。你对工作的期望开始发生变化，随之也开始改变策略。你开始白天打零工，晚上上夜校，到别人家做家政服务或找新的工作。就像你的先辈一样，你把家庭资源主要投资于子女教育上。

中产阶层一般很在乎面子，特别计较邻居怎么看自己。他们一般住在郊外，房子比较简朴，但他们非常关注公立学校的质量、犯罪、毒品以及传统家庭价值观淡化等社会问题。同时，他们对自家的经济保障也表示担忧。由于公司削减养老金，中产阶级对社会保障体系的不信任度增加，退休问题日益成为其关注的焦点。

中产阶层一般不买典雅的家具，他们更愿意买些材料回家加工。他们是下列行业或商品的主要目标消费者：家庭装修服务和装修材料、园艺商品、汽车零配件、住房、漱口剂和除臭剂。由于收入有限，他们必须仔细权衡眼前的消费欲望和未来的安全感的关系。

② 工薪阶层(38%)：可赚到平均水平收入的蓝领工人，无论在收入、学校教育方面还是在职位方面都代表工薪阶层的生活方式，占美国总人口的 1/3 还多。

工薪阶层家庭一般居住在城乡接合部、杂乱的郊区或农村地区。他们的住房比较简朴，非常关注犯罪、黑帮及社区环境恶化等社会问题。即使目前居住的社区或附近学校安全得不到保障或不尽人意，他们一般也无钱把家搬到更好的地区。外来移民对他们的就业也构成了威胁。由于学历和技能都低，这个阶层中越来越多的人濒临更加贫困的危机。遗憾的是，他们往往缺乏摆脱危机的技能和财力。

很多工薪阶层比较喜欢与自己地位相称的产品和商店。电视剧"罗莎娜"中的康纳斯一家和"受责难的格蕾斯"中的格蕾斯正是工薪阶层的写照。他们是小卡车、野营车、打猎器材、汽艇和啤酒的主要消费者。米勒酿酒公司的"米勒新生活"啤酒原本打算面向广大消费者，但公司改变策略，其广告宣传直接瞄准工薪阶层，广告以保龄球场、晚宴和乡村音乐为背景。

(3) 下层分为贫困线上和真正底层。

在社会底层的是占美国总人口 15%～18% 的穷人。这些人如果不工作，就完全依靠政府福利和慈善机构的救济度日，即使工作，拿的也是非常微薄的薪水，根本不能养家糊口。

① 贫困线上(9%)：靠自己工作而不是社会福利度日，生活标准略高于贫困线，行为粗鲁、拙劣。50 岁的临时工约翰·吉布森在那斯维尔一家单位看门，他的工资略高于最低工资水平。下面是他的谈话记录："我情愿多干点活，"约翰说道，但是很多工作他又干不了，"为了生活，我只好委曲求全。拿到支票，我要做的第一件事就是付房租。"约翰独自住一套小公寓。他的无奈之一就是得吃快餐。虽然快餐很方便，他也并不讨厌快餐店的食物，但他的一个同事告诉他说，在家开伙比吃快餐便宜得多。直到最近，约翰才买了一辆 1978 型 Pontiac Bonneville 车。他说："车子很花钱，一有小毛病我就发愁。"为了最大限度地节约开支，他在廉价旧货店购买衣服。由于只是个临时工，他没有健康保险。不过，根据政策，他能够享受田纳西州的某些福利保险。在此之前，他已住过医院。事后，因为欠债而扣发工资，他只好求助于社会福利机构。如今，他自愿加入了这些福利组织，把大量业余时间花在公益事业上。他爱好高尔夫球运动，但很少有机会打球。由于没有养老金计划，也没有个人保险，他时常担心晚年是否能平安度过。

② 真正底层(7%)：靠社会福利过活，贫困潦倒，处于失业状态。很多真正底层的人缺乏学历及其他方面的个人资源，在无外援的情况下他们很难摆脱失业和贫困。第 104 届国会辩论的中心议题就是如何才能最好地帮助(或者说强制)人们摆脱贫困和绝望的恶性循环。只有时间才能检验目前的做法是否是解决这一问题的正确方法。

面向下层阶层的营销常常引起争议。把一些耐用消费品如电视机、冰箱出租给下层家庭的租赁业很红火。因为下层家庭没有足够的现金购买大件消费品，又没有足够的信用从一般商店获得信贷。虽然租赁服务满足了人们的实际需要，但它时常受到社会的批评，其原因是这种业务对商品索要的利息过高。

3) 霍林西德社会地位指数法(ISP)

霍林西德社会地位指数从职业和教育两个层面综合测量社会阶层的一种方法。霍林西德社会地位指数评分标准和社会地位等级体系分别如表 9-4 和表 9-5 所示。

表9-4　霍林西德社会地位指数评分标准

职业名称(权重为7)	学历(权重为4)	得　分
大企业的高级主管/大企业主/重要专业人员	专业人员(硕士/博士)	1
业务经理/中型企业主/次要专业人员	四年制大学本科	2
行政人员/小型企业主/一般专业人员	1～3 年专科	3
职员/销售员/技术员/小业主	高中毕业	4
技术性手工工人	上学 10～11 年	5
操作工人/半技术性工人	上学 7～9 年	6
无技能工人	上学少于 7 年	7

表9-5　霍林西德社会地位等级体系

社 会 地 位	分 数 范 围	社 会 地 位	分 数 范 围
上层	11～17	中下层	48～63
上中层	18～31	下层	64～77
中层	32～47		

表 9-4 显示不同职业、不同学历的评分值是不一样的。表 9-5 根据评分值可知具体的社会地位。选择衡量社会地位或声望的量表或评价方法，首先应考虑与手头问题最贴切的社会地位层面或因素。例如，对意见领袖的研究，个人或其家庭的总体社会地位可能是关注的焦点，此时，运用多项指数法如沃纳或霍林西德指数也许是最为合适的。如果研究诸如阅读杂志、观看电视节目之类与趣味和知识相关的活动，也许最合适的考虑因素是教育。如果重点是休闲、消遣一类的活动，则考察社会地位时最相关的因素是职业。

在运用社会地位做营销研究的过程中会涉及一些问题和假设。首先，营销者倾向认为所有人都渴望提高社会地位或者希望效仿社会地位比他们高的人的行为。然而，正如已探讨的那样，事实往往并非如此。很多人对自己的社会地位或生活方式十分满意，不仅年纪大的人是这样，年轻人也同样如此。当今的许多青少年或青年渴望能过上他们父母所享有的生活方式，提高社会地位的诉求对这些人来说并无太大的吸引力。

在美国社会中，人们的等级意识一般很淡薄。一般而言，美国人并不按社会等级思考问题。当有人问起他们的社会等级时，大多数人均称自己为中产阶级。因此，对很多人来说，直接或明显地以社会等级为基础的宣传并不能产生什么影响。大多数关于社会地位的量度和理论产生于妇女角色迅速变化之前。传统上，妇女的地位是由其丈夫赋予的，她们很少有机会走出家门接受教育或从事自己的事业。近年来，这种现象发生了巨大变化。如今的女性与男性一样，可给家庭带来教育、经济或职业诸方面的地位。家庭的开支不再是只靠男性的收入，家庭地位是由男女双方的共同奋斗而确立起来的。目前还没有一种量度能够全面反映这种家庭地位双重基础的新现实。当然，一般而言，婚姻双方的学历和职业大体相同，由此可能弱化由于传统社会地位量度方法不能完全反映家庭成员角色变化而引起的社会地位变化的问题。

9.3　社会阶层与消费行为

不同社会阶层有不同的消费行为，其差异表现方式也各不相同，如产品选择、支出模式、休闲活动、信息处理等方面均会不同。

9.3.1　不同社会阶层消费者行为差异

1. 产品选择和支出模式上的差异

不同社会阶层的消费者所选择和使用的产品是存在差异的。有的产品如股票、到国外度假更多地被上层消费者购买，而另外一些产品如廉价服装与葡萄酒则更多地被下层消费者购买。科曼发现，特别富裕的中层美国人将其大部分支出用于购买摩托艇、野营器具、大马力割草机、雪橇、后院游泳池、临湖住宅、豪华汽车或跑车等产品上；而收入水平与之差不多的上层美国人则将更多的时间和金钱用于私人俱乐部、孩子的独特教育，以及古董、字画和各种文化事件与活动上。

在住宅、服装和家具等能显示地位与身份的产品的购买上，不同阶层的消费者差别比较明显。例如，在美国，上层消费者的住宅区环境优雅，室内装修豪华，购买的家具和服装的档次和品位都很高。中层消费者一般有很多存款，住宅也相当好，但他们中的很大一部分人对内部装修不是特别讲究，服装、家具不少但高档的不多。下层消费者住宅周围环境较差，对衣服与家具的投资较少。与人们的预料相反，下层消费者中的一些人员对生产食品、日常用品和某些耐用品的企业仍是颇有吸引力的。研究发现，这一阶层的很多家庭是大屏幕彩电、新款汽车、高档炊具的购买者。虽然这一阶层的收入比中等偏下阶层平均要低 1/3 左右，但他们所拥有的汽车、彩电和基本家庭器具的价值比后者平均高 20%。下层消费者的支出行为从某种意义上带有"补偿"性质。一方面，由于缺乏自信和对未来并不乐观，他们十分看重眼前的消费；另一方面，较低的教育水平使他们容易产生冲动性购买。

2. 休闲活动上的差异

社会阶层从很多方面影响个体的休闲活动。一个人所偏爱的休闲活动通常是同一阶层或临近阶层的其他个体所从事的某类活动，他采用新的休闲活动往往也是受到同一阶层或较高阶层成员的影响。虽然在不同阶层之间，用于休闲的支出占家庭总支出的比重相差无几，但休闲活动的类型却差别颇大。马球、壁球和欣赏歌剧是上层社会的活动；桥牌、网球、羽毛球在中层到上层社会的成员中均颇为流行；玩老虎机、拳击、职业摔跤是下层社会的活动。

上层社会成员一般很少从事体力劳动，作为补偿，多会从事要求臂、腿快速移动的运动，如慢跑、游泳、打网球等。同时，这类活动比下层社会成员所喜欢的活动如钓鱼、打猎、划船等较少耗费时间，因此受到上层社会的欢迎。下层社会成员倾向从事团体或团队性体育活动，而上层社会成员多喜欢个人性或双人性活动。中层社会成员是商业性休闲和诸如公共游泳池、公园、博物馆等公共设施的主要使用者，因为上层社会成员一般自己拥有这一类设施，而下层社会成员又没有兴趣或无经济能力来从事这类消费。

3. 信息接收和处理上的差异

表 9-6 为不同社会阶层的购买信息来源调查表。由表 9-6 可知，信息搜集的类型和数量也随社会阶层的不同而存在差异。处于底层的消费者通常信息来源于市场营销，对误导和欺骗性信息缺乏甄别力。出于补偿的目的，他们在购买决策过程中可能更多地依赖亲戚、朋友提供的信息。中层消费者比较多地从媒体上获得各种信息，而且会更主动地从事外部信息搜集。随着社会阶层的上升，消费者获得信息的渠道会日益增多。不仅如此，特定媒体和信息对不同阶层消费者的吸引力和影响力也有很大的不同。例如，越是高层的消费者，看电视的时间越少，因此电视媒体对他们的影响相对要小。相反，高层消费者订阅的报纸、杂志远较低层消费者多，所以，印刷媒体信息更容易到达高层消费者。

不同社会阶层的消费者所使用的语言也各具特色。艾里斯(Ellis)做的一系列实验表明，人们实际上可以在很大程度上根据一个人的语言判断他所处的社会阶层。一般而言，越是上层消费者，使用的语言越抽象；越是下层消费者，使用的语言越具体，而且更多地伴有俚语和街头用语。西方的很多高档车广告因为主要面向上层消费者，因此使用的语句稍长，语言较抽象，画面或材料充满想象力。相反，那些面向中、下层消费者的汽车广告，则更多地是宣传其功能属性，强调图画而不是文字的运用，语言上更加通俗和大众化。

表9-6　不同社会阶层的购买信息来源

%

信 息 来 源	下层社会	中层社会
小册子和传单	17.1	26.6
报纸和杂志	6.7	12.3
朋友和邻居	2.6	13.7
商品调查报告	—	12.2
店内来源	42.3	15.8
无特定的来源	34.6	30.2
没有答复	0.8	10.1

4. 购物方式上的差异

人们的购物行为会因社会阶层而异。一般而言，人们会形成哪些商店适合哪些阶层消费者惠顾的看法，并倾向于到与自己社会地位相一致的商店购物。研究表明，消费者所处社会阶层与他想象的某商店典型惠顾者的社会阶层相差越远，他光顾该商店的可能性就越小。同时，较高阶层的消费者较少光顾主要是较低阶层消费者惠顾的商店，相对而言，较低阶层的消费者则较多地去主要是较高阶层消费者惠顾的商店。另一项研究发现，社会阶层"客观"与"感知"的差异也会导致消费者在店铺惠顾上的差异。客观上属于中层但自认为属于上层的消费者，较实际上属于上层但自认为属于中层的消费者更多地去专卖店和百货店购物。与一直是较低阶层的消费者相比，从更高阶层跌落到较低阶层的消费者会更多地去百货店购物。同时，中层消费者比上层消费者去折扣店购物的次数频繁得多。

上层消费者购物时比较自信，喜欢单独购物，他们虽然对服务有很高的要求，但对于销售人员过于热情地讲解、介绍反而感到不自在。通常，他们特别青睐那些购物环境优雅、品质和服务上乘的商店，而且乐于接受新的购物方式。中层消费者比较谨慎，对购物环境有较高的要求，但他们也经常在折扣店购物。对于这一阶层的很多消费者来说，购物本身就是一种消遣。下层消费者由于受资源限制，对价格特别敏感，多在中、低档商店购物，而且喜欢成群结队逛商店。

9.3.2　社会阶层对营销的意义

由于社会阶层的影响，造成了个人生活方式的不同。因此，厂商在做市场区隔及采取各种营销策略时，必须顾及社会阶层的作用。换句话说，作为消费者的消费行为往往反映出个人的生活方式，而且与个人的社会阶层相吻合，所以厂商不可忽视社会阶层的作用。当然，不但许多厂商已经了解社会阶层与消费者行为间的关系，而且许多社会学家更确认了社会阶层在营销上的意义。依照社会家凯尔的看法，个人的消费形态往往受社会阶层的影响，而非受个人收入的影响。究竟社会阶层在营销计划上有何意义呢？可以从产品、服务、零售店的选择及对促销的反应等四方面来谈。

1. 产品

一般来说，有些产品的销售对象只限于高阶层的消费者，或只限于低阶层的消费者，但这并不是通则，因为常有特例存在。例如制造陶瓷及银器的制造公司，往往认为他们的销售对象为中上阶层以上的人，可是事实确实如此吗？行销学家纳德曾说："我们只注意估计次文化间的差异，因此强调各阶层间行为的不同；然而，从大文化的观点来看，每个次文化间的行为很一致，即各阶层间行为相似性很高。"所以，市场区隔的价值必须重新考虑是否大于市场集合的价值。

社会学家考曼认为每个社会阶层给予个人社会压力，由此影响了个人对住宅的选择。举例来说，现在有三个家庭，他们的收入都一样，年收入均为 15 万元，但此三个家庭的社会阶层不一样。有一家为中上阶层的家庭，男主人是一个年轻的律师，他会把房子购置在较有名气的社区里面，邻居大多是名流，而且购买较昂贵的家具。另一家为中下阶层的家庭，男主人是一位推销员，他们会购买好的房子，但却不会注意邻居的社会地位，而且家具多，但却不注意品质。最后一家为下阶层的家庭，男主人是一位电工，他所购买的房子并不大，而且不管邻居的地位如何，但是他们可能拥有较多昂贵的电器如大型彩色电视机等。

由上面的例子可以看出社会阶层在拟定营销计划方面的重要性，由此可以提出以下三个问题。

(1) 产品的销售对象只限于某一阶层呢？假使答案是肯定的，则营销计划必须针对该阶层做重点宣传。例如，假设精装书的销售对象只限于中上阶层的消费者，则书商似乎可以在书评书目、各种专业期刊中做广告，而且把书陈列在书店或百货店里面，要比陈列在超级市场效果好得多。

(2) 产品的消费者大多集中在某一阶层吗？美国中上层家庭的孩子人数较多，因此是洗衣水、牙膏、麦片、香皂、花生酱及肥肠等消费品的常用者；至于下层的家庭通常是罐头食品的常用者，包括猪肉、牛肉、豌豆等罐头及意大利面条等。显然，这些产品的区别并没有想象的大，但至少可以作为广告媒体选择的参考。

(3) 产品销售的对象是否包括各阶层的分子呢？企业要如何运用市场区隔来促销呢？譬如照相机的消费者包括各阶层的分子，但厂商必须做市场区隔，拟定各区隔市场的价格政策，以便增加销售量。此外，汽车的促销活动也要兼顾社会阶层的影响，甚至连制造洗衣粉也要出品各种品牌的洗衣粉以便消费者选择。

2. 服务

通常，私人医药服务、购买保险、玩高尔夫球、打网球、旅游、打桥牌等是上层社会的生活内容，这也决定了他们的购物形态。至于低阶层的人则以欣赏拳击赛、赛鸽及打保龄球等来充实生活的内容，社会心理学家格汉姆发现新产品或新服务是否被接受和社会阶层的次文化有很大的关系。假使新产品的使用和次文化不发生冲突，则新产品被采用的可能性大；反之，亦然。譬如首先购买电视机者通常是较低阶层的分子，这可能是因为低阶层分子的生活方式较为被动，喜欢单向沟通的缘故，至于医药保险、桥牌及计算机则较容易被高阶层的人所接受。

3. 零售店的选择

显然，一位喜欢到大百货公司购物的妇女和一位喜欢在小型商店购物的妇女是不太一样的，马丁就发现了社会阶层影响个人对零售店的选择。他认为，假设你认为每个人都会到够水准的地方去购买东西，那你就大错特错了。几乎每个商店都有它独特的风格，以吸引不同阶层的消费者，使消费者有宾至如归的感觉，以为个人是属于这个商店的。所以对商店来说，最糟糕的莫过于一点特殊性也没有，以致哪个阶层的人都无法产生认同。

此外，社会学家瑞奇经过研究后指出，个人的社会阶层和所选择商店的名气有正相关的关系。换句话说，高阶层的人，喜欢在名气大的商店购买货品。

对某些产品来说，社会阶层和商店的选择有较大的关系，例如在家用器具及一些品质保证的产品中，中等阶层的家庭喜欢在折扣商品里购买。然而，衣服或家具等产品，由于购买时的风险性较大，而且个人没有形成品牌忠实性，所以个人喜欢在大型商店购买，以免上当。

社会阶层和购买行为的其他方面有关。瑞奇发现，中上阶层的主妇对自己的购买能力有充分的信心。因此喜欢从事冒险性的行动，到新商店去购买，并喜欢吸取新经验。然而，低阶层的主妇却往往在地方性的小商店购物，且和店员建立起友谊来。一般来说，她们相当容易信任自己熟识的人，且很少到新商店去购物。

4. 对促销的反应

随着社会阶层的不同，每个人对促销活动的反应也不一样。换句话说，不同的广告媒体及信息对不同社会阶层的影响力不同。对较高阶层而言，印刷媒体和网络，尤其是杂志，比电视及收音机的效果要好很多。为什么会产生这种现象呢？下面对此加以分析，并介绍影响的因素。

个人一天时间的分配会影响个人收听收音机的情形，而社会阶层与个人时间的分配有较大的关系，社会阶层影响了个人对媒体的选择。以工作阶层的工人来说，他们的工作通常开始得很早，所以他收听收音机的时间是早上六点至七点半钟或者七点半至九点这段时间。同样地，由于他们回家较早，所以也有同样的现象。至于电视节目的观赏也受到时间因素的影响。刚入夜时的观众或连续剧的观众大多是工薪阶层，而较晚的电视节目观众则大多为中产阶层。

媒体的内容也是决定观众的主要因素之一。不同的媒体内容会吸引不同的观众或读者，例如报纸社论、书评及社会版的内容较能引起中产阶层的注意；而体育版及影剧版的内容则较受工薪阶层的欢迎。听众的阶层也是由上而下，中上层的人喜欢听古典音乐，但下层的人喜欢听流行歌曲，而且收音机的听众大多为中上层。此外，有人研究社会阶层与电视节目间的关系，发现电视节目很受工薪阶层人们的欢迎，而中下层的人认为还可以"适应"它，但中上层的人却觉得"无法忍受"，这和国内观众对连续剧的感受似乎大同小异。

正如媒体内容一样，随着广告信息内容的不同，观赏或收听的观众也不太一样。例如对于幽默笑话来说，随着阶层的不同，每个人对笑话的反应不同。一般来说，上层人的幽默，意义较为玄奥与深远，因此不受低阶层的人欢迎。还有，信息是否具有吸引力也因阶层而异。此外，社会阶层的兴趣也影响了个人对信息的知觉。例如，对工薪阶层来说，打棒球的画面要比参加宴会的画面吸引力更大。而且"利用名人赞赏来证明是优良的"广告，对工薪阶层的效力较大。但对中产阶层者的效力较小，因为中产阶层的人根本不会相信名人的话。也有研究证明，采用单向的说服方式来说服消费者，教育程度低的消费者比教育程度高的消费者更容易被说服。

9.3.3　社会阶层与市场营销策略

对于某些产品，社会阶层提供了一种合适的细分依据或细分基础。依据社会阶层制定市场营销战略的具体步骤，第一步是决定企业的产品及其消费过程在哪些方面受社会地位的影响，然后将相关的地位变量与产品消费联系起来。为此，除了运用相关变量对社会分层以外，还要搜集消费者在产品使用、购买动机、产品的社会含义等方面的数据。第二步是确定应以哪一个社会阶层的消费者为目标市场。这既要考虑不同社会阶层作为市场的吸引力，也要考虑企业自身的优势和特点。第三步是根据目标消费者的需要与特点，为产品定位。最后一步是制定市场营销组合策略，以达成定位目的。

不同社会阶层的消费者由于在职业、收入、教育等方面存在明显差异，因此即使购买同一产品，其趣味、偏好和动机也会不同。例如同是买牛仔裤，工薪阶层的消费者可能看中的是它的耐用性和经济性，而上层社会的消费者可能注重的是它的入时性和自我表现力。所以，根据社会阶层细分市场和在此基础上对产品定位是有依据的，也是非常有用的。事实上，对于市场上的现有产品和品牌，消费者会自觉或不自觉地将它们归入适合或不适合哪一阶层的人消费。例如，在美国啤酒市场，消费者认为 Heineken 和 Michelob 更适合上层社会的人消费，而 Old Style 则更适合中下层社会的人消费。

应当强调的是，处于某一社会阶层的消费者会试图模仿或追求更高层次的生活方式。因此，以中层消费者为目标市场的品牌，根据中上层生活方式定位可能更为合适。美国安海斯-布希啤酒公司根据社会阶层推出三种品牌的啤酒，每种品牌针对特定的消费阶层，采用不同的定位和营销组合策略，结果产品覆盖了 80%的美国市场，获得极大成功。

本 章 小 结

社会阶层体系是指对一个社会进行等级划分，根据人们的社会态度、价值观和生活方式，把社会划分为几个相对稳定的具有某种相同特征的人口群体。在一个社会的社会阶层体系中，每一阶层必须符合 5 个标准：封闭性、顺序性、排他性、穷尽性、独特性。很显然，根据这些特征，美国社会不存在严格意义上的社会阶层体系，而是存在由一系列社会阶层所构成的连续体。这一社会阶层连续体具有全社会都重视的不同特征或因素。在美国，教育、职业、收入，从某种意义来说，还有住房类型，是构成社会地位的重要因素。社会地位综合水平指确立个人和家庭的社会地位的各方面因素的一致性(如高收入、高学历)。评价社会地位的基本方法有两种：单一指标法和综合指标法。由于没有一个单维的社会阶层或社会阶层连续体，因而不能说哪种评价法是最好的。对评价方法的选择要看其是否适合特定问题的解决或是否与该问题相关。对社会地位的某一方面因素的应用应与另一个相应的因素结合起来，相对职业阶层收入就是将几种因素结合利用的一个例子。主观可任意支配收入是指消费者认为能用于购买必需品以外的物品的钱的数量。主观可任意支配收入对于营销者进行营销研究颇有意义。

习 题

1. 名词解释

(1) 社会阶层　(2) 社会资源　(3) 单一指标法　(4) 综合指标法　(5) 科尔曼地位指数

2. 填空题

(1) 衡量社会阶层最常用的两项指标是_____、_____。

(2) 科尔曼地位指数法从_____、_____、_____、_____四个方面综合测量消费者所处的社会阶层。

3. 简答题

(1) 社会阶层有哪些特点？决定社会阶层的因素有哪些？

(2) 为什么教育有时用作评价社会地位的单项指数？

第 10 章

参照群体与消费者行为

📖 **导读案例**

"网红"营销影响大学生消费

"网红"专指网络红人。在 2016 年，Papi 酱以幽默犀利的吐槽短视频迅速蹿红于网络平台，其视频模式广受商业资本的青睐，而随着李佳琦、薇娅、李子柒等"网红"新贵的出现，也将"网红"群体和现象推向了舆论的风口浪尖。随着"网红"群体的发展，也催生出了一种新的经济模式——"网红经济"。"网红经济"在长时间的发展中，其营销策略主要以内容营销与社会营销两个模式为主。

"网红"的存在是因其表现形式与网民的某种特质相符合，进而引起大量的关注形成粉丝效应。"网红"可能存在于生活中的各个领域，如服装、美妆、音乐、游戏、美食、宠物、旅行、摄影、体育等。"网红经济"则是指"网红"在社交平台上聚集一定人气后，依托庞大的粉丝群体进行定向营销，将粉丝转化为购买力，进而形成具有一定粉丝群体的"网红经济"市场。

大学生群体是一个极度关注网络的年轻群体，追求新鲜感、追求潮流时尚，消费行为很容易受到"网红经济"的影响和暗示。"网红经济"对关注"网红"的大学生的消费影响在不断加深，特别是在服装和化妆品方面。有数据显示，关注"网红"的大学生占比高达 69%，其中大约 30%会在网红电商、网红直播等领域进行消费，大学生已然成为"网红"消费的主力军。

许多"网红"以自身外貌或内容特色等优势获得粉丝关注，利用粉丝强大的影响力经营网络店铺，借助图片、音频、视频等新媒体产品，通过自媒体形式向大学生推销各种服饰和化妆品，并对其功效做出测评。有些大学生群体抵御诱惑的能力较弱，尚未形成完整的价值观，出于对"网红"的关注和信任会跟风效仿，将其标榜为一种时尚标杆。

此外，大学生逐渐成为"网红"内容供给主体。2018 年 6 月 19 日，艾瑞与微博联合发布的《中国网红经济发展洞察报告》显示，2018 年"网红"领域步入多元化，"网红"粉丝趋于年轻化。据统计，微博"网红"中，"80 后"群体大约占比 55%，"90 后"群体占比 32%左右。与 2017 年相比，"网红"受教育水平有所提升，其中大学生占比 63%，成为"网红"群体中不可或缺的一部分。大学生比上班族有更灵活的时间和精力，高学历的教育水平也让他们与传统"网红"相比能提供更有价值、有温度的内容。大学生占比不断提高推动着"网红"内容制作水平的增强，从而加速了"网红"内容产出的多元化。

（资料来源：网红经济的营销套路，对大学生群体消费模式的影响. 老曹漫谈. 2020-0i-12. https://www.jianshu.com/p/46273ac8acd5，有删改）

由导读案例可知，几乎所有的消费行为都是在群体背景下发生的。此外，群体还是消费者社会化和学习的基本媒介。因此，理解群体是如何运行的，对于理解消费者行为至关重要。

10.1　社会群体与参照群体

首先对群体和参照群体这两个概念加以区分。群体由两个或两个以上具有一套共同的规范、价值观或信念的个人组成，他们彼此之间存在隐含的或明确的关系，因而其行为是相互依赖的。参照群体是指这样一个群体，该群体的看法和价值观被个人作为他或她当前行为的基础。因此，参照群体是个人在某种特定情况中，作为行为向导而使用的群体。

10.1.1　社会群体的概念

社会群体是指通过一定的社会关系结合起来进行共同活动而产生相互作用的集体。社会群体的规模可以比较大，如几十人组成的班集体；也可以比较小，如经常一起上街购物的两位邻居。群体人员之间一般有较经常的接触和互动，从而能够相互影响。

学术界对于社会群体有不同观点，主要观点介绍如下。

第一种观点认为，社会群体是一个广义的概念，包括家庭、乡村、城市、政党、国家乃至人类各种不同类型的社会结合。南斯拉夫社会学界有类似的看法，他们把社会群体区分为局部性社会群体和整体性社会群体，后者所指的就是广义的社会群体，如原始人群、氏族公社、部落以及民族和人类。关于社会群体广义的观点可以追溯到德国早期社会学家滕尼斯。他在 1887 年出版的《社区和社会》（又译《公社和社会》）一书中，依照群体形成的基础将社会群体分为两种类型：公社和社会。前者是指在情投意合、彼此恋念基础上人们自发形成的社会群体，如氏族公社、家庭、宗教团体等；后者是指在理性考虑、业务联系基础上人们自觉建立的社会群体，如各种社会集团直至国家。滕尼斯所称的"社会"一词是一种广义的社会群体。

第二种观点认为，社会群体仅仅是指人际关系亲密的初级群体或小群体，如家庭、邻里、朋友群体等。当前西方社会学界有不少人持这种看法。这种初级群体或小群体的观点，实际上是根据美国早期社会学家 C. H. 库利关于初级群体的概念提出来的。库利在《社会组织》(1909)一书中从研究人的早期社会化出发，提出初级群体的概念，强调家庭、邻里和儿童游戏伙伴对幼儿的个性和人格的形成所起的重要作用，并指出研究这种人数不多的小群体的特殊意义。后来的一些社会学家从这一研究成果出发，形成了视社会群体为初级群体或小群体的观点。

第三种观点既不同意将社会群体这一概念的定义定得过于宽泛，也不赞成将它的定义定得过于狭小，即不能将社会群体完全等同于小群体。中国社会学界多数人持这种观点，认为社会群体是人们通过一定的社会关系结合起来进行共同活动的集体，是人们社会生活的具体单位。

从消费者行为分析角度研究群体影响至关重要。首先，群体成员在接触和互动过程中，通过心理和行为的相互影响与学习，会产生一些共同的信念、态度和规范，它们对消费者的行为将产生潜移默化的影响。其次，群体规范和压力会促使消费者自觉或不自觉地与群体的期待保持一致。即使那些个人主义色彩很重、独立性很强的人，也无法摆脱群体的影响。再次，很多产品的购买和消费是与群体的存在和发展密不可分的。例如，加入某球迷俱乐部后，不仅要参加该俱乐部的活动，而且还要购买与该俱乐部的形象相一致的产品，如印有某种标志或某个球星头像的球衣、球帽、旗帜等。

10.1.2　社会群体的类型

社会群体依照不同的标准划分为不同的类型。按照群体内的人际关系可分为初级群体和次级群体，即社会组织。按照群体的规模可分为大型群体和小型群体，前者通常指社会组织，后者指小群体。按照群体成员个人的归属感可分为内群体与外群体。按照其他特征可分为参照群体和相遇群体。群体的类型不同，其结构形式也不一样。有的社会群体结构严密，角色关系分工明确，如次级群体。有的社会群体结构松散，各个角色和地位之间没有明确的分工。下面介绍几种常见的社会群体类型。

1. 正式群体与非正式群体

正式群体是指有明确的组织目标、正式的组织结构，成员有着具体的角色规定的群体。一个单位的基层党组织、大学里的教研室、工厂里的新产品开发小组均属于正式群体。非正式群体是指人们在交往过程中，由于共同的兴趣、爱好和看法而自发形成的群体。非正式群体可以是在正式群体之内，也可以是在正式群体之外，或是跨几个群体，其成员的联系和交往比较松散、自由。

2. 主要群体与次要群体

主要群体又称初级群体，是指成员之间具有经常性面对面接触和交往，形成亲密人际关系的群体。这类群体主要包括家庭、邻里、儿童游戏群体等。次要群体又称次级群体，指的是人类有目的、有组织地按照一定社会契约建立起来的社会群体。次要群体规模一般比较大，人数比较多，群体成员不能完全接触或接触比较少。在主要群体中，成员之间不仅有频繁的接触，而且有强烈的情感联系，正因为如此，像家庭、朋友等关系密切的主要群体，对个体来说是不可或缺的。

3. 隶属群体与参照群体

隶属群体又称成员群体，是指消费者实际参加或隶属的群体，如家庭、学校等。参照群体是指这样一个群体，该群体的看法和价值观被个体作为他或她当前行为的基础。因此，参照群体是个体在某种特定情境下作为行为指南而使用的群体。美国社会学家海曼于 1942 年最先使用参照群体这一概念，用于表示在确定自己的地位时与之进行对比的人类群体。当消费者积极参加某一群体的活动时，该群体通常会作为他的参照群体。也有一些消费者，虽然参加了某一群体，但这一群体可能并不符合其理想标准，此时，他可能会以其他群体作为参照群体。

10.1.3　社会群体的特征

社会群体有以下几点基本特征。

1. 分工和互赖

群体的职能分工既能使群体成员区别于其他群体成员，也能使一个群体区别于其他群体。就个人来说，群体为了最有效地达到它自己的目标，必然会对群体每位成员的地位和角色做出相应的安排，每个人也总是以某一方面独立的能力胜任某项分工，从而成为群体成员。正如荀子所说："人生不能无群，群而无分则争，争则乱，乱则离，离则弱，弱则不能胜物。"

此外，群体中的互赖性也十分突出，群体成员在物质和精神上的满足有赖于与他人的合作才能实现。不仅群体成员之间的关系是这样，群体之间的关系也是如此，像邻里关系。个人不能离群索居，群体也不能闭关自守，任何群体总是与别的群体互通有无的。群体生活范围越扩大，人的关系越复杂，群体的分工越细密，这种互赖性也越强。

2. 共同的归属感

归属感也就是个体自觉地归属于所参加群体的一种情感。每个成员参加群体，首先要有自己与群体成员的共同感情，接受这种共同感，才能获得这个群体成员的资格。有了这种归属感，个体才会自觉遵守群体的规则，维护这个群体的利益，并与群体内的其他成员在感情上发生共鸣，表现出与群体相同的情感和一致的行为。如果个体的归属感增强，那么群体的凝聚力就会加强；反之，就会下降。一个人在一生中可以同时或先后参加几个不同的群体，他会对这些群体产生归属感，而最强烈的归属感来自对他生活、工作等方面影响最大的那个群体。一般来讲，人们对家庭的归属感比对工作群体的归属感要强烈得多。

3. 具有特定目标和行为规范

目标是人们想要达到的目的和标准，任何群体都有一定的目标，这是群体活动的方向和目的。正是由于目标的一致，使人们产生了共同的兴趣和愿望，产生对社会现象较为一致的看法和评价，从而联合成一个群体。没有目标，群体就没有动力，更谈不上存在与发展。

群体规范是群体为了实现目标而产生的一系列制约成员的行为准则，它是全体群体成员熟知和接受的，人们依此指导自己的行为，从而使群体生活有序进行。

10.1.4　与消费者密切相关的社会群体

为了更全面、更深入地理解社会群体对消费者产生的影响，下面对与消费者密切相关的六种基本社会群体进行简要介绍。

1. 家庭

人的一生，大部分时间是在家庭里度过。家庭成员之间的频繁互动使其对个体行为的影响广泛而深远。个体的价值观、信念、态度和言谈举止无不打上家庭影响的烙印。不仅如此，家庭还是一个购买决策单位，家庭购买决策既制约和影响家庭成员的购买行为，反过来家庭成员又对家庭购买决策施加影响。

2. 朋友

朋友构成的群体是一种非正式群体，它对消费者的影响仅次于家庭。追求和维持与朋友的友谊，对大多数人来说是非常重要的。个体可以从朋友那里获得友谊、安全，还可以与朋友互诉衷肠，与朋友讨论那些不愿和家人倾诉的问题，总之，它可以满足人的很多需要。不仅如此，结交朋友还是一种独立、成熟的标志，因为与朋友交往意味着个体与外部世界建立联系，同时也标志着个体开始摆脱家庭的单一影响。

3. 正式的社会群体

像中国高校市场学研究会、某某学校校友会、业余摄影爱好者协会等组织均属于正式的社会群体。人们加入这类群体可能基于各种各样的目的，有的是为了结识新的朋友、新的重要人物，有的是为了获取知识，开阔视野，还有的是为了追求个人的兴趣与爱好。虽然正式的社会群体内各成员不像家庭成员和朋友那么亲密，但彼此之间也有讨论和交流的机会。群体内那些受尊敬和仰慕的成员的消费行为，可能会被其他成员谈论或模仿。正式的社会群体的成员还会消费一些共同的产品，或者一起消费某些产品。例如，滑雪俱乐部的成员要购买滑雪服、滑雪鞋和很多其他滑雪用品。

4. 购物群体

为了消磨时间或为了购买某一具体的产品而一起上街的几位消费者，就构成了一个购物群体。购物群体内的成员通常是有空余时间的家庭成员或朋友。人们一般喜欢邀请乐于参谋且对特定购买问题有知识和经验的人一起上街购物。与他人一起采购，不仅会降低购买决策的风险感，而且会增加购物过程的乐趣。在大家对所购产品均不熟悉的情况下，购物群体很容易形成，因为此时消费者可以依赖群体智慧，从而对购买决策更具信心。

5. 消费者行动群体

在西方消费者保护运动中，涌现出一种特别的社会群体，即消费者行动群体。该群体可大致分为两种类型，一种是为纠正某个具体的有损消费者利益的行为或事件而成立的临时性团体，另一种是针对某些广泛的消费者问题而成立的相对持久的消费者组织。学生家长临时组织起来，对学校的办学方针和政策提出质询，要求学校领导纠正某些损害学生利益的做法，就属于前一种类型的消费者行动群体。针对青少年吸烟、吸毒而成立的反吸烟或反吸毒组织就属于后一类型的消费者行动群体。大多数消费者行动群体的目标是唤醒社会对有关消费者问题的关注，对有关企业施加压力和促使它们采取措施矫正那些损害消费者利益的行为。

6. 工作群体

工作群体也可以分为两种类型：一种是正式的工作群体，即由一个工作小组里的成员组成的群体，如同一个办公室里的同事、同一条生产线上的装配工人等；另一种是非正式工作群体，即由在同一个单位但不一定在同一个工作小组里工作，且形成了较密切关系的一些朋友组成的群体。由于在休息时间或下班时间，成员之间有较多的接触，所以非正式工作群体如同正式工作群体，会对所属成员的消费行为产生重要影响。

10.1.5　参照群体的含义和类型

参照群体是指那些作为判断事物的标准或效仿模范的群体，即任何会成为个人在形成其态度、价值或行为上的参考或比较对象的个人或群体，是对个人的行为、态度、价值观等有直接影响的群体。

参照群体包括成员群体和非成员群体。成员群体指个人是其成员的参照群体；非成员群体指个人不是其成员的参照群体。非成员群体又包括渴望群体、规避群体和中性群体。渴望群体是指消费者想要成为其成员的非成员群体；规避群体是指消费者想与之完全划清界限的非成员群体；中性群体是指消费者不属于某个群体，既不渴望成为该群体的成员，也不觉得一定要与该群体划清界限。

参照群体实际上是个体在形成其购买或消费决策时，用以作为参照、比较的个人或群体。如同从行为科学里借用的其他概念一样，参照群体的含义也在随着时代的变化而变化。参照群体最初是指家庭、朋友等个体与之具有直接互动的群体，但现在它不仅包括了这些具有互动基础的群体，而且也涵盖了与个体没有直接面对面接触但对个体行为产生影响的个人和群体。

参照群体具有规范和比较两大功能。规范功能在于建立一定的行为标准并使个体遵从这一标准，比如受父母的影响，子女在食品的营养标准、如何穿着打扮、到哪些地方购物等方面形成了某些观念和态度。个体在这些方面所受的影响对行为具有规范作用。比较功能是指个体把参照群体作为评价自己或别人的比较标准和出发点。例如个体在布置、装修自己的住宅时，可能以邻居或仰慕的某位熟人的家居布置作为参照和效仿对象。

社会群体这一概念强调成员行为的相互依赖性，而参照群体强调的是行为向导的作用。人们可以从属于不同的群体，但是一般来说在特定情境中，只使用一个群体作为参照群体。

10.1.6　参照群体的影响方式

所有人都在很多方面与各种群体保持着一致。看一看班上的同学，你会奇怪地发现，除了男女性别及其在穿着上的差异外，大部分人衣着十分相似。事实上，如果一个同学穿着正规的衣服来上课，大家通常会问他是不是要去应聘工作，因为人们认为这是他穿着正式的原因。请注意，作为个体，人们并未将这种行为视为从众。尽管人们时常要有意识地决定是否遵从群体，但通常情况下是无意识地和群体保持一致的。人们以对群体的角色期望和群体规范做出响应的方式，来满足群体的期望。规范一般会覆盖与群体功能有关的一切行为，违反这些规范会受到群体的惩罚。人们发现，参照群体对消费行为有着深远影响，而在研究这一发现的营销意义之前，先来考察一下参照群体的性质。参照群体对消费者的影响通常表现为三种形式，即规范性影响、信息性影响、价值表现上的影响。

1. 规范性影响

规范性影响是指由于群体规范的作用而对消费者的行为产生影响。规范性影响之所以发生和起作用，是由于奖励和惩罚的存在。为了获得赞赏和避免惩罚，个体会按群体的期待行事。广告商声称，如果使用某种商品，就能得到社会的接受和赞许，这利用的就是群体对个体的规范性影响。同样，宣称不使用某种产品就得不到群体的认可，也是运用规范性影响。

2. 信息性影响

信息性影响是指参照群体成员的行为、观念、意见被个体作为有用的信息予以参考，由此在其行为上产生影响。当消费者对所购产品缺乏了解，凭眼看手摸又难以对产品品质做出判断时，别人的使用和推荐将被视为非常有用的证据。群体在这一方面对个体的影响，取决于被影响者与群体成员的相似性，以及施加影响的群体成员的专长性。例如，某人发现好几位朋友都在使用某种品牌的护肤品，于是她决定试用一下，因为这么多朋友使用它，意味着该品牌一定有其优点和特色。

海尼斯(Hennessy)公司的广告商雇用了一些有魅力的模特和演员到时尚的酒吧里去喝酒。在那里，他们找借口请所有人或某一群体饮用海尼斯马丁尼酒。使用这种方法，使人们目睹别人喝这种饮料，从而接受它或至少认为它很时兴。当然，群体影响力的如此运用是否会引发伦理上的争议，乃是应当思考的一个问题。

3. 价值表现上的影响

价值表现上的影响是指个体自觉遵循或内化参照群体所具有的信念和价值观，从而在行为上与之保持一致。例如，某位消费者感到那些有艺术气质和素养的人，通常是留长发、蓄络腮胡、不修边幅，于是他也留起了长发，穿着打扮也不拘一格，以反映他所理解的那种艺术家的形象。此时，该消费者就是在价值表现上受到参照群体的影响。个体之所以在无需外在奖惩的情况下自觉依群体的规范和信念行事，主要是基于两方面力量的驱动。一方面，个体可能利用参照群体来表现自我，来提升自我形象。另一方面，个体可能特别喜欢该参照群体，或对该群体非常忠诚，并希望与之建立和保持长期的关系，从而视群体价值观为自身的价值观。

10.1.7 决定参照群体影响强度的因素

参照群体对其成员的影响程度取决于多方面的因素，下面对它们简要分析。

1. 产品使用时的可见性

一般而言，产品或品牌的使用可见性越高，群体影响力越大，反之则越小。最初的研究发现，商品的"炫耀性"是决定群体影响强度的一个重要因素。后来的一些研究探索了不同产品领域参照群体对产品与品牌选择所产生的影响。其中，拜尔顿(Bearden)和埃内尔(Etzel)的研究从产品可见性和产品的必需程度两个层面将消费情形分类，然后分析在这些具体情形下参照群体所产生的影响。

2. 产品的必需程度

对于食品、日常用品等生活必需品，消费者比较熟悉，而且很多情况下已形成了习惯性购买，此时参照群体的影响相对较小。相反，对于奢侈品或非必需品，如高档汽车、时装、游艇等产品，购买时受参照群体的影响较大。

3. 产品与群体的相关性

某种活动与群体功能的实现关系越密切，个体在该活动中遵守群体规范的压力就越大。例如，对于经常出入豪华餐厅和星级宾馆等高级场所的群体成员来说，着装是非常重要的；而对于只是在一般酒吧喝啤酒或只是在一个星期中的某一天打一场篮球的群体成员来说，其重要性就小得多。

4. 产品的生命周期

亨顿认为，当产品处于导入期时，消费者的产品购买决策受群体影响很大，但品牌决策受群体影响较小。在产品成长期，参照群体对产品及品牌选择的影响都很大。在产品成熟期，群体在品牌选择上影响大而在产品选择上影响小。在产品的衰退期，群体在品牌和产品选择上影响都比较小。

5. 个体对群体的忠诚程度

个体对群体越忠诚，他就越可能遵守群体规范。当参加一个渴望群体的晚宴时，在衣服选择上，人们可能更多地考虑群体的期望，而参加无关紧要的群体晚宴时，这种考虑可能就少得多。最近的一项研究对此提供了佐证，该研究发现，那些强烈认同西班牙文化的拉美裔美国人，比那些只微弱地认同该文化的消费者，更多地从规范和价值表现两个层面受到来自西班牙文化的影响。

6. 个体在购买中的自信程度

研究表明，个体在购买彩电、汽车、家用空调、保险、冰箱、媒体服务、杂志书籍、衣服和家具时，最易受参照群体影响。这些产品，如保险和媒体服务的消费，既非可见又与群体功能没有太大关系，但是它们对于个人很重要，而大多数人对它们又只拥有有限的知识与信息。这样，群体的影响力就由于个人在购买这些产品时信心不足而强大起来。除了购买中的自信心，有证据表明，不同个体受群体影响的程度也是不同的。

自信程度并不一定与产品知识成正比。研究发现，知识丰富的汽车购买者比那些购买新手，更容易在信息层面受到群体的影响，并喜欢和同样有知识的伙伴交换信息和意见。新手则对汽车没有太大兴趣，也不喜欢收集产品信息，他们更容易受到广告和推销人员的影响。

10.1.8 参照群体概念在营销中的运用

1. 名人效应

名人或公众人物如影视明星、歌星、体育明星，作为参照群体对公众尤其是对崇拜他们的受众具有巨大的影响力和感召力。对很多人来说，名人代表了一种理想化的生活模式。正因为如此，企业花巨额费用聘请名人来促销其产品。研究发现，用名人作支持的广告较不用名人的广告评价更正面和积极，这一点在青少年群体中体现得更为明显。

名人效应是指名人的出现所达成的引人注意、强化事物、扩大影响的效应，是人们模仿名人的心理现象的统称。名人效应已经在生活中的方方面面产生深远影响，比如名人代言广告能够刺激消费，名人出席慈善活动能够带动社会关怀弱者，等等。简单地说，名人效应相当于一种品牌效应，它可以带动人群，它的效应可以如同疯狂的追星族那么强大。

在现实生活中，利用"人名"和"名人效应"发财的却大有人在，而且愈演愈烈。随着人名被抢注事件的屡屡见报，远的如诸葛亮，近的如李连杰、姚明，都没有逃脱成为"商标"这一劫。不仅名人创作的艺术品值得收藏，名人用过的物品也不可轻视。艺术品的投资与收藏同样存在名人效应。名人效应是不直接介入商业行为的，但有助于借用名人强化自身形象，"名人"是被动地被效仿或借用。

运用名人效应的方式多种多样。例如，可以用名人作为产品或公司代言人，即将名人与产品或公司联系起来，使其在媒体上频频亮相；也可以用名人做证词广告，即在广告中引述广告产品或服务的优点和长处，或介绍其使用该产品或服务的体验；还可以采用将名人的名字使用于产品或包装上等做法。

2. 专家效应

专家是指在某一专业领域受过专门训练、具有专门知识、经验和特长的人。医生、律师、营养学家等均是各自领域的专家。专家所具有的丰富知识和经验，使其在介绍、推荐产品与服务时较一般人更具权威性，从而产生专家所特有的公信力和影响力。当然，在运用专家效应时，一方面应注意法律的限制，如有的国家不允许医生为药品做证词广告；另一方面，应避免公众对专家的公正性、客观性产生质疑。

3. "普通人"效应

运用满意顾客的证词证言来宣传企业的产品，是广告中常用的方法之一。如果出现在荧屏上或画面上的证人或代言人是和潜在顾客一样的普通消费者，这会使受众感到亲近，从而使广告诉求更容易引起共鸣。像宝洁公司、北京大宝化妆品公司都曾运用过"普通人"证词广告，应当说效果还是不错的。还有一些公司在电视广告中展示普通消费者或普通家庭如何用广告中的产品解决其遇到的问题，如何从产品的消费中获得乐趣等。由于这类广告贴近消费者，反映了消费者的现实生活，因此，它们可能更容易获得认可。

4. 经理型代言人

20 世纪 70 年代以来，越来越多的企业在广告中用公司总裁或总经理做代言人。例如，克莱斯勒汽车公司的老总李·艾柯卡(Lee Iacocca)在广告中对消费者极尽劝说，获得很大成功。同样，像雷明顿(Remington)公司的老总维克多·凯恩(Victor Kiam)、马休特(Marriott)连锁旅店的老总比尔·马休特均在广告中促销其产品；我国广西三金药业集团公司在其生产的桂林西瓜霜上使用公司总经理和产品发明人邹节明的名字和图像，也是这种经理型代言人的运用。

10.2　角色与消费者行为

角色是在群体内部划分和界定的。角色是社会对具有某种地位的个体，在特定情境下所规定和期待的行为模式。虽然个人必须按某种方式行动，但这种被期待的行为是基于地位，而不是基于个人产生的。例如，你身为学生，人们就会期望你有某些行为，如上课和学习，但是这些行为也是人们对其他学生的期待。总之，角色建立的基础是地位，而不是个人。

角色参数代表了可以接受的行为范围。惩罚是个人违反角色参数时受到的处罚。一个不上课或者扰乱课堂秩序的学生会受到处罚，视情节轻重，处罚从温和的批评到开除不等。

每个人都扮演着各种各样的角色。当一个人试图承担超越其时间、精力和金钱所允许的更多的角色时，角色超载便出现了。另外一些时候，两种角色要求有不同的行为。例如，一个典型的学生也许要承担学生、书店雇员、室友、女儿、女生联谊会会员、校足球队队员和许多其他角色。很多情况下，这位学生会面临互不相容的角色要求。例如，足球队员的角色要求她每晚练习，但学生的角色却要求她每晚去图书馆，这就是角色冲突。大多数事业型的人，特别是已婚妇女，会经历作为家庭成员的角色与事业角色之间的冲突。

10.2.1　角色概述

角色是个体在特定社会或群体中占有的位置和被社会或群体所规定的行为模式。虽然角色直接与社会的人相联系，而且必须由处于一定社会地位的人来承担，但它是建立在位置或地位的基础上。对于特定的角色，不论由谁来承担，人们对其行为都有相同或类似的期待。

角色有先赋角色与自致角色之分。先赋角色是指那些不必经过角色扮演者的努力而由先天因素决定或由社会所规定的角色，如由遗传所决定的性别角色，封建时代通过世袭继承所形成的皇帝、公爵、伯爵等角色。自致角色又称获得性角色，是指个体通过自己的主观努力而获得的社会角色，如通过自己的奋斗当上总经理、大学教授等。

期望角色与实践角色之间的差距被称为角色差距，适度的角色差距是允许的，但这种差距不能太大。太大的角色差距意味着角色扮演的不称职，社会或群体的惩罚也就不可避免。正因为如此，大多数人都力求使自己的行为与群体对特定角色的期待相一致。

10.2.2　角色与消费者购买行为

1. 角色关联产品集

角色关联产品集是承担某一角色所需要的一系列产品，这些产品或者有助于角色扮演，或者具有重要的象征意义。例如，与牛仔这一角色相关的靴子最初具有实用功能。尖型靴头可以使脚快捷而方便地踏进马镫里，高高的后跟使脚不至于从马镫中脱离；高靴沿保护骑手的踝部免受荆棘之苦，等等。今天，虽然城市牛仔已经很少骑马了，但牛仔角色仍然离不开靴子。实际上，靴子是在象征意义上与牛仔角色相联系。

角色关联产品集规定了哪些产品适合某一角色，哪些产品不适合某一角色。营销者的主要任务就是确保其产品能满足目标角色的实用或象征性需要，从而使人们认为其产品适用于该角色。计算机制造商强调笔记本电脑为商人所必需，保险公司则强调人寿保险对于扮演父母角色的重要性，这些公司实际上都是力图使自己的产品进入某类角色关联产品集。

2. 角色超载和角色冲突

角色超载是指个体超越了时间、金钱和精力所允许的限度而承担太多的角色或承担对个体具有太多要求的角色。例如，一位教师既面临教学、科研、家务的多重压力，同时又担任很多的社会职务或在外兼职，此时，由于其角色集过于庞大，他会感到顾此失彼和出现角色超载。角色超载的直接后果是个体的紧张、压力和角色扮演的不称职。

角色冲突是指角色集中不同的角色由于在某些方面不相容，或人们对同一角色的期待和理解的不同而导致的矛盾和抵触。角色冲突有两种基本类型：角色间的冲突和角色内的冲突。很多现代女性所体验到的那种既要成为事业上的强者又要当贤妻良母的冲突，就是角色间的冲突。

3. 角色演化

角色演化是指人们对某种角色行为的期待随着时代和社会的发展而发生变化。随着越来越多的女性参加工作和女性在家庭中地位的上升，传统的男、女角色行为已经或正在发生改变。在我国的很多家庭尤其是城市家庭，洗衣做饭、照看小孩、家庭清洁、上街购物等各种家务活动，越来越多地由夫妻共同分担，在有些家庭甚至更多地由丈夫分担。

角色演化既给营销者带来机会也提出挑战。例如，妇女角色的转变，使她们与男性一样可以从事剧烈运动，许多公司因此向妇女提供各种运动用品和运动器材；职业女性人数的日益增多，使方便女性携带和存放衣物的衣袋应运而生；妇女在职业领域的广泛参与，改变了她们的购物方式，许多零售商也因此调整其地理位置和营业时间，以适应这种变化。研究发现，全职家庭主妇视购物为主妇角色的重要组成部分，而承担大部分家庭购物活动的职业女性对此并不认同。显然，在宣传产品和对产品定位的过程中，零售商需要认识到基于角色认同而产生的购物动机上的差别。

4. 角色获取与转换

角色的获取与转换会使产品或品牌与新的角色相联系，从而为营销者提供了机会。当很多人的重要角色共同发生改变时，尤其应当引起人们的重视。例如，大多数人会发生由年轻单身者向年轻夫妇的角色转换，这会引起相关行为的显著改变。在现代社会，离婚已成为一种普遍现象，一些企业，如银行，已经开始向发生这种角色转化的人们提供特殊的服务项目。在人的一生中，个人所承担的角色并不是固定不变的。随着生活的变迁和环境的变化，个人会放弃原有的一些角色、获得新的角色和学会从一种角色转换成另外的角色。在此过程中，个人的角色集相应地发生了改变，由此也会引起他对与角色相关的行为和产品需求的变化。当一个人大学毕业，走上工作岗位，会发现服装、手表、提包等需要重新购置。新的角色会在穿着打扮、行为举止等多个方面对一个人提出新的要求，这无疑为企业提供了很好的营销机会。

10.3　从众现象

从众现象是指个人由于真实的或臆想的群体心理压力，在认知或行动上不由自主地趋向于跟多数人相一致的现象。在正式组织里，上下级关系会导致下级并非真正参与决策，下级为了迎合上级，宁愿顺着上级的意图而不提出自己的真正意见。此外，用花费的总时间来衡量，群体一般比个人要花费更多的时间才能做出一个决策。决策如果没有明确的负责人，就容易造成无人对决策后果负责的局面。

从众现象是人们在遵从社会规范过程中出现的现象，从众现象的主要特点就是它对集团压力的服从性和服从的盲目性。

10.3.1　从众及其原因

有这样一则笑话："一日闲逛街头，忽见一长队绵延，赶紧站到队后排队，唯恐错过什么购买紧缺必需品的机会。等到队伍拐过墙角，发现大家原来是排队上厕所，才不禁哑然失笑。"这就是从众闹出的笑话。用通俗的话说，从众就是"随大流"。

1. 从众的定义

从众指个人的观念与行为由于受参照群体的引导或压力，而趋向于与大多数人相一致的现象。日常生活中的从众，可以表现为在临时的特定情境中对占优势的行为方式的采纳，如助人情境中跟随大家一起帮助他人，暴乱中跟随大家一起破坏等；也可以表现为长期性的对占优势的观念与行为方式的接受，如顺应风俗、习惯、传统等。实际的群体压力可以导致从众，如开会形成决议时进行举手表决，少数派由于多数人举手的压力而赞成多数人意见。想象的群体优势也会对人的行为造成压力。例如，人们在家里可以试穿新买的奇异服装，但在决定是否把它穿出去时，则要考虑大多数人的反应。另外，群体的压力可以在人们意识到的情况下发生作用，使人们通过理性抉择选择从众行为。也可以在人们没有意识到的情况下发生作用，使人不自觉地跟随多数人的行动。足球赛后发生骚乱，许多人盲目受大众行为与情绪的感染，不自觉地采取从众的行为方式，就是典型的例证。

从众既有助于社会主流文化的延续，也有利于个人更好地适应社会。一方面，社会需要共同的语言、共同的价值观和行为方式，只有这样，人与人之间才能顺利地进行交往，社会才能正常运转。另一方面，一个人只有在更多方面与社会主流取得一致，才能适应其赖以生存的社会，否则会困难重重。任何一个人，不论多么聪明，多么富有知识，都不可能熟悉和了解每一种生活情境，因此需要采用从众方式最大限度地使自己适应未知世界。

消费者在很多购买决策上会表现出从众倾向。例如，购物时，喜欢到人多的商店；在品牌选择时，偏向那些市场占有率高的品牌；在选择旅游点时，偏向热点城市和热点线路。根据外显行为是否从众，以及行为与内在的自我判断是否一致，可以将从众行为分为以下三类。

1) 真从众

真从众是指不仅在外显行为上与群体保持一致，内心的看法也认同于群体。谢里夫实验中的群体一致便属于这种情况。由于实验情境中没有任何光点移动距离的参照，人们自觉接受了群体的判断，在观点与行为上都与群体保持一致。在阿希实验中，当将卡片线段的差异减小到一定程度时，人们的从众性质也发生了逆转，即由于难以相信自己的判断是否正确，实际上将群体的判断当成了判断的标准，此时已是表内一致的从众。日常生活中一部分个性高度依赖、缺乏做决定能力的人对于群体的跟随，也属于表内一致的从众。与群体相符及真从众是个人与群体最理想的关系，它不引起个人心理上的任何冲突。

2) 权宜从众

在有些情况下，个人虽然在行为上保持了与群体的一致，但内心却怀疑群体的选择是错误的，真理在自己心中，只是迫于群体的压力，暂时在行为上保持与群体的一致，这种从众就是权宜从众。典型的阿希实验中的从众就是这种类型的从众，因为相关的调查表明，实际的参与者实际上可以准确无误地进行正确判断。

在实际生活中，权宜从众是从众的一种主要类型。由于种种利害关系，个人在许多情况下，不管内心看法如何，必须保持行为与群体的一致，否则将由于群体制裁而使个人付出太大的代价。这类从众由于外显行为与内心观点不相一致，个人处于认知不协调的状态。如果群体压力始终存在，而人们既无法脱离群体又必须从众时，心理上的调整全趋向于改变个人自身的态度，与群体取得意见上的一致。或者是将自己的行为合理化，找出新的理由，来弥补观点与行为之间的距离，使认识系统实现协调状态。之所以一个人长期成为一个群体的成员后，最终观点与群体取得了一致，原因正是如此。

3) 不从众

不从众的情况有两类：一类是内心倾向虽与群体一致，但由于某种特殊需要，行动上不能表现出与群体的一致。例如在群体由于某种原因而群情激奋时，作为群体的领导者，情感上虽认同于群体，但行动上却需要保持理智，不能用自己的行动鼓励群体的破坏性行动而逞一时之快。这是表内不一致的假不从众情况。另一类是内心观点与群体不一致，行动上也不从众。这是表里一致的真不从众情况。通常情况下，只有在群体对个人缺乏吸引力，因而个人在行动时不需要考虑与群体的一致性时才出现。

2. 从众的原因

人们为什么会从众呢？一般认为有以下三个方面的原因。

1) 行为参照

在情境不确定时，其他人的行为最具有参照价值。在许多情境中，人们由于缺乏进行适当行为的知识，必须从其他途径来获得行为引导。根据社会比较理论，在情境不确定的时候，其他人的行为最具有参照价值。而从众所指向的是多数人的行为，自然就成了最可靠的参照系统。

通常情况下，人们在遇到不明确情境时，对于多数人的行为会尤为信任。在不了解更多信息的情况下，人们也会更愿意到人多的商店购物，到人多的地点去旅行。通常人们会自然地假定，那么多人的出现自有他们的理由。不法商人雇佣"托儿"来进行不正当促销所以能奏效，正是利用了人们的这种从众心理。

2) 对偏离的恐惧

任何群体都有维持群体一致性的倾向。"木秀于林，风必摧之"，这一格言提醒人们，对于群体一般状况的偏离，会面临群体的强大压力乃至严厉制裁。研究证明，任何群体都有维持群体一致性的显著倾向和执行机制。对于同群体保持一致的成员，群体的反应是喜欢、接受和优待；对于偏离者，群体则倾向于厌恶、拒绝和制裁。因此，任何人对于群体的偏离都有很大冒险。

3) 群体的凝聚力

群体凝聚力越强，群体成员就越愿意采取与群体一致的行为。群体凝聚力是指群体对成员的吸引力以及群体成员间的相互吸引力。群体凝聚力高的群体是对成员特别有吸引力的群体，群体成员都愿意留在群体内，并为具有群体成员资格而自豪，同时能用充满喜悦的言辞谈论自己的群体。群体成员之间也彼此满意与吸引，人际关系协调融洽，相互合作。群体凝聚力作为一种向心力，是维持群体存在的必要条件，也是实现群体目标的重要条件。

📖 **扩展阅读10-2**

羊群效应推动房价上涨

10.3.2 影响从众的因素

社会心理学家阿希是对从众问题研究最为广泛的一位学者，从众效应也因他的一个著名实验而被称为阿希效应，这个实验就是群体压力实验。实验共设置了 7 位被测试者，其中第 6 人为真正的被测试者，其余 6 人为阿西安排的实验助手，实验目的是考察群体压力对从众行为的影响。实验者每次给他们呈现一组卡片，共 50 组，每组两张，其中一张画有一条标准线，另一张画有三条直线，分别编号为 1、2、3，其中一条与标准线一样长。要求被测试者判断比较线中哪条与标准线一样长。进行头两组判断时，大家都选择了同一条比较线，作为第 6 号的真正的被测试者很容易地做出了正确的判断。在第三组比较时，实验助手们开始按实验安排故意做错误的判断，真正的被测试者越来越犹豫不决，因为他每次判断都是在听了前 5 个人的判断之后，他感到很困惑：是该相信自己的判断呢？还是跟随大家一起做错误的判断？实验结果表明，数十名自己独自判断时正确率超过 99% 的被测试者，跟随大家一起做出错误判断的总比率占全部反应的 37%。75% 的被测试者至少有一次屈从了群体压力，做了从众的判断。仅有 1/4～1/3 的被测试者没有发生过从众行为，保持了独立性。可见，从众是一种常见的心理现象。从众性是与独立性相对立的一种意志品质；从众性强的人缺乏主见，易受暗示，容易不加分析地接受别人意见并付诸实行。

影响从众的因素有以下几点。

1. 群体特性

(1) 群体的一致性。如果其他群体成员的意见完全一致，此时持不同意见者会感到巨大的压力，从众的可能性大大增加。相反，如果群体中有不同的意见，不管这种意见来自何方，也不管其合理和可信的成分有多大，个体从众的可能性都将降低。在阿希的实验中，当出现一人与群体意见不一致时，真正的被测试者的从众率下降到原来水平的 1/4。即使这个假的被测试者并没有发表与真正的被测试者相同的意见，但只要他与群体的意见相异，就会增强其信心，削弱从众心理。总之，一致性程度越高，个体越倾向于从众。

(2) 群体的规模。在一定范围内，个人的从众性随群体规模的扩大而增加。在有些情况下，三四个人的群体能产生很大的从众压力，群体规模的继续扩大并不会使从众性相应增加。在另外一些情况下，三四个人的群体只产生相对小的从众率，从众性随群体人数的增加而增加。

(3) 群体的专长性。群体及其成员在某一方面越有专长，个体遵从群体意见和受群体影响的可能性增大；反之，则减弱。

2. 个体特性

(1) 个体的自信心。自信心既与个性有关，也与消费者个体对决策问题所拥有的知识和信息有关。研究发现，消费者的自我评价越高，做事越果断，其从众性越低。知识和信息的缺乏，会降低消费者对决策问题的自信心，从而提高其从众倾向。20 世纪五六十年代的研究假定女性的从众性较男性高，但后续的类似研究并没有发现两性在从众方面的明显差别。例如，西斯川克和麦克大卫的研究发现，在男性擅长的项目上，男性比女性较少从众；在女性擅长的项目上，女性比男性较少从众；而在中性项目上，两者在从众性上不存在明显差别。由此说明，个体的自信心对是否从众确有重要影响。

(2) 个体的自我涉入水平。当个体消费者对某一问题尚未表达意见和看法，他在群体压力下有可能做出和大家一致的意识表示。但如果他已经明确表达了自己的态度，此时如果屈服于群体压力而从众，他在公众面前的独立性和自我形象均会受到损害。在这种意识下，他会产生抗拒反应，从而不轻易从众。多依奇等人的研究按由低到高设计了 4 种不同的自我介入水平：在群体表达意见前，不表达自己的意见；在魔术板上表达自己的意见，但字迹很快消失别人无法得知；把自己的意见写下交给实验者但不签名；写下自己的意见并签上名，然后交给实验者。结果发现，随着自我介入水平的增加，人们不从众的倾向，即保持原先观点的倾向也日益增强。

(3) 个体对群体的忠诚度。个体对群体的忠诚程度是由群体的吸引力与个体的需要两方面因素所决定的。当个体消费者强烈地认同某一群体，希望成为它的一部分，那么与群体保持一致的压力会越大。相反，如果他不再喜欢这个群体，或认为该群体限制了他的社会生活，从众的压力就会降低。

10.3.3 建立在参照群体影响基础上的营销策略

1. 人员推销策略

群体规范的威力在被称为阿希现象(Asch Phenomenon)的系列研究中得到验证。一组潜在的顾客聚集在一起参加销售展示。当每种设计被展示时，做演示的推销员迅速浏览群体中每个人的表情，以便发现最赞赏该设计的那个人(如他不断点头)。然后询问点头者的意见，当然他的意见一定是赞同的。

推销员还请他详尽地发表评论意见，同时观察其他人的表情，以发现更多的支持者，并询问下一个赞同者的意见。一直问下去，直到那位起先最不赞同的人被问到。这样，鉴于第一个人的榜样作用，以及群体对最后一个人产生的压力，推销员使群体中的全部或大部分人公开对该设计做出了正面的评价。

2. 广告策略

信息性影响、规范性影响、价值表现上的影响三类参照群体的影响类型都会被用于策划广告。利用信息性影响，可以在广告中展示群体中的某些成员正在使用某种产品，由此可传达这样一种信息，即如果你是或者想成为群体中的一员，那么就该使用这种产品。

规范性影响或明确或隐晦地暗示，使用或不使用某一产品会招致群体的奖惩。现在，这种技巧使用较少，原因之一是它常引起道德方面的问题。价值表现上的影响是由于个人内化了群体的价值观而产生的。运用这种影响时，广告的主要任务就是展示产品与群体价值观相一致，从而也与个人的价值观相一致。

本 章 小 结

广义的群体由两个或多个遵守共同规则、具有共同价值观和信念的人组成，他们之间有着某些或明示或隐含的关系，从而使他们的行为相互依赖。有的群体要求成员有成员资格，有的则不要求(如渴望群体)。群体成员接触的实质是指人际接触的深度。有着频繁人际接触的群体叫作首要群体，只有有限人际接触的群体叫作次要群体。吸引力是指群体对个人正面或负面的吸引程度。

群体影响力的大小视情况而定。当个人只是获取群体成员共享的信息时，群体具有信息方面的影响力。规范性影响出现于个人为获取赞赏或避免惩罚，而与群体保持一致时。价值表现上的影响发生于个人视群体规范为他或她自我形象或身份象征的一部分之时。

角色是当一个人处于某种环境中，人们根据他的地位所预期的他会具有的行为方式。因此，角色的基础是人们所处的环境和地位，而不是个体自身。角色理论在营销中的运用之所以重要，是因为人们为了扮演角色必须使用一系列产品——角色关联产品集。营销者也可以根据角色冲突、角色获取与转换、角色演化和超载来制定相应的营销策略。

习 题

1. 名词解释

(1) 参照群体　　(2) 角色　(3) 角色超载　(4) 意见领袖　(5) 从众

2. 填空题

(1) 创新的类型有_____、_____、_____。

(2) _____指个人的观念与行为由于受参照群体的引导或压力，而趋向于与大多数人相一致的现象。

(3) _____演化是指人们对某种角色行为的期待随着时代和社会的发展而发生变化。

3. 简答题

(1) 从众的主要原因有哪些?

(2) 群体的类型主要有哪些?

(3) 利用意见领袖的营销策略主要有哪些? 请举例说明。

第 11 章

家庭与消费者行为

泰森公司关注孩子在家庭决策中的影响

某国泰森食品公司认识到孩子在家庭决策中的影响，该公司针对那些"挂钥匙的孩子们"推销自己的Looney Tunes微波食品。因为这些食品很容易准备，并且超过80%的6～14岁的孩子们都会使用微波炉，因此，公司策略就是试图鼓励孩子们去要求他们的父母购买这种产品。在许可华纳兄弟将 Looney Tunes "疯狂旋律"的标志用在其包装上的颁证仪式上，泰森公司在儿童电视广告中突出这些标志试图使孩子们互相攀比。泰森公司也对家长进行广告，试图在孩子们要求"疯狂旋律"食品时能得到他们的赞同。在成年人的媒体上通过"疯狂旋律"标志强调了这种食品的营养价值。

泰森公司充分认识到父母和孩子之间相互影响的力量，并将这种认识体现在对孩子们的广告中。在很多系列产品上，父母更可能被孩子影响，而且即使孩子们不是基本的决策者，他们仍然日益成为这些产品的目标。相同的理念还体现在豪华酒店也增加了白天照顾孩子的项目，因为他们已经认识到，在让父母放心地玩的同时，也必须让和父母一起来的小朋友们感到满意。

（资料来源：家庭与消费者购买行为. 百度文库. 2019-01-20. https://wenku.baidu.com/view/abfc6d834793daef5ef7ba0d4a7302768e996f97.html. 有删改）

家庭是社会消费的基本单位，大多数商品都是直接供家庭购买与消费的。即使家庭个体成员的消费，也会受到家庭各方面因素的直接或间接的影响。家庭特征与家庭消费行为存在一定的联系，尤其是家庭经济收入、家庭类型、家庭生命周期、家庭消费角色对家庭消费行为有很大的影响作用。探讨家庭的消费行为规律，对工商企业制定合理的营销策略有着重要的意义。

11.1 家庭生命周期与购买角色

家庭是构成社会的基本细胞，家庭与消费活动有着最为广泛和密切的联系。家庭不仅对其成员的消费观念、生活方式、消费习惯有着重要的影响，而且直接制约消费支出的投向和购买决策的制定与实施。家庭收入水平、家庭结构、家庭关系、家庭生命周期等因素都对家庭消费行为有着重要的影响。探讨家庭消费行为规律，对于有效开展市场营销活动，满足家庭消费有着十分重要的意义。

11.1.1　家庭与住户

家庭是社会的基本单位。在正常情况下，人的一生大都是在家庭中度过的。家庭对个体性格和价值观的形成，对个体的消费与决策模式均有非常重要的影响。

1. 家庭与住户的含义

1) 家庭

家庭既是很多产品的基本消费单位，又是重要的社会群体。消费者的购买模式无不带有家庭影响的烙印。把握家庭对消费者行为的影响，无疑应从分析家庭的含义、功能、作用，以及与其他社会群体的联系和区别等基本内容入手。

一般认为，家庭是指以婚姻关系、血缘关系和收养关系为纽带而结成有共同生活和活动的社会基本单位。正常的家庭至少由两人组成，一个人不能称为完整意义上的家庭。家庭的形态或类型较为复杂多样。一般来说，根据成员的构成和规模，家庭可分为核心家庭、主干家庭和联合家庭三种主要类型，不同的家庭类型会对家庭的消费心理与行为产生不同的影响。

社会学家一般将家庭分为以下四种类型。

(1) 核心家庭。即由父母双方或其中一方和他们未婚子女组成的家庭，以及只有一对夫妇的家庭。在我国，核心家庭已成为家庭的主要模式，其家庭成员间的联系最为紧密、频繁，对家庭消费行为和购买决策的影响也最大。一般来说，这类家庭在心理上有一种稳定的优越感，消费欲望较强，消费水平较高。消费需求力求"少而精"，购买行为趋于开放式，在消费心理上以求新、求异、求名、求美为主，不太注重节俭。这类家庭的另一个特点是以独生子女为中心，子女主宰了家庭消费的主要目标和方向，父母往往要牺牲自己的需要来保证子女在健康发育和教育投资方面的需要。

(2) 主干家庭。即一个家庭中至少有两代人，且每代只有一对夫妇(含一方去世或离婚)的家庭，这种家庭的最典型的形式是三代同堂的家庭。这类家庭由于年龄结构复杂，成员较多，需求复杂多样，消费品种较多，范围较广。但对于低收入的主干家庭，消费中心则集中在满足成员的基本生活需要和幼年成员的教育需要上，购买力及消费水平较低。一般而言，主干家庭的消费带有保守性，生活上朴实节俭，精打细算，求廉、求实以及对产品多功能的追求动机是家庭消费心理的主要特征。

(3) 联合家庭。即由父母双方或其中一方与多对已婚子女组成的家庭，或兄弟姐妹婚后仍不分家的家庭，如父辈和已婚的几对儿女组成的家庭。这种类型的家庭在城市里已很少见，但在农村还有，往往由共同的经济基础或某种家庭权威来维系。这类家庭由于由多对配偶组成，家庭核心较多，家庭关系很复杂。在消费上，消费品种较多，需求广泛，数量较大，购买频率高，但在耐用消费品方面一般以整个家庭消费为单位。从消费心理来看，求新、求美与时尚动机不是主要的动机，但有一定的攀比心理，成员间经常参考消费经验，信息来源较广。在以儿童、子女为中心这一消费倾向上与核心家庭相似。

(4) 其他类型的家庭。即上面四种类型以外的家庭，如未婚兄弟姐妹组成的家庭。

2) 住户

与家庭相比，住户是一个范围更广泛的社会群体或购买决策单位。住户是指由生活在同一"屋檐"下或同一"住宅单元"里的人所组成的群体。虽然家庭与住户有时被交替使用，但两者既有联系又有区别。一方面，住户包括了家庭；另一方面，住户强调的是其成员生活在同一起居空间，而不注重其中的婚姻血缘关系。

2. 家庭的功能

家庭作为社会的基本组织，具有很多功能。与消费者行为研究联系比较密切的功能有经济功能、情感交流功能、赡养与抚养功能和社会化功能。

(1) 经济功能。在小农经济社会，家庭既是一个生产单位，又是一个消费单位，它发挥着重要的经济功能。在现代社会条件下，家庭的经济功能尤其是作为其重要内容的生产功能有所削弱，然而，为每一个家庭成员提供生活福利和保障仍然是家庭的一项主要功能。传统上，丈夫是家庭经济来源的主要提供者，由此使他在家庭中占有支配性地位，而现在，越来越多的妇女参加工作，她们对家庭所做的经济贡献越来越大。

(2) 情感交流功能。家庭是思想、情感交流最充分的场所。一个人在工作、生活等方面遇到困难、挫折和问题，能够从家庭得到安慰、鼓励和帮助。家庭人员之间的亲密交往和情感建立在亲缘关系的基石上，具有较为牢实的基础。在现代竞争日益激烈的社会里，人们对获得家庭的关爱有更强烈的要求。

(3) 赡养与抚养功能。赡养老人和丧失劳动能力的家庭成员、抚养未成年家庭成员是人类繁衍的需要。当子女还没有独立生活能力的时候，父母负有抚养他们的责任，否则他们就无法生存，人类也就不能延续。同样，父母抚养了子女，当父母老了，丧失了劳动能力，子女也负有赡养老人的义务。家庭的这类功能将随着社会保障制度的完善，部分地由社会承担，但不可能完全外移。

(4) 社会化功能。家庭成员的社会化尤其是儿童的社会化，是家庭的主要或核心功能。人从刚出生时的一无所知，到慢慢地获得与社会文化相一致的价值观、行为模式，这一过程大部分是在家庭中完成的。孩子们通过接受父母的教育，或通过模仿大人的行为，获得接人待物、适应社会的各种观念、规范和技巧。儿童时期所习得的行为、观念，对人的一生都将产生至深的影响，从这个意义上讲，家庭所履行的社会化功能对个人的成长是非常关键的。

11.1.2　家庭生命周期

1. 家庭生命周期的含义

随着时间的推移，根据成年人的年龄、婚姻状况、孩子的有无和年龄大小来区分家庭经历的阶段，就是家庭生命周期。家庭生命周期是指一个家庭诞生、发展直到消亡的运动过程，反映了家庭从形成到解体呈循环运动。家庭随着家庭组织者的年龄增长，而表现出明显的阶段性，并随着家庭组织者的寿命而消亡。家庭生命周期的概念最初是美国人类学学者 P. C. 格里克于

1947 年首先提出来的。消费者随着年龄的增长，对产品和服务的需求不断地发生变化，对食品、衣着、家具、娱乐、教育等方面的消费会有明显的年龄特征。

2. 传统的家庭生命周期

一个典型的家庭生命周期可以划分为以下五个阶段：单身、新婚、满巢、空巢和解体。每个阶段的起始与结束通常以相应人口(丈夫或妻子)事件发生时的均值年龄或中值年龄来表示，家庭生命周期的各个阶段的时间长度等于结束与起始均值或中值年龄之差。例如，某个社会时期一批妇女的最后一个孩子离家时(即空巢阶段的开始)，平均年龄是 55 岁，她们的丈夫死亡时(空巢阶段的结束)的平均年龄为 65 岁，那么这批妇女的空巢阶段为 10 年。家庭生命周期的演变、特征及消费行为如表 11-1 所示。

表11-1　家庭生命周期的演变、特征及消费行为

阶　　段	特　　征	消　费　行　为
单身阶段	不再在家里生活的年轻单身者	虽然收入不高，但由于没有其他方面的负担，所以通常拥有较多的可自由支配收入。支出主要集中在租房、基本的家庭装饰、服装、配饰、旅行、娱乐
新婚阶段	年轻已婚夫妇、无孩子	组建新家庭时有数量客观的花费，包括餐具、家具、电器等大量家庭用具和配件；在家庭财政上有一定结余，夫妻两人的收入能有更多随意购物的机会；能将剩余收入进行储蓄或投资
满巢第一阶段	年轻已婚夫妇、最小的孩子 6 岁以下	家庭购买达到顶峰，对家庭财政状况感到不满，有关孩子的教育、娱乐、生活用品的支出占据主要地位，家庭在外就餐、外出旅行、接受家政服务方面的支出也较多
满巢第二阶段	已婚夫妇，最小的孩子已超过 6 岁	家庭财政状况有所好转，夫妻两人在职位上的提升使收入增加，同时抚养、教育孩子的支出也在增加；以大包装或大容量来购买，额外支出多
满巢第三阶段	年长夫妇和尚未完全独立的孩子	家庭财政状况有较大好转，有子女已经工作，耐用消费品的购买较多，购买新家具、电器、健身器材等，外出旅游多，享受更多服务
空巢第一阶段	年长夫妇，孩子已经独立，家长尚在工作	对家庭财政状况感到满意，关心旅行、健康食品或药品，不太关心新产品，喜欢旅行，购买家庭装饰品、奢侈品等
空巢第二阶段	年长夫妇，已退休	收入下降，开始追求新的爱好和兴趣，如出外旅行、参加老人俱乐部等，购买与健康有关的医疗用品和服务，电视是主要的信息来源和娱乐方式
解体阶段	夫妻中的一方离世	对护理、身心保护有特别的要求，医疗开支增加

由表 11-1 可知，一个典型的家庭生命周期可划分为单身、新婚、满巢、空巢和解体五个阶段，其中满巢、空巢阶段又可进一步细分。

1) 单身阶段

单身阶段是指已独立工作但尚未成婚的青年人。单身青年大多有自己独立的收入，尽管收入水平不太高，但由于没有什么经济负担，可支配的收入比较多。单身青年大多具有以自我为中心的消费倾向，喜欢按照自己喜欢的方式去独立生活，其消费和开支比较随心所欲。具体表现为：①冲动性购买。他们易受环境因素的影响，购买欲望来得强而猛烈，购买时酝酿较短，容易意气用事，感情冲动，缺乏长远眼光，购买的计划性和理智性较弱。②追求新颖时尚。求新、求奇、求美、求名和追求时髦与现代感的心理动机很强烈，重视商品的社会心理属性，不特别注重商品的实用性。③注重情感与直觉，热衷于尽情享受现代生活。未婚的单身青年渴望积极的生活方式，重视生活情趣和情感体验，追求生活的潇洒性，是新的消费观念的带头人。④喜欢反映个性特征的商品和生活方式。他们的自我意识很强，喜欢能体现其自我形象、个性特征和生活追求的商品及消费方式。他们的消费行为一方面受所属群体的好恶影响很大，另一方面又喜欢标新立异，有时有较强的攀比、炫耀心理，尤其希望在同龄的异性面前能有一种良好的自我形象。单身青年是时髦服装、运动健身、声像制品、消遣娱乐等相关商品的热心购买者。

单身青年在美国约占总人口的 10%。他们要么在大学念书，要么刚跨出校门开始工作。随着结婚年龄的推迟，这一群体的数量正在增加。虽然收入不高，但由于没有其他方面的负担，所以他们通常拥有较多的可自由支配收入。收入的大部分用于支付房租，购买个人护理用品、基本的家用器具，以及用于交通、度假等方面。这一群体比较关心时尚，崇尚娱乐和休闲。

2) 新婚阶段

新婚阶段是指从准备结婚至新婚、无子女的时期。我国的传统观念十分看重结婚成家，因而对结婚用品的筹办不遗余力。新婚家庭往往代表了最新的家庭消费趋势，对其他已婚家庭也是一种消费冲击和诱惑。其购买行为和消费心理特点有：①心理需要鲜明、强烈。所购商品求新、求美，注重商品的寓意，情感色彩和艺术趣味性；讲求高档豪华，反映时代潮流，对价格计较较少，消费水平较高。②购买时间集中，消费量大。由于新婚时间大多选在喜庆节日之时，购买结婚用品一般也在这些节日前后。家庭所需的全套用品都要重新购买，消费量很大，如家用电器、家具陈设、床上用品、厨具，以及结婚时的服装、礼品、食品等，一次性、突击性的消费行为比较明显，往往要耗去双方多年的积蓄。③讲究商品的相互配套和与环境相适应。新婚夫妇购买家庭用品时，责任感强，往往由双方共同对商品的情况进行综合分析，努力提高商品消费的合理性、配套性和适应性。

刚结婚尚无小孩的年轻夫妇喜欢活跃的外出型生活方式，由于没有孩子的拖累和经济上的困难，可能会把大部分闲暇时间和金钱花费在娱乐和旅游方面。由于缺乏治家和理财的经验，对家庭消费品的购买有一定的冲动性和随意性，其消费需求处于易变不稳的状态。同时，由于他们比较年轻，对商品的款式比较讲究，喜欢购买高档的服装、家具、家电和外出就餐。

这一阶段始于新婚夫妇正式组建家庭，止于他们的第一个孩子出生。为了形成共同的生活方式，双方均需要做很多调整。一方面，共同的决策和分担家庭责任，对新婚夫妇是一种全新的体验；另一方面，还会遇到很多以前未曾遇到和从未考虑过的问题，如购买家庭保险，进行家庭储蓄等。这一群体是剧院门票、昂贵服装、高档家具、餐馆饮食、奢侈度假等产品和服务的重要市场，因此对营销者颇有吸引力。

3) 满巢阶段

满巢阶段又分三个阶段。

(1) 满巢第一阶段：由幼儿(6 岁以下小孩)和年轻夫妇组成的家庭通常处于满巢第一阶段。第一个孩子的出生常常会给家庭生活方式和消费方式带来很多变化。在西方，夫妻中通常是女方停止工作，在家照看孩子，因此家庭收入会减少。然而，孩子的出生确实带来很多新的需要，从而使家庭负担有所增加。家庭需要购买婴儿食品、婴儿服装、玩具等很多与小孩有关的产品。同时，在度假、用餐和家居布置等方面均要考虑小孩的需要。城市里的家庭大多重视子女的培育，对儿童用品的购买不过多考虑价格因素，舍得花钱，因此，儿童用品的消费水平呈现"相对高消费"的特征。同时，家庭的储蓄相对减少。

(2) 满巢第二阶段：这一阶段，最小的孩子已超过 6 岁，多在小学或中学念书。因为孩子不需要大人在家里照看，夫妻中原来专门在家看护孩子的一方也已重新工作，家庭经济状况得到改善。这一阶段是子女接受教育并逐渐成人的家庭发展时期。子女仍是这一时期家庭消费的中心，家庭消费支出偏重于孩子的教育费用和娱乐费用，其购买倾向受孩子需求的制约较大。由于子女的教育总是需要较大的投入，因而家庭储蓄的倾向会增加。但是，由于家庭耐用品一般也到了更新期，家庭公用品的比重有所加大，家庭用品的消费量也较大。其消费心理特点以经济实惠、讲究实用和计划性为主，购买行为由冲动型、情感型转向经验型、理智型。

(3) 满巢第三阶段：年纪较大的夫妇和他们仍未完全独立的孩子所组成的家庭通常处于第三阶段。此阶段，有的孩子已经工作，家庭财务压力相对减轻。由于户主及其配偶双双工作，加上孩子也不时能给一些小的补贴，所以家庭经济状况明显改善。通常，处于此阶段的家庭会更新一些大件商品，购买一些更新潮的家具，还会花很多钱用于接受牙医服务、在外用餐等方面。

4) 空巢阶段

空巢阶段子女已自立门户，夫妻二人即将退休或已经退休。这时，虽然家庭成员又恢复为夫妻二人，但情况发生了很大的变化。对穿用以及其他奢侈品的需求明显减少，一般很少购买大件消费品，消费需求相对简单而集中，主要表现在滋补食品、药品、医疗器械、老年健身娱乐品、"代劳力"品、劳务消费方面，以及各种能够给人带来舒适与方便的商品上，如助听器、老花镜、软椅等。其消费结构日渐呈现老年化特征，反映为其身体机能的下降和对健康长寿问题的关心。由于受传统消费习惯和年龄的影响，其开支比较节俭，消费水平较低，但愿意对已成年子女的大宗消费提供一定的支持。其购买心理较为理智，对商品讲求方便、舒适、经济、实用、可靠，并有益于身心健康，而受流行时尚、外观款式的影响较小。这一群体的消费行为较为保守，习惯性心理强，不易接受新事物、新商品，所以有些新的老年用品的宣传、销售对象可注意向其子女转移。

空巢阶段始于小孩不再依赖父母，也不与父母同住。这一阶段延续的时间比较长。很多父母可以做他们以前想做但由于孩子的牵累而无法做的一些事情，如继续接受教育、培养新的嗜好、夫妻单独出外旅游等。人生的这一阶段也许是经济上和时间上最宽裕的时期，夫妻不仅可以频繁地外出度假，而且还会买一些高档的物品。在空巢的后期，户主到了退休年龄，经济收入随之减少。由于大多数人是在身体很好的情况下退休，而且退休后可用的时间特别多，所以不少人开始追求新的爱好和兴趣，如出外旅游、参加老年人俱乐部等。

5) 解体阶段

解体阶段是丧失老伴的单身老人阶段。这时的老人在生活方式和心理上都会有较大的变化，其消费行为特点也会产生很大的变化。他们往往有强烈的孤独感和不方便感，需要有人帮助料理生活，其消费行为较为被动、谨慎，但对劳务服务的要求大大增加。由于身体活动不便，其购买行为大为减少，希望得到周到、方便的服务，如电话订购、送货上门、老年专柜、便利店等。

当夫妻中的一方过世，家庭进入解体阶段。如果在世的一方身体尚好，有工作或有足够的储蓄，并有朋友和亲戚的支持和关照，家庭生活的调整就比较容易。由于收入来源减少，此时在世的一方过上了一种更加节俭的生活方式。而且，这样的家庭会有一些特殊的需要，如更多的社会关爱和照看。

尽管不同家庭的消费活动有很大的差异性，但是家庭生命周期的演变以及由此引起的消费心理与购买行为的变化却有一定的规律性，应当为企业所重视，并根据家庭发展阶段的不同制定不同的营销策略。

传统的家庭生命周期概念反映的是一种理想的、道德化的模式，与社会的现实状况有较大出入。有不少学者已认识到这一概念的局限性。他们认为把家庭生命周期分为 6 个阶段，只适用于核心家庭，而不适用于许多亚洲国家及其他发展中国家中普遍存在的核心家庭与三代家庭或与其他形式的扩大家庭并存的情况；传统的家庭生命周期概念也忽略了离婚以及在孩子成年之前丧偶的可能性，即未包括残缺家庭；还忽略了无生育能力或其他原因造成的无孩家庭；对于有不同孩子数的家庭，含有再婚与前夫或前妻所生子女的家庭的差异也未予以反映。

许多学者主张用一个包括更多内容的新概念即"家庭生命历程"来取代比较狭隘的"家庭生命周期"，认为家庭应包含核心家庭、扩大家庭、离婚与丧偶形成的单亲家庭，以及无孩家庭等多种现实生活中存在的家庭生活形式。较细的划分将家庭生命历程分为：只结过一次婚的结发夫妇家庭；夫妇双方均是再婚的家庭；一方是初婚而另一方是再婚的夫妇家庭；离婚或丧偶后未再婚的家庭；从未结过婚的家庭等。以上每一种家庭又按孩子数(0、1、2、3、4)分为 5 类。另外，还有人把再婚的夫妇再进一步细分为有无前夫或前妻所生子女两类。各种不同的夫妇或单亲小家庭又可分为独立生活的核心家庭及生活在扩大家庭中等不同情况。也有的学者认为划分不宜太细，以免给深入分析带来方法论与数据来源方面的困难，因而可把上面的划分聚类为 10 种或 12 种类型。

无论是传统的家庭生命周期还是家庭生命历程，都可以从两个不同角度来进行分析：一是把家庭作为一个分析单位，对家庭中的成员以及他们之间的关系作为一个整体加以研究；二是把在家庭中生活的个体作为分析单位。

通过对这些个体的行为(如婚姻、生育、死亡、迁徙等)以及他们与其他家庭成员的关系的分析，来揭示家庭的特征与演变规律。前者虽然看起来是一种理想的研究方式，但受到分析方法的复杂化、数据搜集的困难，以及较难与人口基本要素(婚姻、生育、死亡)直接联系等方面的限制。后者在方法论与数据来源方面的困难相对小于前者，但对于各个个体之间的相互关系研究以及家庭结构的变动研究也并非易事。

3. 家庭生命周期对消费行为的影响

消费者的家庭状况可以根据年龄、婚姻状况、子女状况的不同划分为不同的生命周期，在生命周期的不同阶段，消费者的行为呈现出不同的主要特点。

(1) 青年单身期：处于单身阶段的消费者一般比较年轻，几乎没有经济负担，消费观念紧跟潮流，注重娱乐产品和基本的生活必需品的消费。

(2) 家庭形成期：经济状况较好，具有比较大的需求量和比较强的购买力，耐用消费品的购买量高于处于家庭生命周期其他阶段的消费者。

(3) 家庭成长期(I)：最小的孩子在 6 岁以下的家庭。处于这一阶段的消费者往往需要购买住房和大量的生活必需品，常常感到购买力不足，对新产品感兴趣，并且倾向于购买有广告的产品。

(4) 家庭成长期(II)：最小的孩子在 6 岁以上的家庭。处于这一阶段的消费者一般经济状况较好但消费慎重，已经形成比较稳定的购买习惯，极少受广告的影响，倾向于购买大规格包装的产品。

(5) 子女教育期：夫妇已经上了年纪但是有未成年的子女需要抚养的家庭。处于这一阶段的消费者经济状况尚可，消费习惯稳定，可能购买富余的耐用消费品。

(6) 家庭成熟期(I)：子女已经成年并且独立生活，但是家长还在工作的家庭。处于这一阶段的消费者经济状况最好，可能购买娱乐品和奢侈品，对新产品不感兴趣，也很少受到广告的影响。

(7) 家庭成熟期(II)：子女独立生活，家长退休的家庭。处于这一阶段的消费者收入大幅度减少，消费更趋谨慎，倾向于购买有益健康的产品。

(8) 退休养老期(I)：尚有收入，但是经济状况不好，消费量减少，集中于生活必需品的消费。

(9) 退休养老期(II)：收入很少，消费量很小，主要需要医疗产品。

一个人在一生中购买的商品类型是不断变化的，消费者通常根据家庭生命周期阶段来安排商品消费。同样，一个人一生中的心理生命周期也会对其购买行为产生一定的影响。

对北京地区的 106 个已经购买家用轿车家庭的调查表明，有 54 位购买者家庭的提议购买行为由 20～34 岁的男性完成，占样本总量的 50.9%。另有 25 位受访者家庭买车是由 20 岁以下的男性首先提议的，占已购车家庭数的 23.6%，前两者合计达 74.5%。由此可见，青年男性在家庭购车中担任一个非常重要的角色。另外，单身阶段与满巢阶段的购买行为就会有显著的不同。单身的青年时尚一族，追求的是轿车的外观的前卫、价格的低廉和功率的强劲；而在结婚后，有年幼的孩子的情况下，家庭对轿车的购买欲望有很大的加强，并且是以价格适度和舒适宽敞为主要甄选指标。对于年龄较长的成功人士来说，品牌的知名度是购车的主要制约因素。总之，随着收入的增加、地位和文化水平的提高，轿车的购买能力和更换频率会有所提高。

随着人们逐渐成熟起来，家庭生命周期的各个阶段会出现许多问题和机会，但却没有提供解决这些问题的方案。因此，虽然每个满巢阶段的家庭在娱乐方面都有相似的需求，也受到相似的限制，但是他们如何满足自己的需求却还要强烈地受到其所处社会阶层的影响。社会阶层为人们提供了与消费有关的态度和价值观，也提供了建立特有的生活方式所需的经济来源。因此，当一个人经历家庭生命周期的不同阶段时，社会阶层都会为他提供解决问题的方法。例如，当人们经历家庭生命周期不同阶段的时候，人们对度假的需要是不断改变的。年轻的单身者希望有活跃、冒险和浪漫的假期；满巢家庭最需要的则是让父母和孩子都开心地度假。由于收入和口味的不同，各个社会阶层对需要的满足方式也存在很大的差异。例如，如果要去度假，上层单身者会选择巴黎和热带地区的度假胜地；中层单身者可能会去一个滑雪胜地，或者参加一个以年轻单身者为主的"旅游套餐"活动；低层单身者可能仅仅是走访亲友。

11.1.3　家庭决策

家庭决策是指由两个或两个以上家庭成员直接或间接做出购买决策的过程。由群体(如家庭)做出决策的过程在很多方面不同于由个人做出决策的过程。例如孩子和成人购买早餐麦片这一行为，麦片的型号和品牌是如何选择的？每个人考虑的产品特点一样吗？父母经常是实际的购买者，但这不意味着是由他们做出选择的。这个决策是由孩子还是一位家长做出的，或是由他们一起做出的？父母中由哪一位做出决策，当时间和产品变化时，这一点又会如何变化呢？这些都是企业进行营销策划时需要考虑的。

人们常常将家庭决策与组织的购买决策相比较，这虽然可以提供有用的视角，但是却没有抓住家庭决策的实质。组织一般具有比较客观的标准(如利润最大化)来引导购买，而家庭则没有这样明确的、整体的目标。大多数工业品是由不太熟悉的人进行购买的，购买对那些没有参与购买的人影响很小，但是大多数家庭购买则不一样，它们会直接影响家庭中的其他成员。

家庭决策最重要的方面是它天生具有感情色彩，从而会影响家庭成员之间的关系。为一个孩子购买一个新玩具或新校服，并不是一项简单的购买行为，而是对孩子爱与奉献的象征。决定全家去餐馆用餐，或者购买一台新的电视机，对家庭其他成员来说，也都具有感情上的意义。在家庭开支上意见不一致常常是婚姻不和谐的主要原因之一。家庭购买决策的程序和结果，对于家庭中的成员以及家庭本身的健康发展都具有重要的作用。因此，尽管家庭决策与组织决策存在某些共同点，它们却不是完全相同的。

11.1.4　家庭人员角色

家庭购买活动比个人购买活动要复杂得多。在家庭消费中，家庭的购买活动是以家庭为单位的，家庭成员对家庭的消费活动常常起着不同的作用，表现为不同的角色，主要有倡导者、影响者、决策者、购买者、使用者等角色。家庭成员在消费决策中所起的作用或所扮演的角色在不同情景下，在不同的商品购买中并不是完全相同的，而且一个成员表现为多个角色，或几个成员表现为一个角色的现象也常有发生。另外，这种作用有时还是十分微妙的，如购买某件商品的决策者似乎是丈夫，但实际上其妻子在背后起着实质性的作用。

一般而言，在家庭消费决策过程中至少涉及以下 5 种角色。

1. 倡议者

倡议者是提议购买某种产品或使其他家庭成员对某种产品产生购买兴趣的家庭成员，是在家庭中首先提出或想出购买某种商品的人。这种人一般性情活泼，信息灵敏，易于接受新事物，在传递信息上有着不可低估的作用。

2. 影响者

影响者是为购买提供评价标准和哪些产品或品牌适合这些标准之类的信息，从而影响产品挑选的家庭成员。这是在家庭中对倡导者的建议提出赞成或反对意见，并提出相应商品信息的人。家庭成员往往各自侧重于商品的某一种属性而发生影响作用。例如儿童食品，孩子评估其味道和外观，母亲评估其营养价值，父亲评估其价格。一般来说，如果影响者对倡导者的建议持赞成态度，那就容易促成决策者做出购买决定。

3. 决策者

决策者是有权决定购买什么及何时购买的家庭成员，是在家庭消费中拥有对商品购买最终决策权的人。这种人一般是家庭收入来源的主要提供者或掌握家中经济大权，主持日常生活开支的成员，在家庭购买中具有举足轻重的作用。当然，决策者做决定时会考虑其他成员的需要、愿望和意见。家庭的购买决策方式大体可分为四种类型：丈夫决策型、妻子决策型、协商决策型、各自决策型。从我国的情况来看，农村家庭主要是丈夫决策型，这与农村家庭成员文化水平较低，有"大男子主义"思想和落后的封建意识有关。城市家庭多为妻子决策型，即所谓"男主外，女主内"，女性由于负责家务活动，有更多的购买经验，因而掌握更多的财权和消费决策权。但在一些夫妻双方均有较高文化水平的现代家庭中，由于夫妻双方思想开放，关系融洽，具有较多的共同语言，家庭消费决策方式更多的是协商决策型，其购买的理智性也较强。各自决策型一般只存在于一些思想前卫的、年轻的开放性家庭。这种家庭由于夫妻双方均有较高的收入，各自的事业、个性、生活追求目标具有较大的差异性，为充分尊重对方的兴趣和爱好，因此家庭消费支出各自为主，互不干扰，当然也不排除双方关系不够融洽、矛盾冲突较多的情况。

但是，家庭决策类型并非由个别因素所决定，也不是固定不变的。一般而言，家庭消费决策究竟采取哪一种方式，究竟哪个家庭成员所起的作用要大一些，还要受以下多种因素的影响。

(1) 社会、经济阶层。高阶层家庭倾向于由各成员独自决策，中等阶层家庭则较多地采用共同决策，而低阶层家庭的一般生活用品的购买由妻子做主，耐用消费品由丈夫做主。

(2) 家庭生命周期。新婚夫妇一般较多地采取共同决策，之后倾向于妻子决策型，而处于家庭生命周期较后阶段的家庭则趋向于各自独立决策。

(3) 所购商品的重要性以及与其他家庭成员的关系。对于价值较低的一般生活必需品，可不需要全家协商，但对于大件耐用消费品或涉及面广的共同消费活动，如住房、家具、旅游、家政服务等往往需要家庭成员共同协商后决策。但这种共同决策往往有主要决策人和次要决策人之分，如在贵重商品的购买中，男性的作用更为明显。对于独自所需的商品，往往是各自决策型，但妻子常常代购丈夫、孩子所独自需要的商品。

(4) 购买风险。在购买家人比较陌生、缺乏足够市场信息、没有充分把握的商品时，由于所觉察到的购买风险较大，所以家庭成员共同决策的情况较多。

(5) 家庭分工。家庭成员在家务劳动中分工越具体，家庭成员就越能自主地做出与他们分工有关的消费决策。例如清洁用品通常是妻子决策型，五金工具通常是丈夫决策型。

(6) 商品类型。妻子在购买"软性商品"和"包装商品"方面有更多的决策权，如服装、室内装饰品、食品等，而丈夫在"硬性商品"方面的决策权要大些，如汽车、家电等。此外，家庭成员依据自己的知识与兴趣在商品特性的选择上也发挥着不同的作用。例如，购买汽车，丈夫在品牌、功能、价格、服务、商店等属性的选择上有更大的作用；而妻子在式样的选择上有更大的作用；在维修保证方面，夫妻双方的影响作用差不多。

(7) 家庭民主气氛和夫妻性格因素。如果家庭民主气氛浓厚，成员间关系融洽，则较多采用共同协商决策。同时，对某种商品拥有更多知识的成员的决策作用往往更大。在专制的家庭中，往往由一个人做主，如果另一方性格较为顺从，这一特点就更加明显；如果另一方性格也较独立、自信，就可能演变为各自决策型。

(8) 购买时间。购买时间越急促，越可能由一个人迅速做出决策，而购买时间不很紧迫，就可能由家庭共同决策。

4. 购买者

购买者是实际进行购买的家庭成员，购买者与决策者可能不同，是家庭购买的执行者。实际购买者往往对商品较为熟悉，有较强的购买能力，因而常常也有一定的决定权。一般来说，决策者决定是否购买，而购买者可以决定在哪里买，买什么牌子。例如，青少年可能会授权决定购买何种汽车甚至何时购买，但是，父母才是实际与经销商进行议价并付款的人。

5. 使用者

使用者是在家庭中实际消费或使用由他们自己或其他家庭成员所购产品的家庭成员，是商品购买后具体使用的人。这可能是家庭某一个成员，也可能是整个家庭，他们是商品消费的证明人，能反馈消费效果的信息，对企业的声誉和商品的重复购买有重要的影响。

在许多家庭购买决策中，产品的主要使用者既不是决策者也不是购买者。例如，男士使用的香水，有 70%是由女性(妻子或女友)购买的。因此，营销者必须确定，在家庭中谁担任什么角色，进而才能影响家庭购买决策过程。克瑞欧拉公司经过周密的研究，把广告支出从儿童电视节目转移到妇女杂志上，因为他们的调查表明，母亲而不是孩子更可能识别问题、评价选择和进行购买。

📖 **扩展阅读11-1**

2018 家庭用户生活教育消费力洞察报告

11.2　家庭购买决策

在日常生活中，家庭每天都要做出很多购买决策。在这些购买决策中，有的极为重要，如购买何种汽车，搬家到何处以及去哪里度假等。另一些决策则普通得多，如决定午餐吃什么。家庭购买决策是指由两个或两个以上家庭成员直接或间接做出购买决定的过程。作为一种集体决策，家庭购买决策在很多方面不同于个人决策，例如在早餐麦片的购买活动中，成年人与儿童所考虑的产品特点是不同的，因而他们共同做出的购买决策将不同于他们各自单独做出的决策。

消费者的购买活动一般以家庭为单位，但是购买的决策者通常不是家庭这个集体，而是家庭中的某一个成员或某几个成员。不同的家庭成员对购买商品具有不同的实际影响力。在一般家庭做出购买决策的过程中，通常可以发现家庭成员扮演着提议者、影响者、决策者、购买者和使用者 5 种主要角色，至于家庭中多少人充当这些角色，什么人充当哪些角色，则要根据家庭的不同和他们所买商品的不同而变化。

11.2.1　家庭决策方式

家庭购买决策研究中的一个重要问题是，对于不同产品的购买，家庭决策是以什么方式做出的，谁在决策中发挥最大的影响力。戴维斯(H. Davis)等人在比利时做的一个研究识别了家庭购买决策的 4 种方式：①妻子主导型。在决定购买什么的问题上，妻子起主导作用。②丈夫主导型。在决定购买什么的问题上，丈夫起主导作用。③自主型。对于不太重要的购买，可由丈夫或妻子独立做出决定。④联合型。丈夫和妻子共同做出购买决策。该研究发现，人寿保险的购买通常属于丈夫主导型决策；度假、孩子上学、购买和装修住宅则多由夫妻共同做出决定；清洁用品、厨房用具和食品的购买基本上是妻子做主，而像饮料、花园用品等产品的购买一般是由夫妻各自自主做出决定。该研究还发现，越是进入购买决策的后期，家庭成员越倾向于联合做决定。换言之，家庭成员在具体产品购买上确有分工，某个家庭成员可能负责收集信息和进行评价、比较，而最终的选择则尽可能由大家一起做出。

对于不同的商品，家庭成员发挥的作用也不同。例如，家庭食品、日用杂品、儿童用品、装饰用品等，女性影响作用大；五金工具、家用电器、家具用品等，男性影响大；价格高昂、全家受益的大件耐用消费品，文娱、旅游方面的支出，往往共同协商。孩子可以在家庭购买特定类型产品的决定上产生某些影响，如对购买点心、糖果、玩具、文体用品等商品就有较大影响。在我国当今的城市家庭中，妻子与丈夫有平等的经济收入，她们既工作，又承担了较多的家务，家庭经济多被她们控制，家庭的大部分日用品及耐用消费品大多在她们的影响下购买，这在城市家庭中已成为很普遍的现象。

企业了解家庭消费中每一个成员的不同作用，可以有针对性地进行促销宣传，制定相应的推销策略，减少促销的盲目性。为了更好地满足消费者的需要，促进企业产品的销售，企业必须认真研究一般家庭是怎样做出其购买决策的。

戴维斯等人的研究是在 20 世纪 70 年代的欧洲做的，其结论不一定完全适合我国的情况，但它至少提示我们应当开展类似的研究。在从事这类研究时，所获信息的信度和效度是一个值得引起重视的问题。通常，丈夫有夸大其在家庭决策中的影响和参与作用的倾向，而妻子则更可能低估其影响力。一项研究发现，10%～50%的夫妇对于各自在家庭决策中的相对影响存在重大的分歧。

11.2.2　影响家庭决策方式的因素

研究人员一直试图找出决定家庭人员相对影响力，从而影响家庭决策方式的因素。奎尔斯(W. Qualls)的研究识别了三种因素：家庭成员对家庭的财务贡献、决策对特定家庭成员的重要性、夫妻性别角色取向。一般而言，对家庭的财务贡献越大，家庭成员在家庭购买决策中的发言权也越大。同样，某一个决策对特定家庭成员越重要，他或她对该决策的影响就越大，原因是家庭内部亦存在交换过程：某位家庭成员可能愿意放弃在此领域的影响而换取在另一个领域的更大影响力。性别角色取向是指家庭成员多大程度上会按照传统的关于男、女性别角色行动。

研究表明，较少传统和更具现代性的家庭，在购买决策中会更多地采用联合决策的方式。除了上述因素，通常认为，影响家庭购买决策的因素还包括以下方面。

1. 文化和亚文化

文化或亚文化中关于性别角色的态度，很大程度上决定家庭决策是由男性主导还是女性主导。例如，在我国不发达的农村地区，由于家庭中的封建思想和重男轻女意识比较严重，家庭多以男性为核心。男性比女性有更多的受教育机会，更高的收入水平，在家庭中的地位更高，对家庭购买决策的影响自然更大。在我国的大城市，如上海、北京，人们受传统家庭观念的影响相对要小，家庭成员的地位较为平等，因此家庭决策过程中就更可能出现自主型、联合型甚至妻子主导型决策方式。当然，文化并非一个地理的概念，即使生活在同一个城市，由于文化背景的不同，人们对于性别角色地位的认识会有相当大的差别，由此导致男女在家庭决策中影响力的不同。

2. 角色专门化

随着时间的推移，夫妻双方在决策中会逐渐形成专门化角色分工。传统上，丈夫负责购买机械和技术方面的产品，例如，他们要负责评价和购买汽车、保险、维修工具等产品；妻子通常负责购买与抚养孩子和家庭清洁有关的产品，如孩子的食物与衣服、厨房和厕所用的清洁剂等。随着社会的发展，婚姻中的性别角色不再像传统家庭中那样鲜明，丈夫或妻子越来越多地从事以前被认为应由另一方承担的活动。虽然如此，家庭决策中的角色专门化仍然是不可避免的。从经济和效率角度来看，家庭成员在每件产品上都进行联合决策的成本太高，而专门由一个人负责对某些产品进行决策，效率会提高很多。

家庭中的角色分工与家庭发展所处的阶段密切相关。与建立已久的家庭相比，年轻夫妻组成的家庭会更多地进行联合型决策。之后，随着孩子的出生和成长，家庭内部会形成较稳定的角色分工。当然，随着时间的推移，这种分工也会发生相应的变化。

3. 家庭决策的阶段

在家庭购买决策中，同样存在不同的阶段。家庭成员在购买中的相对影响力，随购买决策阶段的不同而异。戴维斯等人在比利时的研究识别出家庭决策的三个阶段，即问题认知阶段、信息搜集阶段和最后决策阶段。家庭决策越是进入后面的阶段，角色专门化通常变得越模糊。

4. 个人特征

家庭成员的个人特征对家庭购买决策方式亦有重要影响。诚如前面所指出的，夫妻双方的影响力很大程度上来自各自的经济实力，因此，拥有更多收入的一方，在家庭购买决策中更容易占据主导地位。

个人特征的另一个方面是受教育的程度，妻子所受教育程度越高，她所参与的重要决策也就越多。一项研究表明，在美国受过大学教育的已婚妇女中，有 70%认为她们在选择汽车时，有着与丈夫同等的权利；而在只受过高中教育的妇女中，这一比例是 56%，在学历不足高中的妇女中，这一比例就更低了，仅为 35%。家庭成员的其他个人特征，如年龄、能力、知识等，也都会直接或间接影响其在购买决策中的作用。

5. 介入程度及产品特点

家庭成员对特定产品的关心程度或介入程度是不同的。例如，对 CD 唱片、游戏卡、玩具等产品的购买，孩子们可能特别关心，因此在购买这些产品时他们可能会发挥较大的影响；而对于父亲买什么牌子的剃须刀，母亲买什么样的厨房清洗剂，孩子可能不会特别关心，所以在这些产品的购买上他们的影响力就比较小。

家庭购买决策方式因产品的不同而异。当某个产品对整个家庭都很重要，且购买风险很高时，家庭成员倾向于进行联合型决策；当产品为个人使用，或其购买风险不大时，自主型决策居多。此外，一些情境因素也会影响购买决策的方式，例如当购买产品的时间充裕时，联合型决策出现的可能性增大；而当时间压力较大时，丈夫或妻子主导型以及自主型决策就更为普遍了。

11.2.3　孩子在家庭决策中的作用

家庭是消费者社会化的"基地"。所谓消费者社会化，指的是年轻人获取市场上的消费技巧、知识和态度的过程。学习(包括获取与消费有关的知识)是一个终身的过程，但是早年(大约18 岁之前)学习的质量和性质重要性之强，以及它们对后来学习的影响之大，都足以使人们把研究重点放在这个阶段上。一方面，需要了解孩子学习到的行为，另一方面，也需要了解这些行为是如何同产品与服务的购买、使用发生联系的。消费者学会了什么是学习的内容，而怎样学是指这项内容是用什么方法获得的。在讨论之前，需要了解各个年龄段的孩子在学习消费技巧方面的能力。

消费者社会化是指消费者获取与消费活动有关的技能、知识和态度的过程。消费者学习的内容可以分为两个部分：与消费直接相关的内容和与消费间接相关的内容。消费者所学习的与消费直接相关的内容，指的是那些使购买和使用得以发生的内容。换言之，一个人需要学习特定的技巧，如怎样购物，怎样比较类似的品牌，怎样分配可支配收入等。有关商店、产品、品牌、销售人员、清仓大减价、广告媒体等的知识和态度，都是消费者学习内容中与消费直接相关的。

与消费间接相关的学习内容是指能够促使购买和使用行为发生，也就是使人们对某种产品或者服务产生欲望，以及影响他们对产品和品牌做出评价的那些知识、态度和价值观。例如，有些消费者知道(已经学习到)Calvin Klein 是个名牌，于是他们对这种品牌的各种产品都会有积极的反应。Calvin Klein 是名牌这一信息，并不一定会导致真正的购买行为(直接相关的内容)，但对于人们决定是否购买，以及购买什么(间接相关内容)却极为重要。

1. 儿童消费者社会化方法

虽然广告和其他营销活动都有很大的影响力，但是家庭仍然是消费者社会化的主要源头。父母把与消费直接相关或间接相关的知识传授给他们的孩子，具体方法有有意或无意的工具性训练、模仿和调整等。

(1) 工具性训练。当一位家长(或兄弟姐妹)直接通过推理和强调来引导孩子的某种反应时，工具性训练就出现了。换句话说，一位家长可以通过直接说明营养成分来教导孩子选择某种快餐，或者做出规定，限制消费某些快餐食品。

(2) 模仿。模仿是指一个孩子通过观察别人，学会了适当或不适当的消费行为。模仿常常(尽管不是总是)没有直接的榜样作指导，甚至孩子本身也可能是无意识的。模仿是孩子们学习相关技巧、知识和态度的一种极为重要的方法。孩子们通过模仿学会积极的或消极的消费方式。例如，父母吸烟的孩子比父母不吸烟的孩子更容易学会吸烟。

(3) 调整。调整是指一位家长试图改变孩子对营销方式的最初理解(或者反应)。这可以在下面的例子中清楚地看到。

孩子："我能要一个吗？看，它会走路！"

家长："不行。那只是广告，它实际上不会走路。"

家长应强调，广告只是使它看起来会走路，这样孩子就不会买了。

广告展示了产品的某个特性，引起了孩子的欲望，但家长却改变了孩子对这种特性的信任，也从一般意义上改变了孩子对广告的信任。

这并不是说家庭成员能够影响所有的商业行为，但是孩子们常常是在与家庭成员的相互影响中学习产品的购买和使用知识的。这样，一个想要影响孩子的企业必须使自己的方法尽量与家庭其他成员的价值观相一致。

2. 儿童消费者社会化的过程

麦可尼(James McNeal)将儿童消费者社会化过程划分为 5 个阶段，即观察阶段、提出要求阶段、做出选择阶段、协助购买阶段和独立购买阶段。

(1) 观察阶段。父母一般在孩子很小(从 1 个月到 33 个月不等)时，开始带孩子去商场。在这一阶段中，孩子们开始从感官上接触商场，对商品和商场的特征形成一些印象。一开始，他们只感觉到景象和声音，但到了 12~15 个月大时，大部分孩子就能回忆起其中的一些细节了。当孩子们了解到，去商场除了环境带来的兴奋还有其他的好处时，这一阶段便结束了。

(2) 提出要求阶段。在这一阶段，孩子们开始在商场里向父母提出要求。他们指着或者打手势，或者干脆说出他们想要的东西。这一阶段的大部分时候，孩子们只有在商品出现在面前时才会要求，因为他们还不能在脑海中保留对一个产品的印象。到了这一阶段后期，他们就开始在家中提出要求，特别是看到产品广告的时候。有的孩子早在 6 个月大的时候就进入了这个阶段，但是一般进入的年龄是 2 岁。到了 3 岁，2/3 的孩子会在商场和家里提出请求。

(3) 做出选择阶段。不用人帮助而从货架上把东西拿下来，实际上是一个独立消费者的第一个行动。因此，在这个最简单的水平上，当货物伸手可及的时候，孩子们的欲望被引发，他就会选择这件商品。但很快，孩子们就记住了他所喜欢的产品以及商场的位置，他们被允许单独去这些地方购买，或者把家长领到那里。孩子们几乎一会走路就会做这些事了。有的早在 1 岁就进入了这个阶段，但平均进入的年龄是 3 岁半。

(4) 协助购买阶段。大部分孩子通过观察学习到(模仿)，必须付钱才能从商店购买东西。于是，他们开始把父母和其他人给自己的钱当作一种能获取东西的有价物来看。很快，他们就学会使用自己的钱选择和购买产品，从而成为初级的消费者。有的孩子 2 岁就进入了这一阶段，但平均进入的年龄是 5 岁半。

(5) 独立购买阶段。不用家长照看去购物，需要对价值有相当的了解和能够安全进入商场某个部分的能力。大多数孩子在协助购买阶段停留了很长时间之后，他们的父母才允许他们进入该阶段。因此，进入该阶段的平均年龄是 8 岁。

麦可尼的研究表明，孩子们去商店会学会或部分地学会购物。在这种学习模式的基础上，零售商可以设计一些活动来吸引孩子。例如 A&P 在 100 多家商店里安置了儿童车，目标是吸引孩子，使他们对逛商场感到有趣(这也增加了家长的乐趣)，并使孩子们更多地参与购物过程。Piggly Wiggly 在它的许多商场中建了 PW 好友俱乐部，孩子们可以在商店里贴上会员卡，并得到礼物，如"地球好友礼品"——一些树苗。

3. 儿童消费者社会化过程的家庭及其他社会影响

操作式训练是指父母通过说服方式或者强化措施来引导孩子的反应或行为。模仿是指孩子通过观察或模仿父母或他人行为而完成消费知识的累积和消费技能的掌握。

除了父母的影响之外，电视和学校也是儿童社会化过程中非常重要的学习来源。其他孩子的影响也不容忽视，如同龄或不同年龄孩子之间的相互模仿和交叉影响。

4. 孩子对家庭购买决策的影响

孩子对家庭决策的影响不容忽视。研究发现，当有孩子在场时，父母的购买预算很可能超支。不仅如此，孩子们还影响从食品购买到外出用餐、度假等很多类型的决策。虽然孩子们在决策中不占支配地位，但他们倾向与父母中的一方形成同盟，以产生决策中的"多数"。孩子是整个家庭中，小件个人用品的决策者，家庭大宗消费的影响者。

随着社会经济的发展，孩子在家庭中的地位趋于上升，孩子消费在家庭开支中的比重持续攀升，孩子对家庭购买决策的影响也越来越大。此外，孩子对家庭购买决策的影响存在文化差异。对儿童营销充满了道德上的问题。这些问题主要源自幼儿吸收信息的能力以及由此做出购买决策的能力有限。这些问题也涉及营销活动，特别是引起孩子不良价值观、不好的饮食习惯和不健康的家庭冲突等问题的广告。

5. 针对儿童消费者的营销对策

营销者对小消费者有限的信息吸收能力应保持敏感，尽管如此，仍然可以设计出既道德又有效的营销活动，来满足孩子以及家长的需求。在营销组合的所有方面，都必须考虑孩子的能力。最为明显的例子是产品的安全性。孩子常常把东西放在嘴里，因此，许多东西都会噎住他们。当产品取出后，包装也必须安全。广告还应当在推广产品的同时，提倡积极的价值观，如分享、注重营养等。

过去，为了使信息到达孩子，主要在星期六早间卡通片节目上做广告。现在，还有许多其他媒体可供选择，包括针对孩子的《芭比》《户外孩子》和《儿童运动画报》等杂志，它们在具有阅读能力的孩子中发行很广。多功能的 CD 机，如"神奇的校园巴士"等也很流行。它们为孩子和父母都提供了娱乐、教育和接受商业信息的机会。网上服务也开始为小于 3 岁的孩子提供服务。Prodigy 提供"芝麻街"服务，在网上使用漫画插图来吸引 3～6 岁的孩子。

直接邮寄是使信息到达小孩子的有效方法。此外，许多企业通过成立儿童俱乐部来使信息到达孩子或者有孩子的家庭。遗憾的是，许多这样的俱乐部使用了一些销售技巧，这些销售技巧虽然不是明显不道德，但至少也是有争议的。然而，如果使用方法得当，俱乐部也能为孩子提供既有趣又富于教育性的活动，同时还能传递负责任的商业信息。例如汉堡王儿童俱乐部，孩子(或者他们的父母)可以免费从任何汉堡王商店中领取一张会员表，把它交上去以后，就能得到一个装着会员证、不干胶标签、会员卡和 T 恤印记的信封。过生日时，会员可以到当地的餐厅免费享用一顿午餐。一本 32 页的全彩色月刊被送到会员家里，这本杂志根据会员的年龄分为三个版本，每期有 6 页商业广告。如果内容健康，广告也适用于这个年龄群体，那么这似乎是一项使孩子们既受益又颇有趣的活动。

11.2.4　决策冲突及其决策

协商妥协和政治组合是解决家庭购买决策冲突的两种常用策略。家庭每天需要做出大量的决策，因此，意见不一致是在所难免的。如何解决这些不一致，不仅对于营销者，而且对于家庭本身的健康来说都是十分重要的。最近的研究表明，个体会使用以下 6 种方法来解决购买冲突(大多数夫妇会避免公开的冲突)。

(1) 讨价还价：努力达成一项妥协。

(2) 制造印象：列举虚假事实以取胜。

(3) 运用权威：宣称自己是内行或者角色使然(即丈夫/妻子应当做出这种决策)。

(4) 推理：进行逻辑辩论取胜。

(5) 感情用事：沉默或者从讨论中退出。

(6) 增加信息：收集更多的数据，或者请第三方提出意见。

这项研究虽然没有包括孩子，但是他们似乎也会使用同样的策略。

11.3　家庭变化趋势及其影响

家庭是社会的基本单位，家庭消费是社会消费的重要组成部分。现代家庭在国家宏观政策、社会现行消费观念、生活方式的影响下，家庭消费结构和消费行为往往产生彼此间的相互影响，并形成特有的家庭消费模式。

无论是家庭还是非家庭户，对营销经理来说都是非常重要的。因为作为消费单位，家庭是分析营销策略各个方面的切入点。家庭数量的增长，对于冰箱、电视机、电话和其他主要以家庭为单位进行消费的产品来说，其意义远大于人口的增长。

家庭数量和非家庭户不断增加是近年来我国家庭结构变化的主要特征。

我国家庭结构的变化还表现为日渐缩小的家庭规模，这种缩小是由于单亲家庭和单身家庭的增加，以及出生率的下降造成的。

户主的年龄在购买行为和消费行为中也很重要。20 世纪 90 年代末，家庭大量增加，其中增加最多的是户主为 45～54 岁的家庭，这意味着企业将面临一个更加成熟的市场，这个市场对高档家具、休闲奢侈品以及运动娱乐品有着巨大的需求。家庭的增长中还有很大一部分来自单身家庭的增长，这意味着公寓、家用设施和食品容器等产品应当适合单身者使用。

单身家庭增多，意味着对方便用品、幼儿中心和一些儿童可操作设施的需求也会增长。同时，以单身者或单亲家庭为目标的广告，在内容和播放时间上，应当与传统的针对核心家庭的广告有所不同。因此，与其他影响消费行为的变量一样，营销经理必须仔细考虑家庭结构的变化对某些产品产生的影响。

📖 **扩展阅读11-2**

"80后""90后"新家庭消费成社区O2O的刚性需求者

本 章 小 结

家庭是购买和消费的基本单位,因此对于大多数产品的营销经理来说,它都是十分重要的。家庭也是文化和社会阶层中的价值观和行为方式被传递给下一代的地方。家庭是由两个或两个以上有关和生活在一起的人组成。非家庭户则是由一个或多个不相关的人住在一起形成的。家庭生命周期将家庭随时间推移分为几个阶段,其划分基础是年龄、成年人的婚姻状况和孩子的有无及大小。家庭生命周期是一个有价值的营销工具,因为处于相同阶段的家庭都会面临相似的消费问题,这样,他们就形成了潜在的细分市场。营销经理必须在每个目标市场内,单独对某种产品进行家庭决策过程的分析。由于对特定产品的介入程度、角色专门化、个性特点和文化及亚文化等不同,家庭成员对决策过程的参与也不同。决策过程的不同阶段中,各个家庭成员对决策的参与也是不同的。大多数决策是经过协商一致达成的,如果不能达成一致,则会使用各种各样解决冲突的策略。

习 题

1. 名词解释

(1) 家庭生命周期　(2) 空巢阶段　(3) 满巢阶段　(4) 家庭成熟期　(5) 家庭形成期

2. 填空题

(1) 家庭决策方式包括_____、_____、_____、_____。

(2) 家庭的功能有_____、_____、_____、_____。

(3) 家庭消费决策过程中,家庭人员角色包括_____、_____、_____、_____、_____。

3. 简答题

(1) 家庭生命周期的心理策略有哪些?

(2) 影响家庭决策方式的因素有哪些?

(3) 家庭人员的五种角色是什么?

第 12 章

口传、流行、情境与消费者行为

📖 导读案例

口碑营销：在互联网时代它仍然有效吗？

想象一下：您拿到了新房，急需装修，第一步会做什么？是从搜索引擎了解装饰公司还是拨打户外广告上的电话？还是与有经验的邻居聊聊装修的事情？大多数人应该都会选择与有经验的邻居聊聊吧。即使到了2020年，口碑营销毫无疑问仍是许多企业的营销首选。原因很简单：人们信任认识的人，通过扩展进而信任他们信任的人，如果这些人在所需业务上有好的经验，人们更有可能购买他们的服务或产品。最新研究表明，有92%的客户信任口碑或朋友和家人的推荐，而不是其他形式的广告。

为什么口碑营销在今天仍然很重要？因为自商业开始以来，所有类型的公司其实都在依靠口碑生存。尽管互联网改变了很多事物，但从未改变的一件事是：人们依赖其他人来获取有关产品，服务和公司的信息。对于人们感兴趣的事情，更喜欢问家人和朋友，而且如果不能问家人和朋友，就会询问其他有使用经验的用户，并向他们了解更多的信息。这里其实就存在一条信任链：人们将首先信任家人和朋友，其次会信任买家，最后会信任公司。有时，人们寻求某个产品或服务时，家人和朋友可能会推荐某家公司，为了确认这家公司是否合适，人们将在互联网上对该公司进行更进一步的了解。但是，人们更愿意通过口口相传来获得建议。满意的客户会说话，不满意的客户也会说话。从更大的意义上讲，公司可以通过拥有一个出色的网站或自媒体平台来获取用户的评论。如果公司可以引导用户的评论，那将铸就良好的口碑。

互联网口碑营销很重要。研究表明，在18～34岁的消费者中，有91%的人相信在线评论和个人推荐是一样的。在线评论是否最接近互联网口碑营销？是的。在没有个人推荐的情况下，我们会去网站查看评论。老实说，人们往往信任在线评论，而不是口碑推荐。想想大众点评和美团，是迄今为止重要的餐厅营销工具。大众点评是承载口碑的工具。人们不仅可以与朋友分享，还可以与不认识的人分享。由于评论的缘故，大众点评不仅成为客户体验说明，而且还成为餐厅必不可少的营销工具。客户服务是新的营销方式，企业需要为客户提供良好的体验。请记住，客户不仅在评估产品或服务，而且还在评估从头到尾的整体体验。

最新研究发现，更长的评论和差评是最有帮助的，这会让人感到惊讶吗？当客户做出购买决定时，他们想感到满足并获得更多信息，这绝对适用于评论。在"客户问，您回答"中，企业应确定客户在做出购买决定之前已经看到了希望看到的最重要内容。客户非常关注潜在的问题。当客户快要买东西时，倾向于研究消极因素而不是积极因素。如果客户开始认真对待购买，那么下一个想法就变成：如果我购买了它，或者我确实使用了它们，可能会出问题吗？当客户研究差评时，实际上是在评估购买的风险。很多人会专注于差评内容，因为客户想对评论背后的原因有更深入的了解。如果只是"我用起来很好，我强烈推荐它"这样的评论对客户根本没有帮助，评论的价值在于细节。这一切都可以追溯到每个人都想要规避风险。人们讨厌出现意外，所以想知道好的方面和坏的方面，而坏的方面又是否是人们在意的，这就是评论网站仍然如此重要的原因。

(资料来源：口碑营销：在互联网时代它仍然有效吗？巨推网. 2019-11-05. http://www.jutui.com.cn/a203592016-1.html. 有删改)

一方面，口传、流行与情境都涉及信息的传播。从这一意义上讲，它们有的可视为传播的方式，有的可视为传播的过程。另一方面，它们又都涉及个体或群体对其他个体的影响，基本上可视为一种行为影响过程。

12.1 口传与意见领袖

口传是古老的信息传递方式，但至今仍是非常有效的营销手段之一，有时甚至比广告有更佳的传播效果。意见领袖作为一种权威，会对许多消费者的行为产生榜样效应。

12.1.1 口传

1. 口传的概念

口传是口头传播的简称，也可称为有声语言传播、口语传播，是传播学专业术语。口头传播是指传播者(说话人)通过口腔发声并运用特定的语词和语法结构及各种辅助手段向受传者(听话人)进行信息交流的手段。

人类经过了口头传播阶段、文字传播阶段、印刷传播阶段、电子传播阶段和现在网络传播阶段的发展，但最原始的口头传播仍然是生活中不可缺少的传播方式之一。人们日常接待、新闻发布、演讲、沟通性会议、公务谈判和演说等场合均使用口头传播。可以说，在网络传播时代的今天，口头传播仍是应用最广泛的传播方式之一。

人们从朋友和其他参照群体那里了解新产品、餐厅和零售店的情况，途径是观察或参与使用产品，向他们征询意见和征集信息。大约有50%的美国人承认"在购买产品或服务之前经常询问他人的意见"，40%的人感到别人常向他们征求购买建议。表12-1所示是在购买一些商品或服务之前，男性和女性向他人征求意见的百分比。

表12-1　男性和女性购买商品或服务之前征求意见百分比

商品或服务	男　　性	女　　性	商品或服务	男　　性	女　　性
新产品	45%	47%	电影	26%	28%
法律咨询	41%	42%	个人贷款	17%	20%
汽车修理	40%	49%	汽车购买	15%	22%
饭馆	39%	38%	理发	10%	24%

由表 12-1 可知,在购买过程中,女性比男性更愿意征求他人意见。很多信息来源被认为相当重要,然而就重要性而言,参照群体的信息源可以与其他所有信息源的总和相媲美。这在做出重大的购买决策时并不少见。对于不同的群体,各个信息源的相对重要性是不同的。毫不奇怪的是,孩子对于年轻成人的影响比对中年人的影响小得多(中年人家中通常小孩更多,孩子的年龄也更大)。显然,对于不同的产品,消费者会使用不同的信息源。例如,孩子就不大可能成为人寿保险的信息源。

另一个重要发现是,朋友家使用某种产品是一个重要的信息源,当然,这个信息源有赖于产品类型,人们不太可能通过在朋友家使用新的永不生锈肥皂刷而了解它。

上面的讨论表明:通过口头传播做出购买决策是一种普遍现象;口头传播依据产品种类不同而不同;有时口头传播也随人口统计特征发生变化。

2. 口传的影响力和局限

卡茨等人在第二次世界大战后做的一项研究表明,口传的有效性是广播的 3 倍,是人员推销的 4 倍,是报纸和杂志广告的 7 倍。调查显示,与其他传播方式相比,口传对消费者行为的影响更大。2/3 的人是通过与他人交谈获得信息而找到他们现在所熟悉的医生的。口传信息更具有活力,更容易进入消费者的记忆。与其他传播方式相比,口传信息受干扰的影响比较小。口传也会传达负面信息,而且消费者在购买产品时,对负面信息会给予更大的考虑权重。

口头传播是人类传播的第一个发展阶段。作为音声符号的口语有其固有的局限性:一是口语是靠人体的发声功能传递信息的,由于人体能量的限制,口语只能在很近的距离内传递和交流;二是口语使用的音声符号是一种转瞬即逝的事物,记录性较差,口语信息的保存和积累只能依赖人脑的记忆力。口语传播受到空间和时间的巨大限制。

3. 口传的应用

在制定社区型销售终端的推广策略中,一个非常特别又非常重要的内容是建立口头传播模式。口头传播有特性,口头传播模式亦称人际传播模式,属于个性化的传播方式。口头传播是在一个有限的空间内进行,传播途径短,时效性强,并且多数情况下是一对一式的传播,很少受其他信息的干扰。口头传播是在生活情景中发生的,因此,信息接收者对信息源及信息本身的警戒心理比较低,不像对商业媒体上发送的信息那样带有怀疑、躲避、抵触甚至厌恶的心理。口头传播多发生于熟人之间,信息发送者与信息接收者彼此熟悉、相互信任,因此提高了信息的可信度。

口头传播的信息发送者与信息接收者往往生活在同一社会阶层,他们有更多的相同生活经验，所以信息的编码与解码相当吻合。虽然有这些优势，但口头传播也存在缺陷：口头传播的受众面窄，多数情况下是一对一式的传播，因此信息不能在短期内被迅速地扩散；口头传播的质量完全取决于信息发送者对信息内容的理解与信息编码能力，因此会表现出较大的个体差异性，信息的标准化比较差，常常在传播过程中发生变异的现象。

口头传播需要技巧。一种常见的形式是导购人员在终端向顾客介绍商品，劝导顾客选购自己的品牌。这种终端型的口头传播被认为是一种比较有意义的顾客拦截术，它往往对顾客在购买现场做出购买决策、改选品牌、暂时增加购买量等有一定作用。这种作用会因顾客对终端的信任度、对导购人员或营业员的信任度、对商品购买决策的参与度而发生变化。

社区型销售终端应加强口头传播。近几年，乳品消费一直保持增长，液态奶品种也日益丰富，市场细分与消费者个性化消费现象在不断加强。然而，目前有许多消费者对牛奶品种特征以及适用性等方面了解甚少，所以经常在选择产品品种上出现盲目性。

📖 **扩展阅读12-1**

如何利用社会化媒体进行口碑营销——以海尔为例

4. 口传产生的原因

口传产生的原因可以从传播者和接收者两个方面来看。

(1) 从传播者来看：主要是可获得一种拥有权力和声望的情感；减轻自身购买决定的疑虑或怀疑；增加与他人的交往，并获得认同与接纳；获得某些可见的利益。

(2) 从接收者来看：主要是可获得比卖方提供的更值得信赖的信息；降低购买风险所引起的躁动与不安；减少信息搜集的时间。

12.1.2 意见领袖

人类的交流形式从最初的口传、面授皆宜，到飞鸽传书，再到现在的电话、手机、电子邮件、网络即时通信、网络语音视频，人类信息的传递和处理由单向到双向，由被动到交互，由简单到智能。但是，研究发现，口口相传对消费者的影响仍是非常重要的，如何影响其中的意见领袖并形成有利于企业的信息，是每一个营销企业应该探讨的问题。

1. 意见领袖的含义

意见领袖是指在口传过程中，较其他消费者更频繁或更多地为他人提供信息，从而在更大程度上影响别人购买决策的消费者。意见领袖又叫舆论领袖，是指在人际传播网络中经常为他人提供信息，同时对他人施加影响的"活跃分子"，他们在大众传播效果的形成过程中起着重要的中介或过滤的作用，由他们将信息扩散给受众，形成信息传递的两级传播。意见领袖通常限定在特定的产品领域或特定的购买情境，也有些消费者在多个领域成为意见领袖，即多面意见领袖。

信息是营销者用以影响消费者行为的基本工具。虽然信息最终是由个人加工和处理的，但在大多数情况下，群体内会有人为他人过滤、解释或提供信息。完成这种工作或角色的人称为意见领袖。一个人从大众媒体或其他营销来源中获取信息，然后将它传达给他人的过程称为传播的两步流动。两步流动能够说明群体内沟通的某些方面，但对于大多数沟通流动来说，则过于简单。更为常见的是多步流动。沟通中的多步流动涉及特定产品领域中的意见领袖。意见领袖积极地从大众媒体和其他来源收集相关信息，并对信息进行加工，再把他们对信息的理解传达给群体中的某些成员，后者同时还接收从大众媒体和群体内其他非意见领袖成员那里得来的信息。

群体成员之间交换意见和信息是在一个人向另一个人寻求信息时，在一个人主动提供某种信息时，作为正常的群体相互作用的副产品。假如你打算购买一种不太熟悉的产品，并且这种产品对你十分重要，如一套新的音响、一个雪橇或一辆自行车，你是怎么做出购买什么类型、什么品牌的决定的呢？在你的多种可能行动中，你很可能会向一个你认为深谙这种产品的人咨询，那个人就成了你的意见领袖。请注意，前文曾描述过这种购买者知识有限但介入程度很高的购买情形。

高度介入的购买常常涉及扩展型决策，其中也可能涉及向意见领袖进行咨询。工业品购买者或零售商在向他们的参照群体成员(其他购买机构和商人)寻求信息时，会表现出和消费者相似的行为方式。例如，有研究表明，零售商在购买复杂物品时，人际信息源比在购买相对简单的物品时更为重要。

在低度介入的购买中，人们较少询问意见领袖，然而，意见领袖同样会自动为那些低度介入的产品购买提供信息。当然此时对于意见领袖，这些产品的购买并非是低度介入的。例如，大部分人认为购买汽油并不重要(低度介入)，但对于一个对汽车或环境很感兴趣或很关注的人来说，购买汽油或许是高度介入的。这样的人会主动了解各个品牌的汽油的特点或各石油公司的环保措施等信息，并主动提供给他人。

除了明确地寻求或提供信息，群体成员还通过可观察的行为来向彼此提示信息。假设你去拜访一位朋友，你们用一台数码相机照相，然后在计算机上看这些照片。你已经了解到你的朋友喜欢这个产品，同时你也获得了使用它的个人经验。

2. 意见领袖的特征

意见领袖最重要的特征有以下几点：对某种或某类产品具有浓厚的兴趣和丰富的知识，比群体中的其他人对某一类产品有着更为持久和深入的参与或介入；比一般消费者更加活跃、自信且有较高的社会地位；在产品购买上更富于创新；通常与受其影响的人有着相似的价值观和处世态度；社会地位通常比其影响群体要略微高一些，但不会高出太多，如政客通常愿意深入社区以一个社区、公民的身份或某个兴趣组织成员的身份与选民沟通。与专门从事销售的人员不同，意见领袖并不代表某个特定公司的利益，因此更容易赢得他人的信任。

(1) 生活经验丰富，知识面广。意见领袖阅历广，生活经验比较丰富，大多数教育文化程度比较高。良好的教育文化背景能够使他们利用更多媒介获取信息，对有关事情有更多了解，知识面也就比较广，也使他们具有较强的判断能力和主观见解，对各种事物和现象能做出合理的判断和解释，处理问题较为理智和恰当，易得到别人信任，因而容易说服别人。

(2) 交际广泛，与公众联系密切，有较高的威望。意见领袖大多数社交能力比较强，交友广泛，有众多的社会关系，同时又平易近人，易与人接触，与公众联系比较密切。意见领袖大多博学多才，见多识广，能对群体成员提供有益的信息和意见，在群体中有较高威信，拥有较大的影响力和号召力。

(3) 具有较高的社会经济地位。意见领袖大多收入水平高，而且稳定，这是他们之所以成为意见领袖的经济基础。良好的经济条件使他们有能力成为新广告产品的早期采用者，获取有关产品知识。当然，意见领袖的社会经济地位不能比追随者过高，否则，相差悬殊，相互间无法沟通，其影响力也就会丧失。

(4) 乐于创新。意见领袖思想活跃，性格外向，勇于创新，敢于接受新生事物。尤其是当整个社会倡导革新开放时，其创新精神更为突出，这也是他们成为新观念和新产品的带头者、鼓动者的一个重要内因。

总之，意见领袖是许多追随者学习效仿的榜样，在其具备领导资格的领域中必须被公认为是见多识广或者称职能干的人。那些对自己所谈的问题一无所知的人，其意见是很难受到关注的。同时，一个为他人效仿并且能干的人，若试图在某个领域中获得意见领袖的资格，也需要让该领域有兴趣的人能够与其接触交往。作为一个意见领袖，不能没有追随者。而且，意见领袖还要有较多的社会联系，能及时给群体成员提供有益的信息和意见。具备这些特征才能成为对别人有影响力的意见领袖。

📖 **扩展阅读12-2**

网红与意见领袖的区别具体有哪些？

3. 可充当意见领袖的人

根据上面分析出的特征，可以找出生活中可以充当意见领袖的人。社会知名人士、技术专家、各类名人和明星、教师和有生活经验的普通老百姓等都可以充当意见领袖，他们在社会群体中有相当高的权威和影响力，颇得普通消费者的信任。

1) 市场通

意见领袖常常是属于某种产品或活动的，但是有这样一些人，他们似乎了解许多产品、购物场所和市场的其他方面信息，他们乐于与他人讨论产品和购物，也向他人提供市场信息。这些人被称为市场通。

市场通向他人提供关于众多产品的大量信息，包括耐用品和非耐用品、服务和商店类型等，他们向其他群体成员提供关于产品质量、销售、一般价格、产品的效用、店员的特点和其他有关细节。和意见领袖一样，市场通与他们为之提供信息的人，在人口统计特征上具有相似性，只不过市场通大多为女性。

尽管市场通在人口统计特征上与被影响的人一样，但他们使用媒体的习惯却很特别。他们大量使用各种各样的媒体，特别是直邮广告和家居杂志，他们也比一般人更多地看电视、听广播。这种媒体使用模式为营销者提供了一种与这一重要群体进行沟通的途径。

2) 热心从事市场帮助行为者和购买伙伴

消费者不只是对他人询问信息做出反应，或是自动提供意见，许多消费者还从事市场帮助行为——主动帮助他人获取商品和服务。在前面已经讨论了各种类型的信息提供，然而，个人还会为别人收集赠券和各种信息，代人购物和退换商品。他们教别人如何购买，并向其推荐好的推销员。毫不奇怪的是，那些热心从事市场帮助活动的人，与市场通有诸多相似之处，事实上，他们中很多人就是市场通，其余的则多为专注于某一产品类别的舆论领袖。那些积极参与市场帮助的人，其最主要的特性是对市场的高度介入和利他主义。由此也提示企业，对那些市场介入程度很高的人，可以采用利他主义的诉求方式，"不能让朋友酒后开车"采用的就是这种方法。

购买伙伴是陪同另一个人购物以便在购买过程中给予帮助的人。人们通常会寻求或提供两种帮助：象征性与社会性的帮助、功能性与技术性的帮助。寻求象征性与社会性帮助的购买者(我穿这个看起来如何？我真该买它吗？)会要求亲密的人，如家庭成员与密友来帮助自己，购买伙伴必须知道并理解购买者的个人需要和使用环境。寻求功能性与技术性帮助的购买者(价格合理吗？质量高吗？)则倾向于向专家，通常是朋友或熟人，寻求帮助。购买伙伴为了个人利益(自我实现和自我形象)和他人利益(对购买者的关怀与爱)而花费时间和精力，当然，这两种动机通常是混合在一起的。零售商应认识到购买伙伴的地位，训练他们的销售人员既考虑购买者，也适度考虑其伙伴。尤其重要的是，销售人员要分辨出驱动购买伙伴参与购买的动机(自我实现还是利他主义)。例如，自我实现的动机会促使购买伙伴向购买者推荐超过其实际需要的、复杂而昂贵的产品。这虽然有利于立即成交，但也会造成退货或顾客不满(顾客更有可能谴责商店而不是伙伴)。零售商也可以寻找各种方法鼓励或制止购物者带来购买伙伴。

4. 利用意见领袖的营销策略

意见领袖的重要性在不同的产品、不同的目标市场上存在很大的区别。因此，在利用意见领袖时，第一步是通过调查或凭经验或凭逻辑确定意见领袖在目前环境中的角色。这一步完成后，就可以利用意见领袖制定营销策略了。

(1) 广告。广告应力图激励人们做意见领袖，或使他们模仿意见领袖。激励包括设计一些活动，鼓励现在的使用者谈论产品或品牌，或者让可能的购买者向现在的使用者询问他们的感受。模仿意见领袖涉及找到一位众所周知的意见领袖，如为跑步器材找到乔伊娜或卡尔·刘易斯，使他们认可某一品牌；或者在一则生活片段式的广告中，让一位醒目的意见领袖推荐产品，这种广告通常是"偷听到的两个人的谈话，其中一个人向另一个人提供选择品牌的建议"。

(2) 产品质量和顾客抱怨。非常明显的是，消费者会与其他消费者谈论他们有关产品、商店和服务的经历。因此，营销者提供满足或者超过消费者期望的产品是绝对重要的。当顾客的期望未能满足时，企业必须及时、妥当地处理顾客抱怨。不愉快的顾客平均会将其不满告诉其他 9 个人。

(3) 市场调查。由于意见领袖接收、解释并向他人传播营销信息，在那些意见领袖作用明显的产品领域和群体中，市场调查的重点应放在意见领袖身上而不是代表性样本上。因此，产品使用实验、广告文案的预试和媒体偏好研究，都应当以可能成为意见领袖的个人为样本，使意见领袖接触企业的营销组合策略并做出良好反应是成功的关键。当然，在那些意见领袖影响小的产品领域或群体中，使用这种策略或许并非明智之举。

(4) 赠送产品样品。赠送样品，即将产品样品送给一个潜在的消费群体使用，是激发人们传播该产品信息的有效方法。在一项研究中，随机选择一群妇女，免费送给她们新速溶咖啡样品。结果发现，一周之内 33%的样品获得者与家庭以外的人谈论到这种咖啡。值得一提的是，营销者不能随机选择样本，而应该尽量将产品送到可能成为意见领袖的人手中。

(5) 零售商或推销员。零售商或推销员有成千上万的机会接触意见领袖。例如，服装店设计了"时尚意见委员会"，由目标市场中可能成为服装款式意见领袖的人组成；面向青少年的商店使用的活跃分子和班级干部也是意见领袖；餐馆老板也可以向目标市场中的可能领袖做出特别邀请，或提供二兑一的赠券以及菜谱等。零售商或推销员可以鼓励现有顾客向潜在的新顾客传达信息。例如，一位现有的顾客带来一位朋友看车时，汽车推销员或经销商就可以为他免费洗车或加油；不动产商可以为顾客或可以带来新顾客的其他人提供一张在豪华餐厅享用双人餐的赠券。

(6) 识别意见领袖。意见领袖可以通过社会学技术或者关键信息的提供和自行设计的问卷来识别。如何才能知道一个产品在全国范围内的意见领袖呢？意见领袖的辨认是不容易的，因为他们与被影响的人们十分相像。意见领袖大量地使用大众媒体，尤其是那些与其意见领域相关的媒体，由此为识别意见领袖提供了线索。例如，耐克推测《跑步者世界》的订阅者可能是散步鞋和跑鞋等产品的意见领袖。同时，由于意见领袖很合群，喜欢加入俱乐部和社团，耐克也可将当地跑步俱乐部的成员，特别是俱乐部的活跃分子，作为意见领袖。某些产品领域有职业性的意见领袖，例如，对于家禽产品，乡村推广机构一般都颇具影响力；理发师和发型师可以充当护发产品的意见领袖；药剂师是很多保健护理品的重要意见领袖；计算机专业的学生自然而然地会成为其他打算购买个人计算机的学生的意见领袖。所以，对于许多产品，那些最有可能成为意见领袖的人，是可以辨认出来的。

12.2　流行与消费者行为

从商业的角度来看，流行意味着消费潮流，它在当代社会已与直接影响产业发展的因素(如营业额、利润等)紧密相关。从接受的角度来看，流行在面向市场和社会时，极易获得广大消费者的共鸣和认同。

12.2.1　流行

1. 流行的含义

流行是指一个时期内社会上流传很广、盛极一时的大众心理现象和社会行为。流行是众多人依个人自由意志采用某种新方式的结果，它是群体行为的一种。流行是一种追求新颖而背离习惯的企图，但同时尚未超出社会可以接受的形式和行为范围。根据社会心理学的观点，流行是指在社会生活中或大众的内部产生的一种非常规范的行为模式。流行现象具体表现为在某一特定时期内，相当数量的人，对特定观点、行为、言语、生活方式等产生了共同的崇尚与追求，并使之在短时间内成为整个社会到处可见的现象。从文化的角度来审视流行，流行是一种普遍的社会文化心理现象，是一个时期内大众社会中许多人都在实践和追随的一种新物质生活方式和精神生活方式。

📖 扩展阅读12-3

2018 生活消费趋势报告发布：一个人消费成流行

2. 流行与习惯的关系

所谓习惯，是由集团大多数成员所遵循并持续地发生作用的标准行为方式。流行是指一个时期内社会上流传很广、盛行一时的大众心理现象和社会行为，是众多人依各人自由意志采用某种新方式的结果，它是群体行为的一种。

流行与习惯的联系：第一，流行一般在习惯允许的范围内产生；第二，流行在一定条件下具有转化为习惯的可能性；第三，当流行引起人们对习惯的不满时，它也具有破坏习惯的可能性。

流行与习惯的区别：第一，流行具有周期性，习惯具有一定的持续性与稳定性；第二，习惯对人的行为具有较大的规范性和制约性，流行不具有社会制约力。

3. 流行的形成与变迁

流行以一定的社会政治、经济、文化条件为基础，是人类社会发展到一定阶段才出现的现象，是一定的社会状况、社会心态的表现，它的产生、普及和消退与大众传播息息相关。流行是人们一定心理需要的满足方式；是人们处于模仿的天性或本能使然；是对于现行社会形势的束缚、制约的反叛情感的一种表达方式；是声望群体的竞争形式；是人的个性与社会性矛盾运动的结果。

流行一般会经历产生、普及和衰退三个阶段。流行潮流以前是由商家请专业设计者创立，然后自上而下进行普及。这里要注意的是，流行也会被名人无意创立。例如，1961 年，肯尼迪在他的就职典礼上没有戴帽子就走过了宾夕法尼亚大街，这一无意行为却从此打破了男士戴帽的风俗习惯，也摧毁了男帽行业，联合帽业会不得不请求肯尼迪重新戴上帽子以希求恢复男士戴帽的流行文化。由此可见，名人对流行文化的产生具有重要作用。现在商家把流行文化的产生寄托在年轻大众上。专门的市场调查公司投资请一些"酷仔"对身边的朋友进行关于流行文化的录音采访。这样的调研使 Reebock 开始推销淡颜色的鞋子，而 Burlington 开始推销深蓝色的牛仔裤。

流行形成过后，最重要的是让它普及大众，不然就不应称其为流行文化，它就不能引导广大消费者的消费行为，而这就要借助媒体和意见领袖通过广告等方式传播出去。广告是流行文化的信息源，它最先向人们传递社会潮流和流行信息。当一种流行生成后，广告及时地把流行资讯广而告之。由智威汤逊中乔广告公司创意的"立顿红茶"系列广告生动、形象地演绎了新产品的流行特性，也为广告对流行的传播作用做了天然的注脚"紧跟潮流新步伐""散播热门新话题""洞察今夏新焦点""聆听流行新节奏"。

广告报道着流行、演绎着流行、评说着流行，它以高度的日常性传播，使人们处在一种强有力的流行环境和认知空间中，从而不断地推进着流行市场的发展。人们通过广告传播、了解了最新的流行是什么，普及的范围如何，社会评价的程度怎样，广告已名副其实地成为人们获取流行文化信息的过滤网。只要我们稍加回忆，就会发现这些年来人们在饮食方面，从喝一般的汽水到喝可乐，从喝茶到喝咖啡，从喝白开水到喝矿泉水，从只知道自己做饭吃到吃现成的方便食品，从吃大饼油条到吃肯德基、麦当劳等，哪一种饮食流行没有广告传播的贡献？我们不难想象如果没有广告的传播，哪怕流行文化已经形成，也难以快速地流行开来。

当然，广告促进流行普及的方式和途径是多元的。首先，它不遗余力地对时尚主题进行不断重复的诉求，从而使其大面积铺排开来，形成一股势不可当的大潮。其次，广告为了促进流行的普及，竭力创设着一种带有幻想色彩的时尚模拟环境，并把每一个人邀为广告主角，竭力告诉人们拥有广告中所推荐的产品会多么快乐，按照广告所设想的方式生活多么美满，于是人们不是被强加为这个群体的成员，就是承受着由此而带来的群体压力，为了保持自身行为与多数人行为的一致性，从而避免个人心理上的矛盾和冲突，大家必须从众，必须去拥有时尚。这样一来，广告传播的商品或服务便迅速获得众人的追随和采用从而得以普及。

流行具有易变性、周期性的特点，也就是说，流行在产生、传播并达到高潮后会急转直下走向消失。流行文化周期的长短直接涉及企业的利益，因此企业都做着"留住"流行文化的努力。利用广告巩固业已形成的流行时尚，并在前一流行的基础上通过内容更新、题材转换、形式变革等一系列手段，带出另一个相关的流行，甚至使其再度走向新一轮的高潮，从而达到尽可能延续流行的目的。这是广告对流行的又一个突出贡献。

综上所述，流行对消费者行为的影响举足轻重，一方面商家要善于利用流行对消费者行为的引导作用，另一方面应该创造、普及并留住健康的流行文化，以保持健康流行对消费者行为的正确引导，这才是促进社会发展的重要力量。

12.2.2　流行与消费者行为的关系

流行文化是当代消费社会的代言人。爱德华(Tim Edwards)在《消费矛盾：消费社会的概念、行为与政治》一书中主张，透过流行文化，人们能够对当代消费社会有深刻的认识。流行文化是人们生活中随处可见的社会现象，从某种程度上来说也是随处可见的消费现象，因为在一般情况下，它都体现为在某一特定时期人们一种趋同的消费选择。从总体上看，流行文化对消费者行为有以下两方面的影响。

1. 流行文化引导消费者的购买和消费模式

从生产与消费的角度来看，流行文化生产的目的在于消费，或者说在于满足消费者的文化消费欲求。现代社会的实践证明，人们消费某种产品并不仅仅因为它的物质特性和实用功能可以满足他们的需要，还会因其广告所张扬的抽象的、非实用的精神因素能够使消费者产生兴趣和认同。形形色色的广告无不传达着各种各样的观点、价值与精神取向，广告与其说是对产品的推销，不如说是对生活态度、生活方式、生活哲学和意识形态的表达。例如，耐克赢得非凡的成功不仅仅是因为其产品质地优良，更主要的是因为耐克大力倡导了一种价值观，那就是Just do it(想做就做)、I can(我能)。这种价值观已形成了一种潮流，以绝对优势经久不衰地席卷了美国乃至全世界，它不仅嵌入了每个美国消费者的头脑深处，而且已成为世人皆知的经典广告口号。

2. 流行文化反映消费者行为

流行文化是消费者行为的一面镜子，它能在很大程度上反映消费者的行为。美国当代强调年轻和健康的流行文化正好反映了美国消费者购买健美器械、定期去健身俱乐部、钟爱营养均衡食品等消费行为。

12.2.3　市场消费需求流行

消费需求是指人们为了满足物质和精神文明需要而对物质产品或劳务产品所具有的有货币支付能力的需求。消费需求是消费动机和行为的表现和准备。消费需求的形成必须具备两个条件：一是市场上提供的商品和服务能激起消费者进行消费的欲望。这种从商品使用价值出发的需求动机，被称为欲望需求。欲望需求是形成消费需求的动力的基本条件之一。二是消费者具有一定的货币支付的能力。仅有欲望需求而不具备货币支付能力并不能成为现实的消费需求，虽有货币支付能力却无欲望需求也不能构成现实的消费需求。现实的消费需求是购买愿望与购买能力的统一。

理论上看，消费需求可分为两种类型：一种是现实需求。有购买欲望，又有货币支付能力。另一种是潜在需求。即购买欲望与货币支付能力相分离，而潜在需求转化为现实需求与消费需求升级和商品更新有联系。在市场消费需求流行市场上，存在现实需求与潜在需求互相转化的问题，影响两者转化的因素纵横，如产品数量、质量、品种、价格、市场销售网点及推销手段、销售渠道及自然环境、竞争状况、经济政策、政治法律、道德规范、风俗习惯以及消费者等方面的因素。

1. 市场需求流行是消费者普遍的心理共鸣，反映时尚的需求

消费者在消费市场购买过程中形成的对某种商品或劳务的需求浪潮，反映出市场消费需求流行，是消费规律的表现形式之一。一般来说，消费者的消费欲望是千差万别的，每个消费者的消费是其个性的表现。但消费者的消费是一个社会活动过程，它们之间互相影响、互相渗透。消费者的消费往往带有某种共性，表现为同一方向发展。从市场实践中归纳市场消费需求流行的表现如下。

(1) 市场消费需求流行载体需求量大。由于流行表现为对某种商品的需求热或消费浪潮，在消费需求流行市场上明显可见某种商品的大量需求。流行商品销售量大是鉴别市场流行的主要标志。流行商品的需求量大与某些局限性消费不同，特定条件限定的消费不能视为市场流行，也不能把消费习惯或习俗消费引起的大量需求称为市场消费需求流行。

(2) 市场消费需求流行持续时间短。一般来说，市场消费需求流行是一种时尚需求，与消费习俗相比，市场消费需求流行持续时间要短得多，常见流行商品的市场生命期仅有几个月或一两年，若流行持续时间较长就可能成为一种习俗性消费并被固定下来转变为习惯性的消费需求。

(3) 市场消费需求流行消费者范围集中。某种消费品引起流行，就意味着引起了众多消费者的需求。但由于市场消费需求流行的对象不同，就其范围来说比较集中。大部分流行品都有针对特定消费者群体而流行的表现，具有不同的消费者范围。

(4) 市场消费需求流行无重复周期。市场消费需求流行没有循环周期，即使再度出现大量需求也不是简单重复。市场消费需求流行一旦过去，便很少出现重复。有些流行并不是周期性再现，已具有新时代的特点，是在新的市场条件下变通并流行的。

2. 流行载体阶段发展状态

市场消费需求流行是一个客观存在，不以人们的意志为转移，有发生、发展和衰亡的过程，这个流行过程在时间上的表现叫作市场消费需求流行期。由于受到社会政治、经济及消费者群体与个体因素的影响，市场消费需求流行期也会呈现出各种不同的形式。相应的市场载体流行时间长短不同，流行速度快慢也不尽相同。

市场消费需求流行期可分为流行初期、流行发展期、流行盛行期、流行衰减期与流行过时期五个阶段。具体地说，在市场消费需求流行初期，某种即将成为流行品的商品可能引起消费需求，此时商品销量很小，其发展速度相对缓慢。若准流行品夭折在流行品生命初期，流行期只是形式。市场消费需求流行发展期的流行品在市场上已有较大影响，是市场消费需求流行生命的重要时期。作为一种市场潮流，反映出消费需求急剧增长，市场可能出现供不应求或争购的局面，这一阶段是市场消费需求流行期的发展中心。市场消费需求流行盛行期的流行品已被消费者公认为时尚商品，这一阶段，该种商品市场销售量达到高峰，市场暂时出现供求平衡的态势。此时，生产、仿冒该流行品的厂家也在增多。当流行高潮过去之后，流行趋势大减，市场消费需求的流行衰退期出现。而市场消费需求流行衰减期的流行品对市场需求的影响十分微弱，市场份额已被企业分割或占有，消费者对流行品的需求基本满足，销量快速下滑，进入市场消费需求流行过时期，形成市场流行品的过时或淘汰阶段。市场消费需求流行的末期存在两种状态：一是需求骤减，流行期过去，过时品没有销量。二是过了流行期的流行品延续为习俗消费品，或消费者由于其他需要而少量地购买，流行品已被视为一般消费品。

3. 多种影响因素制约与推动流行

市场消费需求流行形势多变，往往多种影响因素制约与交错推动流行。影响市场消费需求流行的因素大致可分五个方面。

(1) 消费者具有生理需求和心理需求。市场消费需求流行是由人们的心理需求共鸣而形成的。心理需求是在生理需求基础上获得物质的和精神的更高层次的需求。人们换上时装是追求美感和自尊，这种心理需求是市场消费需求的重要影响因素。在市场消费需求流行过程中，常见消费者心理共鸣现象。

(2) 人们的消费需求具有可诱导性。外界的宣传刺激因素可能给消费者心理带来影响，并促成其购买动机。对市场消费需求流行影响较大的几个宣传因素是行政机构宣传、媒体文艺宣传、工商广告宣传。一定时期内的政治生活必然渗透或制约着人们的经济生活并直接影响人们的价值观及审美观。电影、电视、戏剧、歌舞等对消费需求流行的影响也较大。当广告中的消费品或劳务激发了一部分人的感情动机并引起共鸣，即可形成一次市场消费需求流行。广告宣传能建立企业产品形象，是产品的主要促销手段。

(3) 现代社会的国际交往日益增多。国际上有影响的人物互访频繁，国际贸易组织活动积极发展，国际旅游市场进一步得到了开发，我国人民生活方式乃至消费品日益与国际流行接轨，也有相当一部分国际流行品进入我国渗透交融。

(4) 从企业文化与市民消费文化层面论证。企业整体营销文化与消费者民俗文化制约着流行趋势。企业的时尚文化品位及营销努力水平低，多半会盲目追求或机械模仿。企业市场文化及消费者消费文化水平高，市场审美及鉴别能力强，能在一定程度上修正流行。

(5) 经济因素是发展市场消费需求流行的物质基础。尽管消费品和劳务的需求具有一定弹性，但也要受生产力发展水平、新产品开发程度和购买力水平的限制。若消费者群体没有一定的货币支付能力就缺乏一个重要的市场条件。消费者收入水平的高低决定市场消费需求流行的程度。在适宜的情况下，生产环节中的时尚产品可以程序扩散到消费流行市场的特定领域中，市场流行总是以一定的时尚产品为前提。

4. 流行扩散模式套叠与渗透组合

市场消费需求流行的形成就是一个扩散过程。这种扩散是个连续的过程，相对于各地区的流行，可以形成市场消费需求流行阶段模式扩散组合，即市场流行阶段异地渗透及品种时间位移的两种模式套叠组合扩散。一种模式套叠扩散是市场消费需求流行组合的地域。市场消费需求流行在地区之间，一般是由经济先进地区向落后地区渗透，这种渗透自然形成流行在不同地域间市场流行阶段上的差别。流行地域差的大小是由流行渗透的速度决定的。流行渗透速度越快，地域差越小；反之，就越大。

市场消费需求流行组合地域差主要表现为同一流行品在同一时间内，不同地区市场消费需求流行组合处于不同阶段。另一种模式套叠组合扩散是市场消费需求流行组合品种时间差。市场消费需求流行组合品种时间差是指同一地区不同种产品或可互替代品的不同流行组合在时间上的差异。一般来说，这种流行组合是互相影响和互相替代的。

市场消费需求流行组合品种时间差越小，市场消费需求流行期越短；反之，就越长。研究市场消费需求流行组合地域差与品种时间差是为了加速产品更新换代，提高供给弹性及选择好上市时间，采取恰当的推动流行方式提高产品的竞争力，是企业经营的长期任务。

12.3　情境与消费者行为

情境影响人们的行为。在不同的情境下，人们将会采取不同的行为。在消费过程中，消费者的消费行为也会受到情境的影响。面对同样的营销刺激，如同样的产品、服务或同样的广告，同一个消费者在不同的情境下将会做出不同的反应，采取不同的消费行为。

12.3.1　消费者情境

1. 消费者情境的含义

消费者情境是指在消费或购买活动时，消费者面临的环境中除主体刺激物(如广告或包装)以外的刺激以及因环境导致的暂时个人特征，如赶时间或置于一个拥挤的商店内等。情境由一些暂时性的事件和状态所构成，它既不是营销刺激本身的一部分，也不是一种消费者特征。然而它对消费者如何评价刺激物，是否和如何对刺激物做出反应会产生重要影响。

情境影响既不同于个性、态度等个体和心理因素的影响，也不同于文化等宏观环境因素的影响，因为后两方面的影响具有更为持久和广泛的特性。

很多情境特征会影响个人对刺激物的理解。一些暂时性个人特征如饥饿、孤独、当时的情绪均会影响个体对既定刺激物的理解。个人可支配的时间也会影响对营销信息的理解。同样，环境的外在特征如气温、在场的人数及这些人的不同特点、信息传播媒体的性质、外界的干扰，及处理信息的原因都会影响个体对信息的理解。

可口可乐公司和通用食品公司都不在新闻节目之后播放其食品广告，他们认为新闻中的"坏消息"可能会影响受众对所宣传的食品的反应。可口可乐公司广告部副经理威廉·夏普认为，不在新闻节目中做广告是可口可乐公司一贯的政策。因为新闻中会有坏消息，而可口可乐是一种助兴和娱乐饮料。

上面引述的这段话实际上表达了企业对背景效果或"背景引发效果"的关切。"背景引发效果"指的是广告的物质环境对广告内容理解的影响。广告出现的直接背景通常是穿插广告的电视节目、广播节目或广告所附的杂志或报纸。虽然目前掌握的数据仍然有限，但初步的研究表明，当广告在正面性节目中播放时，广告产品会获得更多的正面评价。

情境变量对搜寻行为具有重要影响。例如，面对拥挤的店堂，消费者最基本的反应是尽量减少外部信息搜集。对于搜寻行为而言，时间观也许是最重要的情境变量。解决某一特定消费问题的可用时间越少，外部信息搜集水平就会越低。礼品购买情境下，由于知觉风险增加，外部信息搜集也随之增加。身体和情绪状态不佳的购物者将较其他购物者更少搜寻外部信息。令人愉快的物质环境有助于增加信息搜集，社会环境既可以增加也可以减少搜集水平，这要取决于社会环境的性质。情境影响是指所有那些依赖于时间和地点且与个人或刺激物属性无关，但对消费者现时的行为具有显著和系统影响的因素。情境是处于消费者个人之外的一系列因素，这些因素既不依赖于消费者也不依赖于消费者对之产生反应的基本刺激物的特征。例如，消费者不会对企业呈现的营销刺激物(如广告和产品)孤立地做出反应，相反，他们会对营销影响和情境同时做出反应。

为了将情境影响融合到营销战略中，企业首先必须对情境与给定产品和给定目标消费者相互作用的程度予以足够的关注。然后，应根据情境发生的时间、它的影响强度、它对行为影响的性质来对其进行较系统的评价。例如，用于休闲活动的时间受物理环境(温度和气候)、社交因素以及个人心情的影响。为了有效地营销某种待定的休闲活动(例如，体育事件、电影)，营销者必须理解这些情境因素如何以及什么时候影响消费者在某项活动上所花的时间。

12.3.2 消费者情境的构成

情境可以从不同角度分类。广为人们接受的是将情境影响分为五种类型：物质环境、社会环境、时间、任务和先前状态。

1. 物质环境

物质环境指构成消费者情境的有形物质因素，如地理位置、音响、灯光、气味、商品周围的物质等。物质环境对消费者的情绪、感受具有重要影响。

扩展阅读12-4

"情景消费"成消费主流，农庄打造"情景消费"场所

　　物质环境包括装饰、音响、气味、灯光、气候以及可见的商品形态或其他环绕在刺激物周围的有形物质。物质环境是一种得到广泛认可的情境影响。例如，店铺的内部装修通常设计成能引起购物者的某种具体情感以便对购买起到信息提示或强化作用。一个经营时尚、流行服装的商店希望通过其购买地的物质环境特征将其经营特色传递给顾客。附属装置、家具和颜色均应反映这种时尚、新潮的整体情绪。另外，商店的员工应将这种主调展现于他们的外表和服装上。所有这些将产生关于零售环境的合适感觉，会反过来影响消费者的购买决定。

　　有证据表明，消费者对在井然有序的专业性环境下获得的服务较那些杂乱无序环境下获得的服务更为满意。

　　(1) 颜色。红色有助于吸引消费者的注意和兴趣。然而，虽然它有物理刺激作用，红色却令人感到紧张和反感。较柔和的颜色如蓝色虽较少吸引力和刺激性，但它们被认为能引起平静、凉爽和正面的感觉。哪一种颜色最适合室内装饰？调查显示，就对零售商的销售和消费者满意方面产生的效果而言，蓝色优于红色。

　　(2) 气味。虽然关于这方面的研究并不多，但越来越多的证据表明，气味能对消费者的购物行为产生正面影响。一项研究发现，有香味的环境会产生再次造访该店的愿望，会提高对某些商品的购买意愿并减少费时购买的感觉。另外一项研究发现，某种香味增加了在拉斯维加斯赌场的老虎机的使用。第三项研究发现，花香四溢的零售环境增加了耐克鞋的销售。

　　尽管发现了上述有用结果，关于气味应在什么时候、什么条件下和如何有效地运用于零售环境尚不十分清楚。另外，香味的偏好是非常个人化的，对某人是令人愉悦的香味对其他一些人也许令人厌恶。再有，一些购物者对精心添加到空气中的香味会有反感，而另一些人则担心过敏。

　　(3) 音乐。音乐影响消费者的情绪，而情绪又会影响众多的消费行为。慢节奏与快节奏背景音乐对餐馆而言哪种更合适？研究显示，慢节奏音乐较快节奏音乐为一个餐馆增加了15%的毛利！慢节奏音乐似乎使消费者更为放松和延长在餐馆的用餐时间，从而增加从吧台购买商品的数量。更多依赖顾客周转的餐馆播放快节奏音乐可能更好。

　　一项关于超市环境中的音乐和影响力的研究表明，音乐的节奏(快或慢)并不影响购买行为，然而，播放符合消费者偏好的音乐对购买行为有明显影响。

　　由于音乐能对购物行为产生影响，一些公司现在致力于针对待定零售商的独特需要制作音乐节目。这类音乐不像"电梯"里播放的或老套音乐 Muzak 提供的那类背景音乐。背景音乐通常被用于掩盖通常的嘈杂声并使之不被注意，成为购物经历的一部分。

　　AEI 公司，前景音乐的主要制作者，对每一个委托店铺的消费者进行广泛的人口统计和心理特征分析。年龄结构、购买方式以及每天中各时段的交通流量都被详尽分析。AEI 公司的一位发言人将其采用的方法做了如下说明：零售商(客户)对其环境倾注了热情，这些客户被称为"富有激情的零售商"，因为他们的成功直接与你、我如何看待他们相联系。Limited 和 Gap 之类的时装公司对其形象格外关注，他们对影响其店铺形象的店堂内因素严格控制。店内设备、

颜色、音乐，所有一切均被用来传播商店形象。除了温度和光线，顾客在店铺的每分每秒都会受到音乐的影响。

很多公司，如 Banana Republic、Bath & Body Works、Eddie Baner 和 County Seat 等均使用由 AEI 公司等提供的服务，以便为各个分店营造一种合适和一致的购物环境。

(4) 拥挤状态。当很多人进入某个商店或店铺空间过多地被货物挤满，越来越多的购物者会体验一种压抑感。很多消费者会觉得这令人不快，并采取办法改变这种处境。最常用也是最基本的方法是减少在商店内停留的时间，同时买得更少、决策更快或更少运用店内可运用的信息，结果是消费者满意度降低、不快的购买体验、再次光顾的可能性减少。营销者在设计其卖场时，应尽量减少顾客的拥挤感。当然，这在实际中是比较困难的，因为到零售店购物通常在节假日或周末这些特定时间内。零售商必须在由于大多数时间里店面大于应有的营业面积所支付的例外费用与由于关键购物时段里顾客感到拥挤造成的不满所带来的损失间做出权衡和取舍。

(5) 物质环境与营销策略。在很多情况下，营销者对物质情境只能进行有限控制。例如，对于很多零售形式，如邮购、上门推销、机器售卖等，营销者对物质环境的控制是很小的。虽然如此，营销者仍在通过认真、仔细选择终端销售点，提供各式售货机和对销售人员提供关于情境控制的指导，如如何重新安排家具摆放、关闭电视或收音机、引入购物点展示方法等对物质环境施加更大影响。

应当指出，很多消费行为是营销者感兴趣的，它们包括实际购买、信息搜集(如收看电视广告)、上街逛商店等。一个关于消费者逛商店但不购物的研究发现，这一行为后的两个最大动机是接受感官刺激和身体的适度活动。大型购物中心为闲逛提供了一个安全、舒适的场所。购物中心内各式各样的商店、人流，以及与之相随的声音、景观对消费者提供了高度的感官刺激。因此，声与景对购物中心或其他购物场所的成功起着非常重要的作用。对于情境的物质方面如果能予以控制或施加影响，企业就应发挥主动性并努力使物质情境与目标顾客的生活方式相一致。

很多情况下，营销者既不能控制也不能影响消费者面临的物质情境，如饮料消费时的气候条件。此时，需要改变营销组合中的某些因素使之与目标消费者的预期与需要相适应。Dr. Pepper 和 Lipton's tea 均根据夏天和冬天环境中物质因素的变动及消费者对这种变动的反应来调整其广告策略。

2. 社会环境

社会环境通常涉及购物或消费活动中他人对消费者的影响，如他人是否在场，彼此如何互动等。一个人独自收看电视节目与几个朋友一起收看时的行为会有明显的差别。

个体倾向于服从于群体预期，当行为具有可见性时，情况尤其如此。因此，社会情境对我们的行为而言是一种重要的影响力量。购物以及很多在公众场合使用的商品与品牌，都是高度可见的，它们无疑将受制于社会影响。与他人一道购物据说会影响某些"标准"产品如肉、鸡、早餐麦片等的购买，而啤酒消费则随客人、聚会和假期等情境因素而异。

上街购物为消费者提供了一种家庭之外的社会体验，如见识新朋友、遇见老朋友或仅仅是与他人在一起。有些人在购物中是为了追求一种地位和权威，因为营业员或销售人员的工作就是为了服务顾客。购物使这些人获得在其生活中所缺乏的某种尊重和声望，所以，消费者购物有时并不仅仅是为了购得产品，而是同时体验各种社会情境。

作为营销人员，很多情况下无法控制某种情境下的社会特征。例如，当一则广告通过电视发送给受众时，广告经理不能控制节目收看时段里到底是谁在收看。然而，广告经理还是可以利用有关哪些节目一般被个体单独收看(白天与工作时间播送的节目)，哪些节目被全家人收看，以及哪些节目被一群朋友一起收看的知识，以使信息能适应上述各种不同的情境。

在有些情形下，营销经理可以影响情境中的社会性特征。例如，广告主可以鼓励你征询一位朋友的意见或在购物时邀一位朋友前往。有些公司，如塔帕威尔公司在构建有助于销售的社会情境方面常常独出心裁。有经验的销售人员深谙利用购物者同伴的建议和意见达成交易的绝好机会。

3. 时间

时间是指情境发生时消费者可支配时间的充裕程度，也可以指活动或事件发生的时机，如一天、一周或一月当中的某个时点等。时间压力增大，消费者用于信息收集的时间就会减少；距离上次用餐的时间越长，食物广告就越容易引起消费者的注意；同一天的不同时段，消费者对信息的处理也将不同。时间也影响企业对店铺的选择。一些零售商店就是充分利用时间观方面的优势。在这方面做得最成功的也许是 7-11 连锁商店，该商店几乎是排他性地针对那些匆匆忙忙或在正常购物时间之外购物的消费者。

有限的购买时间会导致所考虑的备选产品数量的减少。双职工家庭和单身父母所面临的日益增长的时间压力将导致品牌忠诚尤其是对全国性品牌形成忠诚。原因是时间压力很大的消费者由于没有时间逛商店和对各种品牌进行比较，从而倾向于选择全国性品牌和知名品牌，以此减少风险感。

时间压力的增大还会导致对高品质、易准备的食品及其他节约时间的产品的大量需求。例如，猪肉促销广告强调，用猪肉准备一顿晚餐仅仅需要 15 分钟时间。

4. 任务

任务通常是指消费者具体的购物目的和理由。对于同一种产品，购买的具体目的可以是多种多样。在不同的购物目的支配下，消费者对于买何种档次和价位、何种品牌的葡萄酒均会存在差异。购买任务提供了消费活动发生的理由。营销者运用的两分任务法是将购买任务分为自用购买和送礼目的的购买。

即使购买一样的产品，以此作为礼品送人还是供自己使用，消费者采用的购物策略与选择标准完全不同。赠送礼品对送礼者和接受礼品者均带来某些不安。礼品实际上在多个层面上传递象征性意义。礼品本身通常有标价或大家熟知的价格，这可解释为送礼者对受礼者尊重程度的衡量。礼品的形象与功能隐含着送礼者对受礼者形象和个性的印象。礼品的性质表明送礼者希望与接受礼品者建立的关系类型。用餐具作礼品与用"科隆"香水作礼品隐含的关于两个人之间的关系是明显不同的。考察以下引自两位不同女性的独白：

他真的将一个电煎锅作为圣诞礼物给了安妮，那不是一份礼物，而是一份苦差事。当我询问安妮对这份礼物的感觉时，我试图努力控制自己的失望情绪。安妮说："我感到他正在想象我赤脚和怀孕时的样子。"她很快便终止了与他的约会。

最意想不到而令人感动的时刻是，当他拿着一件给我女儿的礼品出现在我面前时，我才知道他对我是多么认真。另外一些男性为博得我的好感，总是显示对我女儿的一种不合时宜的怜爱。而他对我女儿既彬彬有礼，又不是过分热情。然而，有一天，他给我女儿买了一块非常好的滑雪板。这份礼物标志着我们之间关系的一个转折点。我认为，对他来说，这份礼品也标志着这样一个时刻，即他决定与一位带着一个小孩的女人生活在一起。

消费者基于多种理由送礼。社会期望和礼节性消费情境如生日通常要送礼，此时并不以送礼者的实际欲望为转移。送礼同时也会以礼品或行动方式获得回馈。当然，送礼也是一种爱和关心的表达。馈赠或希望获得的礼品类型会随场合和性别的不同而异。研究发现，结婚礼品倾向于带有功利性(此时最重要的 4 个属性是耐用性、有用性、受礼者的需要和高运行绩效)，而生日礼物则倾向于有趣(此时最重要的四个属性是愉悦性、独特性、耐用性和高运行绩效)。因此，无论一般性的购买任务(送礼)还是具体的购买任务(送礼的具体场合)都会影响购买行为。

5. 先行状态

先行状态是指消费者带入消费情境中的暂时性的情绪(如焦虑、高兴等)或状态(如疲劳、饥饿、备有现金等)。先行状态是指非持久性的个人特征，如短暂的情绪状态或条件。例如，每个人都会有情绪高昂和情绪低落的时候，而这并非个人长久性格的一部分。

(1) 心情。心情是一种不与特定事件或事物相连的暂时性情感状态。心情作为一种情感没有情绪那么强烈，而且能够在个体没有意识的情况下产生。虽然心情可能影响个人行为的所有方面，通常它不如情绪那样对正在进行的行为产生如此大的影响。个人通常运用高兴、平静、悲哀、忧伤、压抑等词汇来描述心情。

心情既影响消费过程同时又受消费过程的影响。例如，电视、广播和杂志内容能够影响我们的心情和激活水平，反过来，后者又会影响我们的信息处理活动。心情还影响我们的决策过程以及对不同产品的购买与消费。正面、积极的心情与冲动性购买和增长的"举债"相联系。负面的心情也会增加某些类型消费者的冲动性购买。心情还影响对服务和等待时间的感知。

除了需要对由心情引发的消费做出反应外，营销者还试图影响消费者的心情，并且用能激发或诱发积极心情的事件来安排各种营销活动的恰当时机。餐馆、酒吧、购物中心和其他很多零售场所在设计时就考虑如何激发顾客的正面心情，播放音乐就是基于这一原因。很多公司倾向于在轻松的节目中安排或播放广告，因为此时受众在观看这些节目时处于一种更好的心情。

(2) 暂时性条件。心情反映了心绪，而暂时性条件则是指疲倦、生病、得到一大笔钱或破产等这样一些暂时性状态。就像对心情一样，这里指的暂时性条件作为一种先前状态，必须是短暂的，而不是经常性的或与个体时时相伴随的。例如，一位暂时缺钱和一位总是经济拮据的人的行为会有明显差别。

12.3.3　消费者情境的类型

1. 沟通情境

沟通情境是指消费者接受人员或非人员信息时所处的具体情境或背景。在收看电视广告时，很多情境因素会影响收视效果。信息展露时如果其他人在场，消费者很可能用遥控器跳过广告，或者与旁人聊天而不注意广告。广告数量和所处的系列位置，插播广告的电视节目的性质及其对受众的吸引力等都是沟通情境所涉及的。印刷品广告、杂志、报纸的信誉以及报道和登载的内容均可能影响广告的有效性。由于传播情境对广告的有效性具有重要影响，越来越多的企业更加注重媒体的选择和刊载广告栏目的选择。

2. 购买情境

购买情境是指消费者在购买或获取产品时所处的情境，通常涉及做购买决定和实际购买时所处的信息环境、零售环境和时间压力。各种购买情境同样能影响产品的挑选。和孩子们一起购物比没有孩子陪同时，购买决定更易受孩子们的影响。缺乏时间，诸如在课间购物，会影响对店铺的选择，所考虑品牌的数量，以及愿意支付的价格。信息环境主要涉及信息的可获得性。研究发现，消费者的决策与是否只依赖记忆信息，以及外部信息在多大程度上展现在他面前存在密切关系；信息量增加有助于提高决策质量，但超过一定水平则容易信息超载，降低决策质量。购买情境还包括：信息的形成与格式，食品营养成分以数字还是语义呈现，比较价格信息；音乐对购物者行为的影响，拥挤对购物者行为的影响。

3. 使用情境

使用情境是指消费者在消费或使用产品时所面临的情境。无论从时间的角度还是从物质因素的角度来看，使用情境都不同于获得产品时的情境。构成使用情境的各种因素如时间、社会环境等均会对消费者行为产生重要影响。在招待客人时饮用的葡萄酒可能不同于消费者自斟自饮时喝的葡萄酒。一个家庭也许会根据谁去度假而选择不同的度假期。营销者需要弄清消费者是如何看待各种产品特征的相对重要性，以及消费者关于产品绩效的信念是如何随情境的变化而改变。市场定位和产品细分均可能涉及产品的使用情境。

12.3.4 情境、产品和消费者之间的交互影响

面对同样的情境，不同消费者的反应是不同的。对于同一类产品，不同消费者追求的利益是不同的，而他们所追求的利益又受到情境因素的制约和影响。情境和产品之间亦存在交互影响。肉类产品最易受情境影响(如汉堡是非正式场合的食品，而牛排更适合正式场合)。保健服务和影视服务最不可能受情境影响，因为消费者对这两类服务的参与程度较高。其他产品同时受情境和产品因素影响(消费者为客人购买特定零食，自己却购买其他不同的零食)。个体并不会随机地面临各种情境，相反，大多数人"创造"他们所面对的很多情境。例如，选择从事体力性活动(如竞走、打网球和羽毛球)的人间接地选择了将自己置身于"疲劳""口渴"等情境。由此使营销者能够以各种生活方式的人可能遇到的情境为基础设计广告和进行市场细分。在决定不同情境对某类产品购买行为所产生的影响之后，营销者必须确定在某种具体情境下哪些产品或品牌最有可能被选择。方法之一是对情境和产品进行联合测量。

本 章 小 结

通过本章学习，使学生了解口头传播产生的原因，掌握流行的含义、特征与变迁，了解流

行对消费者行为的影响，掌握在流行的不同阶段消费者的心态特点，有计划地引导消费者的消费行为。本章重点是流行的形成与变迁，难点是意见领袖与情境。建议在课堂讲授的基础上采取观察法、小组学习等方法理解各类消费者在流行过程中的行为表现，学会运用流行理论诱导消费者行为。

习　题

1. 名词解释

(1) 口传　　(2) 流行　　(3) 意见领袖　　(4) 情境　　(5) 先行状态

2. 填空题

(1) _____是指在口传过程中，较其他消费者更频繁或更多地为他人提供信息，从而在更大程度上影响别人购买决策的消费者。

(2) _____是指传播者通过口腔发声并运用特定的语词和语法结构及各种辅助手段向受传者进行信息交流的手段。

(3) 在_____(高或低)度介入的购买中，人们较少询问意见领袖。

3. 简答题

(1) 口传产生的原因有哪些？意见领袖的特征有哪些？
(2) 简述习惯与流行的关系、流行的特征。
(3) 简述流行的形成与变迁。
(4) 流行对消费者行为的影响有哪些？

4. 案例分析题

王先生打算利用一周的时间外出旅游。现在他已经有了四个可选择的度假地：A、B、C和D。他说他选择度假地时主要对4种属性感兴趣：购物、景点、饮食与价格。表12-2所示为他根据这四种属性评价每个度假地所得出的结论。假定王先生赋予4种属性的重要性分别是购物占40%、景点占30%、饮食占20%、价格占10%。那么，应如何来预测他的选择呢？

表12-2　四种属性评价

度假地	属性			
	购物	景点	饮食	价格
A	10	8	6	4
B	8	9	8	3
C	6	8	10	5
D	4	3	7	8

第 13 章

网络购物消费者行为

📖 **导读案例**

妻子网购成瘾　丈夫无奈限额

淘宝零点活动开始，支付短信响个不停，外资公司的苏先生担心家中网购成瘾的妻子再次收不住手。第二天上午，在咨询了银行的服务后，他瞒着妻子给银行打了电话，将自己三张申请网银服务的银行卡限定额度，由原本无限制刷卡改为如今一天只能限定刷500元。这样算下来，即使妻子将三张卡全部刷爆，金额也就在1500元。

苏太太婚后当起全职太太，网购成了她每天最喜欢做的事情。为了满足她网购的需要，苏先生特地将自己三张信用卡开通了网银功能，并和支付宝绑定。一开始，苏太太相当克制，每个月花在网购上的费用也就几百元。随着熟练度的提高，她成了不折不扣的网购达人。一年多前，苏太太得知自己怀孕，便迷上了在网上为孩子添置物品。11月11日，孩子刚满半岁，恰逢网站大规模促销，她早早就选择好要买的东西，从前一天晚上的零点开始守候，足足在计算机前守了一个晚上。而当时，苏先生就听见自己的手机每隔几分钟就"叮"的一声来电提醒。"老婆又买东西了。"就这样，一个晚上下来立下"赫赫战功"，网购总额共计12 000元。

第二天，苏先生到网上一看，仅仅是童装童鞋就刷了两千多元。尺码更是夸张，最大的一件衣服竟然是140的尺寸。"我看卖家的介绍，这件衣服是欧版的，可以供读小学的孩子穿。"掰着指头算算，貌似离自己孩子上小学还有六七年，这也太夸张了。对此，苏太太解释，这些大衣服款式比较中规中矩，男孩子的衣服没什么过时的。随后，她还搬出"物价上涨，现在囤衣服比较划算"的理论，将苏先生说得没有回击之力。

谁料，上次的快递包裹还没收齐，"双十二"促销又开始了。由于妻子网上账号与苏先生的手机是绑定的，这段时间，苏先生的手机上就充斥着各个卖家发来的活动信息。"短信狂轰滥炸，堪比当初的房产中介短信。"苏先生说道。趁着活动前几天，她就将看中的物品收藏起来，蓄势待发，等待活动开始的那一刻。可这东西买来派不上用场，几乎让丈夫苏先生崩溃了。据苏先生统计，截至12月份，家里已经购入3个电热水壶、4条羊毛毯、2套64件的骨瓷餐具，以及林林总总8个不同款式和用途的锅子，衣服、鞋子更是不计其数。有很多包裹到后，苏太太都来不及拆封，随意堆放在墙角边。

面对妻子一而再，再而三的网购行为，苏先生已郑重其事地向其提出，希望能有所收敛，可这对妻子没有任何作用，网购成了她每天的主要工作。

(资料来源：牛宝宝文章网. 2016-06-03. http://www.niubb.net/a/20160603/103111_3.html，有删改)

由导读案例可知，网络购物因其便捷、时尚、新颖等特点吸引着越来越多的消费者，网络交易的成交额近几年大幅增长，对传统的实体商店经营构成了较大的冲击，由此可见，网络经济已成为一股不容忽视的力量。因此，从事网络交易的商家要想在电子商务的热潮中获取较多的利润，必须研究网络购物消费者的行为特征以及影响行为的因素，以此来制定合理的营销策略。本章主要讲述网络购物的含义、网络消费者的特征和影响网络消费者行为的因素。

13.1 网络购物

13.1.1 网络购物的含义及类型

网络购物也叫网上购物，是电子商务的一种表现形式，是指用户为完成购物或与之有关的任务而在网上虚拟的购物环境中浏览、搜索相关信息，从而为购买决策提供所需的必要信息，并实践决策和购买的过程。

根据网络购物过程中商家与消费者的类型不同，网络购物也可以分为 B2B(business to business)、B2C(business to customer)、C2C (customer to customer)及 O2O (online to offline)等。本书主要涉及 B2C 和 C2C 的相关内容。

13.1.2 网络购物的优缺点

与传统购物方式相比，网络购物的优点和弊端如下。

1. 网络购物的优点

(1) 方便快捷，不受时间、地点限制。网络购物是一种极其方便快捷的购物方式。随着人们生活水平的提高，网络技术的迅速发展，网上购物已逐渐成为人们的一种重要消费方式。而网络购物之所深受消费者的青睐，第一大特点应该就要数它的便捷性。不论身处何时何地，都可以随时上网"逛商店"，选商品、买商品可以不受时间地点的约束。时下的青年男女，白天忙完纷繁的工作，下班时间有时会很晚，再去选择逛店买商品已不现实，那么网络购物对这些年轻人来说就成了最快、最方便，以及最喜爱的购物方式。

(2) 价格便宜，公开透明。网店商品比实体店商品价格要便宜，主要是由于网店不像实体店需要花钱租店面以及其他一系列的花费，可以省下很多成本与实体店拼价格。另外，很多开网店的人都是一手商，拿货价就要比很多实体店经营者还要低，所以在网上开店价位更低也就合理了。对于整个市场经济来说，这种新型的购物模式可在更大的范围内、更广的层面上以更高的效率实现资源配置。综上，网上购物突破了传统商务的障碍，无论对消费者、企业还是市场都有着巨大的吸引力和影响力，在新经济时期无疑是达到多赢效果的理想模式。

(3) 可以获得最大的信息量，货比 N 家。现在的网上商场越来越多，习惯网购的朋友们在选择产品的时候一般都不会只选一家，看上就购买；只要输入想了解的商品名称，卖同样的商品的不同的商家就会出现，消费者可以任意挑选，现实中的货比三家，在网上就可以变成货比 N 家，而且不会浪费很多的时间，特别是，如果消费者想选择一件现实中很难找到的商品，例如几十年前的一本小说，在网上搜寻和购买会相对容易很多。

(4) 可以足不出户，不必怀揣巨款购物。对于宅男宅女而言，网络购物最大的诱惑就是足不出户就可以购买商品，从下订单、购买到收货都不必离开家门，省时省力省事。在购物缴费的时候，网络购物也不必像传统购物那样，需要携带现金而感觉不安全，或拿着信用卡刷卡时候担心身边有人会窥伺密码。

2. 网络购物的弊端

(1) 信用问题。网上购物最大的弊端是信用问题，因为网上购物的商品不像实体店的商品那样是可以看得见的实物，可以现场亲手验货。所以有些无良的商家会利用低价作为幌子，以次充好出售假冒伪劣商品，使消费者上当受骗。而这种事情在实体店则较少出现，大家在实体店选购产品时都会注意挑选，有问题当时就可以解决，如果发现假货就可以立刻退换，甚至当面要求赔偿。

(2) 售后服务较差。网络购物的消费者往往得不到发票，产品得不到保修服务，消费者想要进行维权便会很难。发票是消费者维权的基本凭证，没有发票也就无法受理和解决质量纠纷。目前，全国已出现多起消费者因为在网店购买手机或家电，由于没有发票而造成厂商不予负责售后问题的案件。

(3) 网上支付的风险。网上购物时，除了少数平台支持货到付款，一般都需要提前网上支付，因此，网络支付的安全性就尤为重要。有些网络黑客专门盗取别人的支付密码，让人防不胜防。

(4) 退货不方便。现实中购物退货需要很复杂的程序，而网上退货相对更加困难。一些无良商家甚至提出各种无理要求以拒绝退货和推卸责任，而这一点也是电子商务的售后服务体系不健全的原因所在。

(5) 缺少购物的乐趣。网络购物只需要坐在计算机前点几下鼠标就好了，缺少了传统购物方式下和亲朋好友一起逛街、购物的乐趣，丧失了更多和他们增进感情的机会。

📖 **扩展阅读13-1**

中国网络购物的发展

13.2　网络消费者

13.2.1　网络消费者的购买动机

1. 求新动机

求新动机指的是消费者看重商品和服务的时尚、新颖、奇异等特点，希望购买的产品或服务区别与大众，从而产生购买动机。在这种动机支配下，消费者选择商品的时候，特别注重商品的款式、色泽、流行性、独特性与新颖性。网络购物时尚、有趣，是一种新兴的购物方式，并且网络商店可以提供大量新近上市的产品，这一切都满足了消费者的求新动机。有些地域较小或者偏远的城市，市面上提供的商品种类和品牌有限，但是网络购物突破了地域的限制，甚至可以提供海外代购服务，可以给消费者提供更多新颖、时尚的商品。有些网络商店还可以进行个性化定制，满足顾客的个性化需求。

现在，戴尔、索尼等计算机生产商都在网络商店上开展个性化定制服务，消费者可以选择自己喜欢的颜色、外壳以及自己想要的配置(硬盘、内存等)，然后在线提交订单就可以了。夏天，大街上人们穿着的短袖样式繁多，有些大家可能在商店都没见过。那是因为在网络上有一批商家，他们专门为消费者提供个性化服务。消费者可以把自己喜欢的图片传给店主，并说明自己想要的颜色等要求，卖家就会根据消费者的要求制作令消费者满意的衣服。这些卖家都在迎合消费者的求新动机。

2. 求廉动机

求廉动机是指消费者以追求商品或服务的价格低廉为主导倾向的购买动机。在求廉动机下，消费者挑选商品是以价格为首要考虑因素。他们宁愿多花体力和精力进行多方面的了解，比较产品价格差异，选择价格便宜的产品。

网络零售商的渠道是很广泛的，他们可以直接与生产企业联系，这就减少了很多中间的环节。正常情况下，网络零售商有能力使网上销售的产品的价格低于实际店铺的同种商品的价格，并且有些网上卖家还开展各种促销活动，给消费者带来实惠。在亚马逊书店，它所销售的书籍的价格比市面上的书籍的价格低15%～30%，这对消费者产生很大的吸引力。淘宝、京东商城等网站经常搞一些促销活动，如打折、团购等，这些活动也吸引了许多消费者的眼球。这些都显示了消费者的求廉动机，并且在求廉动机下，价格是影响消费者心理的重要因素。

3. 求名动机

求名动机是指消费者购买商品时，更看重名牌、高档的商品，想要用它们来显示或提高自己的身份、地位而形成的购买动机。现在，在一些高收入阶层、大中学生中，求名动机比较明显。消费者对商品的商标、商店的名气等特别重视，喜欢名牌产品。在这种动机的驱使下，顾客购买商品时几乎不考虑价格，只是通过购买和使用名牌来显示自己的身份和地位，从中得到一种心理上的满足。具有这种购买动机的顾客一般都具有相当的经济实力和一定的社会地位。

在淘宝、拍拍等网站上有很多品牌专卖店，这些店铺都是在迎合消费者追求名牌的动机。在唯品会上，每天都有几十个品牌特卖会，并且唯品会还设立了一个奢侈品品牌特卖专区。这些都说明商家在极力迎合消费者的求名动机，从而使自己的商品卖得更好。

13.1.2　网络消费者的特征

1. 网络消费者购买前的特征

1) 主动性特征
在社会分工日益细化和专业化的趋势下，即使在日常生活用品的购买中，大多数消费者也缺乏足够的专业知识对产品进行鉴别和评估,但他们对于获取与商品有关的信息和知识的心理需求却并未因此而消失,反而日益增强,这是因为消费者对购买的风险感随选择的增多而上升,而且对单向的填鸭式营销沟通感到厌倦和不信任。尤其在一些大件耐用消费品的购买上,消费者会主动通过各种可能的途径获取与商品有关的信息并进行分析和比较。这些分析也许不够充分和准确,但消费者却可从中获得心理上的平衡,降低风险感和购后产生后悔感的可能,增加对产品的信任和争取心理上的满足感。互联网的发展和普及为消费者提供了更加广阔的互动平台,在选择商品时,可以随时与厂商或企业进行及时沟通,使自己对商品的意见能够得到回馈,要求得到及时满足,甚至可以订购个性化产品,这无疑鼓励了消费者的行为主动性。

2) 互动性特征

为了减少网络市场的不确定性,应该改变传统的以生产者、经销商、消费者组成的商业流通渠道中经销商位于中间环节的现状。传统流通渠道使生产者无法及时地了解消费者的需求,而消费者也不能将自己的需求及时反映给厂家,造成厂家盲目生产,消费者无意购买。在网络环境下,这种状况就得到了切实的改变。消费者可以直接参与到生产和流通中去,直接和厂家进行沟通。消费者与厂家、商家的互动意识增强。

3) 注重价值和信息

首先,富裕的消费者从"招摇"的消费者转向了"开明"的消费者,质量和价值将成为他们主要的考虑因素,即在公平价格上的高质量,尤其是品牌。他们想用最低的价格买到最好的质量,因此,价格仍然是影响消费心理的重要因素,即使在发达的营销技术面前,价格的作用仍然不可忽视。其次,明智的购买者希望全面了解产品,包括其对个人和社会的效益。通过产品和服务的信息交流,消费者对价值的追求得到最大的满足。购买者获取信息的方式在某种程度上能改善购买经历,因此获取信息的过程也产生价值。信息是经济活动中主要的价值创造者,有了它,购买者将越来越倾向于在更充分了解信息的情况下做出决定。对于购买者想要的产品,企业不仅要展现其功能,而且还要让他们了解相关信息和知识,并且符合他们关于价值的新观念。一个实时的信息系统是把以知识为基础的价值交付给未来消费者的唯一载体,以此来满足消费者对"高价值"的追求和继续节俭的愿望。

2. 网络消费者购买时的特征

1) 个性化特征

消费者对商品和服务的要求会越来越多,从产品设计到产品包装,从产品使用到产品的售后服务,不同消费者有不同的要求。这些要求还会越来越详细、专业,越来越个性化。现代顾客追求时尚、表现时尚,追求个性、表现自我,追求实用、表现成熟,注重情感、容易冲动,这些要求是传统的营销媒体所难以实现的。传统的强势营销以企业为主动方,轰炸式的传统广告和高频率的人员推销是其主要特征;而网络营销是"软营销",其主动方是消费者,企业通过"网络礼仪"的运用就可以获得一种微妙的营销效果。

2) 差异性特征

根据马斯洛的需求层次理论,人的低层次的需求得到满足后,往往会产生更高层次的需求,如尊重的需要、归属的需要和自我实现的需要在消费过程中的分量越来越显著。随着消费者收入的提高,网络条件下消费者不仅注重产品的功能,而且更加注重围绕产品的售前售后服务以及产品和自身的个性化需求。不同的网络消费者因所处的时代、环境不同而产生不同的需求,不同的网络消费者在同一需求层次上的需求也会有所不同。消费者的个性化消费使网络消费需求的差异性日益明显。与此同时,科学技术的进步,技术水平与管理水平的提高,使社会的供求关系发生逆转,消费者占主导地位的买方市场已经来临,宏观竞争环境令企业和商家更加注重服务营销、细分营销和消费者的需求,传统的营销组合策略4P(产品、价格、渠道、促销)逐渐的偏向4C,即企业向顾客销售的不仅是产品,而且是一种理念;向顾客提供的不再是价格,而是研究消费者为满足需要而愿意支付的成本;在渠道策略上更偏重于为消费者提供方便;企业应该淡化促销策略,着重与消费者的沟通和交流,从而整合整个营销过程,消费需求逐步趋于主流化。例如IBM的经营理念"IBM就是服务",中国海尔的口号"真诚到永远",消费者的"上帝"地位得到了充分体现。

3) 简单化特征

今天,一部分人由于现实巨大的工作压力,精神高度紧张,这使他们更热衷于选择哪些方便、及时的商品,尽可能地节约时间和劳动成本;而另一部分人则由于劳动生产率的提高,自己可以支配的时间增多,更喜欢花费这些闲暇时间在网上享受消费带来的乐趣。网络这种虚拟购物环境恰恰轻松地满足了他们追求快捷简单的购物心理,这种消费心理也将会在较长的时间内存在下去。

4) 理性化特征

巨大的网络环境容纳了前所未有的商品数量,这为消费者选择商品时提供了更多比较的机会。消费者能够及时地根据自己搜集到的信息进行反复比较,然后决定是否购买。对于企事业单位的采购人员来说,可以利用预先设计好的计算程序,迅速比较进货价格、运输费用、优惠条件、折扣率、时间效率等各种指标,最终选择最有利的进货渠道和途径。这些都反映出网络时代下的消费者已经走出了盲目购物的误区,能够更加理性地选择商品。

3. 网络消费者购买后的特征

1) 及时的信息反馈

由于网络平台的互动性给消费者提供了良好的信息互动平台,消费者的反馈信息可以及时、有效传播。但由于信息的公开性,部分负面信息或失真信息也得到传播。如何辨别信息真伪,对消费者来说是做出理性决策的关键,也是企业引导信息反馈的重要因素。

2) 品牌忠诚度的变化

消费者对于购买后的产品的认同决定着商家品牌知名度的高低。如果产品品质过于低劣,无法达到消费者的预期效果,那么对于消费者的忠诚度将是一个极大的打击,这可能使消费者改变习惯性购买某网店的产品而转向其他网店,这将极大地减少商家的客户量。所以,好的产品和好的商家信誉对于当今网络消费者群体来说将是吸引、保持忠诚度的必不可少的因素。

13.3 影响网络消费者行为的因素

消费者行为取决于他们的需求和欲望,而消费者的需求、欲望、消费习惯和行为是在许多因素的影响下形成的。影响消费者网上购买的因素很多,但主要是消费者个人因素、产品因素、购物的便捷性、网站因素、文化因素和安全可靠性等,如图13-1所示。

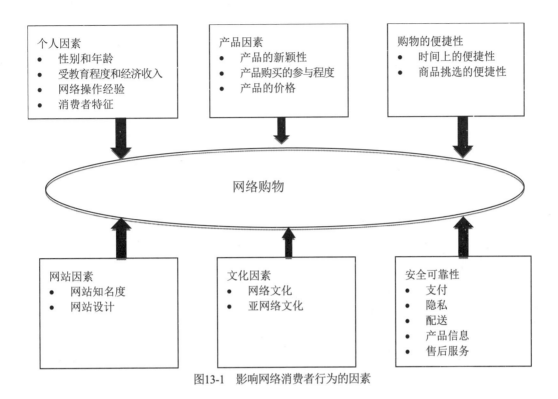

图13-1 影响网络消费者行为的因素

13.3.1 个人因素

1. 性别和年龄

调查显示，网络购物在女性网民中的普及率和深入程度均高于男性。女性网民参与网络购物的比例高达 89.34%，而该比例在男性群体中仅为 62.86%。随着网络购物商业模式和产品种类日趋丰富，人们通过网络购买的商品也从图书音响、数码电子类产品向生活家居类商品扩展，这可能是女性网民在网购人群中比例迅速提升的重要原因。女性网购的主要商品集中在服装鞋袜类和家居工艺类，而男性在网络购物中最热衷的商品是预付卡和电子产品。有趣的是，尽管女性青睐网络购物，但是她们对于网络购物的担忧却普遍高于男性。

一次网络购物影响因素及购物行为的调查显示，参与网络购物的网民平均年龄为 30.16 岁。其中最小的 12 岁，最大的 66 岁，20～29 岁的网民中参与网络购物的比例达到 91.67%。在 20 岁以下的网民中，随年龄增长，参与网络购物的比例升高，而在 29 岁以上的网民群体中，年龄越大，参与网购的比例越低。

2. 受教育程度和经济收入

美国的一项调查显示，网络用户的使用者多属于受过现代高等教育的高学历者，60%～70% 的人受过大学以上的教育，年收入一般平均超过 5000 美元，上网的用户中近 25% 的家庭年收入超过 8 万美元。从职业上说，近 50% 是专业人员或经理阶层，他们的教育、经济和社会条件明显较高。当然，随着互联网的发展，中低收入群体上网的比例有逐渐增加的趋势。

3. 网络操作经验

网络操作经验丰富的人比操作经验少的人在网上购买的可能性高。操作经验丰富，能通过网络了解更加详细的商品信息。

4. 消费者特征

消费者的个性心理包括消费者的需要、动机、兴趣、理想、信念、世界观等个性心理倾向以及能力、气质、性格等个性心理特征，这是影响消费者行为的内在因素，消费者在购买决策上受到动机、知觉、学习、信念和态度四种主要的心理因素的影响。

13.3.2 产品因素

1. 产品的新颖性

网上市场不同于传统市场，根据网上消费者的特征，网上销售的产品首先要考虑产品的新颖性，因为网上消费者以青年人为主，他们追求商品的时尚和新颖。其次要考虑产品购买的参与程度，对消费者要求参与的程度比较高且要求消费者需要现场购物体验的产品，一般不宜在网上销售，但这类产品可以采用网络营销推广的功能来扩大产品的宣传，辅助传统营销活动。

2. 产品购买的参与程度

一些产品要求消费者参与程度比较高，消费者一般需要现场购物体验，而且需要很多人提供参考意见，这些产品不太适合网上销售。对于消费者需要购买体验的产品，可以采用网络营销推广功能，辅助传统营销活动进行，或者将网络营销与传统营销进行整合。可以通过网络来宣传和展示产品，消费者充分了解产品的性能后，可以到相关商场再进行选购。

3. 产品的价格

虽然现代市场营销理论倾向于以各种策略来削减消费者对价格的敏感度，避免恶性价格竞争，但价格始终对消费者产生重要的影响。

只要价格削减的幅度超过消费者的心理预期，难免会影响消费者既定的购物原则。

13.3.3 购物的便捷性

方便、快捷的购物方式也是消费者购物时要考虑的因素之一，消费者选择网上购物的便捷性主要体现在以下两个方面。

1. 时间上的便捷性

网上虚拟市场全天候提供销售服务，随时准备接待顾客且不受任何限制。

2. 商品挑选的便捷性

消费者可以足不出户就在很大的范围内选择商品，对于个体消费者来说，网络购物可以"货比多家，精心挑选"；对单位采购进货人员来说，其进货渠道和视野也不会再局限于少数几个定时、定点的订货会议或者几个固定的供应厂家，可以大范围地选择品质最好、价格最便宜、各方面最实用的产品，这是传统购物方式难以做到的。

📖 **扩展阅读13-2**

网络购物的魅力

13.3.4 网站因素

1. 网站知名度

随着互联网的发展，各种类型的购物网站层出不穷，这虽然给消费者提供了更多的选择，但也增加了消费者的搜索成本，而且还给某些欺诈性的购物网站提供了机会。调查发现，购物网站的知名度与消费者的感知利益呈正相关关系，与感知风险呈负相关关系，即知名度越高，消费者购物所获得的满足感就越强、感知的风险也将越低。

2. 网站设计

美观的网页往往可以更多地吸引消费者的眼球，使某些信息搜寻者转化为实际购买者，而使用的方便性则可以减少消费者的时间成本，提高其购物的感知利益。

13.3.5 文化因素

1. 网络文化

网络文化有两种理解，一种是从网络的角度看文化，另一种则是从文化的角度看网络。前者强调从网络的技术性特点切入，突出由技术变革所导致的文化范式变迁。而后者则主要从文化的特性出发，强调由网络内容的文化属性所引发的文化范式转型。不容否认，网络文化是新兴技术与文化内容的综合体，单纯强调任何一个方面都是不妥当的。

2. 亚网络文化

大量的研究表明，亚文化对消费者决策的影响要远远大于主流文化。亚文化是在大文化背景下形成的区域文化、团队文化和少数民族文化等小文化。互联网用户借助网络进行交流和沟通，逐渐地形成了普遍认同的网络文化，比如网络礼节、对开放和自由的信仰以及对创新和独的事物的偏好等。在互联网中还存在诸多的亚网络族群和相应的亚网络文化，比如那些出于共同的兴趣或爱好(网络游戏、音乐等)而形成的新闻组、虚拟社区、聊天室等，这些亚网络族群中的成员往往具有相同的网络价值观并且遵循相同的网络行为准则。网络文化虽然只存在于虚拟的网络空间中，但必然会影响网络消费者的实际消费行为。随着电子商务向纵深发展，网络消费者的结构变得较为复杂，网络文化开始表现出丰富多样的特征，消费行为也趋向于多样化，所购买的商品中信息技术类产品的比例逐渐下降，而其他种类产品的比例则逐渐上升，商品组合开始出现多元化的趋势。

13.3.6　安全可靠性

1. 支付

网络购物与传统营销购物不同，在网上消费一般需要先付款后送货，这种购物方式决定了网络购物的安全性和可靠性特别重要。

2. 隐私

1999 年 1 月，曾有人利用在新闻组中查到的普遍技术手段，轻而易举地从多个商业站点闯入美国军方一个控制卫星的计算机系统。因此，对网上购物的各个环节都必须加强安全和控制措施，保护消费者购物过程的信息传递安全和个人隐私，以树立消费者对网站的信心。

3. 配送

随着网上购物的进一步发展与应用，物流配送的重要性对网上购物的影响日益明显。在电子商务环境下，消费者上网浏览后，通过轻松点击完成了网上购物，但所购货物迟迟不能送到手中，甚至出现了送错货物的现象，其结果就是消费者只能放弃电子商务、放弃网上购物，选择更为安全可靠的传统购物方式。还有一些网上卖家由于解决不了物流配送的问题，于是告诉消费者只在规定的范围内送货，那么电子商务的跨地域优势也就没有得到体现。由此可见，物流配送是网上购物的重要组成部分。

4. 产品信息

《中华人民共和国消费者权益保护法》第 8 条规定消费者享有知情权，第 19 条规定经营者有真实信息告知义务。进行网络交易，消费者只能通过经营者的语言描述、图片显示等宣传广告订立合同，消费者无法接触商品。若经营者对商品或服务信息不完全公开，易导致消费者误解，甚至遭受欺诈。

考虑到网络交易的特点，法律可以强制规定网络经营者在销售商品或提供服务时有必须告知真实信息的义务，披露的商品或服务信息内容应包括以下几方面：生产者、产地；生产日期、有效期；价格、用途、性能、规格、等级、主要成分；检验合格证明、质量证明；使用说明书、售后服务；可能危及人身或财产安全的商品或服务，应特别加以说明；对于经常出现在 C2C 交易模式中的二手商品，经营者应当告知购买新品的时间、已经使用的时间、外观完好程度、性能完好程度等事项。

5. 售后服务

网络购物成为互联网服务投诉的热点问题，如商品性能、外观、价格与描述不符，以次充好，以假乱真；出现质量问题无法实现退换货处理；以团购形式订购商品时，商家随意更改服务协议不按期交付商品，拒绝承担违约责任；网购客服形同虚设，售后服务无法保障等。商家应尽量避免以上问题，搞好售后服务。

扩展阅读13-3

网络购物售后服务所求难

13.4　基于网络消费者行为特征的建议

网络购物在为消费者提供方便的同时,其固有的无法感知实体性接触的特性和支付安全性也成为阻碍其发展的瓶颈。考虑网络购物消费者行为的特性及其影响因素,对消费者网络购物行为有以下几点建议。

(1) 挑选信用度高的网店消费。选择一些信用度高、经营时间长的卖家进行购买,单纯信用度高但是时间不长的网店,不排除是利用网络水军"刷分"获得的好评。一些时间相对长,好评如云的卖家,他们经得住时间和空间的考验,一直在绿色的环境下进行网络买卖,所以信用度和服务一般会很好。而欺骗性网站的存在时间一般不会很长,而且信用度不高。

(2) 保护好隐私和支付密码。因为网络购物需要快递给买家,所以就需要填写真实的地址及联系方式,还有在与客服聊天中,倘若你要买礼物送给朋友或者其他人作为生日礼物的话,可能泄露个人信息,应对此多加防范。最重要的是保护好自己的支付密码,设置密码时,不要选择一些容易破解的信息,如生日、电话等,最好用特殊的密码,如数字和字母组合等。

(3) 保存发票和电子消费单。购买商品时尽量开具发票,方便售后和保修。有的网购商品卖家不负责售后,需要拿着有关凭证到指定地点去维修,倘若没保存凭证,后果可想而知,包装上的相关凭证也应妥善保存。此外,买家一定要注意完整保存电子交易单据,收到货品时,应核对收到货品和订购的是否一致,有没有质量保修证书等。

(4) 保持良好心态。网络购物要保持良好心态,有的消费者在网购时有种上瘾的感觉,一买就很难停手,甚至会出现茶不思、饭不想的程度,或者是买不到可心的商品就会心情烦躁、不悦等。所以,当遇到不是很如意或者对买到商品不是很满意时,要有足够的心理准备。虽然网络购物方便快捷、省时省力,但是也有它的负面影响,有买就可能有换货或者退货,所以应该调整好心态,使网络购物变成一种享受、一种快乐。

随着互联网在中国不断的普及应用,越来越多的人的生活与网络发生着密切的联系,而网上购物这样一种消费方式也逐渐被更多的人所接受,使网上购物市场出现繁荣昌盛之势。当然,网民在享受网上购物的自由与便捷的同时也面临着网上购物领域中出现的一些问题的困扰,因此在国家有关部门加强监管的同时,网店要依法经营,增强服务意识;消费者要保持理性购物,这样,网络购物的发展前景才能越来越光明。

本 章 小 结

网络购物是指用户为完成购物或与之有关的任务而在网上虚拟的购物环境中浏览、搜索相关信息,从而为购买决策提供所需的必要信息,并实践决策和购买的过程。与传统购物相比,网络购物有方便、不受时间不受地点限制，价格便宜、公开透明，可以获得更大信息量、更容易货比三家且足不出户、不用携带货币等优势。同时，网络购物存在信用问题、售后服务较差、网上支付有风险、退货不方便、缺少购物的乐趣等弊端。

网络环境下的消费者行为特征又可以按照购买前、购买时和购买后来分，显示消费者在不同阶段的行为特征。在购买前，网络消费者呈现出主动性、互动性、注重价值和信息的特征；在购买时，网络消费者的个性化、差异性、简单化和理性化特征显著；而在购买后，网络消费者则在及时的信息反馈和品牌忠诚度的变化上呈现出不同特点。

网络购物过程中，影响消费者行为的主要因素包括个人因素、产品因素、购物的便捷性、网站因素、文化因素、安全可靠性等。在此基础上，网络消费者可以从挑选信用度高的网店消费、保护好隐私和支付密码、保存发票和电子消费单、保持良好的心态等方面发展自己的良性网络购物行为。

习　题

1. 名词解释

(1) 网络购物　　　(2) 亚网络文化

2. 填空题

(1) 网络购物有其自身的优缺点，其中最大的缺点是＿＿＿＿＿＿。

(2) 购物的便捷性是从＿＿＿＿和＿＿＿＿的便捷性体现的。

(3) 安全可靠性可以从支付、＿＿＿＿、＿＿＿＿、＿＿＿＿、售后服务等几个方面考虑。

3. 简答题

(1) 如何理解网络消费者的动机？

(2) 网络消费者行为的特征有哪些？

(3) 影响网络消费者行为的因素有哪些？

(4) 个人因素如何影响网络消费者行为？

第 14 章

消费者权益保护

📖 导读案例

地沟油事件

地沟油是城市下水道里悄悄流淌的垃圾，有人对其进行加工，使之摇身变成餐桌上的"食用油"。他们每天从下水道中捞取大量暗淡浑浊、略呈红色的膏状物，仅仅经过一夜的过滤、加热、沉淀、分离，就能让这些散发着恶臭的垃圾变身为清亮的"食用油"，最终通过低价销售，重返人们的餐桌。这种被称作地沟油的三无产品，其主要成分是甘油三酯，却又比真正的食用油多了许多致病、致癌的毒性物质。地沟油是一种质量极差、极不卫生的非食用油。一旦食用地沟油，就会破坏人们的白血球和消化道黏膜，引起食物中毒等严重后果，所以地沟油是严禁用于食用油领域的。在明令禁止下，仍有一些人私自生产加工地沟油，并作为食用油低价销售给一些小餐馆，给人们的身心都带来极大伤害。

2011年10月，金华市苏梦乡村民经常闻到很臭很臭的味道。传出恶臭的院子位于金华市婺城区一个城乡接合部。院子门口堆放了大量空油桶，地上油迹斑斑，而这难闻的味道也很像是熬制泔水加工地沟油的味道。警方调查发现，现场没有泔水，只有成堆的油脂块，这些油一部分来自附近的另一个油脂加工点。这些油脂主要由屠宰场的废弃物压榨而成，主要包括猪、牛、羊屠宰以后内脏的一些膈膜，以及猪皮、牛皮、羊皮上刮下的碎末，还有一些是时间存放长、不能吃的变质的动物内脏。在随后的调查中，警方还发现，这种新型地沟油的窝点不止一家，还有一些分布于当地的个体熬油户，他们熬制出来的动物油都是由专人统一收购，原料也是来自屠宰场的废弃物。新型地沟油很大一部分被销售到了安徽、上海、江苏、重庆等地的一些油脂公司，并最终进入食品领域。这些地沟油主要销往食品油加工企业，制成食品和火锅底料等。浙江、安徽、上海、江苏、重庆、山东六省市公安机关在公安部现场统一指挥下集中对浙江金华特大新型地沟油专案实施收网行动。此次行动从上游收购加工到下游销售全环节摧毁了特大新型跨省地沟油犯罪团伙，捣毁炼制新型地沟油工厂、黑窝点13处，抓获犯罪嫌疑人100余人、现场查获新型地沟油成品、半成品及油渣3200余吨。

(资料来源：百度知道. 2018-07-06. https://zhidao.baidu.com/question/1830185843783854740.html，有删改)

导读案例并非个案，以地沟油为代表的商品安全问题严重影响消费者健康，因此，保护消费者权益显得尤为重要。本章主要讲述消费者权益保护的意义、消费者权益保护涉及的主要内容及企业应对消费者权益保护的相关措施等内容。

14.1 消费者权益及其保护

14.1.1 消费者权益

消费者权益是指消费者在有偿获得商品或接受服务时，以及在以后的一定时期内依法享有的权益。消费者权益是一定社会经济关系下，为适应经济运行的客观需要而赋给商品最终使用者享有的权利。1962 年 3 月 15 日，美国前总统约翰·肯尼迪在美国国会发表了《关于保护消费者利益的总统特别咨文》，首次提出了著名的消费者的"四项权利"，即有权获得安全保障、有权获得正确资料、有权自由决定选择与有权提出消费意见。肯尼迪提出的这四项权利以后逐渐为世界各国消费者组织所公认，并作为最基本的工作目标。1983 年以来，在每年的 3 月 15 日，全球各地的消费者组织都举行大规模活动，宣传消费者权益保护工作，显示消费者的强大力量。选择这样一天作为"国际消费者权益日"也是为了扩大宣传，促进各国消费者组织的合作和交往，在国际范围内引起重视，推动保护消费者的活动。

14.1.2 消费者权益的主要内容

在现代市场经济中，国家依照社会经济运行的需要和市场上消费者的主体地位，制定明确的立法，这就使消费者权益不仅是一种公共约定和共认的规范，还得到了国家法律的确认和保护。早在 20 世纪 60 年代初，国际消费者联盟就已确定了消费者的基本权利，主要包括九大类：

(1) 知悉真实情况权。即消费者所享有的知悉其购买、使用的商品的过程中或者接受的服务的真实情况的权利。

(2) 自主选择权。即消费者自主选择商品或者服务的权利。包括两方面内容：一是对商品的品种、服务方式及其提供者应有充分选择的余地；二是对于选择商品服务及其提供者应有自由决定的权利而不受强制。

(3) 人身财产安全权。即消费者享有在购买商品时，人身、财产不受损害的权利。

(4) 交易权。即消费者在购买商品或者接受服务时，有权获得质量保障、价格公平合理、计量准确无误等公平交易条件，有权拒绝经营者的强制交易。

(5) 依法求偿权。即当权利、资源等因个人或集体而遭受侵害、损失的时候，所具有的要求赔偿的权利。

(6) 获得知识权。即消费者有获得有关消费和消费者权益保护方面的知识的权利。

(7) 建立消费者组织的权利。包括两方面内容：一是有权要求国家建立代表消费者利益的职能机构；二是有权建立自己的组织，维护自身的合法权益。

(8) 监督批评权。即消费者有对商品和服务以及保护消费者权益工作进行监督的权利。特别是消费者有权参与国家消费政策和相关立法的制定，并对其实施加以监督。

(9) 受尊重权。消费者在购买、使用商品和接受服务时，享有其人格尊严、民族风俗习惯得到尊重的权利。

📖 扩展阅读14-1

朋友圈里埋陷阱　虚假宣传受处罚

14.1.3　消费者权益保护及其类型

消费者权益保护是指国家通过立法、行政和司法活动，保护消费者在消费领域依法享有的权益。消费者权益保护分为立法保护、行政保护、司法保护与社会保护等四大类别。

(1) 立法保护是指国家通过制定《消费者权益保护法》等有关消费者保护的法律法规和规章，不断建立健全消费者权益保护的法律制度。

(2) 行政保护是指各级人民政府及其所属机构依照《消费者权益保护法》等相关法律法规和规章，通过依法行使行政权力、履行法定职责来保护消费者合法权益。

(3) 司法保护是指公安机关、检察院、法院依法惩处经营者在提供商品和服务中侵害消费者合法权益的违法犯罪行为，以及法院依法及时审理涉及消费者权益争议的案件。

(4) 社会保护是指组织和个人进行社会监督，大众传播媒介进行舆论监督，消费者组织和行业组织对消费者的保护。

其中，行政保护在消费者权益保护中具有非常重要的作用，《消费者权益保护法》和国务院"三定方案"赋予工商行政管理机关重要的保护消费者权益的职责，工商行政管理机关所实施的就是行政保护。我国《消费者权益保护法》规定，消费者有权检举和控告侵害消费者权益的行为，消费者和经营者发生消费者权益争议的，可以向有关行政部门申诉，行政机关有依法接受并处理消费者申诉举报的义务和责任。处理消费者的申诉举报是行政机关直接面对消费者的行政保护行为，既包括对消费者与经营者之间的民事争议居中进行调解，也包括对调解过程中发现以及消费者举报的经营者涉嫌违法的行为依法进行处理。对于具名举报的，相关处理情况还应当及时反馈举报的消费者。

14.2　消费者权益保护的动因及意义

14.2.1　消费者权益保护的动因

与生产经营者相比，相对分散的消费者由于以下原因而经常成为被损害的弱者。

(1) 力量微弱。在商品交易中，与作为经营者的大公司、大企业尤其是大的垄断集团相比，以个人力量独立从事交易的消费者经济力量极为弱小，造成了买卖双方交易能力的不平衡。

（2）知识欠缺。消费者只为满足生活需要而购买品种多、范围广的多类商品，而经营者以营利为目的而专营特定的商品，两者之间有关商品的知识存在固有的差异，又加上科学技术的飞速发展，生产技术和工艺日益高度复杂化，使消费者越来越难以对所购商品的品质做出判断，因而不得不形成对经营者的全面依赖。

（3）人性弱点。消费者购买商品不具有盈利性，故其购买中缺乏经营者的理性，而是依据个人兴趣喜好、虚荣心及侥幸心理等来选购商品。这些心理上的弱点最易被拥有现代营销手段的经营者所利用因而导致对其利益的侵害。

（4）缺乏组织。消费者在各项交易中力量本已极为弱小又历来缺乏组织，不能通过团体的力量来与经营者组织体相抗衡，以致成为经济上的从属者，容易受到经营者的侵害。

14.2.2　消费者权益保护的意义

基于上述原因，在现代经济条件下，消费者在强大的经营资本面前呈现显著无力的状态，少数生产经营者为了追求利润而不择手段，使消费者置身于丧失财产乃至生命的危险之中。因此，要对处于弱势的消费者进行保护。保护消费者权益具有十分重要的意义，具体可以概括为以下几点。

（1）保护消费者权益有利于鼓励公平竞争，限制不正当竞争。损害消费者权益的行为实际上就是不正当竞争行为，必须限制和打击。如果放任经营者损害消费者利益，就会使广大合法、诚实的经营者的利益受到损害，污染竞争环境。

（2）保护消费者权益有利于提高人民生活水平和生活质量。在计划经济体制下，由于供应短缺、消费者很难顾及到商品质量，对服务状态也无法提出较高的要求，这实际上是生活水平低下的反映。在当前市场经济条件下，通过保护消费者权益，让消费者能够购买到称心如意的商品和服务，就是提高了人民生活水平。试想，一个消费者在购买商品和服务时如果不能自由选择，如果他因不能自由选择而买到了假冒伪劣产品，如果他买到不合格产品而商店拒绝退换，甚至受到商店的欺骗时，他们会是一种什么感觉？因此，保护消费者权益是人民生活水平提升的重要保障。

（3）保护消费者权益有利于提高企业的和全社会的经济效益。在我国，假冒伪劣产品充斥于市，服务质量不高的原因虽然是多方面的，但是缺乏对消费者权益的强有力的保护，缺乏对损害消费者权益行为的严厉打击和惩罚也是一个重要因素。如果政府能够切实保护消费者权益，那么，那些靠制造假冒伪劣产品，靠欺骗消费者赚钱的企业和个人就无法生存下去。大多数企业的合法权益也可以得到充分保护，从而在全社会形成一种靠正当经营、正当竞争来提高经济效益的良好商业道德氛围。这样就有利于促使企业努力加强管理，不断提高产品质量和服务质量，提高经济效益，推动社会进步。

📖 **扩展阅读14-2**

某国际知名品牌企业销售不合格产品违法行为案

14.3　消费者权益保护运动及法规

14.3.1　消费者权益保护运动的发展

消费者权益保护最早可追溯于消费者运动。消费者运动是消费者权益保护组织的先驱，产生于发达资本主义垄断阶段，而后波及世界各国成为全球性运动。1891 年，世界上第一个旨在保护消费者利益的消费者组织——纽约消费者协会成立。1898 年，美国成立了世界上第一个全球性消费者联盟。1960 年，国际消费者组织联盟成立，它是由世界各国、各地区消费者组织参加的国际消费者问题议事中心，是一个独立的、非营利的、非政治性组织，其宗旨为在全世界范围内做好消费者权益的一系列保护工作，包括收集和传播消费者权益保护的情报资料，开展消费者教育，促进国际合作交流，组织有关消费者权益问题的国际研讨，援助不发达地区消费者组织开展工作，在国际机构代表消费者提出问题和要求。

我国消费者权益保护运动起步较晚。1983 年，国际消费者组织联盟将每年的 3 月 15 日确定为"国际消费者权益日"。我国自 1987 年开始，每年的 3 月 15 日，全国各地消费者组织都联合各有关部门共同举办隆重的纪念活动，运用各种形式宣传保护消费者权益的有关法律法规及其成果，促进全社会关心、支持消费者权益保护工作。"3·15 国际消费者权益日"的宣传活动已成为具有广泛社会影响、意义深远的社会性活动。

1984 年 9 月，广州市消费者委员会作为中国第一个消费者组织率先成立。1984 年 12 月，中国消费者协会由国务院批准成立。之后，各省、市、县等各级消费者协会相继成立。中国消费者协会于 1987 年 9 月被国际消费者组织联盟接纳为正式会员。中国加入 WTO 之后，消费者权益的保护在我国有更长足的发展。上海市在 2004 年年初率先将消协更名为"消费者权益保护委员会"更好地体现消费者权益保护运动的趋势，彰显其本质和职能，从形式上更加贴近了消费者。随着消费者权益保护组织的发展和"3·15"宣传活动的深入，消费者的权益保护意识和能力日益增强。

14.3.2　消费者权益保护法律法规的完善

现代消费者保护立法最早是在资本主义社会进入垄断阶段以后开始的，它的兴起是与世界性的消费者保护运动紧密联系在一起的，消费者权益保护立法的状况如何，已经成为衡量一个国家社会文明发展的程度和法制建设完善程度的一个重要标志。当然消费者权益保护法不仅包括专门的消费者权益保护法律、法规，如消费者权益保护法、反不正当竞争法、产品质量法、食品卫生法、药品管理法、标准化法、计量法等，而且还包括分散在民事、经济、行政、刑事等法律、法规中相关的规定或条款，它是一种广义上的概念。法律规定的目的之一即设计一定的权利，保护部分特定的利益。美国前总统肯尼迪是最早提出消费者权益的人，他于 1962 年 3 月 15 日提出了消费者四项权利，即安全权利、了解情况的权利、选择权利和意见被听取的权利。1969 年，尼克松总统又补充了索取赔偿的权利。

我国于 1994 年 1 月 1 日实施《中华人民共和国消费者权益保护法》，该法律中规定了消费者的九项权利，具体包括安全权、知情权、选择权、公平交易权、求偿权、结社权、获知权、受尊重和监督权。另外于 2003 年 1 月施行的《上海市消费者权益保护条例》在我国《消费者权益保护法》的基础上新增部分消费者权利，如获得有关知识权、商家承诺视同约定权等。

我国颁布《消费者权益保护法》以来，消费者权益保护的制度和机构不断完善，销售和服务单位尊重消费者的意识也在增强，消费者权益保护取得了相当大的成绩。遇到消费权益被侵犯的情况，消费者可向消费者所在地的消费者协会投诉，也可向责任者所在地的消费者协会投诉。消费者协会在接到投诉后，将消费者投诉的问题转交到被投诉单位，并要求在规定的时间内做出问题的处理与答复；或转请有关行政部门根据《中华人民共和国消费者权益保护法》及有关法规进行处理解决。对一些重要的投诉，消费者协会还将派人进行调查、解决，了解有关政策和法规，向消费者做一定的解释工作。消费者的投诉都要以文字材料为准，包括所购商品的名称、规格、牌号、数量、价格、购买时间、购买地点或经销单位、生产单位的地址和名称，或注明是无生产单位和地址的商品及各有关票据的复印件；同时，把投诉人的姓名、详细地址和邮政编码以及与经销单位或生产单位交涉的经过等内容写清楚。在没有经过消费者协会同意时，不要邮寄票证、原始单据及实物，以防遗失。

14.4　企业与监管部门保护消费者权益的方法

14.4.1　生产者保护消费者权益

在市场经济条件下，消费是一切经济活动的起点和归宿。有了消费才会有市场，有了市场才能去组织生产，才会有企业的生存和发展。所以，消费者是生产者的"衣食父母"，没有消费者的"货币投票"，生产者生产的产品就失去意义，企业和职工的利益也就不复存在。从这个角度来看，消费者与生产者有共同的需要和利益。生产者也是消费者的一部分，生产者不是生活在另一个孤立的世界里，制造家用电器的生产者也希望在市场上能购买到称心如意的鞋帽，制造鞋帽的生产者到饭店里用餐也盼望受到热情周到的接待。生产者如何保护消费者的利益呢？可从以下几方面进行。

(1) 调整结构，开发新产品，充分满足消费者的消费需求。消费方式是经常发生变化的，企业要时刻面向市场。消费群体的需求，构成了市场的需求；适应市场需求，就是要不断向市场推出消费者满意的产品。不是产品没有市场，而是市场上缺乏适销对路的产品。没有疲软的消费，只有疲软的商品。中国不是没有市场，而是有效供给不足，需要企业进一步地去开发。市场上出现的供过于求，是相对于产品的现行价格、品种而言的。很重要的一项工作就是调整结构，开发新产品，满足消费者在消费方式方面的变化满足消费水平提高后的需求甚至是潜在的消费需求，这样就可以刺激消费，拉动内需。从消费人群、消费空间来说，企业不能只看到城镇居民的需求，要把注意力更多地转向占我国人口 72%的农民消费者，要通过多种渠道、多种方式开拓农村市场。开拓农村市场，不能只是把适合城市消费者的产品送到农村去，要注意适应农村居民生活环境和需求结构的变化，使产品设计和功能定位符合农民的需要和购买力水平，并切实加强农村营销和售后服务工作。

(2) 保护消费者权益，最主要的是提高产品质量，做好售后服务。产品质量达不到标准要求，影响消费者的正常使用，是损害消费者权益的主要问题。广大企业对来自消费者和用户的投诉、监督部门的执法监督以及来自市场反馈的信息要非常重视，认真分析这些信息反映出来的具有普遍性、规律性的问题，及时采取措施予以解决。

售后服务工作的质量直接关系消费者对产品满意的程度和企业的信誉。许多企业建立起完善、灵敏的信息反馈系统，充实计算机用户档案管理和维修网点，配备车辆、通信手段和维修设备等硬件，加强维修网点规章制度等软件方面的管理，使许多消费品维修难的问题得到缓解。

(3) 引导消费者购买、使用名优产品，减少消费者权益受到的损害。假冒伪劣产品和无厂名、无地址、无商标品牌的"三无"产品成本低、质量差，但由于销售价格一般比较低等原因，往往误导一些消费者，而这些产品往往存在影响消费者健康和安全的隐患。要运用各种宣传工具，利用各种宣传手段，广泛、深入地向广大消费者宣传名牌产品、优质产品，宣传我国的企业质量体系认证制度和产品质量认证制度，引导消费者购买品牌知名度高、售后服务有保障的名优产品，购买通过认证的企业生产的产品和质量可靠的产品，抵制假冒伪劣产品。发现假冒伪劣产品，要及时调查取证，积极向有关执法部门反映，采取防范措施。对于假冒严重的产品，企业要设立打假队伍，协同执法部门深入打假。

(4) 时刻想到自己也是消费者，下道工序就是"用户"。生产者要牢记，保护消费者的利益，重点是提高质量，同时也是保护自身的利益。要在职工中持久地加强质量意识教育，严格内部质量管理，使每一个职工都理解为什么质量是企业的生命，为什么要最大限度地满足消费者对产品质量和售后服务的需要，从自己做起，做好本职工作。每一道工序都要严格进行质量控制，做到下道工序满意。经过层层严把质量关，出厂产品要百分之百合格，最终做到消费者满意。要把消费者满意和满意程度作为企业产品质量的最高标准。

14.4.2　监管部门保护消费者权益

建立规范有序的商品流通、经营秩序，保护消费者利益，无论从主观愿望还是从客观现实的要求来讲，都是商品流通与监管部门要长期追求的目标。

(1) 通过对商品流通企业的监督管理，保护消费者利益。在消费品市场呈现买方市场特征的情况下，作为商品流通企业，尤其是直接面对消费者的零售企业，必须将保护消费者利益置于首位，树立消费者第一、商品与服务质量第一的思想，经常虚心听取消费者和消费者协会的意见，不断检查和提高商品和服务质量。同时，对损害消费者利益的行为及时进行调查处理，督促流通企业及时解决与消费者的纠纷。例如，有的国有流通企业明确规定，商品可退可不退的以退为主，可赔可不赔的以赔为主，一时分不清责任的以企业为主，从而较好地维护了消费者利益。

(2) 积极开展各种形式的商品质量检查，实行舆论监督。每个商品流通企业在进货时都要严格把好质量关，按照国家法律法规，凡是有可能影响消费者利益的商品不允许进入流通领域，尤其是不能进入大中城市大中型零售商店的柜台。对不合格的和假冒伪劣商品，除了公开曝光以外，同时还采取相应措施予以处理，如退货、停止进货、停止经营该类商品。有的假冒伪劣商品还应公开销毁，以确保消费者利益。

（3）开展"清柜台"和"百城万店无假货"活动，净化零售市场。这项活动旨在保证商品质量、维护流通秩序，涉及全国成百上千家大中型零售商店，范围广、影响大。其内容已不仅仅是防假、打假，杜绝假冒伪劣商品进入流通领域，更重要的是已成为树立流通企业信誉，提高服务质量，保护消费者利益，创建行业文明新风的"民心工程"。

（4）工商联手，开拓市场，实施名牌战略，引导消费。在商品流通领域，除了通过不断地打击与清除假冒伪劣商品来保护消费者利益以外，还应当从正面宣传和推广入手，推广介绍名优产品，尤其是国产名优品牌，引导消费者正确购买和使用，这也是保护消费者利益的一个重要方面。

（5）实行先行负责制。实行不满意就退货，以及部分商品实行包修、包退、包换的"三包"制度以及联清、联退、联换、联修和联合经营，不仅使国有商业信誉增强，使服务质量提高，而且实实在在地解决消费者的后顾之忧，把保护消费者利益落到了实处。

（6）规范大中型零售商店的经营行为。大中城市的大中型零售商店，尤其是国有商店，由于其特有地位，一直是消费者和社会舆论监督的重点。有的国有大中型零售商店出租柜台，部分租赁经营者片面追求经济效益，借机销售假冒伪劣商品，不但失于管理、监督，而且还损害了国有企业的信誉。只有禁止大中型国有商业企业向生产企业、个体户和私营企业出租或变相出租柜台，严格规范引厂进店等联营、联销形式，才能堵住利用国有商业的窗口坑害消费者利益的渠道，维护国有商店的信誉。大中型商店是商品流通领域的一个重要阵地，一定要高度珍惜，还要经营好，利用好。大商场不能只是充当物业管理者，而要扮演实实在在的商品经营者，名牌信誉的创造者，优秀管理经验的输出者。这样才能不断提高自身在消费者心目中的地位，才能在市场竞争中处于有利的地位。

14.5 网络消费者权益保护

当前，我国网商群体规模日益增长，采用电子商务手段开拓交易市场，成为一股迅猛的潮流，电子商务发展前景十分可观。但网络交易过程中出现的各种损害消费者权益的情形，成为其发展的阻碍，亦对消费者权益保护提出严峻的挑战。因此，在尊重网络交易发展规律的前提下，从法律及相关层面采取各种措施以保护消费者合法权益，对推动我国网络经济的健康发展及完善消费者权益保护体系具有重要作用。

14.5.1 网络消费者权益保护存在的问题

1. 网络消费欺诈问题

网络消费欺诈是指经营者以非法占有为目的，在网络上实施的利用虚构的商品和服务信息或者其他不正当手段骗取消费者财物的行为。在网络环境下，销售者对其身份信息披露不全或虚假，购买者很难认证或无法判断销售者的真实身份。而且，在销售商品时，销售者对购买者无告知销售动机的义务，购买者只是凭借经验和习惯对销售者的销售动机进行主观判断，购买者很难断定销售者是真实销售商品还是借销售商品之名实施欺诈。只有购买者将在线销售者视为经营者时，才可能向其订购货物，支付货款。在目前网络法律规范不完善的状态下，笔者认为只要消费者将在线销售者视为经营者，或者说消费者根据销售者披露的信息判定或推断其为经营者，无论其是真实的经营者或假冒经营者身份的欺诈行为人，法律上就应当将销售者认定为经营者。这样不仅可以扩大《消费者权益保护法》的适用范围，有助于消费者在遭受欺诈后寻求司法救济，也可以借助该法对网络交易行为进一步规范，弥补现行法对网络交易监管的不足。现阶段，网络消费欺诈的手段有低价陷阱套取货款、空头承诺骗取订金、网络拍卖欺诈等。

2. 网络虚假广告问题

网络虚假广告是指经营者为达到引诱消费者购买商品或接受服务的目的而发布的关于其商品或服务的不真实的信息内容，如夸大产品性能和功效、虚假价格、虚假服务承诺等。网络广告因其特殊性，相关部门难以进行审查和监管。而网络广告是网络消费者购物的主要依据，消费者的购物决定大多根据广告文字和图像进行判断而做出。消费者很难判别广告信息的真实性、可靠性，其知情权和公平交易权大打折扣。如果消费者因误信网络虚假广告而购买了伪劣、假冒商品，不仅损害了消费者的经济利益，严重的还可能危害消费者的生命和健康安全。网络虚假广告直接涉及的相关问题有两种：一是在某些情况下，成为实施网络消费欺诈的一种手段；二是消费者在发现购买的商品与广告内容不符时，就引发了网络合同履行的问题。

3. 网络消费合同履行问题

网络消费合同不适当履行的行为多表现在以下几个方面。

(1) 延迟履行。网络购物的物流配送缓慢是很普遍的事情，出于某些原因，经营者向消费者承诺的交货日期难以兑现。

(2) 瑕疵履行。网络消费者在认购商品并发出货款后，经常出现实际交付商品的种类、数量、质量等与购买时不一致的情况。

(3) 售后服务无法保证。网络交易的最大特点就是打破了地域的限制，虽然《消费者权益保护法》规定了经营者承担"包修、包换、包退"的义务，但因为跨地域交易、经营者真实身份难以认定等因素，消费者很难实现享受售后服务的权利。关于数字化商品的退货问题也成为《消费者权益保护法》面临的新的问题。

我国《消费者权益保护法》对经营者的合同履行期限未做规定，相关法律法规中也没有偏向消费者履行期限的规则。欧盟 2000 年 10 月 31 日生效的《消费者保护(远程销售)规则》规定："供应商必须自消费者向其发出订单的 30 天内履行合同。无论出现任何原因，供应商未能在规定期限内履行合同，必须尽快通知消费者并返还所涉款项，通知与返还期限在履行期届满 30 天内。"该规则同时规定："消费者有权在最少 7 个工作日内撤销任何远程契约，且不需要给付违约金与说明理由。在撤销契约中，消费者承担的费用仅限于返还货物的直接费用。"我国在未来的立法中，应当考虑这两个规则，有条件的确定最长履行期限和犹豫期。前者可以促使经营者及时处理信息，尽快履行合同；后者可以确保消费者退货权的实现，同时保障经营者的合理利益。

4. 网络格式合同问题

目前，网络消费类合同中普遍采用的是格式合同形式，大多数交易条款或服务条款都是经营者事先拟定好的，消费者一般只能接受或拒绝。消费者在网络交易中经常遇到的格式合同是点击合同，即消费者按照网页的提示，通过双击经营者网站的"同意"或"接受"按钮所订立的网络合同。另一种格式合同是浏览包装合同，指经营者作为合同的一方在合同中约定，访问者一旦浏览了其网站主页便与该经营者成立了合同。

很多格式合同中包含免除经营者责任或加重消费者责任的条款，如"因网站或网站个别工作人员的过失造成消费者个人资料的丢失或泄露，网站不负责任"，"用户同意保障和维护网站及其他用户的利益，如因用户违反有关法律、法规或本协议项下的任何条款而给网站或任何其他第三人造成损失，用户同意承担由此造成的损害赔偿责任"等，这些条款往往很难被消费者所察觉。网络格式合同最大的特点是附和性，经营者在提供格式条款后，消费者要么全部接受，要么全部拒绝，没有协商的余地。经营者的格式合同中，存在减轻、免除自己责任的条款，这些条款较高的隐藏性令消费者忽略了条款中不公平、不合理的内容。我国《合同法》给予了接受格式合同的当事人以特殊的保障。

5. 网络支付安全问题

网络交易是一种非即时清结交易，通常由消费者通过信用卡或其他支付手段付款，经营者收到货款后才发货或提供服务，这区别于生活中即时清结的消费交易。我国的网络消费者开始习惯网上付款，基于我国金融服务水平和电子化程度限制，网上支付的安全还难以得到保障。随着网络交易的发展，网上付款将成为消费者履行支付义务的最主要方式。网络的开放性增加了消费者财产遭受侵害的风险，消费者在使用电子货币支付货款时可能承担以下风险：网上支付信息被厂商或银行收集后无意或有意泄露给第三者，甚至冒用；不法分子盗窃或非法破解账号、密码导致电子货币被盗、丢失；消费者未经授权使用信用卡造成损失；信用卡欺诈；支付系统被非法入侵或病毒攻击等。

对于网络支付安全，除了采取当事人自律规范、从网络技术上确保交易安全等措施外，更要从法律上明确银行网络、经营者的赔偿责任，平衡其与消费者之间的权利和义务。从目前各国信用卡的法律规范来看，大都偏重于保护消费者。例如，美国的《Z条例》(Regulation Z)就规定："消费者承担的责任有限，对欺诈产生的损失，经营者承担较大风险；对事件的调查责任主要由发卡行和信用卡公司承担。"我国在制定电子货币支付相关法律时，可以借鉴其他国家的法律内容，采取对消费者权益实行重点保护的立法原则。

6. 网络消费者隐私权保护的问题

网络消费中，大量的私人信息和数据等被信息服务系统收集、储存、传输，消费者的隐私权不可避免受到威胁，例如，网络经营者为追求利润和利益使用甚至买卖消费者个人信息；银行的过错行为或黑客侵犯导致的个人信用卡信息被盗、丢失；大量垃圾邮件的骚扰；等等。

我国于20世纪90年代初相继出台《计算机病毒防治管理办法》《互联网电子公告服务管理规定》《全国人民代表大会常务委员会关于维护互联网安全的决定》等一系列法律法规，来保护互联网隐私权。但总体上来说，我国法律对网络隐私权的保护依旧比较分散，没有形成一个完整的体系，也就是说，没有一部专门的"网络隐私权法"法律加以保护。而国际社会对网络环境下的隐私权保护要早于我国。经济合作与发展组织(OECD)1980年出台的《隐私保护与个人数据资料跨境流通指导原则》、1998年发布的《全球网络隐私保护宣言》，欧盟1995年形成的《个人数据保护指令》等，都对个人网络隐私权保护进行了详细的规定，美国、英国、德国等国家已经有了保护公民网络隐私权的法案，我国也应该尽快把网络隐私权保护问题纳入立法的轨道。

7. 消费者损害赔偿权难以实现的问题

消费者的损害赔偿权又称求偿权，实现这种权利的前提是消费者在进行交易的过程中或使用商品和服务后，人身或财产遭受了一定的损害。损害赔偿权实际是法律赋予消费者在利益受损时享有的一种救济权。

网络的特性和相关法律的缺失使网络经营者和消费者之间产生大量的纠纷。当消费者发现自己的权益遭受侵害后，因无法得知经营者的真实身份或者经营者处于其他地区而无法或不便寻求救济。而且过高的诉讼成本、举证的困难性、网络交易纠纷的管辖权与法律适用的不确定也导致消费者容易放弃救济权。网络与电子商务的发展速度越来越快，如何更好地保障网络交易的发展，保护网络消费者的合法权益，保证网络消费者在遭受侵权后迅速、方便地寻求救济，成为立法面临的新的问题。

14.5.2 网络消费者权益保护体系的构建

1. 通过法律规定网络经营者的义务

1) 在线信息披露义务

在网络环境下，经营者具有强大的优势，交易信息不对称使消费者经常陷入不知情状态，处于交易劣势。经济合作与发展组织于 1999 年 12 月发布的《OECD 关于电子商务中消费者保护指南》中明确指出，网络经营者应当披露的信息内容包括三个方面：经营者身份信息、商品或服务信息、交易条件信息，这可以成为我国立法借鉴的原则。

(1) 经营者身份信息。我国《消费者权益保护法》第 20 条规定了经营者有真实标识义务，这表明公示真实身份是经营者的一项义务。网络经营者同样应当履行披露其真实身份的义务，这一点在许多国家或国际组织的法规或章程中得到体现。

我国应当在立法中明确网络经营者对其身份的披露义务，具体披露内容至少包含以下信息：经营者身份，包括法定名称和交易名称；经营场所，C2C 交易模式中为住所地；经营者的有效注册地和许可证号，C2C 交易模式中为有效证件号；经营者的法定代表人姓名，C2C 交易模式中为个人姓名；有效的联系方式；网络交易平台提供商的审查义务。

(2) 商品或服务信息。我国《消费者权益保护法》第 8 条规定消费者享有知情权，第 19 条规定经营者有真实信息告知义务。进行网络交易，消费者只能通过经营者的语言描述、图片显示等宣传广告订立合同，消费者无法接触商品。若经营者对商品或服务信息不完全公开，易导致消费者误解，甚至遭受欺诈。

考虑到网络交易的特点，法律可以强制规定网络经营者在销售商品或提供服务时必须告知真实信息的义务，披露的商品或服务信息内容应包括以下几方面：生产者、产地；生产日期、有效期；价格、用途、性能、规格、等级、主要成分；检验合格证明、质量证明；使用说明书、售后服务；可能危及人身或财产安全的商品或服务，特别加以说明；对于经常出现在 C2C 交易模式中的二手商品，经营者应当告知购买新品的时间、已经使用的时间、外观完好程度、性能完好程度等事项。

(3) 交易条件信息。网络交易所有的程序都是网站经营者设计好的，交易大都属于非谈判交易，交易条件也是由网络经营者确定，消费者几乎没有权利进行选择，我国现行法没有涉及交易条件信息披露问题。

为保障消费者知情权和公平交易权，法律应当明确规定经营者有义务披露真实的、完整的交易信息，向消费者提供清晰的、全面的交易条件。例如，向消费者收取的或由消费者承担的成本项目、服务条款、交付和支付条款、购买的限制或限度条件(监护人许可、地域和时间限制、购买额的限度等)、有效的售后服务信息、保证和担保条款等。

2) 不得滥用格式条款的免责义务

网络格式合同在网络消费交易中是必要的，其效力是可以根据《合同法》《消费者权益保护法》来确认的，只要其符合法律的规定，没有损害消费者合法权益，格式合同就对双方当事人具有约束力。目前，网络经营者利用格式合同减轻或免除责任的现象十分普遍，从法律上应当对免责条款进行限定，对维护交易公平和发展网络交易具有重大意义。例如，限制无效条款列入合同；限制不合理条款的效力；对于减轻、免除经营者责任或限制消费者权利的条款应当采用特别提醒的方式列入合同，否则就是霸王条款，会造成权利不平等。

3) 切实履行合同义务

网络消费交易中，经营者延迟履行合同、瑕疵履行合同、不履行售后服务义务的事情经常发生。除了建议法律有条件地规定最长履行期限和犹豫期外，还应当规定经营者的承诺义务、保证售后服务义务、赔偿义务。当然，为了防止消费者对权利的滥用，可以规定一些例外情形。

4) 保护消费者个人信息义务

网络经营者对消费者个人信息的保护，除了前面提到的措施外还可以从一些细节上进行规范，如经营者要保证数据的统一性和秘密性；提供的网络服务必须有技术保障，以保护消费者信息的安全；告知消费者降低风险的技术措施；对使用消费者个人信息带来的损害结果必须负有赔偿责任；经营者擅自转让消费者个人信息给第三方，造成消费者权益受到损害，应负有承担连带赔偿责任。

2. 建立网络交易消费争端解决机制

对消费者权益的保护除了从立法和制度上给予其事前保障，更应当保证消费者在争端发生后寻求救济的权利和途径。我国《消费者权益保护法》赋予了消费者在遭受侵权行为时寻求救济的权利，但在网络环境下，其救济途径却难以找到。可以从以下三个方面来构筑网络交易争端的解决机制。

1) 设立小额诉讼程序

网络交易中，大多数是小额交易，在合同履行出现问题后，面对诉讼成本、诉讼困难等问题，消费者往往选择放弃救济。因此，有效的小额诉讼程序的设立对于方便公民小额纠纷，特别是保护网络消费者利益有着重要意义。

小额诉讼程序的实质是为一般民众提供一种救济小额权利的司法形式，具有立案数额低、简易、高效等特点，小额诉讼程序在审理阶段应该与一般诉讼程序有所区别，例如我国台湾地区的小额诉讼程序的审理就有以下特别规定：可以在夜间或休息日进行；实行一次言辞辩论终结诉讼；为实现简速的审理目的，对证据的调查有特殊规定；诉讼中严格限制诉之变更、追加与提起反诉；使用表格化判决；原则上实行一审终审，限制当事人上诉。

世界上许多国家都设立了受理小额诉讼的法庭，如美国、日本、新加坡、澳大利亚。我国可以借鉴这些国家的小额诉讼程序，构建一套有中国特色的小额诉讼程序。这不仅能够解决网络纠纷中诉讼管辖权的问题，也能够轻松解决消费者跨地域、标的小、案情简单的多种纠纷。

2) 建立在线投诉中心

中国工商总局和中国消费者权益保护协会可以共同建立一个权威的在线投诉中心，接受来自全国各地的网络消费投诉。在该中心投诉的资料由中心转发到被投诉的网络经营者所在地的工商局或消费者权益保护协会，由当地的工商局或消费者权益保护协会对投诉资料进行核查并进行处理；也可以考虑在消费者权益保护协会下设立部门，该部门在收到中心转发的投诉资料并核查后，代表消费者与经营者协商解决。这使消费者在寻求救济时不需要考虑地域限制和救济成本的问题。同时，笔者认为消费者对经营者所在地有查找的义务，这样可以让中心快捷、高效地处理来自全国各地的投诉信息，以保证消费者的合法权益。

3) 建立在线争端解决机制

在线争端解决机制是指涵盖所有网络上由非法庭但公正的第三人，解决企业与消费者间因电子商务契约所生争执的所有方式。它最大限度地体现了当事人意思自治。具有纠纷解决方式和适用规则的灵活性、争端处理的高效性、纠纷解决的经济性(低费用)等特点。在线调解和在线仲裁是最常见的在线争端解决机制。

在线调解的基本原理与传统调解一样，不同的是调解的全部过程在网络上进行。在线调解的特点是：①更能体现当事人的自愿。当事人可以自由决定是否采取该种方式，也可以自由决定是否参与到程序中。②程序受法律规范约束少。在线调解中，可以通过第三人寻求一种合理的解决方法。③第三人为自愿且无利害关系的第三人。美国在线调解的调查程序中，通常是由消费者协会、商业协会或一些中立机构来进行调解。

在线仲裁因受到网络技术对当事人举证等活动的限制，很少适用于网络交易纠纷，目前在线仲裁主要解决域名争议。建立和发展在线仲裁面临的问题主要有：①证据提交的问题。网络交易中，除了数据电文来往外，可能也会出现书面或其他形式的证据，此时如何向仲裁庭提交证据成为难题。②在线仲裁地的确定问题。由于在线仲裁程序完全是在线进行，故不易对仲裁地做出确认，仲裁地的确定对跨国交易产生的纠纷解决有重要影响。③仲裁裁决的效力问题。在线仲裁裁决对双方当事人具有多大的法律约束力，是否具有司法执行力，这一点尚不明确。

为更好地保护网络消费者权益，更快地发展电子商务，建立一个具有中国特色的网上争端解决机制是有必要的，该机制必须由相关职能部门进行领导和管理(如中国工商管理总局、信息产业部)，相关的全国性协会或组织负责争端解决(如中国消费者协会、中国电子商务协会)，以确定和保证争端解决的公正性与权威性。

3. 其他保护方式

对网络消费权益保护是一项系统的工程，单从立法、司法角度还难以保护，涉及政府、行业、消费者自身等多个层面，甚至涉及整个社会的信用体制等问题。这要求不仅仅从立法、司法角度来探讨保障消费者的合法权益，更要从其他方面来引导消费者合法权益的实现，这样才能真正建立起网络消费者权益的保护体系。

（1）加强行政监管。在市场经济不发达的阶段，政府强有力的监管对于减少侵犯消费者权益事件的发生有着重要作用。

（2）实行行业自律。网络交易因其特性导致行业自律往往比行政手段规制更具有有效性。因此，有必要充分发挥行业自治的力量和作用。

（3）建立信誉评价机制。网络经济有着较高的风险与不确定性，建立完善的信用评价体系对于交易纠纷的事前防范、保护消费者合法权益有着重要意义。政府或法律授权建立权威的、中立的信誉评价机构，由它建立信誉查询系统，消费者可以对网络经营者进行信誉查询，这对于网络交易欺诈、不适当履行合同义务的经营者可以起到警诫作用。

本 章 小 结

消费者权益是指消费者在有偿获得商品或接受服务时，以及在以后的一定时期内依法享有的权益。消费者权益保护是指国家通过立法、行政和司法活动，保护消费者在消费领域依法享有的权益。消费者权益保护分为立法保护、行政保护、司法保护与社会保护等四大类别。保护消费者权益具有十分重要的意义，包括：保护消费者权益有利于鼓励公平竞争，限制不正当竞争；保护消费者权益有利于提高人民生活水平和生活质量；保护消费者权益有利于提高企业的和全社会的经济效益。

消费者权益保护最早可追溯于消费者运动。消费者运动是消费者权益保护组织的先驱，产生于发达资本主义垄断阶段，而后波及世界各国，成为全球性运动。我国消费者权益保护运动起步较晚。1983 年，国际消费者组织联盟将每年的 3 月 15 日确定为"国际消费者权益日"。我国于 1994 年 1 月 1 日实施《中华人民共和国消费者权益保护法》，该法律中规定了消费者的九项权利，具体包括安全权、知情权、选择权、公平交易权、求偿权、结社权、获知权、受尊重和监督权。

当前，我国网商群体规模日益增长，但网络交易过程中出现的各种损害消费者权益的情形，成为其发展的阻碍，亦对消费者权益保护提出严峻的挑战。网络消费者权益保护存在的问题主要体现在网络消费欺诈、虚假广告、消费合同履行、网络格式合同、网络支付安全、消费者隐私权保护、消费者损害赔偿权难以实现等方面。为此，必须构建网络消费者权益保护体系，主要包括通过法律规定网络经营者的义务、建立网络交易消费争端解决机制、加强行政监管、建立信誉评价机制等。

习 题

1. 名词解释

（1）消费者权益　　（2）网络消费欺诈　　（3）在线争端解决机制

2. 填空题

(1) 1983 年，国际消费者组织联盟将每年的 3 月 15 日确定为＿＿＿＿＿＿。

(2) 我国《消费者权益保护法》第 8 条规定消费者享有＿＿＿＿＿＿权，第 19 条规定经营者有＿＿＿＿＿＿义务。

(3) 2003 年 1 月施行的《＿＿＿＿＿＿消费者权益保护条例》在我国《消费者权益保护法》的基础上新增部分消费者权利，如获得有关知识权、商家承诺视同约定权。

3. 简答题

(1)《中华人民共和国消费者权益保护法》中规定的消费者的九项权利有哪些？

(2) 消费者权益保护分为哪几种类型？

(3) 当前我国网络消费者权益保护存在的问题有哪些？

参考文献

[1] 徐龙，金志芳. 消费者行为分析[M]. 上海：复旦大学出版社，2008.

[2] 王旭. 消费者行为学[M]. 北京：电子工业出版社，2009.

[3] 符国群. 消费者行为学[M]. 2版. 北京：高等教育出版社，2010.

[4] Judy Graham. 消费者行为学案例与练习[M]. 北京：中国人民大学出版社，2011.

[5] 肖立. 消费者行为学[M]. 北京：北京大学出版社，中国农业大学出版社，2011.

[6] 司金銮. 消费者行为学的起源、形成和发展[M]. 安徽财贸学院学报，1988(4)：42-45.

[7] 李付庆. 消费者行为学[M]. 3版. 北京：清华大学出版社，2018.

[8] 李东进. 消费者行为学[M]. 北京：机械工业出版社，2009.

[9] 王曼，白玉苓，王智勇. 消费者行为学[M]. 北京：机械工业出版社，2010.

[10] 埃里·克阿诺德，琳达·普奈斯，乔治·津克汗. 消费者行为学[M]. 2版. 北京：电子工业出版社，2007.

[11] 戚海峰. 消费者行为学[M]. 上海：上海大学出版社，2008.

[12] 叶敏，张波，平宇伟. 消费者行为学[M]. 北京：北京邮电大学出版社，2008.

[13] 李建忠. 消费者行为学[M]. 上海：上海交通大学出版社，2016.

[14] 柴少宗. 消费者行为学[M]. 2版. 北京：清华大学出版社，2019.

[15] 周欣悦. 消费者行为学[M]. 北京：机械工业出版社，2019.